民法典时代

消费类合同格式条款合规指南

Guidelines for Standard Terms Compliance Under the Consumption Contract

浙江省市场监督管理局◎主办

汪江连　黄平　江文泉　蒋旻　王伟华　等◎著

法律出版社 | LAW PRESS

北京

图书在版编目(CIP)数据

民法典时代消费类合同格式条款合规指南 / 浙江省市场监督管理局主办;汪江连等著. -- 北京 : 法律出版社, 2024

ISBN 978-7-5197-8723-3

Ⅰ. ①民… Ⅱ. ①浙… ②汪… Ⅲ. ①消费者权益保护-合同法-中国-指南 Ⅳ. ①D923.6-62

中国国家版本馆 CIP 数据核字(2024)第 017507 号

民法典时代消费类合同格式条款合规指南
MINFADIAN SHIDAI XIAOFEILEI HETONG GESHI TIAOKUAN HEGUI ZHINAN

浙江省市场监督管理局 主办
汪江连 黄 平 江文泉 蒋 旻 王伟华 等著

策划编辑 沈小英
责任编辑 刘晓萌
装帧设计 鲍龙卉

出版发行 法律出版社
编辑统筹 法治与经济出版分社
责任校对 王 丰 李景美
责任印制 吕亚莉
经 销 新华书店

开本 710 毫米×1000 毫米 1/16
印张 31 **字数** 517 千
版本 2024 年 2 月第 1 版
印次 2024 年 2 月第 1 次印刷
印刷 固安华明印业有限公司

地址:北京市丰台区莲花池西里 7 号(100073)
网址:www.lawpress.com.cn
投稿邮箱:info@lawpress.com.cn
举报盗版邮箱:jbwq@lawpress.com.cn

销售电话:010-83938349
客服电话:010-83938350
咨询电话:010-63939796

书号:ISBN 978-7-5197-8723-3
定价:116.00 元

凡购买本社图书,如有印装错误,我社负责退换。电话:010-83938349

周　澎　女，法学博士。杭州师范大学沈钧儒法学院讲师，互联网法治研究院（杭州）访问学者。研究方向：新技术法律、著作权法和商业秘密保护法。

彭飞荣　男，法学博士。中国计量大学法学院教授、硕士生导师，国家知识产权培训（浙江）基地副主任，（省部共建）中国计量大学标准化法治研究中心副主任，浙江省生物医药产业知识产权联盟秘书长，杭州高新区（滨江）物联网产业知识产权联盟秘书长。研究方向：经济法、知识产权法与合同法。

钱　江　女，法学博士。浙江工业大学法学院国际法学科主任，副教授、硕士生导师。美国休斯敦大学访问学者，美国摩根路易斯律师事务所访问学者。北京盈科（杭州）律师事务所兼职律师，温州仲裁委员会仲裁员，浙江省法学会知识产权研究会常委理事、国际法学研究会常务理事、金融法学研究会理事。研究方向：国际经济法、知识产权法、金融法。

刘　斌　男，法学博士。中国计量大学法学院知识产权系主任、知识产权专业（国家一流）执行负责人，副教授、硕士生导师。美国俄亥俄州立大学法学院访问学者。兼任杭州仲裁委员会仲裁员，浙江省法学会网络法治研究会常务理事、破产法学研究会理事、“三农”法治研究会理事。研究方向：民商法、电子商务知识产权。

雷　刚　男，法学硕士。中国计量大学法学院讲师，浙江省高校智库“质量发展法治保障研究中心”研究员。美国休斯敦大学访问学者，美国摩根路易斯律师事务所访问学者。浙江秉格律师事务所兼职律师，浙江省法学会知识产权法学研究会理事、网络法治研究会理事。研究方向：知识产权法、环境法。

撰稿人简介

陈松涛 男，浙江大学法学硕士。浙江丰国律师事务所主任、高级合伙人，杭州仲裁委员会委员，农工民主党浙江省直属法律支部主委，浙江省法学会科技法学研究会副会长，浙江省律师协会公司企业法律顾问委员会委员。

吕　璐 女，法学博士。中国计量大学法学院知识产权系副主任，讲师、硕士生导师，浙江省高校智库“质量发展法治保障研究中心”研究员，浙江六和律师事务所兼职律师，浙江省法学会网络法治研究会理事，浙江省法学会破产法学研究会理事。研究方向：民商法、知识产权法。

李　翔 男，浙江润杭律师事务所主任，浙江省法学会科技法学研究会常务理事，杭州市钱塘区政协常务委员，钱塘区法学会常务理事，杭州市钱塘区人大常委会法律咨询专家。

张利云 女，浙江泽大律师事务所专职律师。

蔡　巍 男，浙江大学毕业。台州市市场监督管理局台州湾新区（高新区）分局局长，曾长期负责台州市消费领域格式条款备案工作，参与制定浙江省市场监督管理系统消费领域格式条款备案工作规范。

谢　平 女，民商法学硕士。北京天达共和（杭州）律师事务所合伙人律师，杭州市律师协会拱墅分会互联网与经济专业委员会主任，浙江省法学会知识产权法研究会常务理事，浙江省市场监督管理局商业秘密专业人才库成员。

李　芳 女，浙江泽大律师事务所专职律师，杭州市律师协会第九届、第十届专业委员会委员，浙江省第三届优秀公益律师，浙江省模范党员律师。

郑志忠 男，从事审判工作20余年，现任浙江泽大律师事务所专职律师。

钱小琴 女，法学硕士。浙江泽大律师事务所专职律师。主要业务方向：金融行业，特别是银行业与保险业。

杜悠冉 女，吉林大学法学硕士。浙江泽大律师事务所律师助理。

邵　燕 女，法学博士。四川大学应用与比较法学研究所执行所长、研究员，南非开普敦大学访问学者，北京大成（成都）律师事务所特邀顾问。研究领域：涉外民商法、企业合规。

苗　从 女，浙江泽大律师事务所专职律师。

章珺涵 女，武汉大学法律硕士。浙江泽大律师事务所专职律师。

陈倩霞 女，浙江润杭律师事务所专职律师，杭州市钱塘区白杨街道驻白杨派出所、闻朝派出所人民调解员，杭州市钱塘区法援中心法援律师。

方丽萍 女，浙江泽大律师事务所专职律师。

苗奇龙 男，中国政法大学法学硕士。京师律师事务所合伙人律师，主要业务领域：公司并购重组、股权架构、股权激励、合同纠纷及刑事案件等；参编《合同法律问题与法务人员操作指南》《企业合同审查法律实务》《北京副中心阳光拆迁法律实操指引：一把尺子量到底》等。

序

民法典时代,可以是一个时间范畴。如果以民法典通过为标准,则是2020年5月28日以后;如果以民法典施行为标准,当是2021年1月1日以后;如果以民法典真正树立起权威为标准,那么这个起算的时间就要由历史来回答。消费类合同,似乎不全同于《消费者权益保护法》中消费者的本意,否则商品房买卖合同恐怕就不能纳入。宽泛地说,大抵涉及“B to C”的合同,和“C to C”或者“B to B”的合同不同,“B to C”交易中的C方常常需要特别的保护。格式条款毕竟还只是拟定而供交易磋商谈判使用的建议,不能径直以合同对待。

格式条款具有使交易条件合理化的功能、风险限制功能、对法律调整的空白有拾遗补阙的功能,还有改变任意性规范的功能。在“企业帝国主义”时代,格式条款挟其整齐划一、降低交易成本、适合大众交易的巨大优势,在世界范围内迅速发展。有一利必有一弊,如何立足于谈判均势的失衡,对不合理、有悖诚信的格式条款加以规制,成为当代合同法制无可回避的重大课题。

《民法典时代消费类合同格式条款合规指南》一书最显著的特点在于,不囿于作为法规范存在的各类合同,即“法条中的合同”,而是俯下身子,认真对待作为社会事实而存在的合同,即“生活中的合同”。在契约自由的大原则之下,只要不悖于强行法和善良风俗,当事人或者从业者可在“法条中的合同”旁边嫁接起“生活中的合同”,而确立其彼此之间的利益风险分配的机制,这种状况借助于格式条款会愈演愈烈。就个案而言,会在法典之外造成裁断案件的个别性的直接“规范”;就宏观而言,当“生活中的合同”得到足够多的拥趸和社会支持,就可能使“法条中的合同”被束之高阁或者被宣告为无用,就像法社会学者所说的,习惯法譬之如雨雪风霜,不断侵蚀而改变着既有的地形地貌一般。

正由于认真地对待作为社会事实的合同,使本书在内容上更加接地气。除理论性的前半部分,后半部分选择讨论的合同类型,基本上都是市场监管部门格式条款审查的重点,每一类合同中的具体问题都是监管实践中常见多发的问题。正由于认真地对待作为社会事实的合同,使民法典典型合同的解释适用中的重点、难点、堵点、漏点,均被一一摘发彰显出来。对于格式条款的合规审查离不开“法条中的合同”,本书将立法中的典型合同和生活中的典型合同一一对照,回归法条,给予合规意见。本书最有价值的就在于提出许多真问题,而提出问题则是解决问题、走向成功的先决前提。

当然,本书也还存在进一步完善的空间。本书的撰写人员,包括市场监管部门的同志、律师和理论专家,但没有司法人员的参与,对于格式条款纠纷的司法最终解决的一线法官的意见和见解照顾不够,可能在观点上失之于偏。

当然,瑕不掩瑜。单单书中提及的诸多格式条款的现实问题,就是一座极具吸引力的宝藏,深入研习这些问题在法理上应该如何阐释,既要借助“条文中的合同”,又不能抹煞“生活中的合同”。始终保持两者间的微妙的关系,是解决实际问题、促进民法进步的密钥。

尽信书,不如无书。尽信法条,不如无法条。法是公平与善良的艺术,不可或忘。法的价值弥散在法典的每一个角落,决定着具体规范及其构成部分的法条的含义、解释和气质,法典的外在体系无论如何阐释,都不应该造成对“生活中的合同”的排斥,更不能造成对“公平和善良的艺术”的弃守。本书在这个方面的努力值得肯定,因此,我视之为“不拘一格的格式条款的现实研究”。

书略读后的感受,聊以报命,是为序。

张　谷

2023 年 6 月 27 日于钱江之滨

编著前言

成就一本书，往往需要天时、地利、人和等多种机缘，本书亦如斯。辗转从浙江君安世纪律师事务所到浙江泽大律师事务所［现执业于广东华商（杭州）律师事务所］兼职从事律师业务期间，有幸结识了很多卓越的泽大律师，王伟华律师即其中之一。记得 2021 年 12 月的某日，我照例到 18 楼的咖啡吧，准备沏一杯早间的“清醒”，途经王伟华律师的办公室，被他叫住。闲聊间，我们共同回忆起与台州的缘分，他提到：2018 年曾受台州市市场监管局的委托，为其提供了“2018 年度合同格式条款评审”的法律专项服务，并形成报告。言辞间，王伟华律师从书架上取出其团队所做的评审意见集成装订本，厚厚的两大本，着实可观。很快，我们达成共识，索性合作编著一本以“合同格式条款法律实务审查”为题的指南性书籍，以解此类法律实务无“趁手”参考书之急。

说干就干，我立即着手起草了一份“编写方案”，并向在浙江省市场监督管理局（以下简称省市场监管局）挂职的同事雷刚老师征询意见，希望此书得到省市场监管局合同监管部门的支持。说来真是巧得不得了，在与省市场监管局市场合同监督管理处接触后获悉，局里正好有一个编写关于合同格式条款合规指南性书籍的计划，并已初步确定会列入 2022 年度重点工作计划的清单，省市场监管局对我们的编写方案表示基本认同，但鉴于省市场监管局的编写计划最终确定为通过政府公开招标采购服务的方式，我们率领团队进行了投标，幸运得中。这样，本书的编写架构与合作方式得以确立，即由我带领中国计量大学为主的高校理论团队和由王伟华律师带领的律所实务团队，在省市场监管局市场合同处的领导、支持和帮助下完成，并交付国家级出版社法律出版社出版。故而，本书是多方智慧精诚合作而成的作品。书籍最后定名为《民法典时代消费类合同格式条款合规指南》。质言之，可谓多种机缘成就了本书的编著与出版。为此，需要对编著所涉及的几个问题予以交代。

一、本书的编写目的与意义

本书是合同格式条款的行政监管系统、高校学术系统和法律实务系统合作的结晶，同时，它也是浙江省市场监管局政府采购的法律项目之结题成果。故而，书籍势必要达到三个方面的目标，即监管的指引性、学术的理论性和实务的可用性。

首先，本书为合同格式条款行政监管的工作指南。以浙江省为例，省市场监管局的市场合同处职责之一是负责消费类合同格式条款的备案、监管，以《浙江省合同行为监督管理规定》为地方监管依据，开展法定备案、合规监管等，借以规范市场交易，实现合同交易的公平、公正、有序。近年来，监管一线积累了若干工作经验，省市场监管局也曾发布过若干专题性监管指引，然而，针对全部合同格式条款法定备案、自愿备案以及合规监管的一线执法指南性书籍，仍付阙如。为此，本书的编著和出版，应当为监管一线的工作人员在做备案和监管时，诸如主要合规点确定、不公平“霸王”格式条款的快速查询与合规意见的拟定、问题合同的识别和违法处置等，提供针对性指引，作为随时备查的案头工具书。

其次，本书还担负着著者的理论性追求。近年来，关于格式合同或合同格式条款的学理性书籍不乏上佳之作，如杜军的《格式合同研究》(2001 年版)，苏号朋的《格式合同条款研究》(2004 年版)，张建军的《格式合同的司法规制研究》(2014 年版)，王冠华的《保险格式条款合理期待解释原则研究》(2014 年版)，张艳敏、田丽红的《旅游格式合同法律问题研究》(2015 年版)，晏芳的《格式合同的司法规制研究》(2019 年版)和马辉的《格式条款规制体系研究:以消费者选择和竞争机制的互动为视角》(2019 年版)等。然而，《中华人民共和国民法典》施行以来，涉及合同格式条款的规则发生了不小的变迁，进而，需要从法理基础与规范适用上进行针对性的思考。本书借此，希图能对合同格式条款的概念源流、价值功能、中外演进、规范基础、规制体系和监管机制等方面的理论问题作系统阐释，借以增益此一论题的学术厚度。

最后,本书是合同格式条款法律实务的实操指南。它是一本指南性图书,不仅适用于合同格式条款的行政监管,还适用于经营者从事合同格式条款拟定之合规审查,消费者在涉及格式条款类合同签订时的风险预防,履约过程中的权利维护与纠纷指导。此外,作为一本指南性图书,它自然会担负起法律实务界涉及合同格式条款的合规评审、律师服务和法务工作等功能。著者希望达到的目标是涉及合同格式条款的实务问题之解决,“一册在手”即可。

二、本书的编写过程与心得

本书的编写,萌芽于 2021 年 12 月,即我与王伟华律师的那次谈话。随后,2021 年 12 月 21 日,我拟定题为《公共性合同格式条款合规审查指南》(暂名)的编写方案,将本书定位为“富有理论品位的法律实务类书籍”,并将“编写方案”通过雷刚老师发给省市场监管局市场合同处审阅。2021 年 1 月 17 日,省市场监管局市场合同处约见了笔者与王伟华律师,时任处长郑伟明对我们的编写计划表示原则上同意。2022 年 3 月,省市场监管局确定以《民法典时代合同格式条款合规审查实务指南》为题,对外公开招标。2022 年 4 月,以笔者为主持人的中国计量大学投标团队竞标成功,于是,本书的编写纳入省市场监管局的采购项目,成为省市场监管局主办的指南性书籍,书籍的名称几经修改,最终定名为《民法典时代消费类合同格式条款合规指南》。

为了保证书籍编写的顺利完成,我们组建了强大的写作团队,并确定了三方联合署名的方式,考虑到省市场监管局监管一线所积累的丰富经验和沉淀的若干监管实证材料之优势。在书籍编写过程中,2022 年 5 ~ 6 月,省市场监管局发函给地市局,撰稿人组队深入浙江省 11 个地市局,逐一进行调研座谈,集中两周时间召开了 11 场调研座谈会,听取了几乎所有地市县局一线监管人员和相关工作人员的意见和建议,保障了书籍的实践性和针对性。

与此同时,省市场监管局市场合同处黄平处长等领导,与主要撰稿人多次进行专题座谈,就书籍的体系体例、编写要点以及写作重点等进行深度沟通交流。从 2022 年 4 月中标开始,编著团队每成书一稿,立即交给省市场监管局合同监管处组织监管一线的工作人员分工后逐章、逐节、逐句、逐字审阅,先后提出数百条建设性意见,多数被著者采纳。为编著工作的顺利完成,省市场监管局为编写组提供近3年备案审查的各级、各类合同格式条款达上千份,有了这些鲜活的"资料",书籍的撰写如虎添翼、更接"地气"。本书从一稿到交给出版社定稿,数易其稿,是整个浙江省合同监管系统一线工作人员与著者共同合作的智慧结晶。

三、本书的编写构思与内容

本书共计25章,主要包括两大板块,也可以说是两编,即原理编和实务编。其中,第一章到第六章是原理编,第七章到第二十五章是实务编,实务编的第七章相当于合同格式条款合规实务指南的概述部分,第二十五章聚焦于数字法治时代合同格式条款合规监管与审查的浙江经验与未来愿景,第八章到第二十四章则以类型化的方式,逐一呈现了共计十七大类的合同格式条款合规的指南,即开展实务活动的意见和建议。

其中,原理编主要聚焦六个方面:一是合同格式条款规制的概念源流,主要针对涉及格式合同或合同格式条款等学理性概念的含义、特征以及变迁等予以分析,同时结合法律规制实践,确立规范性的合同格式条款之概念意涵。二是合同格式条款规制的价值原理,聚焦于合同格式条款的萌发与成因,其所能承载与实现的功能价值以及与契约自由、契约正义的张力及消解等。三是合同格式条款规制的中外演进,主要对大陆法系与英美法系合同格式条款规制的原理、制度和实践进行梳理,同时介绍了我国合同格式条款的法律规制情况。四是合同格式条款规制的规范基础,主要就法典化时代合同格式条款的规范结构、适用条件以及规范条文的解释与应用等作规范法学的分析,为实务编指南性意见和建议的编写提供法理支撑。五是合同格式条款合规的规制体系,聚焦于合同格式条款法律规制的正当性,并对立法规制、司法规制,尤其是行政规制的方法与路径进行了分析。六是合同格式条款合规的监管机制,重点阐释了行政监管的理念、方法和类型,同时针对数字化转型,提出了完善市场监管机制的若干建议。

第七章是分类合规指南章节的概述部分,即合同格式条款合规的监管和审查,应当满足一般性的原则,并根据合规要点,围绕若干审查基准予以审查;第二十五章聚焦数字法治时代合同格式条款合规的趋势、对策,尤其是浙江经验以及未来展望等方面,带有一定总结性意蕴。除了这两章,从第八章到第二十四章,分类展开,每章的体系通常都包括三个方面,即该类合同格式条款及合规概述,梳理若干概念、规范和合规要点;该类合同主要问题格式条款的分类列举、学理分析与合规意见,以及该类合同格式条款所涉及三方主体(监管者、经营者和消费者)在开展监管、合同拟定和合同订立与履约过程中应当把握的合规重点及针对性建议。17 类合同格式条款,依然可以进一步分类,包括法定备案类,具体细化为商品房买卖、房屋租赁、房屋居间、物业服务、住宅装饰装修、旅游、供用电水气热力、有线电视电信邮政、消费贷款、人身财产保险、旅游运输以及汽车销售共 12 类合同。此外,还有消费者投诉靠前的争议热点合同,浙江采取自我声明公开(主动申请)的备案监管方式,因近年来这些合同格式条款备受关注,故而也专章纳入,即校外培训服务、医疗美容、医院护工、运动健身以及网络交易平台共 5 类合同。

除了框架内容之外,涉及主题与编写的"初心",也需要做如下几方面说明。

第一,何谓指南?尽管本书是省市场监管局主办的项目,但书籍就是书籍,虽然它是一本"指南",但它不同于立法或行政系统通过"法定"程序发布的具有一定规范性质与法效力价值的"指南"。针对监管一线以及相关主体的实践活动,本书具有学理的指引与参考价值,但它不具有任何规范性效力,其中若干观点尽管著者尽量采取通说、弥合争议,但也难免存有错讹,若行政备案、监管与合规处置时发生争议,则应以规范性文件为权威依据。

第二,如何合规?读者或许会有若干疑问,既然是合同格式条款备案、监管与审查的指南性图书,为何多了"合规"一词?当然,晚近我国学界和实务界,"合规"一词大热,著者也不能免俗,将书籍设定为合规指南,当然有"蹭热度"之考量。然而,不宁唯是,我们所着重强调的确实在于"合规"的原初意义。简言之,无论是提供合同格式条款文本的经营者,还是法定备案或主动备案的市场监管的行政机关,以及合同格式条款缔约的消费者一方,都需要从合法性、合理性等合规范性(广义合法性)上予以综合考量,唯其如此,市场交易才能达到公平正义之境界。

第三,为何"消费类"?合同格式条款浩若烟海,但本书聚焦的是不公平、不公正的市场交易行为，在市场法治化过程中，合同法律关系双方如果实力均衡，则即便采取格式条款订立合同，其实质博弈和平等商谈是可能的、真实的。然而，主体实力不均衡的缔约行为，则天然需要某种介入机制，将原本失衡的天平拉平。故而，从行政监管者的角度，从市场交易规范化角度，从交易双方法律知识与信息透明准确完备角度，本书预设以"消费类"为主就有独特意义了。

第四，"审查"要不要？原本书籍名称中有合规"审查"字样，但考虑到关于合同格式条款的行政监管，其备案主要是形式要件的审查，而非实质审查，只要符合形式要件的要求，应备尽备。书籍名称一旦用了"审查"，则势必让市场交易各方误解，甚至误判。当然，从词汇的多义性角度，经营者自我"审查"，确乎是必要且应当的。作为著者，我们可以宕开一笔，谈一点可待商榷的看法，那就是鉴于合同关系的平等性与市场经济的私法性，即便是合同格式条款的市场监管，也尽量信赖与依靠市场交易的自我规制来实现，从强监管迈向重服务，实为大势所趋，简言之，市场能解决的，尽量都交给市场。

总之，面对民法典时代，合法"合规"的市场交易，尤其是"消费类"合同格式条款的实践活动，需要一本针对性的"指南"图书，供监管者、经营者和消费者等多方主体"拿来"就用，这就是本书定名为《民法典时代消费类合同格式条款合规指南》的原因。

四、本书的编写分工与致谢

本书的编写完成，是在省市场监管局领导尤其是市场合同处的直接指导下完成的，同时得到了学界大咖张谷教授（"序"的作者）、陈信勇教授和陈永强教授的鼎力支持，3 位民法大家担任本书的学术顾问，使书籍学术品位更上一层楼。同时，省市场监管局领导王状武副局长亲自担任编委会主任，浙江大学的吴勇敏老师和省市场监管局市场合同监管处黄平处长担任编委会副主任，统揽书籍的编写，使本书的成稿与出版有了组织性力量的权威加持。省市场监管局市场合同处和杭州市局市场合同处的黄平、江文泉和蒋旻 3 位领导，亲自加盟编著者团队，对书籍的体系、编写和成稿全程参与，甚至逐稿阅读、批改，提出若干真知灼见，使书籍更契合监管一线需求,更能“落地”。法律出版社的刘晓萌老师多次审读书稿,提出细致专业的修改建议,令人感动。

当然,书籍质量的基础保证还是来自各章的撰稿作者。本书汇聚浙江省高校、律师界的若干才俊,这是一支难得的专业精干的写作团队。我们这个写作团队的专业性、职业性和战斗力是极好的,高效、专业和细致,有了这些“品质”的合力,才能促成本书的顺利完成,编写具体分工如下:

第一章　周　澎

第二章　彭飞荣

第三章　钱　江

第四章　刘　斌

第五章　周　澎

第六章　雷　刚　陈松涛

第七章　吕　璐　李　翔

第八章　张利云　王伟华

第九章　张利云　王伟华

第十章　谢　平　汪江连

第十一章　李　芳　王伟华

第十二章　李　芳

第十三章　张利云

第十四章　郑志忠

第十五章　郑志忠

第十六章　钱小琴　邵　燕

第十七章　钱小琴　杜悠冉

第十八章　苗　丛

第十九章　郑志忠　蔡　巍

第二十章　李　芳

第二十一章　章珺涵

第二十二章　谢　平　汪江连

第二十三章　陈倩霞　汪江连

第二十四章　方丽萍

第二十五章　汪江连　苗奇龙

此外，本书还拥有一个庞大的文字助理团队，他们默默奉献，担负若干辅助性工作，没有他们的奉献和辛劳，本书很难如期完成。在此名单详细列举如下：浙江泽大律师事务所：王溢峰、潘炜炜、王雪、侯云锦、杜悠冉、司贺冰钰；浙江五联律师事务所：叶丽君；中国计量大学法学院研究生：童文倩、潘春凤、江亚琪、杜冰清、蒋嘉诚、杜康、赵博凡、李梦杨、陈一竹。

最后，单独感谢省市场监管局市场合同处的杨娇同志，作为此次编写团队的联络人和日常事务秘书，她付出了多倍于笔者的辛劳，她的高效、敬业、温和与韧性，成为书稿各方有效精准沟通协同的保证，这种愉快的合作与融洽的氛围，使笔者与各位撰稿人不仅收获了沉甸甸的书籍，还收获了满满的友谊。

言犹未尽，在此对所有参与本书统筹、指导、撰写、协助等工作的各位领导、专家、同仁以及小伙伴们，深表谢忱。真可谓：

笔端聚墨展胸臆，且把岁月化典章。

书卷多少古今事，谈笑与君话短长。

本书难免有疏漏甚至错讹之处，请方家指教，反馈和交流意见可联系著者邮箱：goodbye135@126.com。

执笔人：汪江连

2023 年 3 月 31 日草就于乾望斋

目录 CONTENTS

第一章

合同格式条款规制的概念源流

现代社会交易频繁发生，通过格式条款缔结的合同比比皆是。自19世纪90年代以来，借消费者保护运动兴起的“东风”，格式条款开始引起学者的关注，尤其是“霸王”条款导致的侵权增多，使国内对合同格式条款的研究日益重视，并进一步推动了国内立法的完善。采取格式条款缔结合同，在一定程度上减少了交易成本，但也因提供合同格式条款通常是占据优势地位的一方，故而在格式条款中增加利于己方的条款，在合同的权利义务内容缔结层面进行不合理的分配，从而损害另一方当事人，且往往是处于不利地位的一方的利益。本书聚焦于民法典时代消费类合同格式条款合规的理论和实务诸方面问题，但作为学术研究的基础，需要对合同格式条款的概念、性质与特征予以一定程度的研究。若要解决前述的问题，需对其产生背景以及法理内涵进行分析，才有助于合同格式条款中问题的解决。

第一节　合同格式条款的概念与特征

一、合同格式条款的概念

合同格式条款,即合同中由合同提供一方预先拟定并固定使用,在订立合同时未与对方协商的条款。但针对合同格式条款的概念,因各国立法界定的不同,也具有不同的称谓。此外,因《中华人民共和国民法典》(以下简称《民法典》)的颁行导致《中华人民共和国合同法》(以下简称《合同法》)失效,故对合同格式条款的构成要件也进行了修订。基于此,在对合同格式条款范畴研究之际,既需要对其产生背景、概念确立加以阐明,也需要对我国《民法典》中的格式条款构成要件加以梳理。

(一)合同格式条款的产生背景

合同格式条款产生的原因主要有两点:一是商事交易中的效率追求;二是自由市场竞争中企业优势地位的出现。

合同格式条款是经济交易发展到一定阶段的产物。在商品经济不发达的人类社会初期,交易的进行仅限于单线单个的主体,个体与个体之间只要为了实现自己生活之需要的目的,在自由意志之下,便可以直接进行彼此间的商品交换。在以物易物时期,人们商品交易的关注点在于自身生活的需要,而非其他。随着社会生产力的发展,物质资料极大地丰富,生产水平逐步提高,商品交易发展也逐渐频繁。当商品交易形成自由竞争的市场,交易不再一味地只是生活需要,更多的是为了市场利益。于是,利益与效率之间产生正相关关系,交易越频繁与迅速,效率就会显著提升,便能在市场竞争中占据一定的优势地位。

在多次交易场景出现的情况下,人们开始发现相同交易场景和交易活动中使用的合同条款基本趋于一致,那么为什么不直接事先拟定好交易条款,从而无须每次都针对类似的合同拟定类似的条款。基于此,提供合同的一方开始事先拟定合同的条款内容,格式条款开始出现。合同格式条款大量涌现,是因为市场竞争中垄断企业的出现,在占据竞争优势的企业一方,其利用大量事先拟定好并且在一定层面对合同相对方或消费者群体不公平的条款内容谋取巨额利润,且合同相对方和消费者群体无法讨价还价,只能被动接受强制性条款。①

通常,我们在格式条款具体应用的合同领域也能发现其出现的根本原因与动因。在现实情况下,合同格式条款大量应用于日常的石油、水电、能源以及交通通信等行业中。这也就意味着占据交易竞争优势的一方,或者具有垄断地位的一方,在取得某一行业或者领域内优于竞争对手的地位后,可以利用相应的条款来彰显自己所处的优势地位。除了这一根本原因之外,追求效率也是提供合同方在反复中继续锦上添花的操作。“格式条款的目的之一就是要节约时间,提高效率。”②对于经营者而言,降低成本不仅有助于商品价格的下降,而且有助于商品性价比的提升。就如同判例法国家针对案件援引之前类似案例判决以解决案件争议的判例法一样。③

(二)合同格式条款的概念确立

1. 合同格式条款的概念类型

格式条款,是从西方法律文化而来,因而在对外来术语引进和翻译时,基于各国文化的不同,主要可以概括为三种类型:其一,对其称谓为“一般交易条款”。被理解为“一方当事人基于反复使用该合同的目的,预先制订合同内容,且该内容在订立合同时,不与对方协商且由不特定的第三人接受所接受的条款”④,这一概念通常被德国、意大利以及我国所接受。其二,对其称谓是“附和合同”或者“附意合同”,法国通常采用“附和合同”之说。该称谓被理解为“由当事人一方预先拟定,相对方只能对该拟定好的合同概括地表示全部同意接受或者全部不予接受,而不能讨价还价的合同类型”⑤,这就意味着相对于设定格式合同或合同格式条款的另

---

① 参见钟蔚华主编:《中华人民共和国合同法实务全书》,中国文联出版社 1999 年版,第 992 ~ 993 页。

② G. H. Treitel, *The Law of Contract*(*7th ed*), London Steven & Sons, 1987, p. 168.

③ 参见张民安、王红一主编:《合同法》,中山大学出版社 2003 年版,第 80 页。

④ 王利明:《对〈合同法〉格式条款规定的评析》,载《政法论坛》1999 年第 6 期。

⑤ 杨立新主编:《合同法的执行与运用》,吉林人民出版社 1999 年版,第 60 页。

一方当事人,即一方当事人要么整体接受并订立合同,要么直接不订立该合同。但就这种“不订立合同”的选择,实则在客观上很难实现。其三,合同类型是“定型化契约”,该称谓旨在指明“企业经营者基于商业活动中反复使用的目的,按照自己的意志预先拟定条款,且他方只能接受”①。

在实践中,一般的合同格式条款拟定通常有四种情形:(1)以企业为主导的企业或者其团体为了未来经营过程中的重复使用而拟定,如影视投资合同;②(2)以企业为主导的企业或者其团体与消费者利益团体共同拟定,如网络平台合同中的服务协议;③(3)格式条款的拟定具有审核程序,即需要经过国家主管机关的审核,如保险合同;④(4)委托中立的第三方进行格式条款的合同拟定,如原建设部发布的《商品房买卖合同范本》《建设施工合同示范文本 2013》。⑤ 本书重点聚焦于消费类合同格式条款的合规指南,故而交易主体双方中需要有一方是消费者,即与经营者相对应的另一方。这里的消费者,其规范性的法律依据为《中华人民共和国消费者权益保护法》(以下简称《消费者权益保护法》)第 2 条所界定的消费者,即为生活消费需要,购买、使用产品或者接受服务的人。

2. 我国合同格式条款的概念确立

在 1999 年《合同法》颁行之前,我国针对格式条款的相关概念使用不够统一。“曾经使用过格式条款、定型化约款、一般契约条款、一般交易条款、一般交易条件、标准合同、附从合同、定式合同、格式合同、标准格式合同、标准形式合同、定型化契约等多种称谓,从而形成了关于格式条款概念的百家争鸣的态势。”⑥但随着我国《合同法》的颁布,并将格式条款规定为“是当事人为了重复使用而预先拟定,并在订立合同时未与对方协商的条款”,⑦我国才对格式条款的概念正式进行了统一,

---

① 李昌麒、许明月编著:《消费者保护法》,法律出版社 1997 年版,第 267 页。

② 参见刘琳:《格式条款的判断与可预见性规则的适用——确定货物运输合同损害赔偿范围路径探析》,载《法治论丛(上海政法学院学报)》2009 年第 6 期。

③ 参见俞雄武:《对网络消费格式合同中消费者权益保护之法律论析》,载《经济与社会发展》2010 年第 6 期。

④ 参见李奕廷:《保险合同格式条款的法律问题研究》,载《东南大学学报(哲学社会科学版)》2015 年第 S1 期。

⑤ 参见林琳、腾笛:《合同法若干基本问题研究》,中国铁道出版社 2016 年版,第 38 页。

⑥ 苏号鹏:《格式合同条款研究》,中国人民大学出版社 2004 年版,第 38 页。

⑦ 参见原《合同法》第 39 条第 2 款,现《民法典》第 496 条第 1 款未对概念作出调整。

虽然在2019年12月公布的《中华人民共和国民法典(草案)》(以下简称《民法典(草案)》)第496条第1款中,将“为重复使用”予以删除。[①] 而在2021年我国《民法典》正式颁行之际,其第496条第1款针对格式条款的概念也并未作出任何修改。我国学者认为合同格式条款规制的正当性基础源于交涉能力的不平等和对弱者的保护,实质上是对实质平等的维护,基于前述理由,政府为此有出台指导性或规范性格式合同文本的职责与需要。

(三)合同格式条款的构成要件

基于国际立法规定、学者观点梳理与具体实践的概念分析,结合我国针对合同格式条款的《民法典》之规定,现将合同格式条款构成要件总结如下:

一是“预先拟定”。该拟定应做一种广义的理解,它不仅限于一方当事人单方亲自拟定,而是指当事人一方提供和准备,[②]旨在强调合同条款的拟定内容是一种预先的事实状态。

二是“为了重复使用”。虽然有学者指出重复使用应当在适用对象上具有广泛性,且在适用时间上具有持久性。[③] 但需要注意的是,因2019年《民法典(草案)》将该要件予以删除,也就意味着“重复使用”之“重复”应当审慎对待。在司法实践中,法院认为反复使用并不是格式合同或合同格式条款的本质特征,只是其经济功能,而非其法律特征。[④] 故准确地讲,相较于时间上的持久性,重复使用的目的是对适用对象广泛性的一种概括。在审判实务中也有相同的观点,即认为审判实践不应过分强调重复使用的特征,“重复使用”并非司法认定格式条款的必要条件。如果将其作为格式条款的构成要件,那么当事人在主张某条款为格式条款时就负有这样的举证责任,需证明该条款已经被重复使用的事实。让当事人承担这样的举证责任,显然过于严苛,有违立法本意。

---

① 参见2019年《民法典(草案)》第496条第1款规定:“格式条款是当事人预先拟定,并在订立合同时未与对方协商的条款。”

② 参见陈小君:《合同法学》,高等教育出版社2009年版,第70页。

③ 同上书,第71页。

④ 参见沈丘县巴庄火锅等与河南巴庄餐饮管理有限公司特许经营合同纠纷再审案,最高人民法院(2018)最高法民申4790号再审裁定书。

三是“未与对方当事人协商”。一般来说,“未与当事人协商”,即要约不允许对方修改、异议和删除,它是“预先拟定”要件的补充要件,且在一定程度上作为认定格式条款的主要标准。“未与当事人协商”的构成要件旨在指出:在缔约过程中,接受方当事人无法进行个别协商;在缔结结果反映中,格式条款不能加以修改。

综上所述,合同格式条款的构成要件重点突出在“预先拟定”和“未与当事人协商”层面,而“为了重复使用”这一要件,只要在适用对象上具备广泛概括性就能体现其概念的内涵。

二、合同格式条款的特征

合同格式条款的特征,主要可以概括为以下几个方面的内容:

第一,合同格式条款具有不可协商性。合同格式条款的使用人通常从自身的目的、利益角度出发,制订和使用合同格式条款,从而排除了一般双务合同的平等协商(要约与承诺)过程,这是合同格式条款的最主要特征。

第二,合同格式条款由一方预先拟定。即条款的内容和形式都是通过事先拟定加以确定和设置的,并未与接受方进行平等协商,且接受方也无法做出更改。

第三,合同格式条款的要约具有不特定性、持续性和具体性。不特定性通常被称为广泛性,即指合同格式条款的拟定方的目的在于对不特定人发出要约,而非针对特定一人。但不特定性必须和持续性以及具体性相互使用,持续性要求合同格式条款能够在同类或同种情况下的反复适用;具体性则意味着内容的详细具体,且能够应用于实际情况中,也就是说能够涵盖合同成立的主要条款。

诚然,有学者认为合同格式条款还具有双方当事人地位的不平等性。但从法律的角度来说,这种不平等性在法律上属于被异化的不平等性。双方当事人仍旧是平等的民事法律主体,如果接受方不接受该合同格式条款,那么可以选择不订立该合同。

第二节　民法典视域下我国合同格式条款之内容

一、民法典关于合同格式条款之相关规定变迁

原《合同法》第40条明确规定，"……提供格式条款一方免除其责任、加重对方责任、排除对方主要权利的，该条款无效"。对此，有学者主张原《合同法》要求所有免除条款提供方责任的格式条款均属无效，有悖于现实经济要求，不利于企业提高经济效率和预测风险的能力。①

鉴于上述条文有有待完善之处，《民法典》第497条第2项在此基础上，一方面，对"免除格式条款提供方责任、加重对方责任、限制对方主要权利"增加了"不合理"的限制；另一方面，新增"减轻己方责任"。即不能仅因为格式条款是"免除或减轻己方责任、加重对方责任、限制对方主要权利"的，就认定其为无效条款。如果《民法典》第497条没有该限制条件，仅就字面意思而言，很容易导致该条的内容与《民法典》第496条规定的格式条款提供者就该类条款应履行的提示及说明义务的法律效果产生混淆。

至于评价标准，有学者质疑对于原《合同法》第39条和第40条的规范内容，无论是原《合同法》第40条还是在此之后的特别法规定，都仅描述了无效格式条款的类型，并未提供实质性的评价标准。② 也就是说，"免除或减轻其责任、加重对方责任、排除对方主要权利"仅是合同格式条款对相对人利益侵害的特征，本身并不是衡量标准。此时，若想要作为价值判断的衡量标准，可以参考任意性规范，相对人的合同目的以及其他因素等。③ 为便于可视化，附合同格式条款法条对照如表1－1所示。

---

① 参见苏号朋：《格式合同条款研究》，中国人民大学出版社2004年版，第266页。

② 参见贺栩栩：《〈合同法〉第40条后段（格式条款效力审查）评注》，载《法学家》2018年第6期。

③ 参见杨代雄主编：《袖珍民法典评注》，中国民主法制出版社2022年版，第401～402页，边码12、14、16。

表 1－1　合同格式条款法条对照

原《合同法》及其司法解释*	《民法典》
原《合同法》第 39 条　采用格式条款订立合同的，提供格式条款的一方应当遵循公平原则确定当事人之间的权利和义务，并采取合理的方式提请对方注意免除或者**限制**其责任的条款，按照对方的要求，对该条款予以说明。 格式条款是当事人为了重复使用而预先拟定，并在订立合同时未与对方协商的条款。	第 496 条　格式条款是当事人为了重复使用而预先拟定，并在订立合同时未与对方协商的条款。 采用格式条款订立合同的，提供格式条款的一方应当遵循公平原则确定当事人之间的权利和义务，并采取合理的方式提示对方注意免除或者**减轻**其责任等与**对方有重大利害关系的条款**，按照对方的要求，对该条款予以说明。提供格式条款的一方未履行提示或者说明义务，致使对方没有注意或者理解与其有重大利害关系的条款的，**对方可以主张该条款不成为合同的内容。****
原《合同法》第 40 条　格式条款具有本法第五十二条和第五十三条规定情形的，或者提供格式条款一方免除其责任、加重对方责任、排除对方主要权利的，该条款无效。	第 497 条　有下列情形之一的，该格式条款无效： （一）具有本法第一编第六章第三节和本法第五百零六条规定的无效情形； （二）提供格式条款一方**不合理**地免除或者**减轻其责任**、加重对方责任、限制对方主要权利； （三）提供格式条款一方排除对方主要权利。
原《合同法》第 41 条　对格式条款的理解发生争议的，应当按照通常理解予以解释。对格式条款有两种以上解释的，应当作出不利于提供格式条款一方的解释。格式条款和非格式条款不一致的，应当采用非格式条款。	第 498 条　对格式条款的理解发生争议的，应当按照通常理解予以解释。对格式条款有两种以上解释的，应当作出不利于提供格式条款一方的解释。格式条款和非格式条款不一致的，应当采用非格式条款。
最高人民法院《关于适用〈中华人民共和国合同法〉若干问题的解释（二）》（以下简称《合同法司法解释（二）》）第 6 条　提供格式条款的一方对格式条款中免除或者限制其责任的内容，在合同订立时采用足以引起对方注意的文字、符号、字体等特别标识，并按照对方的要求对该格式条款予以说明的，人民法院应当认定符合合同法第三十九条所称“采取合理的方式”。 提供格式条款一方对已尽合理提示及说明义务承担举证责任。	
《合同法司法解释（二）》第 9 条　提供格式条款的一方当事人违反合同法第三十九条第一款关于提示和说明义务的规定，导致对方没有注意免除或者限制其责任的条款，对方当事人申请撤销该格式条款的，人民法院应当支持。	

续表

原《合同法》及其司法解释	《民法典》
《合同法司法解释(二)》第 10 条 提供格式条款的一方当事人违反合同法第三十九条第一款的规定,并具有合同法第四十条规定的情形之一的,人民法院应当认定该格式条款无效。	

* 对格式条款作出规定的还有《最高人民法院关于适用〈中华人民共和国民事诉讼法〉的解释》(以下简称《民诉法司法解释》)第 31 条、《消费者权益保护法》第 26 条等。

** 参见《中华人民共和国保险法》(以下简称《保险法》)第 17 条第 2 款规定,对保险合同中免除保险人责任的条款……未作提示或者明确说明的,该条款不产生效力。

二、我国《民法典》相关规定之争议阐述

在我国原《合同法》以及现行《民法典》之合同编中,合同格式条款的构成要件产生了包括如下的争议:第一,是否为重复使用而事先拟定;第二,是否未与对方协商;第三,提示说明义务的边界在哪里。

(一)重复使用问题

学者普遍反对将“重复使用”作为要件,虽然具体陈述的理由或有区别,但基本的价值判断几无差异。多数学者认为,虽然设置合同格式条款的目的大多确是服务于企业为降低成本而在交易中重复使用,但是“重复使用”并不应是合同格式条款的本质特征,而仅体现了合同格式条款的经济功能;[①]由合同格式条款立法目的出发,对于有些仅使用一次的文本,也不妨碍其应被认定为合同格式条款而纳入司法控制。[②] 在《民法典》合同编编纂过程中,有意见提出“为了重复使用”只是合同格式条款的通常表现形式,并不是其本质特征,合同格式条款的本质特征在于“未与对方协商”,因此即使不是为了重复使用,只要相对方无法对合同施加影响,

① 参见王利明:《对〈合同法〉格式条款规定的评析》,载《政法论坛》1999 年第 6 期。

② 参见谢鸿飞:《合同法学的新发展》,中国社会科学出版社 2014 年版,第 144 ~ 156 页。

没有对合同条款进行修改的余地,都可以称为"合同格式条款"。因此,《民法典》合同编草案一审稿、二审稿、三审稿均删去了"为了重复使用"。对此,又有意见提出,将"为了重复使用"与"未与对方协商"并用,有利于将其本质特征与外在表现统一,判断标准明确,易于操作。删去"为了重复使用",难以认定"未与对方协商",也不利于厘清其与显失公平之间的关系。[①]《民法典》中最终保留了"为了重复使用",但是此处的"为了重复使用",不能僵化理解,不是当事人真正实际重复使用了多次,而是具有重复使用的目的即可。

(二)未与对方协商

有学者认为,此处的"未与对方协商"是指相对人在合同订立过程中处于附从地位,不能对合同条款的形成施加实质影响,即相对人只能在接受或者拒绝之间作出选择。[②] 值得注意的是,这种未与对方协商应当理解为"不能协商"。问题在于如何判断何种"未协商"才能构成实质上的"不能协商"?能否仅凭"留白条款"即可认定属于可以施加影响的合同条款?司法实践中并未形成一致的标准,有判决肯定其为合同格式条款,[③]也有判决不认为构成合同格式条款。[④] 有学者建议,在发生争议的情况下,除非有相反证据表明,若合同中仅有相同条款而没有不同约定,即使存在"留白条款",也不能认为存在有效协商。[⑤] 质言之,协商是一个动态的沟通过程,并非机械地理解有留白条款、可选择条款就简单认定为有无协商,应当从实质判断而非从外观判断。其核心在于是否有真实而有意义的协商发生,即相对方是否有实质性改变条款内容的平等协商机会和可能性。这方面应当适用"举证责任倒置",即由提供方承担举证责任。

---

① 参见石宏主编:《中华人民共和国民法典释解与适用》(合同编)(上册),人民法院出版社2020年版,第66页。

② 参见朱广新:《合同法总则研究》(上册),中国人民大学出版社2018年版,第141页。

③ 参见吉林省高级人民法院民事裁定书,(2017)吉民申2537号。

④ 参见浙江省高级人民法院民事裁定书,(2017)浙民申2352号。

⑤ 参见朱庆育主编:《中国民法典评注·条文选注》(第2册),中国民主法制出版社2021年版,第12页,边码30。

(三)提示说明义务

1. 提示说明义务的范围

根据原《合同法》第 39 条第 1 款的规定,合同格式条款提供方提示说明义务的对象仅限于"免除或者限制其责任的条款",有学者认为该范围过窄,为合同格式条款提供方任意为自己设立、扩大权利的行为大开方便之门。[①]《民法典》对此作出两处调整:一是将"限制"改为"减轻";二是将提示说明义务的范围进行扩张,增加"与对方有重大利害关系的条款"。我国学界通说认为,提示与说明的对象及于全部的合同格式条款,也就是说,所有的合同格式条款都应当提示与说明,[②]使对方注意和理解,从而选择是否接受,因为全面知晓是形成合意的前提,法律无须赘言,只是在涉及对方有重大利害关系时需要格外注意,尤其是对方提出要求时,要特别说明。[③] 但是这种目的论扩张的解释,不符合高昂的交易成本这一现实基础。《民法典》通过概括性规定对提示说明义务的范围进行扩大,值得肯定。这一变动应是参考《消费者权益保护法》中第 26 条第 1 款的规定,但是"有重大利害关系"这一标准具有模糊性和不确定性,仍然有待细化。

2. 提示说明的方式

《民法典》第 496 条第 2 款仅规定以"合理的方式"提示合同格式条款,但是何为"合理方式"语焉不详,需完善进一步的标准。原《合同法司法解释(二)》第 6 条对此予以规定,但这一规定已然失效,值得庆幸的是,最高人民法院 2021 年 4 月 6 日发布的《全国法院贯彻实施民法典工作会议纪要》(法〔2021〕第 94 号)(以下简称《民法典会议纪要》)将上述内容(原《合同法司法解释(二)》第 6 条的内容)以会议纪要的形式予以延续,该条文的内容仍有一定的价值。例如,《民法典会议纪要》第 7 条规定,提供格式条款的一方对格式条款中免除或者减轻其责任等与对方

---

① 参见苏号朋:《格式合同条款研究》,中国人民大学出版社 2004 年版,第 191 ~ 192 页。

② 参见王利明:《合同法研究》(第 1 卷)(第 3 版),中国人民大学出版社 2015 年版,第 416 页;韩世远:《合同法总论》,法律出版社 2018 年版,第 922 页;朱广新:《合同法总则》(第 2 版),中国人民大学出版社 2012 年版,第 121 页。

③ 参见江必新:《民法典重点修改及新条文解读(上册):物权编 · 合同编》,中国法制出版社 2020 年版,第 133 页。

有重大利害关系的内容，在合同订立时采用足以引起对方注意的文字、符号、字体等特别标识，并按照对方的要求以常人能够理解的方式对该格式条款予以说明的，人民法院应当认定符合《民法典》第496条所称“采取合理的方式”。提供格式条款一方对已尽合理提示及说明义务承担举证责任。关于“按照对方的要求以常人能够理解的方式对该格式条款予以说明的”的规定，属于概括性的规定，需要借助具体的方式进行确定，否则解释范围很大，为此，建议有关部门出台指导性的意见，予以细化。

3.提示说明义务是订入控制还是内容控制

原《合同法》并未规定合同格式条款提供方不履行提示或者说明义务的法律后果，因此存在三种不同的观点：一是未成立说，此说认为，提供合同格式条款的一方未履行提示或者说明义务，该条款不成立，不属于合同内容。二是无效说，此说认为提供合同格式条款的一方未履行提示或者说明义务，该条款虽然成立，但是应当宣告无效。三是撤销说，此说认为，设若提供合同格式条款的一方未履行提示或者说明义务，对方可以在法院主张撤销。

我国《民法典》第496条采用了“对方可以主张该条款不成为合同的内容”的表述，可见，《民法典》采取了未成立说，相较于绝对无效而言，未成立说具有如下优点：一是相对人可以作出选择，如果其认可并主张该条款纳入合同内容，应当认定该条款的效力。二是如果主张该条款不成为合同的内容，则该条款不成立，不必像无效那样，产生恢复原状的后果。可见，这一方式可以更好地保护接受合同格式条款的一方当事人的利益。但是，需要注意的是，依据诚信原则，接受合同格式条款的一方当事人必须及时主张是否将该条款纳入合同内容。①

第三节　合同格式条款的法律性质与效力

基于合同格式条款的理论分析，则应当具体探寻其法律性质及效力之规定。

① 参见王利明：《中国民法典释评·合同编·通则》，中国人民大学出版社2020年版，第149页。

合同格式条款的法律性质与效力，均对其在现实社会中的使用有着巨大的影响，因此释明其性质与效力，有助于合同格式条款的实践应用。

一、合同格式条款的法律性质

合同格式条款虽因格式条款与传统合同有着明显不同，但这并不妨害其法律属性仍旧为民法中的合同，仍应属于合同条款。不过在格式条款出现之时，各国学者对其法律性质有了不同的主张，主要包括规范说、命令说、事实合同说与合同说等，在此一一进行阐明。

1. 规范说。当事人因订立合同格式条款而进入一项业已成立法律规范的效力约束范围中，这种法律规范乃是一种特别法，而非契约的一部分。① 这是因为合同格式条款是“经济界自行制定的特别法律”，因此这种契约使得接受方被一项预先存在并定型化的规范加以约束。

2. 命令说。该学说认为，合同格式条款是“一种单纯的片面行为，就是一个人依照法律使用的大众利益设立之公务的片面行为，那么，就发生公务对于私人的责任问题”②。该学说旨在体现，实践中处于交易优势地位的合同提供方提供的格式条款，是一种对处于交易劣势地位的接受方的一种命令。

3. 事实合同说。该学说认为在一定情形下，合同的成立是因事实过程，而非必须依缔约中当事人的意思表示。合同格式条款的成立，是由一定的客观事实所形成的过程，当事人之间无意思表示联络，因此其法律属性为事实合同。

4. 合同说。该学说认为，契约自由中所追求的平等与自由仅仅是一种理论上的假说，格式条款中虽然丧失了传统契约性质，但大致上来说仍是一种契约，只是该契约的性质不能再受传统契约原则的束缚。③ 而在实践中，德国法院直接认定其为单纯合同，无论其是否知悉内容，都将其视为一种依照交易习惯而定的一种

---

① 参见黄越钦：《论附合契约》，载郑玉波主编：《民法债编论文选辑》（上册），台北，五南图书出版公司1984年版，第302页。

② ［法］狄骥：《拿破仑法典以来私法的普通变迁》，会文堂新记书局1937年版，第105页。转引自杨立新主编：《疑难经济纠纷司法对策》（第1集），吉林人民出版社1999年版，第52页。

③ 参见黄越钦：《私法论文集》，台北，世纪书局1980年版，第88页。

"指示生效"行为。

从上述各观点来看,若依规范说,合同提供方则可以完全利用优势地位限制合同接受方,这一点在实践中并未得到印证。若依命令说与事实合同说,合同接受方则并没有权利对合同格式条款进行拒绝,也无权依据任何合同原则申请格式条款的无效。[①] 因此,依合同格式条款缔结程序上的特殊性,以及其条款作为合同本身的性质来看,应当将其归为合同条款。这是因为:一是格式条款的提供方虽具有经济或社会地位的优势性,但其在法律上并没有被赋予任何超权利,接受方同意缔结的结果仍旧是作出平等意思表示的体现;二是合同格式条款的最终缔结与确立,仍然遵循从"要约"到"承诺"的过程,只不过在该过程中要约对象是不特定的第三人,而当不特定第三人作为接受方接受格式条款时,才能实现最终的缔结。基于此,合同格式条款的成立仍旧是以相对合意为基础,且遵循要约和承诺阶段的订立过程。在合同成立后,适用民事合同的一般规则与原则。

但在合同条款的分类上,不同的标准阐释着不同的条款类型。(1)依据合同条款内容的地位,分为主要条款和普通条款;(2)依据条款存在的形式不同,分为明示条款和默示条款;(3)格式条款和非格式条款的划分,则是因为条款的成立方式不同。也就是说,格式条款应是合同条款的具体类型。

此外,还需要指出的是,格式条款与示范合同之间存在不同。示范合同,是根据法规和惯例而确定的具有示范作用的文件,对当事人无强制约束力,双方可以修改其条款形式和格式,也可以增减条款。[②]

二、合同格式条款的效力

针对合同格式条款的效力而言,包括无效合同、有效合同和可撤销合同。基于此,在研究合同格式条款的效力时,应当针对我国合同格式条款的法条规定加以梳理。

---

① 参见我国《民法典》第496条第2款中对格式条款规定之"不能成为合同内容"的规定。

② 参见李绍章:《格式条款的契约法理与规制分析——兼评"〈合同法解释(二)〉"对格式条款的相关规定》,载《南昌大学学报(人文社会科学版)》2012年第5期。

产生分歧的原因在于，原《合同法司法解释(二)》与现有《民法典》的相关条款规定得不一致。若依照《民法典》第496条第2款之规定，格式条款的成立除却具备本条第一款的构成要件之外，还应当具备一个必要要件，即提供合同格式条款方应当提请接受合同格式条款方注意与其重大利害关系的条款，这些条款包括免除、减轻提供方责任等内容的条款。因此，针对免除或者减轻提供方责任等条款内容，提供合同格式条款方应当履行提示或者说明义务。如果这一义务未履行，致使相对方没有注意或理解与其有重大利害关系的条款的，则接受合同格式条款方可以主张该条款不成为合同的内容。①

原《合同法司法解释(二)》第9条、第10条规定，若提供合同格式条款方违反原《合同法》第39条第1款之规定，②则当事人可撤销该条款。但若该格式条款中直接包含合同无效的法定情形和合同免责条款存在人身伤害、重大过失或故意导致财产损失的，则直接认定该格式条款无效。

可见，在现行《民法典》颁布之前，合同格式条款存在"可撤销"之含义。这就意味着，在合同撤销前的合同依旧对合同相对人具有约束力，那么未履行提醒义务的格式条款，也依然在约束合同相对人。若合同最终未被撤销，则意味着相对方仍旧存在承担其他不利后果的可能。但因这一"可撤销"之要件现已被修改，依据现有条款所描述之"不能成为合同内容"则产生不同的观点，即包括无效合同说和有效合同说。

采无效合同说的学者认为，"不能成为合同的内容"则表明自合同成立之时该条款就不存在，该条款自始不会发生效力，因此相对方可以自始不履行该条款，从而避免承担合同责任。这样解释意味着对于提供方未尽合理提醒义务之格式条款承担更为严格的不利后果，如此更有利于对符合条件的相对方进行保护，减少提供方利用其事实上的地位对相对方进行非基于诚实信用原则的压制活动。

采有效合同说的学者认为，对于条款可以无效的部分予以无效，但合同格式条款不应当自始无效。虽然依照《民法典》关于格式条款处理的规定(《民法典》第498条)来看，格式条款的处理通常作出不利于提供合同格式条款方的解释，但这

---

① 参见《民法典》第496条第2款。
② 参见《民法典》第496条第2款之内容，即提请注意原则。

并不意味着格式条款应当整体无效。因为该条在后面仍旧作出说明，即意味着格式条款可以通过非格式条款加以解释。也就是说，“应以免责条款适用的一般相对人标准，凡其‘提请注意’是以提请一般相对人的注意者，其提请即为合理”[①]。另有折中观点认为，“原则上以理智正常的社会的一般人的认识水平为标准，但兼顾智力欠缺、盲人、文盲等特殊群体，对这些特殊群体，虽尽了最大的注意义务，但在仍难以了解免责条款内容的情况下，免责条款就不能成为合同的组成部分，故学术界以折中说为通说”。[②]

基于此，合同格式条款可因不利后果的承担最终“不能成为合同内容”，但这不能意味着合同的其他有效内容也被认定为无效。因此，合同格式条款存在的合同，格式条款可自始无效，但若因合同其他有效条款的无效产生对当事人一方有失公允的情形，则合同格式条款的无效，不应当导致合同整体无效。故合同格式条款以外的合同条款效力应当视为有效条款。

---

① 幸红：《格式合同基本问题探讨》，载《当代法学》2003 年第 10 期。

② 同上。

第二章

合同格式条款规制的价值原理

第一节　合同格式条款的萌发原因

19 世纪，随着工业革命的兴起，科学技术得以广泛应用于生产，组织实现进一步扩张，大规模的企业逐渐产生。同时，由于人们经济生活的内容趋于定型，交易内容大量重复，加之垄断行为规模初显，为减少交易成本，提升效率，合同格式条款应运而生。起初，合同格式条款萌发于银行业、保险业、交通运输业等行业，随后几乎遍及各个商业领域，并成为一种常见的经济现象。

一、合同格式条款产生的经济基础

我国台湾地区学者黄越钦分析合同格式条款在现代社会中之所以如此普遍流行，主要有以下三个方面的原因：一是法律行为或订约行为的强制倾向；二是缔约、履约大量发生且内容不断重复，并成为日常社会生活的例行事项；三是现代生活关系以大量生产消费为内容，使得合同双方当事人都追求简化订约过程，以实现交易便捷的目的。[①] 实际上,这种趋势与垄断的产生并形成一种规模以及经济生活内容的定型化密不可分。

在自由竞争的商品经济环境下,奉行契约自由,生产力快速发展,企业获得大量财富并加速资本集中,使得企业规模不断扩大。但是,当自由竞争发展到一定程度,市场竞争机制失效,少数资本雄厚的企业逐渐形成托拉斯,采用多种手段,加强对市场的支配以进一步攫取高额利益。合同格式条款就是其中一种重要的工具。垄断企业利用其在经济上的优势地位,使得原本双方平等的缔约地位发生偏移。当然,如果市场竞争激烈,或者市场竞争机制有效运行,另一方当事人可以选择多个企业进行协商,依据自己的意志在市场中选择适当相对方,并与之订立契约。可以说,在合同格式条款出现的客观原因中,最主要的是由于合同格式条款提供者在法律上或者事实上的垄断,使之产生经济上的优势地位。[②] 有学者提出高昂的交易成本也是使得消费者不得不接受格式条款的原因之一。[③] 这是因为谈判的成本、找到更有利的要约的成本与因此而取得有利条件相比完全不成正比。[④]

在以手工作坊主为代表的前工业革命时期,契约的订立依赖双方当事人的个别协商,其产品和服务难以形成一定的标准,合同格式条款也就没有存在的前提。但 19 世纪的工业革命,市场和交易的不断发展,加之生产社会化、规模化的影响,逐渐形成了产品的生产系统化和流程标准化,使得经济活动的内容趋于定型化,出现了大量不断重复的合同。这在一定程度上也促使缔约双方都对合同格式条款产生强烈需求。

二、合同格式条款产生的理论基础

如前所述,合同格式条款提供者利用自己在经济上的优势地位,破坏了合同双方当事人平等上的基础,实质上剥夺了承诺者对合同格式条款进行协商的可能性,

---

① 参见黄越钦:《论附和合同》,载郑玉波主编:《民法债编论文选辑》(上册),台北,五南图书出版公司 1984 年版,第 289 ~290 页。

② 参见李永军:《合同法》(第 6 版),中国人民大学出版社 2021 年版,第 153 页。

③ 参见苏号朋:《格式合同条款研究》,中国人民大学出版社 2004 年版,第 29 页。

④ 参见[德]海因·克茨:《欧洲合同法》(上卷),周忠海等译,法律出版社 2001 年版,第 201 页。

他只能全盘接受或者拒绝签订。

（一）合同格式条款的理论基础根源于契约自由理论

德国学者海因·科茨曾言："私法的特点莫过于个人自治或其自我发展的权利。"作为私法自治核心的契约自由，其基本理念是以自由主义、个人主义和经济上的自由主义为前提。一方面，契约是自由意志的产物，每个人基于意志上的自由，有权排除任何人的阻碍或者干预，国家也不例外。个人可以通过独立自主的判断，在自己的自由选择下，按照自己的意志追求利益和承担义务，接受约束。另一方面，这种自由有利于形成并维护共同的秩序。亚当·斯密指出，每个"经济人"都不断努力地为自己支配的资本找到最有利的用途时，受到一只"看不见的手"引导——公共利益，即使公共利益并不是他所追求的。换言之，每个经济人在追求利益最大化时，有利于竞争中的所有各方。

依据上述观点，在合同格式条款中，每个人作为自己利益的最大裁判者、维护者、承诺者，有权选择全盘接受合同格式条款，也有权拒绝与提供者订立合同。如果他是基于自由意志的考量，自愿缔结合同，接受合同格式条款中对其产生的有利或不利影响，且不存在其他无效事由，自然也没有任何法律上的理由对其进行干预，那么合同格式条款在双方当事人之间产生法律上的约束力。倘若，这种"自由""自愿"仅是形式上的愿意，实质上扭曲了自由的含义，如病入膏肓的患者遇上手持合同格式条款的医者，即使双方达成"合意"，也不能依据契约自由理论，使合同格式条款正当化。

（二）合同格式条款的理论基础发端于节约交易成本理论

交易成本理论源于科斯对经济学的理解，他认为交易成本是指交易过程中的所有成本，或者说谈判中的所有阻碍。根据科斯第一定理，当交易成本为零时，无论权利在法律上如何界定，都可以通过市场交易达到最佳配置，而与法律规定无关。根据科斯第二定理，在现实世界中，交易成本大于零时，由于交易成本的存在，产权初始分配状态不可能通过无成本的交易向最优状态变化，因此产权的初始界定必然会对经济效率产生影响。①

乔治·格鲁克指出,节约交易成本理论是格式合同或合同格式条款的源泉,格式合同是批量生产的产品的自然产物和补充。该理论认为,合同格式条款的适用,提供者无须与承诺人进行协商,从而减少其与每一位合同相对人的缔约时间,降低个别交易的时间成本,大大简化交易流程,提高交易效率。例如,一位游客意欲乘坐火车前往旅游目的地,向铁路运输局购买火车票,他可以在铁路部门事先安排的出发时间(固定)、座位等级、路程时间中选择最适合自己的,但是铁路部门不必就乘车价格、环境、服务以及区间设置与相对人进行协商。

合同格式条款滥觞于那些相对专业、技术性强的领域,且这种合同格式条款是大量重复且不断发生的。鉴于生产规模化、社会化与标准化,市场中所提供的产品和服务已经形成了统一的标准,这是合同格式条款得以一次次被使用的前提。除了合同格式条款的可重复使用性外,对于合同格式条款的提供者来说,使用合同格式条款可为其减少风险也是一个重要的因素。现代社会中充斥着大量的风险,在合同的履行过程中也存在诸多不确定因素,格式条款的提供者可以事先约定对自己有利的争议解决方式,尽可能地减轻己方责任,限制对方权利,加重对方义务,以实现自己利益的最大化,把自己的不利降到最低。因此,格式条款中容易存在免责条款或者显失公平的条款。

三、合同格式条款产生的法律基础

如前所述,经济基础和理论依据可以解释合同格式条款得以产生的原因和动力,但是,要实现合同格式条款的正当化,仍需要一定的法律基础。其中,法人制度和合同的任意性规范便是其法律上的原因。

(一)法人制度

古典自然法强调公法和私法的绝对划分,国家在公法范围内活动,个人在私法范围内活动。经济主体限于个人,而不允许个人的联合。此时私法自治的核心内

---

① 参见冯玉军:《法经济学范式》,清华大学出版社2009年版,第216页。

容在于任何政府、社会团体不得对个人进行干预，只能消极地确权和保护私权。这种传统、原始的观点，在市场经济的浪潮中逐渐销声匿迹。从经济学的角度来说，市场的运行是有成本的，通过形成一个组织，并允许某个“权威”支配资源，就能够节约交易成本。一方面，法人的产生，设立法人人格制度和有限责任，可以保护投资者的利益，避免其被无限追责，而处于一种不安定的状态中。另一方面，法人制度也会导致部分企业经济实力大涨，这些企业最终会形成法律上或者是事实上垄断。为了进一步攫取利益和加强对市场的控制，这些企业纷纷将目光投向合同格式条款。由此，合同格式条款有了广泛运用的空间。

拉考夫指出，传统观点认为格式条款可以降低大宗交易成本，缩小营业上的风险，进而加强垄断企业对市场的支配。但是这种观点忽略了合同格式条款的广泛运用是企业组织支配现代经济的另一个侧面，从而实现交易的安定化以及适应科层式的企业内部结构的要求。具体来说，第一，合同格式条款使得企业各个部门之间的调整变得容易，即可以节约贩卖、投送、集资、投诉处理等诸部门间的信息沟通成本，强化交易的进行。第二，可以将有关风险等的组织决定贯彻到每个人，节约了逐个说明的成本。第三，最基层的销售人员自动抑制由于贩卖扩张的压力所导致的组织所不希望的交易，节约内部的控制成本。第四，有利于组织内部权力结构的固定化，即对组织而言裁量权是权力，如果承认最基层的人对契约内容的裁量，因此统制就会变得困难，如果允许一切条款进行裁量，就需要必要的培训和能力，担当者就会要求相应的地位和报酬，格式条款交易的强化，交易使得这种裁量权保持在企业上层成为可能。[①]

（二）任意性规范

传统民法根据当事人是否能依其意思或者与合同相对人的合意以排除、修正规则的适用这一标准将规范分为强制性规范和任意性规范。若能拒绝或修正规则之适用，则该规范系任意性规范，反之则是强制性规范。任意性规范是私法自治中契约自由的集中体现，当事人可以在一定范围内自由地与他人形成私法上的关系。

---

① 参见［日］内田贵：《契约的再生》，胡宝海译，中国法制出版社2005年，第35～36页。

合同编(法)中的规范大多是任意性的,[①]法律不对当事人之间的合同过多干涉,合同的双方当事人可以达成合意,对履行合同有关的所有问题自行作出规定。

但是在普通日常交易行为中,当事人不可能在订立合同时就合同的方方面面作出特别约定,因为这样过于繁碎,既不现实也没有必要。一般而言,当事人仅就合同的重要事项进行约定,如数量、价金、标的物、交付时间、地点以及解决争议的方式等。法律相信在交易过程中每个当事人都是其自身利益的最佳判断者,不必越俎代庖,没有必要为其进行判断,仅在某些特殊情况下,规定当事人不得进行某一行为,大多旨在保护公共利益、第三人利益以及防止发生严重不公平的后果。在合同格式条款中,提供者以事先约定的方式可以排除或限制对方当事人对自己权利的保护措施,因此任意性规范赋予了合同格式条款的合法性。

第二节　合同格式条款的价值功能

一、效率价值

一方面,合同格式条款能通过减少产品的差异度来促进价格竞争。通过一个类比来说明原因:牙膏在规格、大小、形状、质地、口味等方面各有不同,制造商想通过这些方面的差异来吸引消费者购买他的产品,产品的差异会使价格变得比较复杂。如果所有的牙膏在这些方面都是同质的,那么,价格竞争就会激烈。同样,统一的合同格式条款可以减少合同的差异,强化合同价格竞争。[②]

另一方面,合同格式条款内容趋于固定、形式标准化,使其具备批量处理的条件,合同格式条款的提供者不必与承诺者就格式条款的内容逐一协商,又能对不同的承诺者同样地、反复地适用,即成批地签订大量合同。在合同缔约的过程中,简化了"要约—承诺"之间相互反复的过程,节省了当事人之间的时间、精力,免去固

---

① 参见[德]卡尔·拉伦茨:《德国民法通论》(上册),王晓晔等译,法律出版社2013年版,第42页。

② 参见[美]罗伯特·考特、[美]托马斯·尤伦:《法和经济学》(第6版),史晋川、董雪兵等译,格致出版社、上海三联书店、上海人民出版社2021年版,第357页。

定条款进一步协商的必要，从而节约交易成本。[①]

二、相对安全价值

相对安全价值也是合同格式条款得以广泛运用的原因之一。在实践中，合同格式条款一般以书面明示为原则，提供者会统合技术上和法律上的专业人士竭尽所能地对格式条款的内容进行细致而又明确的规定。这种极具稳定性和明确性的条款，对当事人的权利义务关系具有重要的调整作用，避免因当事人的误解或者出现合同漏洞从而引发不必要的纠纷。这种形式能够明晰当事人之间的权利义务，双方当事人都知道出现自己的某一行为或者合同约定的情形发生时，其法律后果如何。从另一个角度来说，这种稳定性能够弥补当事人因专业或知识上的不足，在实现自己的需求的同时，处在有关国家机关的统一范畴内。在这种模式下，合同格式条款的提供者和承诺者都认为交易是安全可靠的。

三、政策价值

现代市场经济是有调控的市场经济。合同格式条款具有不可协商性以及要约的长期性，倘若对格式条款采取放任态度，任其野蛮生长，根据曼昆经济学的有关原理，市场可能因为外部性和市场势力无法有效配置资源，出现市场失灵的现象。[②] 此时，政府进行政策上的规制以促进效率和平等确有必要，否则将严重损害广大消费者的利益，妨害社会公共利益，影响国家长远经济目标的实现。合同内容的固定性和形式的标准化，为国家进行政策控制提供了可能。合同格式条款总是由一方预先提供，无论是由专门政府机关统一制定，还是由当事人自己起草并交由专门机关审核，它都为国家进行政策控制提供了现实的途径。这样，国家经济的发展便通过契约的形式，实现稳定化、计划化和可控化。

---

① 参见黄秋生：《标准合同相关问题研究》，载《现代法学》1996 年第 3 期。

② 参见［美］曼昆：《经济学原理：微观经济学分册》（第 8 版），梁小民、梁砾译，北京大学出版社 2020 年版，第 13 页。

第三节　合同格式条款对契约自由和契约正义的挑战与回应

合同格式条款的核心价值在于可以减少缔约时间和成本,从而节省交易成本,提高交易活动的效率。但是,合同格式条款的提供者经常利用其优越的经济地位,签订有利于己、不利于相对方的条款,如免责条款、失权条款、法院管辖条款等,对契约上的危险及负担作不合理的分配。由此可见,合同格式条款所造成的负面影响也不容忽视。

一、合同格式条款对契约自由的挑战

(一)契约自由的缘起

契约自由、所有权绝对、过错责任被视为近代私法的三大核心原则。但是契约自由这一原则并不是近代才出现的。早在罗马法时期,契约自由就已具雏形。罗马早期,经济尚不发达,经济活动多发生于部落之间,因此法律严格要求契约的形式以适应经济文化的发展水平,所有契约均是要式契约,即严格履行法定的方式方能成立。到了万民法时期,为了适应商品流通的需求,法律允许只要当事人达成合意就可以订立契约,不需要特定形式或者交付标的物,即诺成契约。[①] 由此观之,契约的成立与否和当事人的意志有关。

可见,罗马法虽然没有将契约自由确立为一种原则,但体现着契约自由的理念。随着商品经济的不断发展,资本主义生产关系逐渐形成,封建主义禁锢下的身份关系、等级观念受到剧烈冲击,个人逐渐解放而成为自由、平等的生产者。正如

① 参见周枏:《罗马法原论》(下册),商务印书馆2014年版,第760页。

英国学者梅因所说:迄今为止,所有改革型社会的进程都是一场从身份到契约的运动。[①] 尤其是到了18、19世纪,个人主义、自由主义大行其道,为契约自由的传播奠定坚实基础。学界普遍认为,首次确认契约自由为合同法基本原则的法国,更是以法典的形式予以固定。1804年《法国民法典》第1134条规定:依法订立的契约在当事人之间具有相当于法律的效力。[②] 契约自由原则不仅在大陆法系国家得以确立,英美法系国家亦是如此。1875年英国民事上诉法院首席大法官杰赛尔勋爵宣称:若还存在比公共秩序更为重要的公共政策,那就是具备正常理解能力的成年男人应当拥有最大限度的订约自由,自由、自愿订立的合同应当具有神圣性,法院对其应当予以强制执行。

古典契约法理论认为,法院应充当超然而独立的仲裁者或者公断人,其主要工作是监督游戏规则的遵循而不直接介入其中,至于正义之类的价值是否因此而实现,并不关心。法院既不为当事人订立契约,也不为当事人审查契约,当事人自己必须仔细斟酌契约的各个细节,以免出现法律漏洞。[③]

(二)契约自由的含义

通说认为,契约自由原则含有以下几个方面的内容:其一,缔结契约的自由,即当事人根据自己的需要和意愿而决定是否与他人缔结契约的自由。这是契约自由原则最基本的要求,是享有其他方面的决定自由的前提。其二,选择相对人的自由,即当事人有权决定选择何人作为交易伙伴,决定与何人缔结合同,任何人均不负有必须与特定人缔约的义务。其三,决定合同内容的自由,即就具体的交易内容(标的物、数量、价金等)、权利义务的分配、合同风险的负担、违约责任的确定、发生纠纷时解决争议的方法等与交易密切相关的事项,只要不违反法律的强制性规范,当事人都有选择和决定的自由。当事人不仅获得自由决定合同的内容,而且可

---

① 参见[英]亨利·梅因:《古代法》,郭亮译,法律出版社2019年版,第112页。

② 有学者认为法国于2016年的债法改革令中首次明确规定契约自由原则。也就是现行《法国民法典》第1102条规定:在制定法所确定的限制范围内,任何一方当事人均有签订或者不签订合同的自由,享有选择合同对方当事人的自由,享有确定合同内容和形式的自由。合同自由不得违反与公共秩序有利害关系的法律规范。参见张民安:《法国民法总论》,中山大学出版社2021年版,第57页。

③ 参见[美]格兰特·吉尔莫:《契约的死亡》,曹士兵等译,中国法制出版社2005年版,第18页。

以在法律所规定的有名合同之外，订立无名合同或混合合同。其四，变更或解除合同的自由，即在合同依法成立后履行完毕之前的任何时间内，当事人都有权协商变更合同内容或者解除合同。其五，选择合同形式的自由，即当事人有权自由决定所订立的合同采取何种形式，如口头、书面或者其他形式。法律不应当强行规定当事人采取何种形式，因为强制当事人完成某种特定的"形式"，这本身就是对当事人自由意志的限制。①

但也有学者认为，契约自由还应当包括契约神圣和契约的相对性。② 前者是指契约一旦订立即具有效力，双方当事人均应当严格遵守契约并保证不逃约，具体包含三方面要求，第一，在缔约过程中，当事人应当信守自己的承诺；第二，依法成立的合同必须履行，当事人不得擅自变更或解除；第三，依法成立的合同受法律保护。后者强调的是契约效力的相对性，合同的效力只能向接受契约约束的特定相对方主张，而不能向其他第三人主张。③

(三)合同格式条款对契约自由的背离

合同格式条款得以产生的理论基础是契约自由，而法律对合同格式条款进行规制的原因则是对自由的限制。正如卢梭所言，人生而自由，却又无往不在枷锁中。自由从来都不是没有限制的，而是有节制、有边界的。依据传统的契约自由理论，契约是双方当事人意思表示达成一致的行为。这种合意至少应满足以下两方面的要求：一方面，合意是建立在独立、自主、自愿的意志之上的；另一方面，双方当事人之间存在协商或者至少可以协商。

首先，合同格式条款中缔约能力的不平等造成当事人"自愿"的虚假性。契约自由原则的理论前提是主体地位平等和完全的市场竞争机制。没有平等，自由就无从谈起。就平等而言，平等主要体现在权利能力、法律地位上的平等以及权益受到侵害后平等地受保护。但是，法律赋予的"平等"，是抽象意义上的平等，强调法律上的人格平等，而不考虑基于现实的、具体的主客观条件，诸如经济实力、环境、

---

① 参见韩世远：《合同法总论》(第4版)，法律出版社2018年版，第45页；崔建远：《合同法》(第7版)，法律出版社2021年版，第11页。

② 参见李永军：《合同法》(第6版)，中国人民大学出版社2021年版，第29~30页。

③ 参见王秉乾：《英国合同法详论》，法律出版社2022年版，第31页。

时间、机遇等。换言之,这种平等是形式上的,因为它忽略了具体当事人可能在专业能力、经济地位、技术水平上的差异。事实上,经济实力的显著差异直接造成双方当事人在缔约能力上的不平等。甚至,自由竞争发展一定程度后,垄断出现,一方当事人处于绝对的优势地位,强势方滥用自己的经济实力,凭借对方在经济生活上对其的高度依赖性,将预先确定好的合同内容强加于合同相对方,合同相对方处于正常经济生活的压力下,不得已接受格式条款的全部内容,这种“无奈的、被逼的自愿”表面上也是一种自愿,但是严重侵害了相对方的自由。

其次,合同格式条款的提供者剥夺了另一方当事人进行协商的权利。古典契约理论中有一个重要的原则就是任何人不得被未经其同意的义务所约束。但是合同格式条款的特征就是格式条款提供者事先拟定,不允许另一方当事人进行变更,要么全盘接受,要么拒绝,这实际上剥夺了相对人进行协商的权利,甚至连协商的可能性都不复存在。假设你现在需要办理一张电话卡,无论你选择哪一家运营商,都不能对套餐内容的设置与运营商进行协商,如套餐中包含的月租费、流量、网速、通话时长、计费方式,你只能选择办或者不办。那么在此情境中,你是否处于自由的状态呢?

二、合同格式条款对契约正义的挑战

(一)契约正义的缘起

法律是善良和公正的艺术,正义是法律价值中追求的永恒话题之一,也是一个千古难题。在柏拉图眼里,正义是一种与智慧、勇敢、节制相并列的德性。与其他德性不同,正义是一种总体的德性。亚里士多德则是将正义从社会伦理、政治或者说城邦、公共利益、平等的角度进行分析,把正义分为分配正义和矫正正义、自然正义和规则正义。柏拉图和亚里士多德的正义观可以概括为“给予每个人以其所应得的东西”。托马斯·阿奎那则将上述观点置于神学体系中予以进一步解释,他认为正义是一种习惯,根据这种习惯,一个人以一种永恒不变的意愿使每个人获得其应得的东西。[1]

20 世纪,罗尔斯在《正义论》中指出:正义的主要问题是社会的基本结构,或者准确地说,是社会主要制度分配基本权利和义务,决定由社会合作产生的利益之划分的方式。[2] 他提出了正义的两个基本原则:第一,“最大的平等自由原则”,即每个人都应平等地享有基本的自由,包括政治、言论、集会、良心、思想、人身、占有个人财产、不受专横地逮捕与剥夺财产的自由。第二,“差异原则”,即确立社会和经济的不平等时,应当对整个社会,特别是应当对处于最不利地位的人有利,而且所有的社会地位和官职对一切人开放或提供平等的机会。

由是观之,无论正义的观念有多少不同,它所关注的是如何使一个群体的秩序和社会的制度适合于实现基本目的的任务,满足个人的合理需要与请求,并与此同时促进生产进步和社会内聚性的程度,这是维持文明社会生活方式所必需的,就是正义的目标。[3]

(二)契约正义的哲学内涵

亚里士多德认为,信守诺言的行为就是一种讲真话的德行。为此,他论述道:诚实的人,不是守约的或者有关正义与不正义的事物上的诚实(关系到另外一个德性),而是在不涉及那些事物时,一个人处于品质的语言和行为上诚实,因为这样一个诚实的人就是有德行的人。[4] 因此,行为上不诚实的人,不具有信守诺言的德性。如果这个人还在关系到守约或者正义与不正义的方面不诚实,那么他还失去了另一个德性,即交换正义。

托马斯·阿奎那在此基础上进一步认为,诺言作为忠诚和诚实的事物而具有约束力。因为所有的允诺根据自然法都是有约束力的。允诺是他为另一个人有所作为,就像为自己设定的法律。这种允诺产生于更深层次的目的,而该目的与判断

---

① 参见[美]E. 博登海默:《法理学:法律哲学与法律方法》,邓正来译,中国政法大学出版社 2017 年版,第 36 页。

② 参见[美]约翰·罗尔斯:《正义论》,何怀宏等译,中国社会科学出版社 1988 年版,第 5 页。

③ 参见杜军:《格式合同研究》,群众出版社 2001 年版,第 123 页。

④ 参见[美]詹姆斯·戈德雷:《现代合同理论的哲学起源》,张家勇译,法律出版社 2006 年版,第 13 页。

力和理解力有关。因此,就允诺人和守诺人之间的允诺而言,允诺人必须比他所理解的内容要做得更多。当一个人允诺将其财产转让给另一个人或者同意现在就这样做,他要么在践行交换正义的德性,要么在践行慷慨的德性。

简言之,允诺源于允诺人的意志,只有他愿意承担义务,允诺才能约束他。通过这种允诺,当事人实施另外的德性,即亚里士多德所言的交换正义或者慷慨。而当事人的义务取决于他践行的是哪种德性。与慷慨不同,交换正义的行为需要对等。例如,出售的商品价格不公平,存在瑕疵,或者存在没有明确告知的缺陷,以及依高利贷贷出的款项,都违反了对等原则。①

古典契约理论认为契约即公正。这一观点的前提是:一是人们相互之间是平等的;二是每个人都是追求自己利益最大化的人,任何有理智的人都不会订立损害自己利益的合同。正是基于这种主体地位的平等性和互换性,契约自由和契约正义具有内在的统一性。我国台湾地区学者王泽鉴提出契约正义为平均正义,强调等值性,在双务契约的对待给付中,双方之间互为的给付应是等值的。② 有学者从契约自由的角度出发,认为契约正义应当包含三种属性:一是等值属性,判断契约是否正义,在于双方当事人之间的给付与接受给付是否具有等值性;二是交换属性,契约正义要在契约双方当事人的权利义务交换过程中才能实现,契约等值性的外在表现形式就是合意所形成的协商过程;三是平等属性,契约正义的实现,必须建立在契约当事人之间的平等地位基础上。③

(三)合同格式条款对契约正义的偏移

美国学者波斯纳对合同格式条款相对人利益受到赤裸裸侵害的现象进行了描述:一个普通消费者与一家大公司的交易,就是一个无助的弱者被刀架在喉咙上强迫达成的交易。消费者交易使用的格式条款确实倾向于成为不利于消费者的单边契约。④ 究其原因,资本主义进入垄断资本主义阶段,首先,主体平等性逐渐丧失。

---

① 参见[美]詹姆斯·戈德雷:《现代合同理论的哲学起源》,张家勇译,法律出版社 2006 年版,第 14 ~ 18 页。

② 参见王泽鉴:《民法学说与判例研究》(第 7 册),北京大学出版社 2009 年版,第 16 页。

③ 参见晏芳:《格式合同的司法规制研究》,中国政法大学出版社 2019 年版,第 35 页。

④ 参见[美]波斯纳:《法律的经济分析》(第 7 版),蒋兆康译,法律出版社 2012 年版,第 162 ~ 163 页。

合同格式条款当事人之间不是传统的平等主体,而是支配与被支配的关系。其次,信息不对称。市场环境日益复杂、商品技术含量增加、服务专业化程度高,交易环节增多,市场主体难以充分掌握契约标的信息,合同相对人理解条款真正意图的难度陡然攀升。最后,市场中可供选择的交易主体逐渐减少,即合同相对人可以与之缔结合同的交易伙伴数量减少。

第一,信息不对称。简单来说,信息不对称就是“我知道一些你不知道的事情”。根据经济学的规则,一些人比其他人掌握的信息更多,这种拥有信息不对等的能力会影响人们的决策。[①] 在合同格式条款设计时,作为格式条款的提供者,相对于市场交易的合同相对一方,即接受方,其拥有更专业的知识优势、更强大的法律团队和更优越的博弈机制,掌握着涉及合同格式条款相关的重要信息,往往会设定一些不经过仔细辨别,无法确定其是否公平合理的条款内容,进而导致相对方在实质上处于交易的劣势,甚至被置于“无知之幕”的白板境地。若不对这样的格式条款予以规制,拉平双方市场交易的实质不平等地位,势必导致市场交易的公正缺失。如果仍由市场交易主体自由缔约,则契约正义价值和目标是很难实现的。

第二,合同格式条款的提供者严重违反公平原则或者诚实信用原则,具体表现在以下几个方面:首先,给付与对待给付不具有相当性。在双务合同中,当事人互以对等的给付与对待给付互相交换为基础达成交易。在“货物出门,概不退换”的情形下,相对人在买卖合同支付价金以获取与其价金相对等的货物,而该条款排除合同格式条款提供者(出卖人)的瑕疵担保责任,根本否认买卖合同给付与对待给付的对价关系。[②] 其次,通过合同不合理地分配风险,不合理地减轻或者免除自身责任。在合同的履行过程中,风险无所不在。为了追求自己利益最大化,合同格式条款是由提供者事先拟定的,而且是一种不可变更的交易模式,他们总是尽可能地希望降低风险。由于其缔约能力在交易中占据优势地位,故他们可以考虑合同履行过程中可能出现的风险,进而予以规避。此外,他们还可以通过合同格式条款,免除或者减轻己方不履行或者不能正确履行合同的法律责任。这显然违反了合同

---

① 参见[美]曼昆:《经济学原理:微观经济学分册》(第8版),梁小民、梁砾译,北京大学出版社2020年版,第467页。

② 参见高圣平:《试论格式条款效力的概括规制——兼评我国合同法第39条》,载《湖南师范大学社会科学学报》2005年第3期。

法的一般原理,合同风险的负担、责任的分配要根据公平原则据以考量,从而实现双方当事人的利益平衡。

综上所述,合同格式条款的订立虽然在表面上符合契约自由原则,但是形式上的自由难掩实际上的无奈,它客观上损害了合同相对方的自由。契约自由和契约正义正处在分崩离析之中。因此,各国都对合同格式条款加以规制,在契约自由体制下,规范不合理的交易条款,维护契约正义,使经济上的强者不能假借契约自由之名压榨弱者。法律应当注重对弱者进行保护,合理地平衡双方当事人之间的利益。

第三章

合同格式条款规制的中外演进

第一节 法典化时代合同格式条款规制的中外原理与理念

19世纪伴随商品经济的迅猛发展、交易内容的重复、交易效率的要求以及行业垄断的初步形成,合同格式条款从交通、保险、银行等领域产生,并迅速扩展到几乎所有的商业交易合同领域。合同格式条款因其高效、安全、形式公平等特点,遍布经济活动和社会生活的每个角落。格式条款的理论基础源于契约自由理论、交易成本节约理论,但是格式合同的发展对契约自由构成了挑战。

一、契约自由理论的推崇与衰落 vs. 格式合同对契约正义的挑战

20世纪上半叶,建立在自由意志、合意理论、禁止反言等合同法契约自由基本理论的基础上,各国在格式条款领域主要采用传统的契约形式主义原理,即不考虑社会经济实况与格式条

款非协商性交换模型的基础。契约自由理论建立在假定的基础之上，具有浓厚的理想主义，与人类社会现实严重背离，因而与社会现实之间的冲突不可避免。

首先，契约自由仅关注于当事人在法律上是否平等，而忽视现实中当事人之间经济地位的差异。这种确立于19世纪民法模式的重要特点就是人格抽象化，将民事主体进行抽象概括，统称为法律意义上的“人”，这种抽象人格理论不考虑人与人之间各种情形的差别，如经济实力、政治地位、文化程度、宗教信仰、企业与受雇人、生产者、消费者之间的对立以及显著差异等要素。[①]

其次，契约自由理论仅关注形式公平而忽略实质公平。根据契约自由理论，当事人自由订立的契约相当于法律，当事人必须严格遵守约定，履行合同义务。法官在处理合同纠纷案件时，也必须严格按照契约约定的条款裁判，而不考量缔约时当事人双方地位平等与否，如当事人一方是否利用自己的市场地位优势，另一方是否缺乏缔约经验，当事人之间是否存在利害关系，缔约时社会经济条件是否较缔约前发生了根本变化等，这必然会导致形式公平而实质上的不公平。在不断发展的现实的商业交易活动中，经济地位的差异使当事人之间缔约时平等地位的基础已不复存在，处于商业交易弱势地位的消费者、劳动者不得不接受明显不平等的契约条款，契约自由理论俨然成为某些人谋取不正当利益的工具。无论是大陆法系国家还是英美法系国家，各国都需要通过法律修正契约自由理论的弊端，在维护契约自由理论作为合同法基本原则的基础上，使合同法更能适应现代社会生活的要求，消除合同当事人之间的不公平现象，使当事人的选择更符合其真实意愿，实现契约正义。

二、“合同说”“条款说”视角下的格式条款

合同格式条款是合同法在当代的重要发展，是伴随20世纪契约自由理论的衰落，合同条款受到限制的表现形式。在全球范围内，不同法系对格式条款法律制度研究的视角不同，形成了“合同说”“条款说”两种法律学说和实证法模式。

英美法系国家主要从合同视角研究格式条款制度，通常表示格式条款法律制

---

① 参见苏号朋：《格式合同条款研究》，中国人民大学出版社2004年版，第24页。

度的术语是“standard form contract”“standard contract”,即“标准合同”“格式合同”。一些英美合同法的著述中,则会从“条款说”视角研究该制度,采用的法律术语为“standard contract terms”或“standardized contract terms”,即“标准合同条款”或“格式合同条款”。[①]

英国合同法学者认为,“格式合同”条款是指具有明显经济优势的合同一方在缔约前,预先拟定好合同条款的内容,并在交易过程中利用其优势地位,迫使合同相对人被动附和、接受的合同,此类合同不存在协商缔约的可能,合同相对人或接受或拒绝。美国学者伯尔夫、卡索夫在两人合著的《民法》中认为,格式条款是“附合契约”或“附意合同”,是指合同一方当事人地位具有优势,则较弱一方当事人就合同可协商的内容较少,甚至没有协商余地,只能附合于强势一方当事人预先拟定的合同而订立合同。这种合同中不容协商的条款被称为“锅炉钢板”条款,对于这种条款另一方当事人只有全部接受或全部拒绝的选择。

在大陆法系国家中,德国从“条款说”视角进行研究,采用表示格式条款的术语是“一般交易条款”,1976 年德国制定《一般交易条款法》来规制一般交易条款,2002 年《德国债法现代化法》将《一般交易条款法》的实体法部分与民事特别法整合,使之成为《德国民法典》的组成部分。根据《德国民法典》第 305 条的规定,一般交易条款是指合同一方当事人为了提供将来的订立多数合同之用途而预先拟定,并于订立合同时提供给合同相对人的所有合同条款。不论该条款是否构成合同的单独部分,或是直接载入合同文件,也不论其范围、书写方式、所采用的形式如何,都属于一般交易条款。

法国采纳的是“合同说”视角,术语为“附合合同”或“附意合同”。法国的现代合同法认为“附合合同”是指一方当事人对另一方当事人事先已确定的合同条款只能表示全部同意或全部不同意的合同,即一方当事人只有两种选择,从整体上接受合同条件,或不订立合同;而不订立合同的可能,客观上根本不存在。[②]

我国原《合同法》采用“格式条款”“合同格式条款”“格式合同条款”的法律术语,而非“格式合同”的表述。《民法典》也延续了《合同法》中“格式条款”术语的

---

① 参见苏号朋:《格式合同条款研究》,中国人民大学出版社 2004 年版,第 37 ~ 38 页。

② 参见晏芳:《格式合同的司法规制研究》,中国政法大学出版社 2019 年版,第 58 页。

运用。《民法典》第496条规定,“格式条款是当事人为了重复使用而预先拟定,并在订立合同时未与对方协商的条款。采用格式条款订立合同的,提供格式条款的一方应当遵循公平原则确定当事人之间的权利和义务,并采取合理的方式提示对方注意免除或者减轻其责任等与对方有重大利害关系的条款,按照对方的要求,对该条款予以说明。提供格式条款的一方未履行提示或者说明义务,致使对方没有注意或者理解与其有重大利害关系的条款的,对方可以主张该条款不成为合同的内容”。

第二节 大陆法系国家与英美法系国家合同格式条款规制的模式

合同格式条款产生于19世纪,20世纪被企业广泛使用,其规制的主要理念是充分发挥格式合同缔约便捷高效的特点,促进经济贸易的迅速发展,并在民法基本原则的约束之下保障交易公平,确保平等、自愿、诚实信用等要求在市场经济关系中得以维系与实施。[①] 然而,格式条款先天所具有的对消费者利益损害的弊端也日益显而易见,极大地损害了社会的公平正义。运用传统的契约自由理论规制格式条款,以尊重当事人之间的约定来处理格式条款纠纷,无法在当事人经济地位严重不平等的社会现实下达到法律规制所追求的公平正义的目标。

因此,第二次世界大战后各国开始调整对格式条款的规制方式,矫正格式条款中契约自由与契约正义背离的状况。在规制方式上,德国学者冯·希佩尔认为有七种规制方式,即加强竞争、行业自律、制作合同范本、采用审核制、设置消费者保护官、制定强行法、进行司法审查。[②] 我国台湾地区知名学者王泽鉴则提出规范定型化契约条款、行政机关提供文件格式和建立审查制度、消费者团体拟定范本合

① 参见苏号朋:《格式合同条款研究》,中国人民大学出版社2004年版,第303页。
② 参见晏芳:《格式合同的司法规制研究》,中国政法大学出版社2019年版,第95页。

同、法院司法控制这四种规制方式。①

以上观点,从规制主体而言,均可以归纳为采用与普通合同不同的方法,对格式合同主要通过立法、司法、行政、行业自律等方式进行规制。其中,立法规制、司法规制作为格式合同最终的规制方式,第二次世界大战后经过一个世纪的探索,各国和地区在根据本国国情基础上,分别建立了适合本国的格式条款规制模式和规制原则。

一、大陆法系合同格式条款的规制模式

1976 年德国《一般交易条款法》的制定,意味着德国规制格式条款的模式是以《一般交易条款法》为核心,后被《德国民法典》吸收后,构建了完善的规制立法。法院建立规则对一般交易条款进行控权规制,在保护私法自治原则的基础上,最大限度地减少行政规制;行政机关在个别关系国计民生的重点领域进行核准;该法赋予消费者协会诉讼权利,使其可以从法院获得禁止企业使用不公平条款的禁令。②

法国格式条款规制的模式是:虽无专门立法,但合同法中有附和合同的规制条款;司法规制进展较慢,法院对附和合同条款有审查权,但实施谨慎;行政规制建立了合同条款滥用委员会,但效果不明显;在社会规制中,消费者协会发挥了一定作用,拥有诉权和禁令获取权。

二、英美法系合同格式条款的规制模式

1973 年英国公平交易局的建立,标志着格式条款规制模式的创建。英国是以 1977 年《不公平合同条款法》等成文法进行立法规制的;充分发挥法院司法规制功能和判例法的重要作用,赋予法院充分审查格式条款的权利;行政机关对格式条款的运用进行监督检查,防止格式合同中不公平条款,行政机关行政规制具有实效,英国的公平交易局可以从法院获得禁令,并有权与企业谈判,进行规制。社会规制

① 参见晏芳:《格式合同的司法规制研究》,中国政法大学出版社 2019 年版,第 96 页。

② 同上书,第 101 页。

则是通过消费者协会、行业协会、媒体等社会团体和机构,利用其自身的社会影响以及舆论宣传,对格式条款运用进行社会监督,社会规制影响范围大、规制及时、主动性强、效率高,但是没有行政权力介入,规制效果偏弱。

三、合同格式条款的规制原则

对合同格式条款进行立法规制、行政规制、司法规制、社会规制是一个系统工程,各国需立足于本国国情、社会现实、时代特色,采用适合该国的规制方式。各国对格式合同条款规制的内容主要聚焦于合同格式条款的订入规制、合同格式条款的解释规制、合同格式条款的效力规制。

(一)合同格式条款订入的规制原则

由于合同格式条款体现了制订方的控制意志,在立法阶段限制其在合同中的订入,尤为重要。在大陆法系国家中,《德国民法典》第305、305a、305b、305c条明确了一般交易条款在合同中订入的要件,包括可以适用的基本规则,一般交易条款的指示必须采用“明示原则”,指示必须发生在合同订立之时,指示发生在合同订立之后的无效;依订立合同的性质,一般交易条件的使用方要对一般交易条件作出明确指示;使用方要给予相对方一般交易条件知悉的条件,或以显而易见的方式告示;而在一些特殊领域,对一般交易条款无须作出明确的说明和告示,只需通过足够明确的方式表达其愿意将一般交易条款的内容引入合同的意愿。德国制定“个别约定优先”的规制原则,即司法判例确定了个别约定的合同条款优先于一般交易条款。在一般交易条款的适用中,如果发生合同当事人误认为条款成功订入合同或错误认为条款全部有效,评判标准以法律为准,而非当事人订约时的目的,并严格规定合同当事人因错误而导致的合同撤销权。

在对合同格式条款承诺阶段,德国的司法实践中不要求有合同相对人进行严格的签字,只要相对人有订立合同的类似行为,就表示其对一般交易条件的同意。德国学界对承诺阶段的合意采用默示方式,即如果使用人通过某种方式使顾客知悉他仅愿意以一般交易条件缔结合同,而顾客也通过其并不矛盾的“可推断行为”

表示同意,即足以说明他们具有缔结合同一致的意思表示。

德国明确规定异常条款,即令人意外的条款,不得成为合同的组成部分。异常条款是指根据交易的正常情形,依照相对人的正常期待,条款的形式、内容并非合同相对人所能预见、所能接受的格式条款。对于"异常"的判断,德国学界认为应当考量异常的程度、明示或隐藏的方法。

法国对传统合同订立过程的规制主要运用"信息提供义务"原则,即附合合同的要约人要使受要约人在订立合同时完全了解合同的条款,必须履行适当方式告知的义务,并且必须是在合同订立时告知,否则该格式合同对受要约人不产生约束力。在合同格式条款承诺阶段,法国对承诺方的特殊保护主要通过强行持续程序和赋予消费者反悔权。

强行持续程序是指针对一些对消费者利益有重大影响的合同,法律强制性规定在收到要约后的一定期间之内,消费者不得作出承诺,以使消费者充分考虑、权衡利弊,不因草率签订合同而致使其利益受损。该程序意在避免格式合同提供方对消费者订立合同的催促行为。消费者的反悔权则是针对合同双方已经意思表示一致而成立的合同,赋予消费者在一定期间内反悔的权利。①

在英美法系国家中,英国明确合同格式条款订入合同要件的三原则:第一,免责条款援引人证明免责原则。即要求免责条款的援引人证明合同相对方在签订合同时或在合同签订前已经认可该免责条款,否则该条款就不应属于合同的组成部分。第二,"推定通知原则",即免责条款应足以引起理性人注意到其存在,即使合同相对人并不知道该条款,该免责条款仍适用,但如果该免责条款造成了相对方的负担,就不一定适用此原则。第三,可以通过合同相对性原则排除免责条款。②

美国对合同格式条款订入合同的规制,主要通过三种情形考查合同格式条款是否属于合同的一部分,具体包括:第一,交易何种阶段作出该条款声明;第二,该契约条款是否全部书面作出;第三,作出免责声明方是否比合同相对人更为熟悉契约标的。对于免责条款,只要对方签字,无论是否阅读过该条款,对方当事人都应受到合同的约束,除非因欺诈或虚假陈述导致对方当事人签名,字体大小与否,是

① 参见晏芳:《格式合同的司法规制研究》,西南政法大学2015年博士学位论文,第99页。
② 同上书,第75页。

否足够引起对方注意，并不重要。因此，美国对合同格式条款的法律规定较为宽松，并不太倾向于保护合同相对人的利益。

（二）合同格式条款解释的规制原则

合同格式条款因其对契约正义的背离，对其进行解释规制时，应确立公平原则，从而对合同相对人的弱势地位进行矫正，以追求实质正义的目标。“不利于条款利用者的解释规则”在《法国合同法》第1162条、《意大利民法典》第1370条、德国《一般契约条款法》第8条中确立，即不利于债务人或条款利用者的疑义解释规则。

此外，在合同格式条款中，条款制定人常以免责条款进行事先的责任分配并降低经营风险，相对人的利益在免责条款中会被忽视，排除了相对人的权利，加重了其责任。英国对免责条款的主要解释规则包括：（1）不利于提供者原则。如果某个免责条款存在模糊之处或者存在疑点，法院将会根据“不利于条款引入者”的原则进行解释。（2）矛盾原则。如果某个免责条款直接与合同的主要目的冲突，存在该条款与合同目的相矛盾的情形，就可以将该免责条款排除在合同之外。

在免责条款的解释方法上，大陆法系国家并未对免责条款建立专门的解释方法，通常使用意思表示的解释方法去解释免责条款。对于免责条款的解释原则，有两种学说：（1）抗辩说；（2）界定说。英国的立法和司法部门多采用抗辩说，即免责条款只是要求义务人履行债务、请求损害赔偿的抗辩工具，对免责条款应独立进行解释。在确定当事人义务时，先不考量免责条款，而是根据其他合同条款确定当事人义务。① 只要有任何义务未履行，即属于违约行为，再以该免责条款是否涵盖该被违反的义务，决定其赔偿范围。界定说认为，免责条款与其他合同条款相似，都是合同的组成部分，必须合并在一起进行解释。相比较抗辩说，界定说符合合同整体与部分的逻辑关系，合理地说明了免责条款在合同中的作用和地位，并与其他合同条款合并解释，符合合同解释的基本原则。②

① 参见苏号朋：《格式合同条款研究》，中国人民大学出版社2004年版，第244页。

② 同上书，第246页。

(三)合同格式条款效力的规制原则

在合同格式条款效力的规制上,各国的规制重点在于制定对损害实质公平的免责条款宣布无效的规定。对合同格式条款无效的判断,遵循四个步骤:(1)依据法律的强制性规定判断格式条款是否有效;违反强行法的格式条款无效,这是合同法的基本原则,可以用于审查合同格式条款的效力。(2)依据黑名单确定合同是否有效。(3)根据灰名单确定格式条款是否有效。(4)审查格式条款是否符合法律的基本原则。同时,以合同法基本原则作为合同格式条款无效效力规制的重要原则,也是对以上四个步骤的补充。

大陆法系国家的德国,其《德国民法典》在判断合同效力时采用诚实信用原则、善良风俗原则作为判断合同效力标准的基本原则。德国《一般交易条款法》第307条也将"诚实信用原则"规定为对一般交易条款进行内容审查的一般原则,并进一步具体明确了价值判断性的禁止性条款、非价值判断性的禁止性条款为不发生效力条款的两种类型。价值判断性的禁止条款即"灰名单",《一般交易条款法》第308条规定了8项,包括承诺期限过长或不确定的条款、展限期限过长或不确定的条款、无理由任意解除契约的条款、不合理免除义务等。非价值判断性的禁止条款即"黑名单",规定在《一般交易条款法》第309条,该条列举了16项,包括:短期提高价格的条款;有关拒绝给付权的条款;有关排除或限制违约责任条款;有关排除或限制相对人解除权或损害赔偿权条款等。①"法律另有规定"为其但书条件,也就是"禁止性法律规范不发生其他效果"。

英国《不公平合同条款法》规定了3种无效的免除或限制责任条款、17种不公平条款,以及需要进行合理性检验的4种免责条款及合理性的检验标准。美国《统一商法典》规定了法院对显失公平合同或合同条款的效力认定及判断标准。因此,各国对格式合同效力规制主要采用三种立法模式:(1)仅规定无效的一般原则;(2)仅规定具体的无效情形条款;(3)综合的立法模式,即在规定无效的一般原则基础上,辅以具体的无效情形条款,区分"黑名单"和"灰名单"。第三种立法模式具备原则性与灵活性,是一种较为优良的立法模式。

---

① 参见晏芳:《格式合同的司法规制研究》,西南政法大学2015年博士学位论文,第76页。

综上，各国对合同格式条款的规制经过了司法间接控制和直接控制的两个阶段。在初期由于坚持契约自由理念，对合同格式条款的规制较为保守，采用间接控制的方式进行，不主动干预当事人订立的合同，通过对合同条款解释时运用扩张、限缩的方法，或者对格式合同中出现歧义的词句作出不利于格式合同起草者的解释，或者以消费者对免责条款未予以注意为由，判决消费者不受该格式条款的约束，使之符合公平正义的法律目标，以保护消费者的合法权益。

19 世纪末以后，各国反思契约自由理论对合同格式条款运用的弊端，主张对合同意思自治与契约自由理论的运用进行特别限制外，还应当有一般限制。在英美法系国家中，如英国、美国出现"公共政策"的理论，大陆法系国家则引入"公共秩序""诚实信用""善良风俗"原则对"契约自由"进行限制，如果合同格式条款内容超越这些限制，可以认定为无效。各国运用抽象原则和具体条款，对合同格式条款进行公开规范。①

第三节　我国合同格式条款法律规制概况

我国关于合同格式条款法律规制，在 1994 年《消费者权益保护法》实施之前，受契约自由原则主导，在 20 世纪 90 年代法院主要适用《中华人民共和国民法通则》（以下简称《民法通则》）、《中华人民共和国经济合同法》（以下简称《经济合同法》）规制格式条款。在司法规制上，不主动干预格式条款内容，也没有通过合同限制性解释的方法，保护消费者合法权益。

法院并不区分合同格式条款与普通合同条款，对两者适用相同的法律进行规制，作出判决。1994 年《消费者权益保护法》实施后，有了对合同格式条款规制的法律依据，法院开始审查格式条款的内容，以矫正格式合同双方当事人之间的利益失衡。法院在案件审理中认识到合同格式条款的免责条款在具体案件中违反了

① 参见苏号朋：《格式合同条款研究》，中国人民大学出版社 2004 年版，第 324 ~ 326 页。

《消费者权益保护法》的立法精神，显失公平，故不能适用该免责条款确定双方当事人的权利义务。

《合同法》实施后，司法规制在《合同法》理论框架下，认识格式条款的特殊性，采用优先保护弱者的现代民法理念来规制合同格式条款，包括免责条款的效力，对消费者进行有利保护。

我国目前对合同格式条款的立法规制模式，是将相关内容规定在《民法典》中，属于以《民法典》这一一般法设立相关规定为原则，同时在《消费者权益保护法》、《保险法》、《中华人民共和国海商法》（以下简称《海商法》）等专门法中进行规定，兼以行政法规、地方性法规、自治条例和单行条例、国务院部门规章和地方政府规章的具体规定。

在行政规制领域，国家和地方市场监督管理局均设立了合同监管机构，对格式合同进行监管，并对侵害消费者的行为予以处罚。司法规制则以具体的个案审查方式进行，形成法律适用中的司法标准和司法尺度，影响格式合同的合同主体的行为选择、市场公平竞争秩序的完善、消费者权益的积极保护。在社会规制中如消费者协会履行公益性职责发挥了一定作用，媒体的监督力度也日益增强，但总体规制力度有限。①

我国对合同格式条款采用信息规制与内容控制规制相结合的方法。信息规制方法，主要表现为对格式条款提供方要求提示与说明义务的增加；内容控制规制方法主要体现为对格式条款内容中特别规范、公平原则、显失公平原则的审查与约束。这两种规制方法，互不干涉、互相补充，共同致力于格式条款质量改进的目标。

在信息规制方法中，我国《民法典》第 496 条规定，格式条款的提供者有提醒对方注意的义务，有疑问时，该条款视作未被有效地纳入合同。我国《民法典》第 496 条涉及格式条款的可适用性，第 497 条列举了无效的原因，第 498 条则要求作不利于格式条款提供者的解释。

在内容控制上，我国重视合同的给付均衡理论，即当双务合同的给付严重失衡时，该合同会被认定为非正义，合同无效。② 我国《民法典》第 496 ~ 498 条关于格

---

① 参见晏芳：《格式合同的司法规制研究》，西南政法大学 2015 年博士学位论文，第 66 ~ 67 页。

② 参见解亘：《格式条款的内容规制的规范体系》，载《法学研究》2013 年第 2 期。

式条款的控制的规定,很容易被归入消费者保护的范畴,然而,《民法典》第496条与《消费者权益保护法》第26条第1款之间缺乏协调,后者要求以“显著方式”提醒注意,但《民法典》却没有增加这一内容。这两部法律都规定,格式条款的提供方有义务按照对方的要求对相关条款予以说明。

我国《民法典》第497条纳入了关于格式条款内容控制的规则,这一规定同样可见于我国《消费者权益保护法》第26条第2款。在合同格式条款内容规制的原则中,我国立法主要采用公平原则,而忽略了诚实信用原则的具体适用,因此在诸如《消费者权益保护法》等专门法完善格式条款内容控制的基本规则时,具体表述为“违反诚实信用原则”“有悖于诚实信用原则”“与诚实信用原则相偏离”等。[①]

① 参见张瑞:《格式条款法律规制研究》,中南财经政法大学2020年博士学位论文,第140页。

第四章

合同格式条款规制的规范基础

第一节 法典化国家合同格式条款的规范比较

合同格式条款的产生和发展是 20 世纪合同法发展的重要标志之一,格式条款的出现不仅改变了传统的缔约方式,而且对合同自由原则形成了挑战。因此,各国纷纷通过修改和制定单行的法律对格式条款进行规范。

一、合同格式条款的一般规定

从我国《民法典》第 496 条对格式条款的定义来看,该条的适用范围似乎非常广阔,只要合同中相应的条款在形式上符合该定义,在内容层面就受其规制。目前,我国学界和实务界对该条款适用范围的理解基本上忠实于条文字面含义,基本不作限制。《德国民法典》有关格式条款规制的一般性规定是第 307 条,该条第 3 款第 1 句规定:“第 1 款和第 2 款以及第 308 条和第 309 条的规定仅适用于用以法律规定或者补充法律规定的一般交易条件。”尽管从字面上看不出来,但按照当初一般交易条件法的立法理由,该条是为了将宣示性条款和核心给付条款排除在内容规制之外而设置的。也就是说,德国法上类似的规范从一开始就被严格划定了边界:不适用于核心给付条款和宣示性条款。既然格式条款的内容规制规范不适用于核心给付条款,那么,用来规范不妥当的核心给付条款的,就只能是传统型合同内容规制规范。

在格式条款的订立规范上,现代社会中人们在签订合同时,并不总会采取要约和承诺的方式,而是采取附合合同的方式,即一方当事人将预先规定好的格式合同提供给对方,让对方一字不改地表示同意或者不同意,《法国民法典》第 1190 条、第 1191 条对格式条款的解释作出了相关的规定。该法典第 1190 条规定,如果格式合同所规定的格式条款模棱两可时,人们能够对其作出两种不同的解释:一种解释有利于格式条款的提供者;另一种解释有利于非格式条款的提供者,则人们应当采取有利于非格式条款提供者而不利于格式条款提供者的解释。该法典第 1191 条规定,在合同的一个条款可能存在两种含义时,如果其中的一个含义能够让该条款产生效力,而另一个含义不会让其产生任何效力,则人们应当优先选择能够让该条款产生效力的含义。①

二、合同格式条款内容的分析

《德国民法典》第 306 条规定了格式条款被认定为无效的法律效果(“不纳入合同和不生效力时的法律效果”)。② 根据该条第 1 款的规定,格式条款全部或部分不发生效力时剩余部分仍然有效,即法律效果为“部分无效,其余有效”。该条第 2 款则规定“条款不生效力时,依法律规定确定合同的内容”,即由法官借助任意性规定来对合同漏洞进行填补,进而确定合同内容。在利用该条第 2 款规定确定合同内容后仍然对格式条款接受一方造成不合理的利益损失,则否定合同整体的

① 参见张民安:《法国合同法总论》,中山大学出版社 2021 年版,第 228 ~ 229 页。

② 《德国民法典》第 306 条规定:“(1)一般交易条款全部或部分地没有成为合同的组成部分或不生效力的,合同的其余部分仍然有效。(2)这些条款没有成为合同的组成部分或不生效力的,依法律规定确定合同的内容。(3)即是考量到第 2 款所预定的变更,对合同的维持仍会意味着对合同一方当事人来说是不合理地期待的、苛刻的,合同不生效力。”

效力。德国债法现代化法规定了更为宽泛的格式条款一般交易条件无效的原因。

《德国民法典》第307条在“内容控制”的标题下规定,在一般交易条件中,如违背诚实信用原则的要求,不合理地损害使用人的合同相对方的利益,则该规定不产生效力。产生疑问时,下列规定可认为构成不合理的损害:该项规定与其所偏离的法律规定的基本思想不相符合,或者该项规定限制了依合同本质所产生的根本的权利义务,以致危及合同目的的达成。

《德国民法典》第308条规定,在一般交易条件中,特别是下列规定不产生效力:规定一般交易条件的使用人……为提供给付保留不合理长久的或者不够确定的期间,但该使用人保留在消费者合同中的撤回权、交回权的期间届满后才履行的,不在此限。规定一般交易条件的使用人可以违反法律规定,为其应提供的给付保留不合理长久的延展期间或不够确定的延展期间。约定一般交易条件的使用人享有无须具备实质上合理的并且在合同中说明的理由即可免除其给付义务的权利;但这一点不适用于长期债务关系。约定一般交易条件的使用人享有变更或偏离其允诺提供的给付的权利,除非虑及使用人的利益,对变更权或偏离权的约定对合同相对方而言是可以合理期待的。规定一般交易条件的使用人的合同相对方在为或不为特定的行为时所作的意思表示,视作已由他发出或未曾发出,除非给合同相对方以一个发出明示意思表示的合理期间,并且使用人承担义务,负责在该期间起算之时向合同相对方特别指出其行为的规定意义。这一点不适用于将《建筑工程发包条例》B部分整体纳入在内的合同。《德国民法典》规定得较为细致,考虑得比较全面。

第二节　民法典中合同格式条款的规范结构与适用条件

一、合同格式条款的规范结构

由于格式条款能够极大地提升企业的经营效益,节省交易成本,因此,在当下的商事交易活动中使用的频率会越来越高。格式条款合规审查的前提基础就是要认识和理解格式条款规范内容的体系。因此,在发挥格式条款优势的同时注意对其加以适当规制是各国的普遍做法。我国《民法典》合同编中有关合同格式条款内容主要在第496~498条,其中,第496条规定了格式条款的定义与特点、遵循的原则、提示说明义务以及未履行上述义务的法律后果;第497条规定了格式条款的无效情形、内容控制的概括规制以及无效的法律后果;第498条规定了格式条款的通常解释规则、不利解释规则以及非格式条款优先规则。可见,我国《民法典》中合同格式条款的规范结构分为格式条款的一般规定、格式条款的无效情形以及对格式条款的解释三个部分。依据格式条款规制的审查逻辑,一般将格式条款的规范体系区分为"订入规范""内容规范""解释规范"。

(一)订入规范

格式条款必须是在订约以前就已经预先制订出来,而不是在双方当事人反复协商的基础上制订出来。制订格式条款的一方多为固定提供某种商品和服务的公用事业部门、企业和有关的社会团体等。格式条款一般是为了重复使用而不是为一次性使用制定的,因此从经济上看有助于减少交易费用。[①]《民法典》第496条关于提示和说明义务的规定系建立在原《合同法》第39条规定的基础之上,并且与原条文的规定并无本质区别,《民法典》第496条在体系上应归属于格式条款的订入规制。该条明确格式条款提供方应当对其提供的格式条款予以合理的提示,并遵照格式条款接受一方的要求对系争条款予以说明,使格式条款接受一方能够注意到此类条款的存在并知悉其内容。同时,《民法典》第496条也明确规定了格式条款提供方违反提示和说明义务的法律效果。格式条款虽由一方预先制订,但制订方必须在承诺以前明确呈示其条款,若明确呈示其书面文件有困难,则应将合同条款悬挂于订约所在地的清晰可见之处,并且向承诺人指明,从而使承诺人能明确了解合同条款的内容。若在承诺人承诺前,格式条款不能为承诺人所知悉,则不能成立合同。

---

① 参见王利明:《合同法》(第3版),中国人民大学出版社2009年版,第95页。

(二)内容规范

格式条款的内容规范是指格式条款的效力认定问题。“合意度低下”和“给付不均衡”是对格式条款进行内容规制的逻辑起点。通过观察我国对于格式条款进行内容规制的法律规定不难发现,立法者仅采取以“公平原则”作为对于“给付均衡”要件的评价基础,而未对“合意度”要件进行相应规定。究其原因在于格式条款的单方拟定的特征,合意度的低下是常见的情形。立法者通过推定所有使用格式条款的合意均为不充分的合意,从而使格式条款接受一方无须对合意度要件承担举证的责任。这样的立法技术,就使格式条款不再进行“合意度”是否满足的判断,而仅需要关注给付与对待给付是否均衡。① 在格式条款规制的三个规则内部存在逻辑层次上的分工。目前对具体的格式条款进行效力评价时,其逻辑前提应当是该条款的内容是明确的。故先经由解释规制确定条款内容再对其进行效力评价更为合理。因此,格式条款规制的逻辑层次归纳为:格式条款订入契约成为合同的组成部分之后,应经由解释规制确定条款的内容,从而审查条款是否有效。在这三者之中,核心是解决格式条款的效力问题,也就是“内容规范”,而“订入规范”“解释规范”为内容规制的逻辑前提。

(三)解释规范

一般来说,如果格式条款的各项条款明确、具体、清楚,而当事人对条款的理解不完全一致,因而发生争执,便涉及合同中的解释问题。因此,对格式合同作出准确的解释,对于正确确定当事人之间的权利义务,保护各方当事人合法权益,并使格式条款保持合法性和公平性,是十分必要的。格式条款的解释就是在相关事实和解释原则的基础上对格式条款内容的含义进行说明。② 鉴于格式条款的功能以及单方拟定的特征,可能造成合同相对人之间的给付与对待给付义务的显著失衡。因此,各国立法在对格式条款的解释规则上均采取了有利于格式条款使用人之相对方的解释原则。依据《民法典》第498条的规定,我国格式条款的解释规制可简

---

① 参见解亘:《格式条款内容规制的规范体系》,载《法学研究》2013年第2期。

② 参见王利明:《合同法研究》(第1卷)(修订版),中国人民大学出版社2011年版,第427页。

化为:“通常理解解释规则、不利解释规则、非格式条款优先规则”。所谓“通常理解解释规则”,也叫客观解释原则,是指从客观的立场出发去探索法律条文本身所蕴含的“合乎逻辑的”“普遍的”“客观的”含义。[①] 格式条款之所以采取上述原则,是因为其具有单方决定性,无法通过探寻当事人之间的合意来对条款的含义进行考察,其内容未经过单个、具体的协商,具有交易上的制度或规范的性质。因此,交易双方就格式条款的理解产生分歧时并非站在使用人的立场进行解释,也并非从格式条款接受一方的立场出发进行解释,而是从通常情况下一般人的价值利益的立场出发进行解释,或者以一般人能够认识或理解到条款的可能性出发进行解释。

“不利解释规则”是指条款存在两种以上的理解时,采取有利于格式条款接受方的解释,由格式条款提供方承担因条款理解上的歧义而致的风险。该规则适用的基本前提是对条款的理解存在歧义并且从合同条款出发不同的解释均具有合理性。

“非格式条款优先原则”是指在同一合同解释中,如果个别商议的条款与一般条款不一致,那么个别商议的条款应当优先于一般条款。其适用的前提条件是在同一合同中,个别商议的条款与格式条款均对同一合同内容作出了相应的规定,且该项内容存在冲突。首先,由于个别商议条款是经双方当事人洽商议定的,格式条款是由单方拟制使用的,须经使用协议才能纳入个别商议合同,才可能有约束力;其次,个别商议条款具有单个性与具体性,格式条款在纳入个别商议合同前并未单个化与具体化;最后,格式条款是为了将来缔约而拟制,其本身并不是高于合同的规范。[②]

在实践中,非格式条款优先原则通常适用于格式条款对当事人之间经个别磋商达成的非格式条款进行不合理的规避的场合。需要特别关注的地方在于,非格式条款优先原则的适用仍以有利于格式条款接受方的基本原则为逻辑上的前提。特别是当格式条款已经有与之相应的行政规制或者有关的行业规制。此类条款所反映的权利义务关系较为公平合理时,格式条款提供一方可能发挥在交易中的优势地位,与条款接受一方“个别商议”达成不利于条款接受一方的所谓个别磋商条

① 参见崔建远:《论格式条款的解释》,载《经贸法律评论》2019 年第 3 期。

② 参见崔建远主编:《合同法》,法律出版社 2004 年版,第 324 页。

款。此时个别磋商条款显然不应当具有优先于格式条款的地位,甚至应当被依法认为是无效的格式条款。

二、合同格式条款的适用条件

根据《民法典》第 496 条第 1 款的规定,格式条款的构成要件包括:第一,为重复使用之目的;第二,单方提供;第三,订立合同时未与对方协商。格式条款的构成要件直接决定了哪些合同条款应当进入法律为其设定的订入控制及内容控制的讨论范围。因此,这一判断是《民法典》第 496 条第 2 款及第 497 条、第 498 条判断之前提。

(一)为重复使用之目的且未与对方协商

格式条款通常并不是为某个合同单独制定,而是为一类交易而拟定。然而,是否以此为构成格式条款之必要要件不无疑问。学者普遍反对将“重复使用”作为要件,虽然具体陈述的理由或有区别,但基本的价值判断几无差异。多数学者认为,虽然设置格式条款的目的大多确是服务于企业为降低成本而在交易中重复使用,但是“重复使用”并不应是格式条款的本质特征,而仅体现了格式条款的经济功能;①由格式条款的立法目的出发,对于有些仅使用一次的文本,也不妨碍其应被认定为格式条款而纳入司法控制。② 另外,“重复使用”不等同于“为重复使用之目的”,后者属于主观判断,若使格式合同的相对方承担证明对方提供格式条款之目的的举证责任,未免强人所难。因此,有学者认为,可采用推定的方式,由格式条款的使用者承担证明其并非为多次使用的举证责任。③

在我国《民法典》合同编制定过程中,对于“为重复使用”这一构成要件是否应当保留的问题一直存在争论,在合同编的二审稿中将其删除,而最终通过的《民法典》合同编中却又将其恢复。这体现出立法者在这一问题上的迟疑及犹豫。

---

① 参见王利明:《对〈合同法〉格式条款规定的评析》,载《政法论坛》1999 年第 6 期。

② 参见谢鸿飞:《合同法学的新发展》,中国社会科学出版社 2014 年版,第 144 ~ 156 页;徐涤宇:《非常态缔约规则:现行法检讨与民法典回应》,载《法商研究》2019 年第 3 期。

③ 参见朱岩:《格式条款的基本特征》,载《法学杂志》2005 年第 6 期。

可见,我国《民法典》合同编中并未区分格式条款及"非单独协商条款",而是从立法调整目的即规范意旨出发,仅规范"为重复使用"的格式条款,而将全由一方当事人预先拟定、相对方事实上并无影响合同条款之能力,却仅使用了一次的条款排除在规则调整范围之外,似乎并不存在价值判断上的合理性。因此,实践中不应将《民法典》第496条所规定的"为重复使用"作为格式条款规则适用的必要要件,解释上该有关规则均应适用于符合其他构成要件而实际仅使用了一次的合同条款。①

(二)预先拟定

格式条款通常在订约之前已经预先拟定,而未经过当事人的协商,学界通说认为这一特征是其与非格式条款的重要区别。唯有疑问的是,应如何理解"预先拟定"? 依据《民法典》第496条第1款规定的"当事人为了重复使用而预先拟定",似乎格式条款仅指由一方当事人拟定。据此,若一方当事人使用由行业协会或政府部门主导而制定的示范文本是否属于格式条款? 在实践中,由于房地产开发商事先拟定的购房合同大多以示范文本为基础或直接采用示范文本订约,因而商品房买卖领域的纠纷大量涉及格式条款与示范文本之界定。有些法院以示范文本并未排斥当事人对合同条款的选择自由为理由,否认其属于格式条款;但也有法院将此类文本认定为格式合同;甚至在同一法院同年的数个类似案件中都作出了不一致的判断。学者普遍认为,格式条款区别于示范合同之根本在于条款内容的不可协商性,因而,若有关企业直接采用示范合同文本而订入合同,相对人无法对其内容进行变更的,也应该属于格式条款。

另有学者指出,鉴于我国行业协会与行业垄断企业的一体性,示范合同本身的公平性亦受质疑,自不应豁免对其之规制。因此,依规范意旨,当事人采用示范合同文本而订入合同,若相对人无法对其内容进行变更的,自应包含在"当事人预先拟定"之内。唯其拟定之方法为自己拟定或采用示范文本而已,于相对人一方视之

---

① 参见王天凡:《〈民法典〉第496条(格式条款的定义及使用人义务)评注》,载《南京大学学报(哲学·人文科学·社会科学)》2020年第6期。

并无不同,均不改变条款未经磋商而预先形成的事实。[1]

三、格式条款适用的无效情形

根据《民法典》第 508 条的规定,由此可知合同的效力形态都是“对合同的效力没有规定的,适用本法第一编第六章的有关规定”。既然格式条款作为订入合同的条款,其效力形态应与合同的相同,即表现为有效、无效、可撤销和效力待定。有效的格式条款在当事人之间一般不会产生争议,法院无须进行效力审查。效力待定的合同是否有效尚不确定,其效力状态取决于第三人的行为。格式条款的内容控制是从内容方面对格式条款进行效力审查,对于生效要件是否成就尚不清楚的情形无法审查其效力。只有无效的格式条款,法院才会主动审查其效力。存有疑问的是可撤销格式条款的内容控制问题。《民法典》第 508 条并没有规定对格式条款进行内容控制后可将其归入可撤销的效力状态。

回溯原《合同法司法解释(二)》第 9 条,该条规定格式条款提供方违反提示和说明义务的,则对方享有撤销权,表面看似乎是产生了可撤销的效力状态,但现在依据《民法典》第 496 条的规定,违反提示和说明义务的行为将导致该格式条款不能成为合同内容的后果,属于格式条款的订入控制,从而并没有增加格式条款内容控制的效力层次。鉴于可撤销合同的发生事由是欺诈行为、胁迫行为、重大误解行为以及显失公平行为,因此,如果格式条款存在上述情形,则可以适用普通合同条款的内容控制,赋予接受格式条款的一方以撤销权,其可以申请法院或者仲裁机构予以撤销,而不涉及《民法典》第 496 条有关格式条款的内容控制,亦不属于此处无效的情形。

根据我国《民法典》第 497 条的规定,“有下列情形之一的,该格式条款无效:(一)具有本法第一编第六章第三节和本法第五百零六条规定的无效情形;(二)提供格式条款一方不合理地免除或者减轻其责任、加重对方责任、限制对方主要权利;(三)提供格式条款一方排除对方主要权利”。该条规定的格式条款无效情形

---

① 参见王天凡:《〈民法典〉第 496 条(格式条款的定义及使用人义务)评注》,载《南京大学学报(哲学·人文科学·社会科学)》2020 年第 6 期。

分为下列三种：(1)绝对无效情形；(2)不合理的权利失衡条款；(3)排除对方主要权利。

(一)绝对无效情形

《民法典》第 497 条第 1 项是关于格式条款绝对无效情形的规定，包括两种类型：一是具有民事法律行为无效情形；二是符合《民法典》第 506 条关于免责条款无效的规定。绝对无效情形的依据主要源于两个方面：第一，《民法典》第一编第六章第三节关于民事法律行为无效的规定贯穿适用于《民法典》的各个部分，格式条款经由《民法典》第 496 条关于订入规则而进入合同，成为合同的内容，就属于民事法律行为的范畴。民事法律行为同样需要内容控制，要对其有效与否进行审查，格式条款的效力自然应受其约束。因而只要存在民事法律行为无效的情形，无须具备其他附加条件，即可认定该格式条款无效。第二，《民法典》第 506 条关于免责条款无效的规定适用于所有合同的免责条款。这当然包括格式条款中的免责条款。况且，提供格式条款一方多采用免除或者限制自身责任的方式拟定有利于自己的条款，并未改变其免责条款的本质。因而，格式条款符合《民法典》第 506 条免责条款无效情形的，该条款当然无效。

《民法典》第 497 条第 1 项属于引用性法条。这一引用性法律规范适用于所有的民事法律行为，当然包括格式条款。基于格式条款的特殊性，《民法典》第 497 条后两款规定了专门适用于格式条款内容控制的规则。这样的规范模式拓宽了对于格式条款审查的范围，更有助于保护接受格式条款一方的权益。另外，格式条款的内容控制排除当事人的意思自治，而实行国家干预，法院可以主动审查格式条款在内容上是否具有无效因素并确认其效力。在审查时，只要出现《民法典》第一编第六章第三节和第 506 条规定的无效情形，即可援引上述条款，强制性地认定为无效。

(二)不合理的权利失衡条款

《民法典》第 497 条第 2 项相较于先前的立法规定，条文内容进行了适当的调整，增加了“不合理地”的定语和“限制对方主要权利”“减轻其责任”的情形。原

《合同法》第40条规定，符合“免除其责任、加重对方责任、排除对方主要权利”三种情形之一的格式条款一概无效，这样不区分具体情势的“一刀切”的做法，表面看似乎是在保护接受格式条款一方的利益，实则有矫枉过正之嫌。

一方面，依据这一规定，所有的“免除其责任、加重对方责任、排除对方主要权利”都归于无效，这与现实经济生活相悖。格式条款在现代社会中之所以得以存续和发展，均源于其对经济发展的促进作用。事实上，很多企业都运用格式条款来简化缔约流程，节约缔约成本，提前进行合理的风险防范，格式条款的使用确有降低交易成本、提升交易效率的积极意义。

另一方面，在审查格式条款时不能孤立地对其进行效力判断，而应该对合同条款作适当的体系解释。免除或者限制责任的格式条款有无替代性补偿通常会作为甄别格式条款效力的依据之一。[①] 有的格式条款虽然表面上属于“无效情形”，但是经过其他条款的补充后，最终能够平衡当事人之间的利益，实现合同的实质正义，即所谓的补充效应，此时若僵化地认定其为无效，实难自圆其说。因此，只有在提供格式条款一方存在不合理地免除或者减轻其责任、加重对方责任、限制对方主要权利的情形时，认定格式条款无效才具有妥当性。增设“限制对方主要权利”“减轻其责任”这两种情形，改变了原《合同法》关于格式条款无效情形规定不周密的状况。

(三)排除对方主要权利

所谓排除对方主要权利，是指格式条款中含有排除接受格式条款一方按照通常情形应当享有的主要权利。免除或减轻其责任、加重对方责任，这两者与排除对方主要权利在程度上并不具有同等性，“排除对方主要权利”这一表述本身即揭示其程度特别严重，其效力应当为无效。质言之，格式条款所影响的相对人权益的重要性与格式条款内容控制的严格性应成正比。

“排除对方主要权利”的格式条款使合同成立之时便丧失了正当性的根基，其不合理、不公平的程度较之其他情形更甚，很显然会导致相对人遭受不公平的对待，客观上已然具备不合理的特征，不必以“不合理”的定语加以限制。故《民法

---

① 参见马一德：《免除或限制责任格式条款的效力认定》，载《法学》2014年第11期。

典》在第 497 条第 3 项中将“排除对方主要权利”这一情形单独列举为无效情形。这使符合这种情形的格式条款在程度与效力的匹配度上更加契合,也体现了对弱势的接受格式条款一方的保护。“排除对方主要权利”中的“主要权利”如何识别,目前存在不同观点。王利明先生认为,应当根据合同的性质确定“主要权利”,合同的性质不同,当事人享有的“主要权利”不可能完全一样,认定“主要权利”不能仅看双方当事人签订的合同的主要内容,还应就合同本身的性质来考察。① 马一德先生认为,在考量某格式条款是否排除了“对方主要权利”时不仅要结合具体合同的性质和目的来确认合同当事人的权益和责任为何,还要考量该格式条款所排除的对方权利,是否对对方当事人未来时空内的合理权益造成障碍。② 目前来看,《民法典》对于“主要权利”的识别尚无法提供明确具体的标准,在司法实践中仍然需要结合个案由法官综合考量多方因素来作出相应的价值判断。

第三节　合同格式条款的规范解释与适用

《民法典》第 498 条规定了格式条款的 3 项解释规则,即通常理解解释规则、不利解释规则、非格式条款优先规则。

一、关于通常理解解释规则的适用

对于《民法典》第 498 条前段规定的“对格式条款的理解发生争议的,应当按照通常理解予以解释”,相当于普通法上的平易明白(plain)规则。平易明白规则要求,法院应赋予每一书面的词与短语自己所含有的平易明白、符合语法的意思,除非出现下述情形:通过整个协议证明,这样的意思会反对当事人双方的意思。在某些场合,法院应赋予协议中的词、短语自己含有的通常、流行与普通的意思。给

① 参见王利明:《合同法研究》(第 1 卷)(第 3 版),中国人民大学出版社 2015 年版,第 420 页。

② 参见马一德:《免除或限制责任格式条款的效力认定》,载《法学》2014 年第 11 期。

文字或条款一个一般性、自然、平易、通用、主要、字义上的解释，因为这也是一般人士（包括缔约的商业人士）通常所能够理解的。[①] 因此，在特定的交易环境中，格式条款的理解应当遵循特定地区、特定时段的交易环境中的当事人通常的理解，而超越这一特定时空环境所限定的特殊含义时，就不宜纳入统一的格式条款解释范畴。

格式条款通常理解解释应当具备以下条件：第一，格式条款的解释不应仅以条款制作人的理解进行解释，而应当以一般人的理解进行解释。第二，对某些特殊的术语应作出平常的、通常的、通俗的、日常的、一般意义的解释。第三，若格式条款经过长期使用后，消费者对其中某些用语的理解，与条款制作人制定条款的理解有所不同，此时应以交易时消费者的理解为标准进行解释。第四，在某些情况下，应根据其适用的不同地域、不同职业的可能缔约者的一般理解来解释合同。社会所有领域不可能适用同样的“一般人”，也不存在所有的合同都处于同样的“一般人”水平。在某些情形下，应根据其适用的不同地域、不同职业团体的可能订约者的一般理解来解释合同。

通常理解解释存在的合理之处在于弥补主观解释规则的不足。以意思主义为核心的主观解释最符合契约自由及私法自治原则。但事实上，当双方当事人就合同条款发生分歧时，要探求当事人的真实意思是十分困难的，甚至是不可能的。通常解释中“一般人”的标准，是以牺牲个别具有特殊需求或缔约时处于特殊境遇的当事人的个别救济的权利，来实现格式条款高效便捷的效用。对于个别特殊情形的矫正，亦不能机械地适用通常理解解释规则，应辅之不利解释以及其他规则进行应对和平衡。

二、关于不利解释规则的适用

对于《民法典》第498条中规定的“对格式条款有两种以上解释的，应当作出不利于提供格式条款一方的解释”，即所谓有疑义时作不利于草拟人的解释规则，是以对格式条款有两种以上解释的情形为前提，如果对某一格式条款只存在一种合理解释，就不得适用上述规则。运用该规则最重要的前提是，提供合同格式条款

① 参见崔建远主编：《合同法》，法律出版社2021年版，第277页。

的当事人最能够清楚无误地表达格式条款，一旦条款不确定或不清楚，而这又是本应能避免的话，那么，提供格式条款的当事人将承受该后果。[①]

当格式条款存在两种以上理解时，应当选择最有利于格式条款接受方的解释。这一解释规则的合理性就在于：一方面，格式条款是由格式条款提供方拟定的，格式条款提供方应当对格式条款的多义性负责，而格式条款接受方没有参与格式条款的制作，不具有可归责性，故应当由格式条款提供方承担相应的不利后果。另一方面，既然格式条款是由一方制订的而不是由双方商定的，那么各项条款可能是制作人基于自己的意志所作的有利于自己的条款，尤其是条款制作人可能会故意使用或插入意义不明确的文字以损害消费者的利益，或者从维持甚至强化其经济上的优势地位出发，将不合理的解释强加于消费者，所以，为维护消费者的利益，在格式条款不清楚时，对格式条款制作人作不利的解释。[②]

若格式条款由行政机关或行业协会制订，要求交易的一方使用时，此时不利解释规则如何适用呢？有学者认为，当定型化约款之内容引自合法之委任命令者，如企业主体根据法律或是行政法规之委任命令，一部或全部定型化约款或免责约款经行政规制时，该格式条款免受司法规制。当格式条款由行政机构制订，但经营者可以自主选择使用与否，或格式条款由行业协会制订，该格式条款发生争议时，仍应对经营者作出不利的解释。格式条款由行政机关制订并强制要求经营者使用，发生争议时，不宜对经营者作出不利的解释。

三、非格式条款优先规则适用

对于《民法典》第498条后段规定的“格式条款和非格式条款不一致的，应当采用非格式条款”，即当格式条款提供方与当事人经过个别协商而达成一致的非格式条款存在分歧时，应当以个别协商的非格式条款为准。这种解释的合理之处就在于个别协商的非格式条款是建立在双方当事人的意思自治的基础上的。[③] 也就

① 参见崔建远主编：《合同法》，法律出版社2021年版，第278页。
② 参见王利明：《合同法研究》（第1卷）（第3版），中国人民大学出版社2015年版，第425页。
③ 参见李永军：《合同法》（第3版），法律出版社2010年版，第256页。

是说,双方当事人之所以要特别协商非格式条款的目的就在于“排除”格式条款的适用。“非格式条款不仅因为其充分尊重了双方当事人的意思自治,而且更重要的是其可以很好地保护消费者的权益。”[①]当格式条款存在利益失衡时,格式条款的接受方可以利用非格式条款进行磋商矫正。

(一)非格式条款优先规则的适用

非格式条款优先规则的适用前提就是甄别格式条款和非格式条款。两者主要有以下区别:[②]第一,是否经过双方个别协商,这是二者最为实质的区别。如果双方当事人在签订合同时,经过个别协商,并接纳融入了相对方的意思表示的条款就可以认定为经过个别磋商的非格式条款。但在具体的认定标准上必须从严把握,双方当事人经真实意思表示与相互协商一致最终达成契约是格式条款成为个别协商条款的必要条件。第二,是否预先拟定且印制。如果仅是预先拟定,只能说明格式条款在实际签订时已经形成,彰显了格式条款提供方的强势地位,并不能说明其就是格式条款。因为预先拟定的格式条款,可能在正式签约时被去除或变更。因此预先拟定且印制的条款才是格式条款。第三,是否是一方为了与不特定多数人订约,反复使用。《民法典》第496条将重复使用作为格式条款的特征。诚然,现实生活中格式条款一般都是重复使用的,而格式条款并不能适用所有情形,格式条款接受方可以在合同中作另外约定,以便达到否定格式条款的效果。格式条款解释时应当遵从其真实意思。

另外,非格式条款虽然具有优先效力,但仍必须考虑合同文本的上下文而进行解释,而且在可能范围内应与格式条款配合解释,即使该格式条款表面上与该非格式条款不合,也应如此。该原则常导致下述结论:格式条款补充非格式条款,而非与非格式条款冲突;只是在两者不可调和时,格式条款中不能调和的部分应被摒弃。[③]

---

① 参见王利明:《合同法研究》(第1卷)(第3版),中国人民大学出版社2015年版,第426页。

② 参见朱广新、谢鸿飞:《民法典评注》(合同编·通则),中国法制出版社2020年版,第272页。

③ 参见崔建远主编:《合同法》,法律出版社2021年版,第278页。

(二)非格式条款优先适用规则的例外

非格式条款是双方当事人特别约定的结果,反映当事人的意志,也更符合契约自由和“私法自治”的民法精神。“格式条款与非格式条款不一致时,应当采用非格式条款”,但是,如果非格式条款不利于相对人呢?而这种不利是因为相对方自身的交易信息不足或理解能力的误差以及其他的自身因素,导致非格式条款相较于格式条款更加不利于相对方,又或者格式条款是经过监管机构或行业协会制订,所反映的利益关系较为均衡的情况下,格式条款提供方想利用自身交易的强势地位避开格式条款的相关规定,强行要求与相对方签订不利于相对方的非格式条款呢?特别是在格式条款经过行政规制或行业规制,所反映的利益关系比较公平合理的情况下,条款利用人利用其优势地位强行与用户或消费者“个别商议”,形成不利于用户或消费者的所谓非格式条款。

此时,如果依然机械性地适用非格式条款优先解释规则,无异于南辕北辙而实质上背弃了其“有利于相对人”的解释精神初衷。[①] 于此场合,崔建远教授则认为,非格式条款不得具有优先性,甚至应被依法确认为无效,或被撤销。由此看来,《民法典》第 498 条后半段关于非格式条款优先于格式条款的规定需要进行目的性限缩,设置在非格式条款严重损害了消费者合法权益时无效或可被撤销的但书。[②]

---

① 参见詹森林:《定型化约款之基本问题》,载《月旦法学杂志》1996 年第 11 期。

② 参见崔建远:《论格式条款的解释》,载《经贸法律评论》2019 年第 3 期。

第五章

合同格式条款合规的规制体系

第一节 合同格式条款法律规制的正当性及规制方式

合同格式条款因看似违背“契约正义”，导致其存在争议，这种看似不平等的双方当事人契约之地位的展现，实则是由于市场经济规律演变而来，且双方当事人的法律地位并未真正地不平等，于是合同格式条款便有其存在的必要性和正当性（参见本书第一章第二节）。概言之，合同格式条款的法律规制方式之存在需要以其规制之正当性为基础，探寻其规制之正当性实属必要，而其规制方式也因正当性而得到支撑，从而演变出不同的规制方式。

一、合同格式条款法律规制的正当性

本书第一章针对合同格式条款的法律性质进行阐明时，指出合同格式条款是一种“规范”，这就意味着其效力来源亦不是以固定文字展示的单一契约样本中的标准文书，而是其背后的

一类规范本身。[①]

(一)合同格式条款规制的法学内涵

合同格式条款规制的正当性分析,应当探寻其"规制"之正当性,从而探寻"规制"所具备的法学根基。

1. 合同格式条款"规制"之内涵

"规制"源自"regulation"一词,直译为"规范制约"之意。有词典将其翻译为"管制",取"对任何形式行为的控制,且不论任何来源的控制"[②]。就目前而言,"规制"之内涵,包括了不同维度的辨析。在经济学维度,主要是一种国家公权力对产业的治理方式,是一种公共干预,其中公之规制乃公权力(包括立法、司法和行政机关)对经济主体行为的规制,或者说是公权力对企业的市场交易进行直接管控或者干预。[③] 通过经济学延伸至公共政策维度,则发现规制是政府公权力的一种手段,这种手段可用以实现政策目标。[④]

可以看出的是,无论经济学还是政策学维度,"规制"都是一种手段,其与法学维度产生契合。法是由国家强制力保证实施的,"规制"也需要依赖强制力,那么这就意味着法能够成为"规制"实现的保证。

2. 合同格式条款规制之内涵

"法律作为社会控制的一种方式,具有强力的全部力量,那么它也具有依赖强力的一切弱点。"[⑤]古典自然法学派学者认为,自然法源自公众的"普遍意志",即大多数人的决定;先验唯心主义的哲学家,则把法律的首要目标设定在维护最大限度的个人自由,同时也需要设定边界来维护他人的人格和权利;当功利主义法学盛行时,法律的真正目标则演变为追求社会随需求而日渐变化的最大多数人的最大幸福;在法社会学分析之后,法律的目的变为最小代价满足最大限度的社会需求,这

---

① 参见苏号朋:《定式合同研究——以消费者权益保护为中心》,载《比较法研究》1998 年第 2 期。

② [英]安东尼·奥格斯:《规制:法律形式与经济学理论》,骆梅英译,中国人民大学出版社 2008 年版,第 1 页。

③ 参见谢晓尧、黄胜英:《格式条款的法经济学分析》,载《学术研究》2001 年第 8 期。

④ 参见[美]托马斯·R. 戴伊:《理解公共政策》(第 12 版),谢明译,中国人民大学出版社 2009 年版,第 1 页。

⑤ 参见[美]罗斯科·庞德:《通过法律的社会控制》,沈宗灵译,商务印书馆 2010 年版,第 12 页。

样,便能使法上升为高度权威性的控制工具,对社会进行规制。

可见,在依法进行的规制过程中,合同格式条款不可避免地涉及法价值层面的取舍与斟酌。这也就直接指明"规制"之内涵,源自法应有的内涵之意,更加确信了合同格式条款规制之正当性的基础,应当依托法的正当性来加以解说。

(二)合同格式条款规制之正当性基础

合同格式条款的出现,为企业利用其优势地位制订出免责条款、"偷一罚十"等失权条款提供了可能,从而导致不良商业习惯依托合同格式条款践踏法律尊严。[①] 故依据"规制"之内涵,对合同格式条款的规制可在依托法之正当性的根基上,探讨所具备的法经济学、法公共政策学和法哲学理论。

1. 合同格式条款规制正当性之经济学基础

合同格式条款规制正当性源于市场交易所需,因而该合同格式条款存在拥有经济学正当性基础的同时,其规制也同样可从经济学中找寻正当性根基。

社会主体欲在经济活动中获取一定的经济利益与"经济理性人"设定相符,市场竞争则天然具备获取利益之理念,并将其内化为对效率的追求,从而在利益周期中获取更多、更快的经济价值。虽然市场竞争以"完全竞争"作为推动市场良性互动的终极目标,但"完全竞争"的实现,是需要在成本确定的基础上寻求产出最大化。这些基础仅能作为一种假设,且充斥着局限性,这种配置效率使得"自由竞争"成为虚妄。简单而言,单纯依靠市场自由竞争,将导致市场失灵,而市场失灵则需要规制,于是若要追求"完全竞争"的实现,并向其无限靠拢,则需要规制以创造要素,破除局限。

因此,在法经济学所提供的规制之必要性下,合同格式条款之规制,意味着民法和经济法共同综合调整市场经济条件下的商品交换和货币流通关系。[②] 此外,法经济学在维持实质正义之时,还在不断地请求国家公权力的规制。因而,国家"看不见的手"才能正式介入市场竞争中去,调整因合同格式条款导致与契约正义背道而驰的局面。

---

① 如在汽车维修中,商家指出为了零部件打假行为,更换的旧件一律不予返还等行业规定。

② 参见徐孟洲:《新〈合同法〉是民法和经济法综合调整的反映》,载《法学家》1999 年第 3 期。

2. 合同格式条款规制正当性之法政策学基础

法律制度意在社会公众、国家和其他利益攸关方之间形成平衡，恰到好处地促进个人权利以及社会、经济的发展。[①] 公共政策理论认为，任何公共政策的制定和实施总是与一定的政策目标相联系的，无论公共政策通过何种途径而形成。[②] 因此，无论是产业经济政策、对外贸易政策还是其他科学技术政策等，都应当共同地服务并促进合同格式条款出现以及进行规制的目标，即有效降低交易成本，寻求福利最大化。在我国，通过“实体正义”矫正“形式正义”的价值观，使得合同格式条款的规制，能够借助制度的强制性以及政策的保障力，让消费者感受到“契约正义”价值的同时，也能保障其私益。与此同时，在市场竞争中，也能够使合同格式条款的提供方的一些垄断行为得到规范和约束。

3. 合同格式条款规制正当性之利益平衡基础

法哲学基础的重要理论在于法能够通过对不同层级、不同价值的取舍，使之形成一个平衡的状态。因此，合同格式条款规制是对合同格式条款的一种利益取舍的结果。利益，是主体采取一定手段或者方式从中获得的好处。利益是社会发展的驱动力，社会关系的缓慢发展进程，无一不是相应主体对利益的拉扯，即社会需要把公共资源在相应主体之间进行合理分配，从而产生人与人之间的社会利益分配关系。

换言之，利益在本质上反映出人与人之间的利害关系。根据利益平衡原则，合同的一方当事人不应且绝对不可能控制合同的实质内容，尤其是基于传统民法所信奉的“契约自由”和当事人地位平等的理论。因此，在市场交易效率的需求之上，当实践默认了合同格式条款的存在，且提供方直接固定合同实质内容之时，便需要接受方（无论是消费者，还是其他公众主体），就应对其进行规制，从而对提供方的私权进行限制，以重新找到合同缔结双方天平的利益平衡点。

① 参见周澎：《“VR + 阅读障碍者图书”出版的著作权制度困境、价值与展望——兼评〈中华人民共和国著作权法（修正案草案）〉》，载《编辑之友》2020 年第 9 期。

② 参见［美］弗兰克·费希尔：《公共政策评估》，吴爱明等译，中国人民大学出版社 2003 年版，第 3 页。

二、合同格式条款的法律规制方式

合同格式条款的法律规制在不同国家有着不同的演进,因而也形成了不同的规制方式。通过对其他国家的规制方式的观点梳理,总结出类型化的规制方式,有助于研究我国合同格式条款法律规制方式及其内在控制机理。

(一)合同格式条款法律规制方式之观点述评

目前,合同格式条款法律规制方式的观点学说主要包括:七模式说、四模式说、三模式说和二模式说。

在七模式观点之下,德国学者认为合同格式条款的法律规制方式主要包括:加强竞争、制作合同范本、行业自律、设置消费者保护官、实施审核制、制定强行法、司法审查等。[①] 在四模式说中,我国台湾地区学者王泽鉴认为合同格式条款有四种规制方式:规范定型化契约、消费者团体拟定模范契约、行政机关提供格式文件及建立审查制度范式、法院司法控制。[②] 在三模式说中,日本学者广濑久和将各国格式条款立法例分为格式条款型规制、消费者保护型规制以及混合型规制三类。事实上,三模式说主要分为消费者保护和格式条款进路两种。在三模式说中,还有学者以合同格式条款的生命周期,将其规制划分为订立规制、解释规制和效力规制。[③] 在二模式说中,我国学者张瑞认为合同格式条款包括形式规制和内容规制。形式规制实则是针对格式条款订入合同的过程进行的规制,至于内容控制,则针对已订入合同中且语义确定之格式条款的内容公平性所作规制。[④]

但可以看出的是,七模式说暗含了包括行业自行规制、立法规制、司法规制以及行政监督在内的实质性内涵。而无论三模式说还是二模式说,均在其实体层面暗含了法律实施之立法、司法、行政和社会层面。

---

① 参见冯震宇、姜志俊等:《消费者保护法解读》,台北,月旦出版社股份有限公司1995年版,第139页。

② 参见王泽鉴:《民法学说与判例研究》(第7册),北京大学出版社2009年版,第27~33页。

③ 参见晏芳:《格式合同的司法规制研究》,西南政法大学2015年博士学位论文,第86、120、151页。

④ 参见张瑞:《格式条款法律规制研究》,中南财经政法大学2020年博士学位论文,第51页。

(二)合同格式条款法律规制方式对比与总结

上述这些规制方式如果以规制主体加以总结,则可以归纳为:立法规制、司法规制、行政规制和社会规制,以主体为规制路径的划分犹如法律在不同主体间运行之机理。[1] 概言之,合同格式条款法律规制方式可总结为“立法—行政—司法”的规制顺位,但社会规制是该法律规制体系之外的补充,可作为“软法”加以辅助。

立法规制,是指立法机关通过立法活动制定法律的规制。合同格式条款的立法规制意味着立法机关通过立法对合同中的不公平的合同格式条款进行立法层面的限制,主要限制合同格式条款提供方的权利。立法规制是前提,行政规制、司法规制以及社会规制都必须以立法作为“法律依据”和“评价标准”。[2] 行政规制,即行政机关在执行法律过程中的一种行政管理活动。相较而言,行政规制更像是行政监管,故在本书第六章以专节内容详细叙述,在此不多做赘述。司法规制,即司法机关通过审判权进行的一种规制方式。合同格式条款的司法规制,则是对合同格式条款进行肯定或否定性评价来认定。[3] 社会规制,则是社会组织进行的监督,包括行业标准的订立、社会舆论的监督等方式。

这些规制方式的目的均是矫正契约形式正义的偏失,从而在内部形成相互促进、紧密协同的同一整体。在合同格式条款的规制方式中,立法规制作为其他规制的基础与依据,其影响着司法的控制效果、行政的执行力量和社会监督的水平。同时,司法规制具有对立法进行补充和推进立法修订的反作用力。但在司法与行政中,行政和司法之间应当有着独立且平行的关系,但司法可以通过行政诉讼约束,而行政无法约束司法。在社会规制层面,社会能通过舆论进行监督,但也要防止过度监督的舆论效应影响司法的独立性。

---

① 参见张文显主编:《法理学》(第 4 版),高等教育出版社、北京大学出版社 2015 年版,第 135 ~ 155 页。

② 参见艾尔肯、冯哲:《格式合同的规制方式及其完善》,载《辽宁师范大学学报(社会科学版)》2008 年第 6 期。

③ 参见高圣平、刘璐主编:《民事合同理论与实务:定式合同卷》,人民法院出版社 1997 年版,第 298 页。

第二节　合同格式条款的立法规制及其完善

一、合同格式条款的立法规制

合同格式条款规制的进程,相伴于行业工会最初制订的合同格式条款的诞生。从1942年《意大利民法典》第1341条、第1342条、第1370条对合同格式条款加以规制,到1973年,英国"公平交易局"运用相关立法所赋予的权力,为了使经营者之间形成公平、具有活力的竞争,使经营者与消费者之间形成平衡之势,便开始对合同格式条款进行规制模式的构建。1976年,德国出台《一般交易条款法》进一步明确了合同格式条款的规制的内容,不同国家或地区开始分别构建其合同格式条款的规制模式。

(一)合同格式条款立法规制之域外演进

综观国际上的相关国家规定,可以总结出三种立法规制模式:一是民法一般法模式,即规制内容设立在民法典或商法典中;二是专门法模式,即以专门立法将其内容规制在民法典之外;三是民事特别法模式,即在民法之外还有特别法对其加以规制。在合同格式条款立法规制的主要内容上,主要包括:(1)提示注意义务;(2)遵从契约公平原则;(3)因合同格式条款而导致的法律后果。

美国虽然为判例法国家,但仍在美国《统一商法典》第2-302条①作出规定:(1)如果法院发现合同中的任何条款在订立时出现显失公平的情形,法院可以判决合同自始无效,或显失公平的合同条款无效,以及限制显失公平的合同条款带来的不利后果。(2)当合同当事人向法院主张或法院认为合同中的任何条款有可能出现显失公平情形时,被指控的当事人可被给予机会证明合同订立的商业背景及

① 即显失公平原则的条款来源。

合同目的或者效果实现不具备显失公平的情形。[①] 因此,基于《统一商法典》,美国在其判例中对该条款的解释,通常认为,在合同格式条款存在市场交易中,如果合同格式条款接受方(通常是消费者)因头脑简单[②]或过于贫困或者合同格式条款明显不公平或明显欠缺提示,或者当合同格式条款提供方为垄断企业,法院都倾向于认定合同订立程序上存在显失公平情形。[③]

与美国规制模式相同的国家还有英国和法国。英国于 1977 年出台《不公平合同条款法》,后又于 1999 年制定了《消费者合同不公平条款法》。英国《不公平合同条款法》是以"免责条款"为标准的规制方式,即免除过失责任的条款、免除违反默示条款的责任的条款、免除违约责任的条款及对企图改变合同内容的实质性质的条款。[④]《消费者合同不公平条款法》以条款为单位,确立了"黑名单"与"灰名单"制度,仅对列举于规定之中的条款效力有所影响。[⑤]

法国则在其 1978 年通过的第 78－23 号、第 88－14 号法律的具体条款加以规制,其第 78－23 号第 35 条指出,如果合同的实质性条款基于滥用权利强加于消费者或者给予滥用权利方不正当利益,均因滥用权利而导致合同无效。而后第 88－14 号法律加深了不公平合同无效的途径,即消费者委员会可向法院申请,通过法院禁止此类合同的适用。可以明确的是,这类法律规制虽未成系统,但也充分发挥司法审判之功能,法院可以充分审查合同格式条款。

与上述国家不同的是,德国早期以《一般契约合同法》为核心构建出较为完备的立法体系,但自 2002 年《债法现代化法》的实施,使《一般交易条款法》基本不加修改地纳入《德国民法典》第 305～310 条。虽然其纳入《德国民法典》,但仍体现出对合同格式条款规制的严密性。此外,行政机关可在重点领域对合同格式条款

---

① 参见[美]弗雷德里奇·凯斯勒等:《合同法:案例与材料》(上),屈广清等译,中国政法大学出版社 2005 年版,第 515～516 页。

② 在 Weaver 案中,法官认为承租人中学上了一年半以后就不上了,此后的时间里从事过体力性的技术工种或非技术工种,因而不是一个可以被期待为了解法律或者理解专门概念含义的人,因而合同显失公平。See Weaver v. American Oil Co., 276N. E. 2d 144(Ind. 1971).

③ 参见马辉:《格式条款规制体系研究——消费者选择与竞争机制的视角》,南京大学 2014 年博士学位论文,第 31 页。

④ 参见傅静坤:《二十世纪契约法》,法律出版社 1997 年版,第 132～134 页。

⑤ 参见范雪飞:《论不公平条款制度——兼论我国显失公平制度之于格式条款》,载《法律科学(西北政法大学学报)》2014 年第 6 期。

进行核准,消费者协会也可行使诉权,从法院获取禁令。

与德国立法相似的是韩国,韩国制定了《约款规制法》这一专门立法,其承袭了德国的立法特点,但针对司法判决仅做个案参考。在行政层面,韩国公平交易局的权力行使范围较大,包括要求整改、处以罚款等较为直接的规制方式;同时,消费者团体可以申请公平交易局审查合同格式条款。

可见,域外国家基本不会采取单一模式的立法规制形式。对合同格式条款较为重视的国家或地区,有专门法进行规制。即便未有专门立法的国家或地区,在对合同格式条款提供者进行权利限制的同时,可以通过对司法判例的原则提炼加以升华,最终促进其规制的更新与完善。与此同时,也对提供方权利进行了反限制规定。

(二)我国合同格式条款的立法规制内容与方式

我国目前对合同格式条款的规制模式是:以《民法典》合同编的相关规定为核心,以《消费者权益保护法》《保险法》《海商法》等其他立法规定加以补充,同时还通过行政法规、地方性法规等构建起结构庞杂的立法规制体系。

从整个立法规制体系来看,我国的立法规制有如下特点:一是在管控合同格式条款导致的契约失衡时,主要目的是防止合同格式条款存在滥用风险,而非修复合同格式条款使用导致的市场交易机制的受损;二是现行《消费者权益保护法》第 26 条及其他立法内容,均源自原《合同法》第 39 ~ 40 条对合同格式条款规制的有关规定。从立法规制的效力层级来看,法律的效力层级优于行政法规、地方性法规等,且这些规章制度均不可与上位法产生冲突。可见,即便我国对合同格式条款的立法规制构建体系较为庞杂,但本质仍需回归至合同法场域下,以《民法典》第 496 条第 2 款为核心条款,同时包括第 497 条合同效力条款和第 498 条合同解释条款的合同规则体系。

二、我国合同格式条款立法规制之现状

一般认为,我国合同格式条款的立法规制为原《合同法》中第 39 条第 1 款,合

同格式条款需要遵循:(1)合同格式条款提供方要采取合理方式提请接受方的注意义务,即注意免除或限制提供方责任的条款;(2)对相关排除或限制的合同格式条款予以说明。现行《民法典》第496条第2款的立法规定,在某种程度上沿袭了原《合同法》的相关内容,但作出了修改。

我国现有立法针对合同格式条款的规制机制较为单一,仅规定了"提示说明义务",且"提示说明义务"也在一定层面存在不少瑕疵。

第三节 合同格式条款的司法规制机理及实现路径

因合同格式条款的立法规制与司法控制存在密切关系,故在本书中,将司法控制与立法规制进行辩证分析,从而在体系中实现理论指导实践,实践检验并升华理论。

一、司法实践中合同格式条款的控制机理

合同格式条款的司法规制源于对案件发生后如何进行立法适用。在司法规制层面,合同格式条款的订立只是明确其在法律之上的意义。合同格式条款的司法规制控制机理源于立法提供的法律基础,目的是解决实践中个案审判的争议焦点。

二、司法实践中合同格式条款的实现过程

合同格式条款的司法控制的实现过程包括合同格式条款的准入认定、效力认定和解释规则的使用。准入认定,即合同格式条款的订立规则;效力认定,则是对合同格式条款的效力进行是否有效的评价;解释规则,即对合同格式条款是否进行司法适用以及如何适用的原则和要求。

（一）准入认定过程

根据《民法典》的规定，格式条款提供方未尽到提示说明义务的，相对方可以主张该条款不成为合同的内容。该条被称为格式条款的订入规则，对其理解可以从提示说明义务的范围、履行标准、未尽提示说明义务的法律后果三个方面予以把握。

1. 提示说明义务的范围

与原《合同法》相比，《民法典》第496条将提示说明义务的范围扩大至“免除或者减轻其责任等与相对方有重大利害关系的条款”，因此需要对该条中的“重大利害关系”进行明晰。首先，法律设置此条款的含义在于防止提供方滥用其合同订立的优势地位，其目标在于筛除违背“契约正义”的条款。因此“提示说明义务”范围的厘定应与合同的效力认定范围进行关联考量。其次，从该条文的规范结构来看，基于“一般条款＋法定示例”的基础结构，其范围首先包括“免除或减轻其责任”，因此需要对“免除”“减轻”的情况具体细化，依据原有条文，其还应当包括免除或减轻提供方责任的情形。最后，法律的内容呈现有一定的原则性和规范性，不能针对复杂的现实情况一一列举，故对于其他情形是否属于提示说明义务的范围，应当结合具体情况进行解答。如我国应结合立法宗旨与目的、社会现实需要以及参考指导性案例，对个案进行具体衡量。若一些国家通过特别法另外进行规定说明的，可以采用特别法优于一般法的效力加以解读和适用。

2. 提示说明义务的履行认定标准

在实践中，提示说明义务的履行认定标准是合同格式条款规制的核心。其履行认定标准包含形式层面和实质层面，形式层面一般要求“采取合理方式”＋“按要求说明”，实质层面则为“能够引起注意”且“能被理解”。

首先，“合理方式”的认定是前提。一般而言，司法实践中认为“合理方式”的要求应满足：一是外观显著性；二是特殊标识醒目性；三是条款内容明确性。外观显著性，一般需要合同格式条款提供方在其提供的条款文本中，通过一定方式展现能使接受方意识到格式条款内容的不同，即阅读合同之时对格式条款阅读之后能够予以认真对待。特殊标识醒目性，一般指能引起接受方注意的文字字体大小、字体本身不同和符号标注等,甚至直接用红线标明等行为。条款内容明确性,即表明条款内容不能过于笼统。如在保险合同中,需要保险人知晓那些被保险公司排除在外的具体情形,以及保险的费率和保险赔付的具体标准等。

其次,“能够引起注意和理解”的判断。在司法实践中,通常有两种观点:一种是采用社会一般人的标准加以判定;另一种是采用特定相对人的标准。一般而言,应当以社会一般人的标准作为注意和理解的判断。但如果合同格式条款的接受方存在认知能力的偏差,则也应当充分考虑特定相对人的实际情况来进行标准的认定。此外,“注意”“理解”属于主观标准,因此在对这种标准进行认定的同时,应根据不同类型的合同加以确定,如果是一般商业合同,则通常以采用客观标准为主,但在一些高风险和专业性领域较强的股票投资合同中,则需要根据一定情况加以说明。

3. 未尽提示说明义务的法律后果

合同格式条款提供方未尽提示说明义务,应当在法律上赋予接受方是否接受格式条款的选择权,即以接受方意愿为根本的,而非当然不生效。

(二)合同格式条款的效力评价

合同格式条款效力评价的考量因素主要在是否显失公平的认定上。立法的做法除了对格式条款的内容控制作出一般抽象原则外,还采用列举的方式,明确了什么样的格式条款是无效的。在分析格式条款的效力问题时,必须透过现象看本质,确切地说,尽管《民法典》第 497 条明确所列举的格式条款均无效,基于现实经济生活的考量,这种“一锅端”的做法并不值得提倡。有学者指出,可将其分为“黑名单”“灰名单”进行不同程度的分类。如我国《民法典》第 506 条规定“造成对方人身损害、因故意或重大过失造成对方财产损失”的免责条款无效,该无效类型不需要法官在个案中进行价值判断,故属于“黑名单”。“灰名单”允许法官进行一定自由裁量,需要注入价值判断,不公平、不合理之类的格式条款之无效规定属于“灰名单”类型。第 497 条第 2 项、第 3 项中的内容均属于“灰名单”。

在“灰名单”认定之上,司法实践因难以形成统一的判定模式,必须通过评价判断方可适用到个案中。实践中应对其进行考量的因素须通过:(1)是否违反任意性规范的目的;(2)是否妨害合同实现、从而违背双方当事人的目的;(3)是否导致双方利益的严重失衡等。在利益失衡层面,需要综合考量两方面:(1)当事人订立合同时是否处于市场支配地位;(2)接受方权利限制是否得到一定的弥补等。

(三)格式条款解释规则的适用

根据《民法典》第498条的规定,格式条款有三大解释原则,分别为非格式条款优先原则、通常解释原则、不利解释原则,本书第四章第三节已详细述及,此处不再赘述。然而,在前述的解释原则中,比较有争议的是通常解释原则和不利解释原则的适用问题。通常解释原则是针对一类格式合同采用的解释规则,但对象均为不特定的相对人,个体上存在差异,只能从个体抽象出一般,立足于意欲适用该格式条款的人群的平均理解能力。不利解释原则,是指当存在两个或两个以上的通常理解时,基于保护弱者地位的考量,应当作出对格式条款提供方不利的解释。但两者之间通常因约定模糊或者文本存在歧义导致解释原则适用困难。适用通常解释原则进行解释时,需要从两个层面予以把握:一是解释方法,可适用《民法典》第142条、第466条的规定,结合一般合同的条款、性质和目的,并通过诚实信用原则推断格式条款所使用的语句确定争议条款。二是解释标准,需采取客观标准。这就意味着合同格式条款的理解应以一般公众的理解能力为准,而不是以特定方的理解能力为准。

此外,解释规则是对存在多个歧义内涵时遵循相对人保护主义原则选择其中最优的一个,故在认定格式条款有效的情形下才有讨论解释条款的空间,如格式条款无效,对当事人自始不发生法律效力,再对其解释也是无用之功。格式条款有效并非必然启动不利解释规则,若对格式条款的理解没有歧义的情况下,无须再进行解释;对格式条款的理解产生异议时,适用解释规则的顺序理当为:通常理解规则—不利解释规则—非格式条款优先规则。

第六章

合同格式条款合规的监管机制

第一节　合同格式条款的行政监管机制

美国学者施蒂格勒认为,规制是国家强权对产业的一种治理方式,是对公共事业、垄断行业、要素市场、资本市场、生产流通领域、商业和服务业等市场的公共干预。① 我国学者余晖认为,规制是行政机构对企业的不公正的市场交易行为进行的直接的控制或干预。② 在规制的法学属性方面,布雷耶认为,规制涵盖了法律对价格制定、资源配置、标准设定的规制方式。③ 综合规制的不同属性,结合规制的抽象含义,广义的规制包括控制、限制、干预、治理等。

规制的合法性主要基于理性、自由、最大多数人的利益、立

---

① 参见[美]G. J. 施蒂格勒:《产业组织和政府规制》,潘振民译,上海人民出版社、上海三联书店1996年版,第210～240页。

② 参见余晖:《政府与企业:从宏观管理到微观管制》,福建人民出版社1997年版,第1页。

③ 参见[美]丹尼尔·F. 史普博:《管制与市场》,余晖等译,上海三联书店、上海人民出版社1999年版,第30～36页。

法者的权力、社会公共利益等。规制应该是建立在理性的基础上的，然后在个人自由和他人自由之间寻找平衡点，以期符合社会的大多数人的利益，最重要的是，还要能够体现立法者或者统治者的权力。由于存在个人利益与社会利益的矛盾，以及个体理性与集体理性的冲突，规制的基础源于法律的授权。

一、行政规制

以不同的规制主体划分，规制可以分为立法规制、行政规制、司法规制和社会规制，本部分主要讨论行政规制。

行政规制，是指行政机关针对市场失灵问题和利益平衡问题通过运用行政手段整体性管理相关公共事务，进行一系列规制的方式。行政规制是依靠国家强制力为后盾的对义务人的直接强制，其目的是实现行政管理秩序、维护公共利益、维护市场秩序。行政规制具有主动性和及时性的特征，其表现为在市场失灵和秩序混乱状态出现时行政机关的主动介入、及时干预，因此是一种直接而主动、灵活而有效的规制方式，其规制的形式包括：行政执法、行政监督、行政处罚，具体表现为命令、指示、规定、指令性计划、制定规章、认可、许可、核准、监督、警告、罚款、吊销营业执照、责令停产停业等方式。①

二、合同格式条款的行政规制

由于规制是法律对于主体行为的干预和控制，而合同本身的属性就是法律主体之间民事法律行为的产物。对合同的规制，不仅是对于缔结而成的合同本身，也包括对于合同订立过程中的意思表示方面。由于契约自由原则在格式合同中受到极大的挑战，意思表示的一致性在格式合同中就失去了意义。所谓的“平等主体”“完全自由的市场”被享有垄断权利的主体代替，契约自由与契约的正义已经背道而驰，契约的形式自由应该受到理性的约束，维护社会上弱势群体的利益也是国家政治稳定的内在需求，这种实质的公平关注的是社会整体的安全和效率，着力于构

① 参见晏芳：《格式合同的司法规制研究》，中国政法大学出版社2019年版，第86页。

建社会公共经济秩序、维护市场交易秩序、关注社会弱势群体以维护政治秩序的稳定。[①] 基于此，对于格式合同的规制问题提上日程。

关于规制方式，本书第五章已经予以详述，本章不再赘述。一般来说，从规制的主体来划分的话，可以分为：立法规制、行政规制、社会规制、司法规制。

立法规制主要是立法机关通过制定法律进行规制的方法。从目的上看，立法规制是为了阻遏格式合同中的不公平格式条款。从另外一个角度看，立法规制是其他规制方式的基础和前提，为行政规制、司法规制、社会规制提供"法律依据"和"评价标准"。司法规制，是审判机关行使司法权通过案件审判的方式，作出肯定性或者否定性的评价来对格式合同进行规制。司法规制具有强制性和终局性的特点，与行政规制比较，其主要追求公平性，行政规制则以效率优先。司法规制作为维护社会正义的"最后一道防线"[②]，甚至可以去评价立法规制、行政规制和社会规制。社会规制主要是为了减少格式合同的制订和履行对消费者的不利影响，[③]通过行业自律、消费者保护组织的监督、媒体监督等方式来进行规制。

合同格式条款的行政规制是行政机构对企业的不公正市场交易行为进行的直接的控制或干预，是国家机关对经济活动的干预，是行政机关通过行政管理活动执行法律的一种规制方式。[④] 格式合同行政规制的目的是防止不公平的格式合同，具体表现为对格式合同的内容和使用进行规范、检查、监督。[⑤]

政府在格式合同规制方面作出反应的速度是比较快的，行政规制也就成为多数国家和地区规制格式合同最初和最常采用的方式。行政规制主要着力于格式合同的制定之初和格式合同使用之后，具体的规制方式为：事前协商、事先审核、事后介入。事前协商主要指先通过协商的方式确定格式合同的基本内容，如在格式合同范本制订过程中，行政机关采取间接介入的方式，在企业代表和消费者代表共同参与的前提下，居中协调，制订出的格式合同范本既能够平衡好双方利益，又能够有效保护好相对处于弱势方的消费者权益。事先审核主要是在格式合同制定之

① 参见李昌麒主编：《经济法理念研究》，法律出版社 2009 年版，第 133 ~ 137 页。
② 王泽鉴：《民法学说与判例研究》（第 3 册），中国政法大学出版社 1998 年版，第 25 页。
③ 参见杜军：《格式合同研究》，群众出版社 2001 年版，第 377 页。
④ 参见晏芳：《格式合同的司法规制研究》，中国政法大学出版社 2019 年版，第 96 页。
⑤ 参见杜军：《格式合同研究》，群众出版社 2001 年版，第 367 页。

初、成立之前,行政机关依法直接介入审核格式合同条款对于双方利益的影响,并直接禁用不当条款。事后介入则是当发现格式合同中有不合法的条款,行政机关可以依法予以纠正,勒令当事人取消不合法条款,并可以行政指导方式提供格式合同范本,要求当事人使用。事先审核和事后介入这两种规制方式都表现为行政机关的直接介入。

格式合同行政规制的具体手段有:对格式条款的审查核准、格式合同范本制定、公告格式合同应记载事项和不应记载事项、监督检查格式条款内容并要求改正。[①] 行政规制的优点主要表现为主动性、效率性和普遍性。通过行政机关的事前介入,可以把不公平的格式条款排除在适用之初,从源头避免了不利后果。基于行政命令的普遍适用性,对于事先或者事后规制的格式条款,基本适用于同一领域的所有格式合同。

第二节　合同格式条款行政监管的主要类型及其要点

一、合同格式条款行政规制主要类型

对格式合同的行政规制是对于合同条款的法律意义上的认可、核准和监督。在实施行政规制的机关方面,有的如德国[②],由主管机关担任;有的如以色列[③],成立专门的包括各种专长人员的特殊委员会。前一方式能够节约行政资源,较为高效率地进行规制和监管,但可能不易集思广益,从多方视角考虑合同的合理性和公正性。后一模式由于有消费者代表的参与,能够较好体现消费者的利益,但是会增

① 参见晏芳:《格式合同的司法规制研究》,中国政法大学出版社2019年版,第97页。

② 德国《一般交易条款法》第11条第7款规定该法不适用于经国家核准的彩券合同或奖券合同,因为类合同需经过主管行政机关核准。

③ 以色列专门成立对格式条款的审核局,由地方法院法官和其他4人组成,对格式条款预先审查。在其他4人中,至少有1人代表消费者。该局由地方法院院长担任主席,开会时至少有2人出席,除主席外,消费者代表也应出席。

加行政资源的投入。

我国采取的是第一种规制模式，由主管机关也就是市场监督管理部门[①]和行业主管部门负责格式合同的行政规制。具体的规制方式，分为事前备案与事后监管两种。事前备案主要是指对于部分重点消费领域内的合同采取格式条款的，格式条款提供者需在合同订立之前将合同文本报当地监管部门备案，并由后者建立公开查阅制度，供消费者查询，主要采用格式条款备案、公示制度。

事后监管则主要依赖于消费者举报投诉、当地监管部门日常监督检查及各地区不定期开展的重点行业专项整治活动。其中重点行业主要集中于网络商品交易及服务、通信服务、金融服务、房地产交易、餐饮、中介服务、旅游、美容美发健身等预付费消费行业以及大型商场、超市等消费者反映问题比较集中的行业、领域。

(一)各国立法所认可的行政规制方式

1. 在使用格式条款前，先行提交行政机关审核，经过核准之后才能成为合同订立的基础，否则不能根据该条款出售商品或者提供服务。这种方式是各个国家采用最为广泛的方式，具体又可以细分为：德国和日本模式，针对特定行业强令其将格式条款报送主管机关审查；以色列模式，由企业自愿提请审查。[②]

2. 由行政机关主动草拟合同范本，或者指导公正中立之第三人拟定合同范本，供企业在制订格式条款时参考，并通过市场竞争法则，以及消费者的压力，使该范本逐渐为企业所乐于采用或者不得不采用。[③]

3. 主管机关直接制定格式条款主要内容，要求企业必须使用。

4. 由行政机关公告各种格式条款中的应该记载事项或者不得记载事项，作为企业在制订格式条款时应当遵守的准则。

5. 为了规范企业使用格式条款的行为，行政机关有权监督企业与消费者之间的交易行为，并可以随时检查企业使用的格式条款内容，在发现有不符合诚实信用原则的情况时，依照行政监督方法，使企业改正，或者要求消费者保护机构提起不

① 本书主要以市场监督管理部门视角讨论合同格式条款的行政规制。

② 参见苏号朋：《格式合同条款研究》，中国人民大学出版社 2004 年版，第 352 页。

③ 参见詹森林：《定型化契约之基本问题》，载《月旦法学杂志》1996 年第 4 期。

作为诉讼,请求法院禁止该条款的继续使用。[①]

行政机关对于格式条款的规制并非终局性的,对于行政机关对格式条款的认定结果,如果相关当事人不服,仍然可以提起行政诉讼。

(二)我国行政机关对格式条款的规制方式

1. 审批特定行业的格式条款或者格式条款中的某些重要内容。
2. 直接确定格式条款的范围和内容。
3. 要求企业将格式条款报行政机关备案。
4. 制订合同示范文本。
5. 对企业使用格式条款的行为进行日常监督检查,查处相关违法行为。
6. 对格式条款的修改举行听证会等。

二、合同格式条款市场监管部门监管要点和重点领域

(一)合同格式条款市场部门监管要点

在实践中,市场监管部门主要对以下五种违规情形进行监管,若经营者被查出存在以下情形,将可视具体情况给予行政处罚。

1. 特殊领域经营者拟定合同格式条款应当备案但未及时备案

浙江省针对重点消费领域内经营者使用的格式条款采用了格式条款备案、公示制度。《浙江省合同行为管理监督规定》第 8 条规定了需要备案的合同,包括:房屋买卖、租赁及其居间、委托合同;物业管理、住宅装修装饰合同;旅游合同;供用电、水、热、气合同;有线电视、邮政、电信合同;消费贷款、人身财产保险合同;旅客运输合同;省人民政府规定应当备案的其他含有格式条款的合同。前述合同的提供方需在开始使用合同的 30 日内,向浙江省市场监督管理部门备案,若之后合同内容需要变更的,还需重新将变更后的格式条款上报备案;监管部门将对备案条款建立公开查阅制度。除浙江省外,上海市、湖北省等多地也建立了相似制度。按照

① 参见詹森林:《定型化契约之基本问题》,载《月旦法学杂志》1996 年第 4 期。

浙江省关于备案的规定,若经营者未按规定进行事先备案,监管部门将责令经营者限期改正,并予警告。

在实践中,因备案涉及领域广、经营者数量众多,若经营者未及时上报或更新备案,执法机构有时候较难发现,因此监管存在一定的滞后性。

2. 经营者未就合同格式条款中重要条款对消费者尽到提示说明义务

《侵害消费者权益行为处罚办法》(2020 年修订)第 12 条规定,经营者向消费者提供商品或者服务使用格式条款、通知、声明、店堂告示等的,应当以显著方式提请消费者注意与消费者有重大利害关系的内容,并按照消费者的要求予以说明。但上述规定中未明确提示、说明的具体方式。在市场监管部门的具体执法过程中,可以通过问询方式来了解消费者订立合同的背景情况、重要条款是否区别于普通条款,是否有明显的区别性标识等方面的情况,据此判断合同格式条款提供者是否尽到必要的提示与说明义务。此外,市场监管部门还可以根据合同内容综合认定需要提示消费者注意的条款范围。

3. 经营者在合同格式条款中免除自己的责任

《民法典》第 497 条概括性地规定了不合理地免除或减轻己方责任的格式条款无效,而《合同行政监督管理办法》第 7 条及《侵害消费者权益行为处罚办法》(2020 年修订)第 12 条则以列举的方式规定了禁止经营者免除的责任类型,常见责任类型如下:

(1)经营者在条款中免除造成消费者人身伤害的责任以及免除因故意或重大过失造成消费者财产损失的责任。以上两种责任是经营者对消费者负有的最基本的安全保障责任,是不应当通过条款约定来进行免除的。在市场监管过程中,主要可以针对以下情形:某健身会所在会员须知中约定“请勿酒后锻炼,如违反规定发生任何意外,会所概不负责”;某餐饮公司在其菜单内表述“餐厅属公共场所,请您看管好您的贵重物品,如有丢失,本餐厅概不负责”。很多经营者约定此类的责任免除条款以期能够逃避法律责任,但司法实践中不能因此作为免责条款。在市场监管过程中,认定此格式条款违规是不以损害后果发生为条件的,只要存在此类条款内容,违规行为就已经成立,就可以对经营者行政处罚。

(2)经营者免除其依法应当承担的保证责任。多数经营者为了减少自己的义务，在保证责任方面约定不承担以下的保证责任：修理、重作、更换、退货、补足商品数量、退还货款和服务费用、赔偿损失等。在市场监管过程中，如某美发店销售的会员 VIP 卡中注明“请妥善保管好本卡芯卡，如有损坏，本公司概不负责”或“本店售出商品概不退换”等，均构成违规。

（3）经营者免除其依法应当承担的违约责任。违约责任是合同的一项基本义务，即使经营者单方面约定“无需承担任何违约责任”等类似条款，都不能免除经营者在不履行合同义务或履行义务不符合约定时应当承担的继续履行、采取补救措施或者赔偿损失等法定违约责任。

4. 经营者在合同格式条款中加重消费者的责任

经营者在免除自己责任的同时，经常会引起消费者的责任加重的效果。除上述第三种列举的情形外，《合同行政监督管理办法》第 8 条及《侵害消费者权益行为处罚办法》第 12 条对不得加重的消费者责任同样做了列举式规定，常见责任类型有以下两类：

（1）约定消费者需承担的违约金或者损害赔偿金超过法定数额或者合理数额。市场监管部门对判定消费者赔偿责任额度是否合理具有较大的自由裁量权。在实践中，市场监管部门主要通过对比经营者违约时需承担的赔偿额度、赔偿限度是否超出经营者实际损失以及经营者提供的商品或服务性质综合判断。一般来说，消费者在签订合同后、合同正式履行前无故解除合同的，需承担一定的违约金，可以理解为系补偿经营者的机会成本损失或补偿经营者为履行合同所支出的成本费用，具有一定的合理性。

（2）约定消费者需承担应当由经营者承担的经营风险责任。在市场监管过程中，如某公司在《商品房认购书》中约定“任何情况下，不能获得贷款或者不能获得足额贷款的风险均由乙方自行承担”，该条款可以被认定为利用格式条款将经营者应承担的经营风险责任转移至消费者，可以对经营者进行行政处罚。

5. 经营者在合同格式条款中限制或排除消费者的主要权利

在市场监管过程中，如果发现有经营者在拟定条款时，为减轻己方责任，对消费者应有的合法权利进行限制或排除的情形，可以依法进行行政处罚。根据《合同行政监督管理办法》第 8 条及《侵害消费者权益行为处罚办法》第 12 条的列举，商家常排除的消费者权利有：

(1)消费者依法变更或者解除合同的权利。例如，在合同中约定如下条款，“所有卡项一经开卡，不再接受任何原因的退款申请”，“对于用户已于游戏内购买增值服务类型为解锁功能、增加时长的，用户不得要求修改或退款”，等等。

(2)消费者解释格式条款的权利。例如，在合同中约定如下条款：“本活动最终解释权归本公司所有。”

(3)消费者依法投诉、举报、提起诉讼的权利。例如，在合同中约定如下条款：“如双方发生纠纷，协商解决，如不能达成一致意见，双方同意在合同签订地的仲裁委员会解决。”

根据《合同行政监督管理办法》、《侵害消费者权益行为处罚办法》(2020年修订)等的规定，经营者存在上述第2～5中的违规情形的，其他法律法规有规定的，依照法律法规的规定执行；法律法规未作规定的，由县级以上市场监督管理部门责令限期改正，给予警告，并可处10万元以下的罚款。

(二)合同格式条款市场监管部门监管的重点领域

作为行政监管的主要主体，市场监管部门应结合在市场监管中的实际情况，针对群众反映强烈的、涉及面广的、容易形成群体性事件的重点领域展开研判，开展重点领域不公平格式条款专项整治，坚决打击利用不公平格式条款侵害消费者权益的不法行为。市场监管部门主要整治经营者以通知、店堂告示、声明、商业广告、服务单据等格式条款为手段，利用合同格式条款免除自身责任、加重消费者的责任、排除消费者的权利等违法行为；积极开展电商平台规则协议专项治理，及时清理不公平格式条款；大力开展校外培训机构格式条款检查“回头看”，全面推广《中小学校校外培训服务合同》示范文本；建立专家评审机制，增强格式条款监管的法律保障。

载有格式条款类合同违法行为表现形式多元化、复杂化、隐蔽化的特点，给监管部门的监管执法确实会带来一定难度。故而，针对上述问题需要重点做好以下工作：

一是加大合同格式条款监管业务培训力度。针对专项整治行动中暴露出的基层执法人员到岗时间短、办案经验不足、业务水平有待提高等问题,需要进一步加强合同监管业务培训,积极促进各地学习交流,着重培养法律专业知识功底扎实、办案经验丰富的监管人才。

二是积极推行合同示范文本。继续实行合同格式条款监管与推行合同示范文本相结合机制,加快制订、完善合同示范文本。加大推行力度,开发并逐步完善全省合同示范文本库,引导规范合同当事人签约履约行为,助推合同格式条款监管工作有序开展。

三是加强合同行政监管工作顶层设计。通过召开专题研讨会等形式集思广益,共同探讨工作思路、确定专项整治重点领域以及研究监管执法工作方式方法,进一步推动合同行政监管工作深入开展。

2023 年 5 月 18 日,国家市场监督管理总局为了扎实开展合同行政监管,维护良好市场秩序,维护消费者权益,颁布了《合同行政监督管理办法》,该办法取代合同监管中主要适用的《合同违法行为监督处理办法》,并于 2023 年 7 月 1 日施行。

《合同行政监督管理办法》主要亮点是强调了合同格式条款的备案审查制度,以及推进各行业合同示范文本制作,并拟对经营者建立合同信用监管制度;同时,加大的处罚力度。可以预见将来的市场监管工作,尤其针对经营者的合同行为的监管手段将逐渐多元化、监管力度也将逐渐强化。

第三节　数字法治视角下合同格式条款市场监管机制之完善

一、合同格式条款市场监管的法治化机制

跟合同格式条款市场监管与合规相关的法律法规等规范性文件主要有《民法典》、《消费者权益保护法》、《侵害消费者权益行为处罚办法》(2020 年修订)、《浙江省合同行为管理监督规定》、《浙江省合同格式条款备案办法》以及《合同行政监督管理办法》。以上法律法规等规范性文件分别规定了格式合同应当备案的种类、

格式条款不得含有免除经营者责任的内容、格式条款不得含有加重消费者责任的内容、格式条款不得含有排除消费者主要权利的内容、经营者不得在格式条款中免除自己的责任内容、经营者不得在格式条款中加重消费者责任内容、经营者不得在格式条款中排除消费者权利等内容，使合同格式条款市场监管与合规等方面有法可依。

（一）优化营商环境需要合同格式条款市场监管的法治化

市场监管需要完善各类市场主体公平竞争的法治环境。法治是最好的营商环境，全面贯彻国务院发布的《优化营商环境条例》，保证《民法典》的有效实施。消除市场主体歧视，保障企业充分参与竞争，完善市场主体退出机制，依法平等保护国有、民营、外资等各种所有制企业产权和自主经营权，加强知识产权保护，强化政务失信责任追究，打破地方保护，加强反垄断和反不正当竞争执法，规范交易行为，修订完善公平竞争审查实施细则，建立公平竞争审查抽查、考核、公示制度，建立健全第三方审查和评估机制。逐步清理废除妨碍全国统一市场和公平竞争的存量政策，建立违反公平竞争问题反映和举报绿色通道。①

（二）合同格式条款市场监管的法治化具体机制

1. 建立健全合同格式条款监管评审制度

合同格式条款市场监管是有关市场监管主体依法履行市场监管职能、维护消费者合法权益、优化市场营商环境的需要；而建立合同格式条款专家评审委员会，是贯彻建立专家咨询决策机制的重要举措，是加强政府能力建设、促进社会共治的重要手段。新时代市场经济体制对合同格式条款的制定和监管提出了更多要求，应联合各行业专家委员共同推进合同格式条款评审工作，要积极发挥专家委员的专业优势、工作经验，以问题为导向，围绕社会热点、消费投诉集中点，收集影响较大、涉及面广、群众反映强烈的合同格式文本或条款，及时向专家学者传送工作资料、反馈工作动态，邀请专家委员参与调查研究、学习培训等工作，创造良好的工作

---

① 参见国家市场监督管理总局：《法治市场监管建设实施纲要（2021—2025 年）》，国市监法发〔2021〕80 号。

环境和条件，确保各位专家委员优质高效地开展各项工作，从而提出具有前瞻性、科学性和可操作性的意见建议，能够积极推进格式合同评审工作，为促进企业自律规范、维护当事人合法权益提供强有力的支撑和保障，使市场监管部门能够合法规范、科学公正地履行合同行政监管职责，切实维护国家利益、社会公共利益和保障消费者的合法权益。

2. 建立健全合同格式条款公示备案制度

重点行业合同格式条款网上备案公示制度的建立是市场监管部门优化服务、便利企业的有力举措，能够节约企业办事成本，提高工作效率，同时提升工作透明度，推动合同格式条款的社会化监督。

根据《浙江省合同行为管理监督规定》、《浙江省合同格式条款备案办法》、浙江省人民政府办公厅《关于同意将全省营利性校外培训行业合同格式条款列入备案范围的复函》（浙政办函〔2021〕61 号）的规定，下列合同采用或含有格式条款的，经营者应当在开始使用该合同格式条款之日起 30 日内向市场监管部门办理备案：（1）房屋买卖、租赁及其居间、委托合同；（2）物业管理、住宅装修装饰合同；（3）旅游合同；（4）供用电、水、热、气合同；（5）有线电视、邮政、电信合同；（6）消费贷款、人身财产保险合同；（7）旅客运输合同；（8）汽车销售、保养、维修合同；（9）校外培训合同。根据《浙江省合同行为管理监督规定》的规定，对拒不备案的经营者将责令限期改正，并予警告。

3. 建立健全合同格式条款诚信档案、信用承诺制度

市场监管还需要完善市场主体信用承诺制度。依托各级信用信息共享平台和行业信用信息系统，按照有关规定将市场主体的承诺履行情况记入信用记录，并建立合同诚信档案，作为事中、事后监管的重要依据。对履行承诺的市场主体，根据信用记录为其提供便利措施；对不履行承诺的市场主体，视情节依法实施限制措施。同时，建立健全企业信用修复和异议处理机制，梳理可开展信用承诺的行政许可事项和政务服务事项，制订格式规范的信用承诺书，并依托各级信用门户网站向社会公开，鼓励市场主体主动向社会作出信用承诺。①

---

① 参见中共中央办公厅、国务院办公厅：《建设高标准市场体系行动方案》（2021 年 1 月 31 日）。

4. 建立健全合同格式条款市场监管“双随机、一公开”制度

所谓“双随机、一公开”①，是指市场监管主体在监管过程中随机抽取检查对象，随机选派执法检查人员，抽查情况及查处结果及时向社会公开。

要建立并完善随机抽取检查对象、随机选派执法检查人员的“双随机”抽查机制，并严格限制监管部门的自由裁量权。建立健全市场主体名录库和执法检查人员名录库，通过摇号等技术方式，从市场主体名录库中随机抽取检查对象，从执法检查人员名录库中随机选派执法检查人员。推广并运用数字化手段，对“双随机”抽查做到全程留痕，闭环管理，责任到人，全程可追溯。要加快政府部门之间、上下级之间监管信息的互联互通，并依托企业信用信息公示系统，整合形成统一的市场监管信息综合平台，及时公开监管信息，形成监管合力。

5. 建立健全合同格式条款市场监管行政约谈制度

行政约谈是指拥有具体行政职权的机关，通过约谈沟通、学习政策法规、分析讲评等方式，对市场运行中存在的问题予以纠正并规范的准具体行政行为。具体实践中一般是由市场监管部门针对利用合同格式条款免除自身责任、加重消费者责任、排除消费者法定权利等行为进行点评交流、问询约谈，并对日后规范使用合同格式条款提出指导性建议和要求。督促企业立刻自查自纠，做到守法、诚信经营，营造公平公正的经营环境。

6. 制订并推广格式合同示范文本

格式合同示范文本的制订推行，有利于提升合同订立者的法律意识，引导规范合同签约履约行为，维护各方当事人权益，矫正不公平的格式条款。为了提高格式合同市场监管工作的规范化和专业化水平，在格式合同纠纷矛盾较为突出的领域，在行业主管部门的参与和支持下，市场监管部门应出台相关的格式合同示范文本，并引导经营者使用合同示范文本缔结合同，从而能够提升缔约双方的合同合规意识，规范签约履约行为，避免不公平合同格式条款所造成的合同双方因为市场地位的不平等、信息的不对称而使得一方合法权益遭受损害，最终市场秩序被破坏的不

① 根据国务院《关于印发2015年推进简政放权放管结合转变政府职能工作方案的通知》（国发〔2015〕29号）、国务院办公厅《关于推广随机抽查规范事中事后监管的通知》（国办发〔2015〕58号）的规定，要求在政府管理方式和规范市场执法中，全面推行“双随机、一公开”的监管模式。

利后果。

7. 建立健全司法机制与行政监管的协同机制

在司法机关审判的合同类民事纠纷中，由于会涉及大量的合同格式条款无效的情形，在建立了司法机制与行政监管协同机制的前提下，司法机关将无效的合同格式条款及时推送至市场监管部门，由市场监管部门做出行政处罚，从而更加高效便捷地保护权利人的利益。

8. 建立不公平合同格式条款的公示制度

建立对于不公平的合同格式条款，监管系统有权在合同格式条款监管平台上予以公示，对于该公示的不公平合同格式条款，相关行政机关在后续备案及监管与市场违法处理时，查询和确定更加便利化。

二、数字法治与合同格式条款监管机制之完善

市场监管在现代化进程中应当主动适应产品服务化、服务产品化趋势，探索建立符合混合业态特点的市场准入制度。建立健全“商品＋服务”终端供应者主体责任制度。强化合同行政监管，完善与混合业态相适应的合同格式条款监管制度，引导重点行业经营者建立健全合同格式条款公示制度，建立合同示范文本库。建立“商品＋服务”质量自我声明公开和监督制度，建立健全质量分级制度。①

在数字化改革背景下，行政机关合同格式条款监督管理“一体化”应用的数字化场景主要体现在：多部门、多领域归集数据；合同应收尽收，海量纳入，与责任人一一绑定，实行闭环管理；通过合同智能审查模型和多维画像等技术手段的智能分析，实时进行敏感数据监测和客观评估。

通过数字化改革的流程再造、机制创新等方面进行积极探索实践，能够实现“三个转变”：第一，变“散乱无序”为“一屏掌控”，建立了合同闭环有序管理机制，监管效率能够迅速提升；第二，变“各自监管”为“集成监管”，建立了高效协同的监管机制；第三，变“经验监管”为“数据治理”，建立了数据辅助监管机制。

在合同格式条款备案数字化治理方面可以通过事前风险防范、事中履约检查、

---

① 参见国务院《关于印发“十四五”市场监管现代化规划的通知》，国发〔2021〕30号。

事后大数据监管，提升合同监管智能化水平。通过运用智能语义分析技术，研发审核机器人，智能识别合同格式条款违规内容，从而实现快速秒审合同，严把合同源头质量关。

在合同格式条款监管开展数字化工作方面，四川省市场监督管理局进一步创新发挥线上线下一体化监管职能，充分利用“大数据＋自主监测”等信息化手段，实现线上线下监管同安排、同推进、同落实；新疆维吾尔自治区市场监督管理局将网络交易日常监测、专项监测、集中监测与专项整治行动紧密结合，将典型不公平格式条款作为监测靶点；辽宁省市场监督管理局指导各地市委托第三方对平台（网站）登载的格式条款进行监测，摸清底数，共享监管数据。

浙江省市场监督管理局以数字化改革为契机，创新研发“合同格式条款 AI 智能识别比对系统”，集中实现分行业合同格式条款的违法预警、风险监测、趋势分析等功能。通过应用“浙江市场在线”聚焦霸王合同格式条款，从而打造更优的公平消费秩序。重点突出合同监管、执法和规范的“一链式”闭环管理，进一步加强以商品房买卖合同为代表的九大类、21 个行业的合同格式条款法定备案制度，创新研发“疑似霸王条款 AI 智能比对系统”，形成以人工智能技术为主，专家评审为辅的合同格式条款合规监管模式。探索非法定备案合同格式条款的“自我公示”制度，以全省校外培训机构整治为重点，将“自我公示”的校外培训行业合同格式条款全部在线向社会公示。另外，针对校外培训等当前消费合同纠纷的热点行业，及时向社会发布公示重点行业订立合同时“建议写入条款”和“禁止写入条款”，设立重点行业的合同示范文本库和建议订立条款库、禁止订立条款库，等等。以数字化改革为契机，浙江省市场监管系统在完善合同格式条款的合规与监管方面，积累了若干有益的经验，为数字法治政府建设助力增色。

第七章

合同格式条款合规的原则与基准

合同格式条款是某些行业在进行频繁的、重复性的交易过程中为了简化合同订立的程序而形成的,往往由占有经济或地位优势的一方提出。[①] 当一种格式条款被某一行业的市场参与者所普遍采用,进而遍布于本行业内多数交易活动时,此种合同格式条款将产生塑造交易秩序的功能。由此,行政监管力量有必要依照法律规定对合同格式条款的内容进行规制,并对合同格式条款的使用进行监督检查,从而限制和防止合同中滥用格式条款的行为。[②] 通过行政监管的手段对消费领域的合同格式条款进行备案,即为本篇所称"合同格式条款的合规监管"。该种合规监管,对于规范市场交易秩序、平衡经营者与消费者的缔约地位、保护消费者权益、减少合同纠纷具有重要意义。

目前,我国合同格式条款的合规工作主要在地方层面开展,以《民法典》及《消费者权益保护法》等特别法为规范基础。在地方层面,一些省市针对合同格式条款出台了专门法规及规章,另一些则通过在合同监督法规中设置专章专节的形式对格式条

① 参见黄薇主编:《中华人民共和国民法典合同编解读》(上册),中国法制出版社2020年版,第122页。

② 参见张瑞:《民法典时代格式条款行政规制研究——基于地方性法规文本的实证分析》,载《时代法学》2020年第4期。

款进行规制(如《浙江省合同行为管理监督规定》第三章“格式条款的监督”)。[①]在国家层面,2023 年 5 月 18 日,国家市场监督管理总局颁布了《合同行政监督管理办法》(该办法于 2023 年 7 月 1 日施行),对经营者订立合同的行为提出要求,对经营者订立不公平格式条款的违法行为及行政责任认定进行了明确。

第一节　合同格式条款合规的主要原则及规范依据

囿于社会关系的千变万化与立法者的认知水平,成文立法具有局限性与滞后性。[②] 即使再完备的法律规范体系,也往往可能存有法律漏洞。由此,重视法律原则在实践中的作用和功能,诚属必要。合同格式条款合规原则,是监管部门对于民事主体从事缔约活动的行为从事合规监管的基本准则,除了公认的法律原则之外,还应体现使用格式条款背后的主要价值或目标。此外,民事主体在制订格式条款时,不应悖于这些原则;合规监管人员在对格式条款文本进行备案或公示时,亦应当考量这些原则,尤其对于合同格式条款是否合规存在争议且有多种解释可能的场合,以及原则之间存在冲突与优先关系的情况,有必要经审慎衡量和充分论证后方可作出决定。[③]

我国民法体系中蕴含合同格式条款合规原则的规范依据。其中,《民法典》合同编第 496 ~ 498 条是一般规范依据,《消费者权益保护法》等作为相关特别法应当优先使用,各级法规及规章是有力补充,具体的规范依据及其适用,在此一并述之。

作为一本指南性书籍,本书主要聚焦于消费类合同格式条款合规与监管的理

---

① 截至 2023 年 1 月,针对合同格式条款合规监管的地方性法规及规章包括:深圳市、上海市、重庆市、黑龙江省、内蒙古自治区、新疆维吾尔自治区、广西壮族自治区《合同格式条款监督条例》;吉林省、江西省、武汉市、青岛市《合同格式条款监督办法》;辽宁省、贵州省、四川省、湖北省、山西省《合同监督条例》;江苏省、大连市《合同监督管理办法》;浙江省《合同行为管理监督规定》等。

② 参见韩世远:《合同法总论》,法律出版社 2018 年版,第 41 页。

③ 参见林来梵、张卓明:《法律原则的司法适用——从规范性法学方法论角度的一个分析》,载《中国法学》2006 年第 2 期。

论与实践问题。简言之,本书在实务编所涉及的合同格式条款所限定的缔约交易双方,其中一方原则上为《消费者权益保护法》规范体系下的消费者,另一方为商品与服务的提供者,即经营者一方。合同格式条款的合规与监管等问题也被框定为一方为消费者,另一方为经营者的格式合同、合同格式条款抑或其他具有格式条款属性的范本或条款。与此同时,市场监管主体合规监管的重点也聚焦于此类合同格式条款,而不涉及或很少涉及经营者之间的合同格式条款的合规与监管问题。故而,从本章开始,实务编的展开限定为民法典时代消费者合同格式条款的合规与监管问题,特此说明。

一、公平原则

公平原则为国际社会普遍认可的法律基本原则。公平原则不仅表现为私法的传统规范中的"等价性"思想,即要求给付与对待给付具有同等价值,当事人之间的法律地位平等,[①]还表现在"如何'公平地'分配那些与合同相关的负担和风险问题"。[②] 具体而言,公平原则一是指法律关系当事人之间的地位、权利、义务、责任处于一种平衡状态;二是指第三方(包括机构、组织、个人)在对待公共利益、利益冲突、当事人诉求等问题时,秉持居中裁断、不偏不倚的立场与态度;三是指行为结果不能显失公平,否则应当以公平为尺度予以矫正。[③]

对于合同格式条款合规而言,公平原则是最基本、最重要的原则。合同格式条款为经营者单方预先拟订,具有"不可协商性",且其专业、复杂及冗长程度往往令消费者敬而远之。在此情形下,消费者与经营者的合意度往往不足,在缔约地位及权利义务上缺乏最基本的"等价性"。

对此,有必要平衡当事人之间的不对等地位,强化经营者对"与对方有重大利害关系"的说明义务或信息提供义务。只要消费者在充分了解的基础上作出进入

① 参见[德]迪特尔·梅迪库斯:《德国民法总论》,邵建东译,法律出版社2013年版,第364页。

② 参见[德]卡尔·拉伦茨:《德国民法通论》,王晓晔等译,法律出版社2003年版,第60页。

③ 参见最高人民法院民法典贯彻实施工作领导小组主编:《中华人民共和国民法典总则编理解与适用(上)》,人民法院出版社2020年版,第58页。

合同的决定，即使未经协商，其意思自治仍能得到充分的保障。[①] 在合规监管备案、公示与监督检查时，应充分关注合同格式条款的公平性，重点关注经营者是否针对与消费者有重大利害关系的事项向消费者明示地提出交易条款、消费者是否有可能以可合理期待的方式知悉交易条款的内容[②]、是否有实质上减损相对人权利的条款表达。在合同格式条款的合规中，公平原则的主要规范依据在于《民法典》第 6 条[③]、第 496 条第 2 款[④]，《消费者权益保护法》第 4 条[⑤]、第 26 条第 1 款[⑥]。

此外，对于何谓"与对方有重大利害关系的条款"，在合规与监管时较难把握。《合同行政监督管理办法》第 6 条的列举可供参考："经营者采用格式条款与消费者订立合同，应当以单独告知、字体加粗、弹窗等显著方式提请消费者注意商品或者服务的数量和质量、价款或者费用、履行期限和方式、安全注意事项和风险警示、售后服务、民事责任等与消费者有重大利害关系的内容，并按照消费者的要求予以说明。经营者预先拟定的，对合同双方权利义务作出规定的通知、声明、店堂告示等，视同格式条款。"

二、保护消费者权益原则

对于平等民事主体之间的民事活动，国家通常不干预或少干预，尊重民事主体的意思自治，这是私法自治原则的题中之义。但是，消费者与经营者之间进行交易，由于两者地位存在事实上的强弱不均，消费者仅凭自身的力量维护合法权益比较困难，需要国家采取适当的措施，进行积极干预，规范与调整消费者与经营者之

---

① 参见解亘：《格式条款内容规制的规范体系》，载《法学研究》2013 年第 2 期。

② 参见吴景明：《中德消费领域格式条款规制比较研究》，载《中国工商管理研究》2015 年第 4 期。

③ 《民法典》第 6 条规定："民事主体从事民事活动，应当遵循公平原则，合理确定各方的权利和义务。"

④ 《民法典》第 496 条第 2 款规定："采用格式条款订立合同的，提供格式条款的一方应当遵循公平原则确定当事人之间的权利和义务，并采取合理的方式提示对方注意免除或者减轻其责任等与对方有重大利害关系的条款，按照对方的要求，对该条款予以说明……"

⑤ 《消费者权益保护法》第 4 条规定："经营者与消费者进行交易，应当遵循自愿、平等、公平、诚实信用的原则。"

⑥ 《消费者权益保护法》第 26 条第 1 款规定："经营者在经营活动中使用格式条款的，应当以显著方式提请消费者注意商品或者服务的数量和质量、价款或者费用、履行期限和方式、安全注意事项和风险警示、售后服务、民事责任等与消费者有重大利害关系的内容，并按照消费者的要求予以说明。"

间的关系，对消费者提供特别的倾斜保护，确保消费者的合法权益不因力量天然的不均衡而产生侵害。[①] 因此，在对合同格式条款进行合规备案与市场监管时，应当以保护消费者权益为出发点，来进行规范的理解与适用。

以“不公平、不合理”的合同格式条款无效为例。原《合同法》第 40 条规定，提供格式条款一方免除其责任、加重对方责任、排除对方主要权利的，该条款无效。《民法典》第 497 条第 2 项在该条基础上进行了完善，在免除或者减轻其责任、加重对方责任、限制对方主要权利导致格式条款无效前加上限定词“不合理地”，即在认定格式条款效力时，如果上述行为没有超出“合理”的范围，并不“一刀切”地导致条款当然无效，而是综合考虑交易性质、双方风险负担等情况。

但值得注意的是，《消费者权益保护法》第 26 条第 2 款、第 3 款规定，经营者不得以格式条款等方式，作出排除或者限制消费者权利、减轻或者免除经营者责任、加重消费者责任等对消费者不公平、不合理的规定；格式条款含有前款所列内容的，其内容无效。立法者指出，《民法典》与《消费者权益保护法》是一般法和特别法的关系。《消费者权益保护法》等特别法对格式条款有特别规定的，应当适用该特别规定。《消费者权益保护法》第 26 条基于有利于保护消费者的考虑，对合同格式条款的无效情形作了特别规定，这些特别规定相对于《民法典》合同编的规定优先适用，即合同格式条款中存在的“排除或者限制消费者权利、减轻或者免除经营者责任、加重消费者责任”的内容，可以直接认为是不合理、不公平的，应当认定无效。[②] 当然，考虑到法制统一的需要，建议在修订与完善《消费者权益保护法》时，尽量与《民法典》的规范原则保持一致。在《消费者权益保护法》未修订之前，依然应遵循“特别法优于一般法”的原则予以法律的适用。

以合同格式条款的解释为例，依据《民法典》第 498 条的规定，对格式条款的理解发生争议的，应当先适用通常解释。若格式条款经过长期使用以后，消费者对其中某些用语的理解，与条款制作人制订条款的理解有所不同，此时应以交易时消费者的理解为标准进行解释。在某些情况下，各个地域和团体内的相对人对格式条

① 参见李适时主编：《中华人民共和国消费者权益保护法释义》，法律出版社 2013 年版，第 25 页。
② 参见黄薇主编：《中华人民共和国民法典合同编解读》（上册），中国法制出版社 2020 年版，第 129～130 页。

款内容的理解不同,应以适用格式条款的不同地域和团体的消费者的平均的、合理的理解为标准进行解释。[①] 另依据《民法典》第498条的规定,格式条款和非格式条款不一致的,通常应以有效非格式条款优先。但若在合同格式条款经过行政规制或行业规制,所反映的利益关系比较公平合理的情况下,经营者利用其优势地位强行与消费者"个别商议",形成不利于消费者的所谓个别商议条款。此时该个别商议条款不得具有优先性,甚至应被依法确认为无效,或被撤销。[②] 简言之,要秉持体系解释与目的解释的方法与原则,而非机械地固守文义解释之方法,实质性地保护消费者合法权益。消费者权益保护原则的主要规范依据如下:《消费者权益保护法》第5条第1款规定,国家保护消费者的合法权益不受侵害。第26条第2款、第3款规定,经营者不得以格式条款、通知、声明、店堂告示等方式,作出排除或者限制消费者权利、减轻或者免除经营者责任、加重消费者责任等对消费者不公平、不合理的规定;格式条款、通知、声明、店堂告示含有前款所列内容的,其内容无效。第32条第1款规定,各级人民政府市场监督管理部门和其他有关行政部门应当依照法律法规的规定,在各自的职责范围内,采取措施,保护消费者的合法权益。《民法典》第498条规定:"对格式条款的理解发生争议的,应当按照通常理解予以解释。对格式条款有两种以上解释的,应当作出不利于提供格式条款一方的解释。格式条款和非格式条款不一致的,应当采用非格式条款。"

三、主动与谦抑相结合原则

合同格式条款的合规以及备案、监管等虽然强调了监管者对市场的行政规制,但监管者往往尽可能多地通过发布示范文本,引导经营者更多地采取公认范本,这种治理方式属于社会化的软法治理,旨在通过预防性控制确保合同格式条款的实质公平,其本质上属于替代市场自发交易的集体磋商机制,为合同格式条款交易设定整体性的交易公平基准。[③] 合同格式条款的合规与监管的基本属性应为管理型

---

① 参见王利明:《对〈合同法〉格式条款规定的评析》,载《政法论坛》1999年第6期。

② 参见崔建远:《论格式条款的解释》,载《经贸法律评论》2019年第3期。

③ 参见马辉:《格式条款的公共规制——基于整体主义方法论的视角》,载《江海学刊》2021年第6期。

规制而非裁断型规制，其规制结果不涉及效力评价且无终局性，其主导意旨则应兼具主动性与谦抑性。[①]

“主动性”，是指合规备案与监管要及时发现违法格式条款、及时督促修正违法格式条款。“谦抑性”，是指合规备案与监管的范围、内容及方法应保持适当，合规备案与监管重心在于确保经营者采取特定的方式提供信息，确保条款备案、公示以及监督检查过程中利益相关各方的充分参与，不对合同条款的实体权利义务分配或市场主体的决策内容进行直接干预。合同格式条款的备案与监管应淡化“合法性审查”和行政机关对合同格式条款合法性“背书”的功能，进一步强化备案与公示的信息披露功能，缓解部分行业领域经营者和消费者之间的信息不对称，改善消费者的信息弱势地位。[②]

如果行政机关单方实施的合同格式条款审查，常被认为过度干预合同自由与竞争机制，也会导致行政机关“不可承受之重”。在德国《一般交易条款法》制定过程中，格式条款批准程序被否定的关键原因之一，正是担心其对合同自由和经济秩序可能产生过度干预。为有效避免对市场机制的不当干预，许多欧洲国家将监管限缩在合作治理基础之上，由行政机关提供监管平台和程序机制，由经营者或其群体代表与消费者群体代表采用集体磋商的方式进行审查。审查不需要涵盖合同的全部内容，部分审查的方式更容易被经营者接受，不会对市场创新施加过多的约束，并可为消费者群体保留多元化的选择空间。[③]

在备案、公示与监管过程中，应重点把握与消费者权益密切相关的三个标准，即格式条款有无免除经营者责任；格式条款有无加重消费者责任；格式条款有无排除消费者权利。至于价格、质量等涉及交易主要方面的核心给付条款，则属于经营者群体与消费者群体的合同自由，不应予以过多约束。

蕴含主动性与谦抑性原则的主要规范依据为《合同行政监督管理办法》。该办法第7条规定：“经营者与消费者订立合同，不得利用格式条款等方式作出减轻

---

① 参见张瑞：《民法典时代格式条款行政规制研究——基于地方性法规文本的实证分析》，载《时代法学》2020年第4期。

② 参见陈旭锋：《合同格式条款备案制度研究——以浙江省合同格式条款备案制度为例》，载《中国市场监管研究》2016年第8期。

③ 参见马辉：《格式条款的公共规制——基于整体主义方法论的视角》，载《江海学刊》2021年第6期。

或者免除自身责任的规定。格式条款中不得含有以下内容:(一)免除或者减轻经营者造成消费者人身伤害依法应当承担的责任;(二)免除或者减轻经营者因故意或者重大过失造成消费者财产损失依法应当承担的责任;(三)免除或者减轻经营者对其所提供的商品或者服务依法应当承担的修理、重作、更换、退货、补足商品数量、退还货款和服务费用等责任;(四)免除或者减轻经营者依法应当承担的违约责任;(五)免除或者减轻经营者根据合同的性质和目的应当履行的协助、通知、保密等义务;(六)其他免除或者减轻经营者自身责任的内容。"第 8 条规定:"经营者与消费者订立合同,不得利用格式条款等方式作出加重消费者责任、排除或者限制消费者权利的规定。格式条款中不得含有以下内容:(一)要求消费者承担的违约金或者损害赔偿金超过法定数额或者合理数额;(二)要求消费者承担依法应当由经营者承担的经营风险;(三)排除或者限制消费者依法自主选择商品或者服务的权利;(四)排除或者限制消费者依法变更或者解除合同的权利;(五)排除或者限制消费者依法请求支付违约金或者损害赔偿金的权利;(六)排除或者限制消费者依法投诉、举报、请求调解、申请仲裁、提起诉讼的权利;(七)经营者单方享有解释权或者最终解释权;(八)其他加重消费者责任、排除或者限制消费者权利的内容。"第 9 条规定:"经营者采用格式条款与消费者订立合同的,不得利用格式条款并借助技术手段强制交易。"

四、意思表示真实原则

我国《民法典》第 143 条规定,民事法律行为应当具备的基本条件之一即"意思表示真实",真实意思表示是民事活动的核心要素,鉴于格式条款具有预先拟定性和未与合同对方当事人协商的特点,对承诺格式合同的一方当事人意思表示真实应作出特别的保护措施。《民法典》第 496 条规定的提供格式条款的一方当事人应当"采取合理的方式提示对方注意免除或者减轻其责任等与对方有重大利害关系的条款,按照对方的要求,对该条款予以说明"。这一规定所体现的立法精神就是防止提供格式条款的一方当事人利用自己预先拟定格式条款的有利条件,使用隐含、晦涩的语言来免除或者限制自己的责任,造成合同的成立并非当事人真实意思表示的局面。将意思表示真实原则作为合规审查原则具有必要性。

第二节　合同格式条款的合规基准

合同格式条款的合规基准,是指监管机关对合同格式条款进行监管时所秉持的标准、规程与要旨。监管机关通过确立备案、公示与监管基准,将这些标准予以具体化,来实现对监管权的自我拘束,从而确保监管的公平、公正,确保相对人对监管结果有恰当的预期。① 本质上,合规基准是一种细化的技术规范,通过这套技术规范,监管机关可明确合规活动应如何具体展开。②

为了使合同格式条款双方当事人权利、义务平等,达到公平、公正的目的,对格式条款的规制可从立法、司法、行政监督和管理等方面进行。③ 其中,司法审查和行政规制是格式条款审查的两种主要方式。

一、司法审查与行政规制的区别

司法审查,是指法院依据法律的规定,对合同格式条款进行审查并依法对其法律效力作出肯定或否定判断的控制方法。④ 行政规制(也可称之为广义的行政监管)则为市场监督管理部门在合同格式条款备案工作中对格式条款进行形式检查与评审。两者的差异主要表现在以下几个方面。

---

① 参见宋华琳:《行政许可审查基准理论初探——以国内航线经营许可领域为例证》,载《浙江学刊》2010 年第 5 期。

② 参见周宇骏:《合目的性的审查分层:我国地方性法规审查基准的实践及其逻辑》,载《政治与法律》2021 年第 3 期。

③ 参见姚淑媛:《格式条款利用之我见》,载《河北法学》2006 年第 6 期。

④ 参见晏芳:《格式合同的司法规制研究——兼论经济法实质正义理念在格式合同司法规制中的适用》,载《甘肃政法学院学报》2015 年第 6 期。

(一)两者启动的方式不同

司法审查具有事后性与被动性,对合同格式条款审查奉行“不告不理”原则,依靠权益受损的消费者自行通过诉讼启动。而行政规制(监管)具有主动性,监管主体可以在合同订立之前要求备案,并在合同格式条款备案工作中主动进行形式或者实质审查,可以对有问题的格式条款及时发现、及时责令经营者修改,将风险控制在合同缔约之前,是一种单方主导的颇具效率的条款预先控制机制。

(二)两者基准的位阶不同

司法审查的基准是规范性法律文件。依据最高人民法院《关于裁判文书引用法律、法规等规范性法律文件的规定》第4条、第6条的规定,民事裁判文书应当引用法律、法律解释或者司法解释。对于应当适用的行政法规、地方性法规或者自治条例和单行条例,可以直接引用;除此之外的规范性文件,根据审理案件的需要,经审查认定为合法有效的,可以作为裁判说理的依据,但不能直接引用。而行政规制(监管)的基准更为广泛,除了现行法律法规、各类解释之外,还包括其他规范性文件,比如政府规章及政策性文件、市场监督管理部门的指导性文件、各类合同的示范文本等。

(三)两者效力评价不同

司法审查的核心是合同格式条款是否能订入合同以及条款的效力问题,法官在裁判文书中径直认定条款有效或无效。行政规制则不然,虽然同样以合同格式条款内容公平性监督为核心任务,但是,在监督过程中行政合规监管通常不对格式条款的效力加以评价,其本身也不为格式条款的有效性提供背书。[①]

(四)两者终局性不同

司法审查具有实质上的终局效力,生效裁判结果对格式条款效力等的确认具

---

① 参见陈旭锋:《合同格式条款备案制度研究——以浙江省合同格式条款备案制度为例》,载《中国市场监管研究》2016年第8期。

有法律上的权威性。而行政规制的结果不具有法律上的终局性。通过行政规制检验的格式条款,其自身效力也并不因此而获得"免责性"。消费者一方仍可就该格式条款单独提起诉讼,该格式条款也可能被认定为无效。

(五)两者拘束力不同

司法审查是对个案作出的裁判,虽然其就合同格式条款是否违反法律法规的强制性规定之法律解释具有引导示范和案例指导价值,但鉴于我国并非判例法国家,其裁判本身的拘束力仅及于案件当事人,不能作为统一的标准适用,法官在自由裁量的限度内可能出现"同案不同判"的情况。而行政规制对所有满足条件的合同格式条款产生普遍的约束力,具有明显的社会公共利益属性。如《上海市合同格式条款监督条例》规定,"提供方拟定格式条款,可以参照各类合同的示范文本",这意味着有关经营者对格式条款合同进行备案时有一定预期,如果内容不够规范,可能就无法通过事前备案的"审核程序",需要发回修改。

二、合同格式条款的司法审查基准

(一)"满足格式条款定义"审查

合同格式条款系为重复使用而预先拟定,由合同当事人一方在合同订立时向相对方提出,未与对方协商的条款(《民法典》第496条第1款)。审查条款文本是否构成格式条款,是审查的首要内容。

合同格式条款必须具有两个主要特征:(1)未与对方协商。"未与对方协商"应当理解为不能与对方协商,①合同格式条款提供方没有就条款内容与相对方进行实质上的磋商,相对方对条款内容也没有进行实际修改的余地。格式条款的相对方只能对预先拟定的内容选择概括性接受或者不接受,即使在合同上签字确认,也不一定是真正的内心意愿表达。(2)重复使用。此处"为了重复使用",不能作僵化理解,不是要当事人去证明真正实际重复使用了多次,只要格式条款提供方具

① 参见王利明:《对〈合同法〉格式条款规定的评析》,载《政法论坛》1999年第6期。

有重复使用的目的,不论使用次数多少,都可认为是“为了重复使用”。[①]

(二)“订立控制”审查

合同格式条款提供方未遵循公平原则确定当事人之间的权利和义务,或与对方有重大利害关系的条款未尽提示、说明义务的,对方可以主张该条款不成为合同的内容(《民法典》第496条第2款)。该制度归属于合同订立的范畴,其意义可概括为两点:一是作为规制合同格式条款的门槛,不符合“订立控制”规则的直接在程序上对其予以排除,不能成为合同内容;二是强化了相对方的权利保护,不满足订入规则的格式条款不进入效力评价环节,免除了相对方证明格式条款无效的举证责任。

“订立控制”审查围绕如下要件展开:(1)条款内容是否明显违反公平原则;(2)该条款是否与接受方有“重大利害关系”,一般来说主要包括但不限于格式条款提供方免除或者减轻其责任、加重对方责任、限制或者排除对方主要权利等;(3)提请注意义务的履行,例如采用特别的字体予以特别标识;(4)说明义务的履行,对该条款予以说明、解释,足以使相对方真正理解该条款的含义;(5)相对方是否主动提起该格式条款“未订入”,只能由相对方主张“该条款不成为合同的内容”,格式条款提供方无权主张。

(三)效力审查

满足合同格式条款定义的,又经“订立控制”审查后订入合同,成为合同内容的格式条款,原则上均应受到《民法典》第497条的效力审查。核心给付条款和违反强行法、有悖显失公平原则的条款、纯粹复述任意法规范的条款,应被排除于审查范围之外。其中,核心给付条款是对给付与对待给付内容进行描述和确定的条款,应交由市场加以调整;违反强行法的条款本就属于无效条款,无论其是属于格式条款还是一般条款;纯粹复述任意法规范的条款是对已有的任意法规范的复述,将其纳入合同内容,是遵循公平原则的体现,无须通过格式条款效力审查制度对其

---

① 参见黄薇主编:《中华人民共和国民法典合同编解读》(上册),中国法制出版社2020年版,第125页。

公平性进行重复判断。[1]

效力审查围绕如下要件展开:(1)是否具有《民法典》第153条、第154条、第506条所规定的无效情形;(2)是否具有客观上的"不利益"情形,即条款是否免除或减轻格式条款提供方责任、加重对方责任、限制对方主要权利;(3)该种限制是否超出"合理"范围,若此类免责条款系企业的合理化经营所必需,或免除的是一般过失责任,或是轻微违约场合的责任等,并且提供者又履行了提请注意的义务,那么此类条款就应当有效;(4)是否排除了对方主要权利的格式条款。此处需与"限制对方主要权利"进行区分,以买卖合同格式条款为例,若约定"一旦售出,概不负责"的,明显排除了对方的主要权利,为无效条款;但在修理成本远大于退货成本时,约定"只退不修"的,虽然限制了对方要求修理的权利,但这种限制具有合理性,该约定合法有效。

(四)格式条款的解释

自由裁量是司法审查中除了效力认定之外的另一种方式,法院在审判活动中通过对格式合同条款的严格解释而对不公平条款进行控制。[2] 格式条款的解释,分为通常理解、不利于提供格式条款一方的解释、采用非格式条款三种(《民法典》第498条)。其中,最大的问题集中在对"通常理解"的判定上。从解释依据或者解释方法的角度说,"通常理解"应参照《民法典》第142条第1款的规定及第498条的规定进行理解。按照所使用的词句、结合相关条款、行为的性质和目的、习惯以及诚信原则,确定意思表示的含义。

三、合同格式条款合规的行政监管基准

合同格式条款合规的行政监管基准,在前述司法审查基准的基础上,有如下值得关注的特殊之处。

---

① 参见贺栩栩:《〈民法典〉格式条款的效力审查规范解读——以零时生效条款与等待期条款为例》,载《苏州大学学报(哲学社会科学版)》2020年第4期。

② 参见晏芳:《格式合同的司法规制研究——兼论经济法实质正义理念在格式合同司法规制中的适用》,载《甘肃政法学院学报》2015年第6期。

1. 行政合规监管的对象限于经营者和消费者之间采用格式条款订立合同的情形。《合同行政监督管理办法》第6～9条规定的合同违法行为即损害消费者利益的行为。《浙江省合同行为管理监督规定》要求经营者申请备案的合同文本，如果市场监督管理部门审查后，发现合同格式条款违反了《浙江省合同行为管理监督规定》，就表示经营者存在侵害消费者合法权益的违法行为。[①] 因此，并非所有的格式条款都要予以行政合规监管与检查。

2. 行政合规监管集中于格式条款本身，而非法律关系。行政监管仅涉及格式条款内容监管规制，而不涉及格式条款的"订入控制"（缔约过程规制）及格式条款解释规制（《民法典》第498条规定的特殊解释规则）。行政机关要求经营者申请备案的合同文本，往往是经营者已经使用的。在合规监管时，只检查其条款是否违反规范即可。

3. 行政合规监管的主要依据是法律、行政法规、规章、政策、政府指导性文件。既有法律、行政法规的强制性规定，也有任意性、指导性规范，还包括交易习惯和公序良俗。

4. 行政监管的本质是事后监管，而非事前行政审批。格式合同的备案属于告知性、监督性、公示性行为，而非许可性、确认性、审核性行为。格式条款行政合规监管的主要目的是突出其信息披露功能。一方面，监管部门对备案的格式文本统一编号，并向社会公布以备查阅核对；另一方面，关系基本民生的公用事业经营者若要使用格式条款，应当事先公示征求公众意见。[②] 在格式条款通过备案与公示等合规监管程序后，还可通过消费者向行政机关投诉、行政监管机关组织大规模评查等方式展开事后监管。如消费者认为合规监管范围内的格式条款违反法律法规、规章规定，损害其合法权益的，可以向市场监督管理部门、消费者权益保护委员会提出申诉或投诉，也可以依法向人民法院提起诉讼。消费者权益救济的途径是多元的，通过向市场监管部门投诉并得到处理的维权机制是其中之一；与此同时，合规监管包括备案、公示以及监督检查（抽查），其性质是市场监管部门履行合同

---

① 参见俞国良、漏明月：《整合工商职能　强化合同格式条款监管》，载《工商行政管理》2004年第8期。

② 参见陈旭锋：《合同格式条款备案制度研究——以浙江省合同格式条款备案制度为例》，载《中国市场监管研究》2016年第8期。

行政规制程序的一种方式。

5. 行政合规监管的后果包括建议修改、警示公告及罚款措施，但不包括径直认定该合同格式条款无效。依据《消费者权益保护法》第 32 条、第 34 条的规定，行政机关有权对格式条款进行监督，并依据《中华人民共和国行政处罚法》(以下简称《行政处罚法》)的相关规定，对合同格式条款备案过程中应当备案而未备案或者未按要求修改问题条款等违法行为依法设定相应处罚。认定合同格式条款无效，事实上是司法审查的处理方式，而非行政监管的处置方式。

第三节　合同格式条款的合规要点指南

一、合同格式条款是否存在明显无效情形

(一)是否具有无效民事法律行为的特征

合同格式条款中的无效条款主要包括《民法典》第 153 条违反法律法规强制性规定、违背公序良俗的条款。《消费者权益保护法》规定了经营者依法应承担的义务主要包括：依照法律、行政法规的规定和与消费者约定履行的义务，接受消费者监督的义务，保证商品和服务安全的义务，提供商品和服务真实信息的义务，标明真实名称和标记的义务，出购货凭证或者服务单据的义务，保证商品或者服务质量的义务，履行“三包”或者其他责任的义务，等等。

由于这些义务都是法定的强制性义务，因此作为格式条款制定人的经营者，不得在其制订的格式条款中回避其应承担的义务，否则该条款因违反法律法规的强制性规定而无效。[①] 以合同中常见的“不可抗力”条款为例，实践中格式条款提供方倾向于扩大不可抗力的范围以减免己方责任，如网络平台将“系统不稳定”“通讯故障”等原因纳入不可抗力中，该条款违反强制性法律规定，为无效条款。

---

① 参见王利明：《对〈合同法〉格式条款规定的评析》，载《政法论坛》1999 年第 6 期。

(二)是否不合理免除或减轻经营者责任

依据《民法典》第506条及《合同行政监督管理办法》第7条、第8条的规定,经营者与消费者采用格式条款订立合同的,经营者不得在格式条款中免除自己的下列责任:(1)造成消费者人身伤害的责任;(2)因故意或者重大过失造成消费者财产损失的责任;(3)对提供的商品或者服务依法应当承担的保证责任;(4)因违约依法应当承担的违约责任;(5)依法应当承担的其他责任。例如在2016年人民法院报公报案例"俞某某与余姚众安房地产公司商品房销售合同纠纷"一案中,商品房买卖合同的补充协议约定了逾期交房和逾期办证的违约责任,但同时又约定开发商承担了逾期交房的责任之后,不再承担逾期办证的违约责任,法院认定该约定属于免除开发商按时办证义务的无效格式条款。①

对于造成消费者人身伤害的责任,审查时应当分情况考虑,通常情况下合同格式条款提供者不得单方面免责。在实践中,一些特殊行业活动如医院做手术、汽车驾驶训练等,本身具有很高的危险性,如果不能通过免责条款免除一般过失造成的人身伤害,事实上将禁止在这些特殊行业使用免责条款,这将极大限制这些行业正常业务的开展及其发展,最终也会损害消费者的权利。因此,应当允许在特殊情况下,对一般过失造成的伤害,可以通过订立免责条款加以免除。

另外,《合同行政监督管理办法》第7条进行了细化,包含免除或减轻经营者对其所提供的商品或者服务依法应当承担的修理、重作、更换、退货、补足商品数量、退还货款和服务费用等责任,免除或者减轻经营者根据合同的性质和目的应当履行的协助、通知、保密等义务,亦可借鉴。

(三)是否加重消费者责任

《合同行政监督管理办法》第8条规定:"经营者与消费者采用格式条款订立合同的,经营者不得在格式条款中加重消费者下列责任:(一)要求消费者承担的违约金或者损害赔偿金超过法定数额或者合理数额;(二)要求消费者承担依法应当由经营者承担的经营风险……(八)其他加重消费者责任、排除或者限制消费者

---

① 参见浙江省宁波市中级人民法院民事判决书,(2014)浙甬民二终字第470号。

权利的内容。"

对于合同格式条款是否要求消费者承担应当由经营者承担的经营风险责任时,在备案与监管时,不应"一刀切",需考虑由谁预防和控制风险为宜。例如,酒店、健身房、超市等公共场所的物品暂存处规定"贵重物品请勿带入,如有丢失,概不负责"的免责条款,以及"贵重物品请放至前台有偿保管",此类合同格式条款,一般不应当认定为加重消费者责任。此时,相较于酒店、健身房、超市等公共场所,消费者更能控制风险。[①] 当然,前述格式条款因使用了绝对化表述而不够规范科学,甚至使用了监管机关所设定的禁用词表述;在备案时,格式条款的提供方应做适当调整;否则,未必能通过采取数字审核平台的监管机关所设定"关键词检索与提醒"排查程序。

(四)是否限制或排除消费者的主要权利

《合同行政监督管理办法》第 8 条规定:"经营者与消费者订立合同,不得利用格式条款等方式作出加重消费者责任、排除或者限制消费者权利的规定。格式条款中不得含有以下内容:……(三)排除或者限制消费者依法自主选择商品或者服务的权利;(四)排除或者限制消费者依法变更或者解除合同的权利;(五)排除或者限制消费者依法请求支付违约金或者损害赔偿金的权利;(六)排除或者限制消费者依法投诉、举报、请求调解、申请仲裁、提起诉讼的权利……"

(五)是否具有其他对消费者不公平、不合理的情形

《消费者权益保护法》第 26 条第 2 款除了就"对消费者不公平、不合理的规定"予以列举之外,还通过"等"字进行了兜底,以免挂一漏万。不公平、不合理的格式条款主要是指经营者违背诚实信用原则单方制定的对消费者明显不利的条款,其范围可能涉及合同的缔结、变更、履行及合同的解释方法和争议的处理机制等环节。例如,需关注绝对化表述条款的审查,类似"经营者一概不予承担""相关责任全部由消费者自行承担"等绝对化、概括性的表述往往暗含着权利关系的不平等,应当予以排除。经营者在制订此类条款时需斟酌措辞,也可参考行业内的合同

---

① 参见贺栩栩:《〈合同法〉第 40 条后段(格式条款效力审查)评注》,载《法学家》2018 年第 6 期。

示范文本,或者直接引用示范文本中的内容,避免出现不合理的绝对化表述,导致合规成本不必要地增加。

二、合同格式条款的版本是否统一

据不完全统计,全国共有约20个省市设定了格式合同(合同格式条款)备案制度,规定主管部门对报送备案的合同进行形式审查,并将经备案的含有格式条款的合同样本按规定向社会提供信息查询服务,一方面接受公众监督,另一方面促进信息共享。因此,在备案时,应当注意新旧版本冲突问题,合同格式条款应当与最新示范文本一致,避免出现滞后性。同时,随着合同格式条款监管机制的逐步完善和数字化发展的需要,部门之间信息联动、信息沟通、信息交流和共享的机制也应逐步建立健全,实现合同格式条款合规的体系化和便利化。

第八章

商品房买卖类合同格式条款合规指南

第一节 商品房买卖类合同格式条款概述

一、商品房买卖合同的概念

商品房买卖合同,是指出卖人销售房屋并转移房屋所有权于买受人,买受人支付价款的合同。本书旨在探讨消费类合同格式条款合规问题,因此本章所称商品房买卖合同,一般是指具有经营资格的房地产开发企业将已经竣工或尚未建成的住宅商品房出售给买受人并转移房屋所有权,买受人支付价款的合同,本章中商品房特指住宅商品房。

根据合同签署时商品房的状态,商品房买卖合同可以分为现售合同和预售合同。相较于商品房现售合同,商品房预售合同签订以后,可能因某种原因导致商品房无法建成交付,或交付的商品房存在各种质量问题。因此,商品房预售合同对买受人而言存在更大风险,买受人在签署时需更加谨慎。

二、商品房买卖合同格式条款的特征与利弊分析

（一）商品房买卖合同格式条款的优势

1. 节省房地产开发企业缔约成本

节省缔约成本是合同格式条款产生的主要驱动力。房地产开发企业销售商品房往往是批量交易，正是这种交易模式及房地产开发企业对效率价值的追求，使得合同格式条款被广泛使用。商品房关系民众最基本的住房需求，而且合同金额动辄百万元以上，因此交易时对商品房买卖合同条款的完备性要求更高，在此基础上，格式条款的出现与广泛使用是市场的必然选择。

2. 降低买受人交易风险

商品房买卖合同的较高的格式化也意味着更高的规范化、标准化。早在2000年，我国就开始了对商品房买卖合同的规范化推广。原建设部与原国家工商行政管理局就已印发《商品房买卖合同示范文本》，后经多次完善修改以及推广适用，现在各省结合地方实践纷纷出台了相应的示范文本，用以指导规范商品房买卖合同的订立。较为固定的合同条款在一定程度上是对房地产开发企业的规制，同时有利于买受人结合过往交易案例中频发的争议内容，对自身的合同风险进行初步识别，并在签署合同时加以规避。

（二）商品房买卖合同格式条款的弊端

1. 剥夺了买受人协商订立合同条款的权利

合同是双方当事人意思表示一致的行为，达成一致的基础是充分协商。[①] 商品房买卖合同往往是房地产开发企业事先拟定好，买受人只能选择缔约或拒绝缔约，没有就合同中格式条款进行协商修改的权利。

2. 单方主导导致权利义务不合理分配

商品房买卖合同往往由房地产开发企业一方起草，基于这种优势地位，房地产

---

① 参见辜明安、汤火箭：《论商品房买卖合同的格式化及其法律规制》，载《四川行政学院学报》2004年第6期。

开发企业在设计格式条款时往往会更注重保护自身权益,体现在格式条款中即为权利义务的不合理分配。商品房买卖合同内容复杂、条款众多,这种不合理分配权利义务的格式条款严重侵害了买受人的合法权益。

三、商品房买卖合同的内容及主要格式条款

《商品房销售管理办法》第 16 条第 2 款①规定了商品房买卖合同应当明确的 12 项主要内容。在我国住房和城乡建设部、原国家工商行政管理总局的《商品房买卖合同示范文本》及各省市地方性示范文本的规范指引下,交易市场上商品房买卖合同的内容大多已较为完备,主要包括以下 10 个部分:合同当事人、商品房基本状况、商品房价款及逾期付款责任、商品房交付及逾期交付责任、面积差异处理方式、规划设计变更、商品房质量及保修责任、合同备案与房屋登记、前期物业管理、装饰设备标准等。以上内容又主要分为 3 个部分:一是商品房位置、规划用途、抵押、面积、设备设施等基本情况;二是主管部门示范文本约定的条款内容;三是出卖人自行订立的格式条款内容。其中,出卖人自行订立的格式条款是争议频发部分,在实务中需特别关注。在对商品房买卖合同格式条款进行审查时,需重点关注以下内容:

一是房地产开发企业免除或减轻自身责任的格式条款。如房地产开发企业免除自身逾期交付商品房的违约责任或商品房质量不合格的赔偿责任。

二是排除或限制买受人权利的格式条款。如在房地产开发企业严重违约的情形下,排除买受人的合同解除权。

三是房地产开发企业与买受人的违约责任明显不对等的格式条款。如买受人逾期付款的违约责任与房地产开发企业逾期交付的违约责任严重不对等等。

四是约定房地产开发企业可以擅自变更和解除合同的条款。如房地产开发企

① 《商品房销售管理办法》第 16 条第 2 款规定:"商品房买卖合同应当明确以下主要内容:(一)当事人名称或者姓名和住所;(二)商品房基本状况;(三)商品房的销售方式;(四)商品房价款的确定方式及总价款、付款方式、付款时间;(五)交付使用条件及日期;(六)装饰、设备标准承诺;(七)供水、供电、供热、燃气、通讯、道路、绿化等配套基础设施和公共设施的交付承诺和有关权益、责任;(八)公共配套建筑的产权归属;(九)面积差异的处理方式;(十)办理产权登记有关事宜;(十一)解决争议的方法;(十二)违约责任;(十三)双方约定的其他事项。"

业可以不通知买受人变更商品房有关土地使用权及在建工程的抵押情况。

上述格式条款内容分布在商品房买卖合同的不同部分，同一内容在不同合同格式条款中的具体表述亦存在差异，这就要求在审查及订立商品房买卖合同时应尽到谨慎注意义务。

第二节　商品房买卖类合同主要问题格式条款及合规意见

一、购房资格瑕疵责任条款

问题条款

买受人承诺了解与明知国家关于房地产市场的调控而可能发生的政策变化。如因买受人所购房屋的行为不符合国家法律法规和政策文件要求或法律法规政策调整导致买受人无法办结房屋权属转移登记、取得房屋权属证书的，买受人不得要求出卖人承担任何违约与赔偿责任。买受人自行承担全部责任和因此给出卖人造成的全部经济损失。因此而解除合同的，买受人须向出卖人支付合同总价款5%的违约金与合同交付期间的房屋使用费等相关费用。

合规意见

为对商品房市场进行宏观调控，目前我国不少城市施行不同程度的限购政策，而这些限购政策直接决定着买受人是否有相应的购房资格。因此，在决定购买商品房之前，买受人需了解房屋所在地行政主管机关对购房资格的限制性规定。考虑到关于限购政策存在信息不对称以及交易双方专业性差异等因素，相较于买受人，房地产开发企业对商品房限购政策有更系统、更完整的了解，并且对遵守当地的限购政策负有严格责任，故其有向买受人公示或详细说明限购政策的义务；与之对应，买受人有提供准确个人购房资料的义务，以便交易双方对买受人是否具有购房资格有较为直观、准确的判断。

然而,各地限购政策不是一成不变的,交易双方对购房资格的判断也仅基于订立商品房买卖合同时的既定政策。若商品房买卖合同订立后,确因限购政策变化导致买受人不再享有购房资格、商品房买卖合同无法继续履行,一般应认定属于"不可归责于当事人双方的事由",因此而解除合同的情形下,买受人无须赔偿房地产开发企业违约金。但考虑到房地产开发企业确有可能因此遭受损失,建议双方协商确定较为公平合理的解决方案。以浙江省为例,浙江省高级人民法院民一庭《关于审理受房地产市场调控政策影响的房屋买卖合同纠纷案件的若干意见(试行)》第6条①就明确规定了此情形下房地产开发企业和买受人的相应权利义务,即调控政策实施前订立的合同确因政策变化而导致无法继续履行的,当事人均可提出解除合同,房地产开发企业将收受的购房款或者定金返还买受人,买受人承担其为订立合同而实际发生的费用等合理损失。建议参照该规定对相应条款进行约定。

相关规定

浙江省高级人民法院民一庭《关于审理受房地产市场调控政策影响的房屋买卖合同纠纷案件的若干意见(试行)》第6条。

二、变更商品房抵押事项条款

商品房基本情况是商品房买卖合同中的必备条款,用于明确商品房性质、项目建设及预售依据、商品房规划用途、坐落位置、抵押情况、权利义务状况等。其中,商品房相关抵押情况是需重点审查的格式条款。下面,参照实例对抵押条款中可能存在的问题进行审查分析。

---

① 浙江省高级人民法院民一庭《关于审理受房地产市场调控政策影响的房屋买卖合同纠纷案件的若干意见(试行)》第6条规定:"调控政策实施前订立的合同确因限购、禁购政策而导致无法继续履行的,当事人均可以请求解除合同,出卖人应当将收受的购房款或者定金返还买受人。出卖人起诉或反诉请求买受人继续履行合同、承担违约责任或适用定金罚则的,不予支持;但出卖人请求买受人承担其为订立合同而实际发生的费用等合理损失的,可酌情予以支持。"

问题条款

买受人同意，出卖人有权在房屋不动产首次登记完成前对本合同商品房有关的土地使用权及在建工程抵押事项包括登记机关、抵押当事人、债务人、被担保的主债权数额、登记时间等进行变更或注销，且不再另行予以通知。

合规意见

商品房建设需投入大量资金，房地产开发企业为缓解资金压力，会对商品房有关的土地使用权及在建工程设定抵押，在建商品房存在停工或无法交付的风险，此时支付部分或全部购房款的买受人也存在既遭受金钱损失又无法取得房屋所有权的风险，《民法典》第 394 条第 1 款规定，抵押权人有就抵押财产优先受偿的权利，[①]即买受人基于商品房买卖合同享有的债权请求权原则上不具有对抗抵押权的效力，但也存在例外情形。[②]

---

① 《民法典》第 394 条第 1 款规定："为担保债务的履行，债务人或者第三人不转移财产的占有，将该财产抵押给债权人的，债务人不履行到期债务或者发生当事人约定的实现抵押权的情形，债权人有权就该财产优先受偿。"

② 《全国法院民商事审判工作会议纪要》（以下简称《九民纪要》）（2019 年 11 月 8 日）规定："125.【案外人系商品房消费者】实践中，商品房消费者向房地产开发企业购买商品房，往往没有及时办理房地产过户手续。房地产开发企业因欠债而被强制执行，人民法院在对尚登记在房地产开发企业名下但已出卖给消费者的商品房采取执行措施时，商品房消费者往往会提出执行异议，以排除强制执行。对此，《最高人民法院关于人民法院办理执行异议和复议案件若干问题的规定》第 29 条规定，符合下列情形的，应当支持商品房消费者的诉讼请求：一是在人民法院查封之前已签订合法有效的书面买卖合同；二是所购商品房系用于居住且买受人名下无其他用于居住的房屋；三是已支付的价款超过合同约定总价款的百分之五十。人民法院在审理执行异议之诉案件时，可参照适用此条款。问题是，对于其中'所购商品房系用于居住且买受人名下无其他用于居住的房屋'如何理解，审判实践中掌握的标准不一。'买受人名下无其他用于居住的房屋'，可以理解为在案涉房屋同一设区的市或者县级市范围内商品房消费者名下没有用于居住的房屋。商品房消费者名下虽然已有 1 套房屋，但购买的房屋在面积上仍然属于满足基本居住需要的，可以理解为符合该规定的精神。对于其中'已支付的价款超过合同约定总价款的百分之五十'如何理解，审判实践中掌握的标准也不一致。如果商品房消费者支付的价款接近于百分之五十，且已按照合同约定将剩余价款支付给申请执行人或者按照人民法院的要求交付执行的，可以理解为符合该规定的精神。126.【商品房消费者的权利与抵押权的关系】根据《最高人民法院关于建设工程价款优先受偿权问题的批复》第 1 条、第 2 条的规定，交付全部或者大部分款项的商品房消费者的权利优先于抵押权人的抵押权，故抵押权人申请执行登记在房地产开发企业名下但已销售给消费者的商品房，消费者提出执行异议的，人民法院依法予以支持。但应当特别注意的是，此情况是针对实践中存在的商品房预售不规范现象为保护消费者生存权而作出的例外规定，必须严格把握条件，避免扩大范围，以免动摇抵押权具有优先性的基本原则。因此，这里的商品房消费者应当仅限于符合本纪要第 125 条规定的商品房消费者。买受人不是本纪要第 125 条规定的商品房消费者，而是一般的房屋买卖合同的买受人，不适用上述处理规则。"

为保护购房者权益,2003 年出台的《最高人民法院关于审理商品房买卖合同纠纷案件适用法律若干问题的解释》第 9 条规定,出卖人故意隐瞒所售房屋已抵押的事实,买受人有权解除合同、请求返还已付购房款及利息、赔偿损失,并要求出卖人承担不超过已付购房款一倍的赔偿责任。[①] 虽然 2020 年修订后的上述司法解释删除了该条内容,但从司法导向及主管部门推出的示范文本中也可看出,房地产开发企业应在商品房买卖合同中明确房屋抵押情况并向买受人提供抵押权人同意该商品房转让的书面证明。同时,为了使买受人能顺利办理产权登记,房地产开发企业应保证于办理初始产权登记之前解除抵押。

商品房抵押情况属于房地产开发企业应明确告知买受人的内容。若如上述问题条款所约定的,赋予房地产开发企业无须通知即可自行变更抵押事项的权利,商品房抵押情况将处于一种不确定状态,不再是买受人可以知悉及掌握的事项。若因房地产开发企业的变更行为增大解除抵押的难度,则会影响买受人合同权利的实现。因此,不建议房地产开发企业在商品房买卖合同中约定此类涉嫌损害买受人权益的不公平格式条款。

相关规定

《民法典》第 394 条第 1 款;《最高人民法院关于审理商品房买卖合同纠纷案件适用法律若干问题的解释》(2003 年)第 9 条;《九民纪要》(2019 年 11 月 8 日)第 125 条、第 126 条。

三、商品房价款及逾期付款违约责任条款

(一)商品房价款条款

商品房价款是买受人最关心的商品房买卖合同条款内容之一,商品房价款往

---

① 《最高人民法院关于审理商品房买卖合同纠纷案件适用法律若干问题的解释》(2003 年)第 9 条规定:"出卖人订立商品房买卖合同时,具有下列情形之一,导致合同无效或者被撤销、解除的,买受人可以请求返还已付购房款及利息、赔偿损失,并可以请求出卖人承担不超过已付购房款一倍的赔偿责任:(一)故意隐瞒没有取得商品房预售许可证明的事实或者提供虚假商品房预售许可证明;(二)故意隐瞒所售房屋已经抵押的事实;(三)故意隐瞒所售房屋已经出卖给第三人或者为拆迁补偿安置房屋的事实。"

往直接影响买受人的购买决定。商品房价款计算方式包括以下四种:按套内建筑面积计算、按建筑面积计算、按套计算以及协商计算。实务中房地产开发企业在订立商品房买卖合同时,选择按建筑面积计算价款的居多,且商品房价款由房地产开发企业单方确定,买受人并无太多与之协商的空间。因此买受人在审查该条款时,要结合自身经济能力、购房贷款政策、商品房有关情况、出卖人资质信用等综合考量。

(二)买受人未如期获得按揭贷款

在商品房交易中,商品房价款的履行情况是房地产开发企业最关注的内容。为保障按时收回房款,房地产开发企业往往在买受人逾期付款的违约责任条款上重点约定,以期最大程度地保障自身利益。采用按揭贷款方式购买商品房,因贷款审批、放贷、还款问题产生的违约最为常见,因此房地产开发企业在拟订合同条款时,往往苛以买受人较重的义务与责任,买受人一旦出现违约情形,就要付出极重的代价。现以实务中较为典型的问题格式条款为例展开分析。

问题条款

1. 买受人保证有充分权利订立本合同,并有能力履行本合同约定的付款义务,包括买受人选择按揭贷款付款方式时若在约定期限内无法足额或部分获得贷款机构贷款的,买受人亦有能力自筹资金支付全部房款。买受人无权以此为由单方解除本合同,本合同约定的付款时间不变。

2. 如买受人经银行审定后按揭贷款没有发放或发放的贷款金额不足以支付剩余房款的,买受人无权以此为由单方解除本合同,本合同约定的付款时间不变,差额部分买受人须在约定时间内一次性支付给出卖人剩余房款,否则视为逾期付款。

合规意见

前述两个问题条款是关于买受人无法足额或部分获得按揭贷款时的责任问题。

采取按揭贷款付款方式的买受人,大多数都没有能力自筹资金支付全部房款。

买受人无法足额获得按揭贷款的原因是多方面的，房地产开发企业不区分未足额获得按揭贷款的原因，只要求买受人保证有能力自筹资金支付全部房款，明显加重了买受人的违约风险。

《最高人民法院关于审理商品房买卖合同纠纷案件适用法律若干问题的解释》第19条规定："商品房买卖合同约定，买受人以担保贷款方式付款、因当事人一方原因未能订立商品房担保贷款合同并导致商品房买卖合同不能继续履行的，对方当事人可以请求解除合同和赔偿损失。因不可归责于当事人双方的事由未能订立商品房担保贷款合同并导致商品房买卖合同不能继续履行的，当事人可以请求解除合同，出卖人应当将收受的购房款本金及其利息或者定金返还买受人。"

根据上述司法解释的规定可以看出，商品房担保贷款合同未能订立的原因分为三种：房地产开发企业的原因、买受人的原因、不可归责于双方当事人的原因。同样，在实务中经银行审定后按揭贷款不予发放或未足额发放也可能是这三种原因导致的。房地产开发企业在拟定相应合同条款时，可以根据不同原因分别约定双方责任。

若因买受人原因，如提供的资料不真实或信用记录不好等，导致按揭贷款不足以支付剩余房价款，属于买受人违约，买受人无权要求解除合同，其还应承担逾期付款的违约责任。若因房地产开发企业原因，如未取得预售许可证或销售的现房不具备使用条件等，导致买受人无法顺利办理按揭贷款的，则属于房地产开发企业违约，买受人享有合同解除权，并可要求房地产开发企业退还首付款、承担违约责任。若因银行贷款政策调整等非双方当事人原因导致银行贷款不予发放或未足额发放，房地产开发企业和买受人均不构成违约，此时就需确认商品房买卖合同能否继续履行，即买受人是否有能力自筹资金支付剩余房款。若买受人有能力支付剩余房款，则双方可协商变更付款方式、继续完成交易；若买受人确无能力支付剩余房款，则商品房买卖合同不能继续履行，买受人可以请求解除合同，房地产开发企业应当将收受的购房款本金及利息或者定金返还买受人。

相关规定

《最高人民法院关于审理商品房买卖合同纠纷案件适用法律若干问题的解

释》第 19 条。

问题条款

采取按揭贷款付款方式的买受人未按时归还银行按揭贷款本息，导致出卖人承担担保责任，代为偿还银行按揭贷款本息、违约金、滞纳金、罚金等，出卖人有权解除合同，并要求买受人按应付款金额的 10% 支付违约金。出卖人有权从买受人已付房款中直接扣除代偿银行的款项及买受人按本条约定应付的违约金，剩余房款无息退还给买受人；若剩余房款不足以清偿上述全部款项的，出卖人有权另行向买受人主张剩余应付款项。

合规意见

本条款约定内容为买受人中断供贷（断供）情形下的违约责任，主要问题在于房地产开发企业是否有权在应返还给买受人的购房款中直接扣除解除合同违约金。房地产开发企业主张的违约金从本质上来看属于一般债权，在买受人对外还有其他债务，特别是该债务已经法院生效判决确认并强制执行的情况下，房地产开发企业并不享有优先受偿的权利。在此情形下，如果房地产开发企业在应当返还的购房款中直接扣除解除合同违约金，实质上是将该违约金赋予了优先受偿的权利，将直接损害其他债权人对房地产开发企业应返还的购房款参与分配的利益。因此，不建议房地产开发企业通过格式条款约定自己可在已付房款中直接扣除违约金。

相关规定

《民法典》第 386 条。

四、商品房交付及逾期交付违约责任条款

（一）商品房交付条款

商品房交付使用时间是商品房买卖合同中的重点条款。《商品房销售管理办

法》第 30 条第 1 款对商品房交付条件进行了规定,即符合合同约定、符合交付使用条件,二者缺一不可。[①]

问题条款

买卖双方进行交接时,出卖人明确告知买受人交付的商品房尚未取得本条和第九条约定的证明文件或尚未满足本条约定的其他交付条件,买受人仍愿意接收该商品房的,视为双方对房屋交付条件的变更。

合规意见

商品房交付使用条件作为商品房买卖合同的主要条款,必须在合同中进行约定。根据《商品房买卖合同示范文本》,商品房交付使用时应满足如下条件:(1)该商品房已取得建设工程竣工验收备案证明文件;(2)该商品房已取得房屋测绘报告;(3)供水、排水、供电、供暖、燃气等基础设备设施齐全;(4)公共服务及其他配套设施达到约定标准或使用条件;(5)经买受人查验后确认不存在质量问题。

《建设工程质量管理条例》第 16 条第 3 款规定:"建设工程经验收合格的,方可交付使用。"因此,竣工验收是房屋交付使用的必经环节,建设工程经竣工验收合格后,始具备交付使用的条件,即交付经竣工验收且质量合格的房屋是房地产开发企业强制性的法定义务,在相关法律法规中被予以特别规定,并不因当事人的约定而免除或者改变。房屋测绘报告作为产权登记面积依据,也是商品房交付必须要具备的条件。水、电、气等作为商品房的基础设施设备,直接关系到买受人的基本生活需求,交付时应达到相应使用标准,房地产开发企业不得以格式条款形式对该义务进行规避。

若商品房已满足交付条件,因买受人逾期收房致使未能按期交付,不属于房地产开发企业逾期交付的情形。但在此情况下,房地产开发企业也不宜以格式条款的形式约定买受人逾期收房,房地产开发企业有权解除合同并要求买受人承担违约责任。建议房地产开发企业从利益平衡的角度出发,约定买受人无正当理由逾

① 《商品房销售管理办法》第 30 条第 1 款规定:"房地产开发企业应当按照合同约定,将符合交付使用条件的商品房按期交付给买受人。未能按期交付的,房地产开发企业应当承担违约责任。"

期收房超过约定时间的，商品房风险由买受人承担，以此督促买受人及时履行验收义务。

相关规定

《建设工程质量管理条例》第16条第3款。

（二）逾期交付违约免责条款

交付符合合同约定和使用条件的商品房，是房地产开发企业的主合同义务。房地产开发企业在设计合同条款时，往往会排除或减轻逾期交付的违约责任，买受人对该类减轻或免除出卖人逾期交付违约责任的格式条款，要特别关注。

问题条款

商品房基础设施设备交付条件：

（1）供水、排水：交付时供水、排水配套设施齐全，并与城市公共供水、排水管网连接。使用自建设施供水的，供水的水质符合国家规定的饮用水卫生标准，因供水单位等非出卖人原因导致交付时供水、排水未达到交付标准的，不视为出卖人违约；

（2）供电：交付时纳入城市供电网络并正式供电，因供电网络等非出卖人原因导致该商品房交付永久性用电尚未接通的，出卖人可接通临时用电，不视为出卖人违约；

（3）燃气：住宅商品房交付时完成室内燃气管道的敷设，并与城市燃气管网连接，保证燃气供应，因燃气公司等非出卖人原因造成交付时无法与城市燃气管网连接的，不视为出卖人违约。

合规意见

《民法典》第523条规定："当事人约定由第三人向债权人履行债务，第三人不履行债务或者履行债务不符合约定的，债务人应当向债权人承担违约责任。"

房地产开发企业作为商品房买卖合同的当事人，承担按合同约定交付商品房的义务。但是商品房作为大宗商品,涉及设计、建筑、结构、给排水、装饰装修、水电煤气、网络通信等众多项目,全部由出卖人完工并不现实。因此,房地产开发企业必然会将商品房买卖合同中的部分商品或服务委托第三方完成。房地产开发企业委托第三方就商品房相关项目内容提供产品或服务的,应承担第三方违约的风险,即第三人违约导致房地产开发企业违约的,房地产开发企业仍应对买受人承担违约责任。房地产开发企业向买受人承担违约责任后,可以向第三方追偿。此条款将非房地产开发企业原因导致的未达成交付条件都予以排除,属于免除房地产开发企业责任的格式条款。建议删除该问题条款中"不视为出卖人违约"的表述,并根据违约情形对买受人的影响程度,约定适当的违约责任。

相关规定

《民法典》第 523 条。

问题条款

如因非出卖人原因的以下情形造成交付迟延,出卖人可据实予以延期,不视为出卖人逾期交付:政府行政主管部门实施的具体行政行为;或市政配套的批准与施工延误的;或项目竣工验收有关部门验收滞后的;或因本项目周边其他企业、部门、组织或个人原因,导致本项目不具备竣工交付条件;或因法律法规等对验收标准或交付条件的新规定导致开发建设期延长的,出卖人可据实予以延期。

合规意见

按合同约定的时间向买受人交付符合交付条件的商品房,是房地产开发企业的主合同义务。《民法典》第 593 条规定:"当事人一方因第三人的原因造成违约的,应当依法向对方承担违约责任。当事人一方和第三人之间的纠纷,依照法律规定或者按照约定处理。"商品房因第三人原因不具备竣工交付条件,导致逾期交付的,房地产开发企业可以向该第三人主张相关权利,但不能将因此产生的不利后果转嫁到买受人身上,由买受人承担。在该条款中,房地产开发企业免除了其有关交付的违约责任,限制了买受人的权利。问题条款中"或因本项目周边其他企业、部门、组织或个人原因，导致本项目不具备竣工交付条件”不应作为房地产开发企业可据实予以延期的情形，建议删除。

相关规定

《民法典》第593条。

五、面积差异处理方式条款

当前商品房买卖以预售方式为主，商品房预售面积往往通过图纸的方式显示出来，预售面积与实际交付面积存在面积误差的现象也较为普遍。面积差异是当前房地产买卖纠纷中常见的纠纷引发事由，因此相关内容也应在商品房买卖合同中进行明确约定。房地产开发企业在制订面积差异处理方式合同条款时，应遵照相关法律规定，公平、合理地确定交易双方权利义务。

问题条款

双方买卖的房屋价款均以产权登记面积作为面积依据，对于产权登记面积大于合同约定面积或小于合同约定面积的任何误差双方都同意依据产权登记面积据实结算，不再按《商品房买卖合同范本》面积差异处理方式条款处理。

合规意见

《商品房销售管理办法》第20条规定：“按套内建筑面积或者建筑面积计价的，当事人应当在合同中载明合同约定面积与产权登记面积发生误差的处理方式。合同未作约定的，按以下原则处理：(一)面积误差比绝对值在3%以内(含3%)的，据实结算房价款；(二)面积误差比绝对值超出3%时，买受人有权退房。买受人退房的，房地产开发企业应当在买受人提出退房之日起30日内将买受人已付房价款退还给买受人，同时支付已付房价款利息。买受人不退房的，产权登记面积大于合同约定面积时，面积误差比在3%以内(含3%)部分的房价款由买受人补足；超出3%部分的房价款由房地产开发企业承担，产权归买受人。产权登记面积小于合同约定面积时，面积误差比绝对值在3%以内（含3%）部分的房价款由房地产开发企业返还买受人；绝对值超出3%部分的房价款由房地产开发企业双倍返还买受人。”房地产开发企业在《商品房买卖合同范本》第13条约定的面积误差也是依据《商品房销售管理办法》的方式处理，但是在问题条款中否定主合同中的处理方式，剥夺了买受人在面积误差比绝对值超过3%时的赔偿请求权，构成排除买受人权利、免除自身责任的情形。房地产开发企业不应在商品房买卖合同中约定此类排除买受人权利的格式条款，建议按《商品房买卖合同范本》第13条及《商品房销售管理办法》第20条的规定进行约定。

相关规定

《商品房销售管理办法》第20条。

六、规划设计变更条款

规划变更是指在商品房开发建设过程中，已经规划主管部门批准的土地使用规划或工程设计规划被房地产开发企业擅自改变或经规划主管部门批准后改变的情况。[①] 设计变更是对建设工程的施工图设计文件进行的修改，其中关于特定商品房的设计变更可能影响买受人所购商品房质量或使用功能。

出卖人在起草规划、设计变更格式条款时，须遵循两项基本原则：第一，未经规划部门批准的规划变更及未经设计单位同意的设计变更，不仅属于违约行为，更违反法律规定；[②]第二，经规划部门批准的规划变更、设计单位同意的设计变更导致商品房的结构型式、户型、空间尺寸、朝向变化，以及出现其他影响商品房质量或者

① 参见刘金霞：《商品房规划变更引发的纠纷及法律对策》，载《北京社会科学》2006年第3期。

② 《中华人民共和国城乡规划法》（以下简称《城乡规划法》）第43条规定：“建设单位应当按照规划条件进行建设；确需变更的，必须向城市、县人民政府城乡规划主管部门提出申请。变更内容不符合控制性详细规划的，城乡规划主管部门不得批准。城市、县人民政府城乡规划主管部门应当及时将依法变更后的规划条件通报同级土地主管部门并公示。建设单位应当及时将依法变更后的规划条件报有关人民政府土地主管部门备案。”

使用功能情形的,房地产开发企业应书面通知买受人,买受人享有合同解除权。[①]

七、商品房质量与维修条款

《商品房销售管理办法》第32条规定:销售商品住宅时,房地产开发企业应当根据《商品住宅实行质量保证书和住宅使用说明书制度的规定》,[②]向买受人提供《住宅质量保证书》《住宅使用说明书》。

《住宅质量保证书》和《住宅使用说明书》是房地产开发企业在向买受人交付新建商品住宅时,必须一同交付的附随资料,房地产开发企业不得以任何形式免除该交付义务。《住宅质量保证书》是房地产开发企业对出售给买受人的住宅承担质量责任所依据的法律文件,明确规定了住宅的质量等级、地基基础和主体结构的保修年限、正常使用状态下住宅各部位、部件的保修内容与保修期,以及用户报修的处理等。《住宅使用说明书》[③]是对住宅的结构、性能和各部位的类型、标准等作出的具体说明,同时也会明示使用注意事项,是买受人使用住宅的指引文件。虽然《住宅质量保证书》和《住宅使用说明书》是由房地产开发企业自行印制的,但其也应根据法律法规及相关标准,规范合理制定,保证内容完备、标准适用准确。

除了《住宅质量保证书》中明确住宅类商品房的各项质量标准及保修年限,商

---

① 《商品房销售管理办法》第24条规定:"房地产开发企业应当按照批准的规划、设计建设商品房。商品房销售后,房地产开发企业不得擅自变更规划、设计。经规划部门批准的规划变更、设计单位同意的设计变更导致商品房的结构型式、户型、空间尺寸、朝向变化,以及出现合同当事人约定的其他影响商品房质量或者使用功能情形的,房地产开发企业应当在变更确立之日起10日内,书面通知买受人。买受人有权在通知到达之日起15日内做出是否退房的书面答复。买受人在通知到达之日起15日内未作书面答复的,视同接受规划、设计变更以及由此引起的房价款的变更。房地产开发企业未在规定时限内通知买受人的,买受人有权退房;买受人退房的,由房地产开发企业承担违约责任。"

② 《商品房住宅实行质量保证书和住宅使用说明书制度的规定》第3条规定:"房地产开发企业在向用户交付销售的新建商品住宅时,必须提供《住宅质量保证书》和《住宅使用说明书》。《住宅质量保证书》可以作为商品房购销合同的补充约定。"

③ 《商品房住宅实行质量保证书和住宅使用说明书制度的规定》第8条规定:"《住宅使用说明书》应当对住宅的结构、性能和各部位(部件)的类型、性能、标准等作出说明,并提出使用注意事项,一般应当包含以下内容:1. 开发单位、设计单位、施工单位,委托监理的应注明监理单位;2. 结构类型;3. 装修、装饰注意事项;4. 上水、下水、电、燃气、热力、通讯、消防等设施配置的说明;5. 有关设备、设施安装预留位置的说明和安装注意事项;6. 门、窗类型,使用注意事项;7. 配电负荷;8. 承重墙、保温墙、防水层、阳台等部位注意事项的说明;9. 其他需说明的问题。"

品房买卖合同也需要设置质量与保修条款,对房地产开发企业交付的商品房质量及保修责任进行约定。房地产开发企业在制定该部分格式条款时,需遵循如下基本原则:第一,法律规定以及强制性国家标准是底线,不允许以任何形式突破底线;第二,推荐性国家标准和行业标准是要求,房地产开发企业也应达到该标准;第三,自我承诺高于上述标准的,一旦约定在商品房买卖合同中,房地产开发企业也应履行。

虽然国家和各省市一直以来都较为重视商品房质量与保修,相关法律规定和行业规范也较为完备,但市场的复杂性无法完全避免不规范行为的出现,现就实践中出现较为频繁的问题条款进行释明,便于房地产开发企业和买受人依法依规订立商品房买卖合同,依约履行合同义务。

问题条款

出卖人承诺该商品房地基基础和主体结构合格,并符合国家、地方及行业标准。商品房地基基础和主体结构不合格的,买受人有权解除合同。买受人不解除合同的,由出卖人负责进行加固或整改至国家标准,如已属危房的,必须搬离,由出卖人承担维修期间的同地段同类房屋的租金,除此之外,出卖人不承担其他责任。

除地基基础和主体结构外的质量问题,视为非重大质量问题并不严重影响使用,出卖人应承担修复责任,但不构成交付违约:

(1)屋面、墙面、地面渗漏或开裂等;

(2)管道堵塞;

(3)门窗翘裂、五金件损坏;

(4)灯具、电器等电气设备不能正常使用;

(5)吊顶开裂;

(6)瓷砖剥落开裂;

(7)墙面剥落、开裂;

(8)地砖、地板起翘、开裂。

以上(1)~(8)项问题不属于严重影响该房屋的正常居住使用情形的,买受人同意先行办理交付手续,由出卖人按约定承担保修责任且无需承担逾期交房责任。

合规意见

地基承载着建筑的重量，是一栋建筑坚固、稳定、可靠的基础。主体结构是维持房屋结构安全性、稳定性、整体性的系统体系，它和地基基础共同构成建筑物完整的结构体系。地基基础和主体结构存在质量问题，不仅关系特定商品房的使用，更影响着整栋建筑的安全。因此，地基基础和主体结构存在质量问题的商品房，是绝对不能进行交付的，即使已经交付了买受人也可以主张解除合同并要求出卖人赔偿损失。①

除地基基础和主体结构外的其他结构及设备设施，也都有相应的工程和产品质量规范、标准，达到该等规范和标准也是房地产开发企业的合同义务。根据《商品房销售管理办法》第30条②的规定，房地产开发企业向买受人交付的应是符合使用条件的商品房。商品房的局部质量瑕疵是否严重影响使用，不能仅以特定房地产开发企业或买受人单方角度进行认定，而应以一般社会公众的商品房使用需求标准进行判断。

比如，上述格式条款中约定，屋面、墙面、地面渗漏或开裂、管道堵塞等8项质量问题均不属于严重影响该房屋的正常居住使用情形，但从社会公众角度看，若居住在这样的商品房里无疑会严重影响日常生活和居住体验。因此，房地产开发企业从自身立场出发在格式条款中作此约定，有失公平。再如，对住房环境要求较高的买受人认为，房屋地面大理石颜色花纹不均匀系严重影响房屋正常居住的质量瑕疵，以此为由拒绝接受交付并要求房地产开发企业承担逾期交付的违约责任，也显然是不合理的。因此，质量问题是否严重影响房屋正常居住使用，应根据实际情况具体判断，房地产开发企业不能以格式条款形式对此进行排除约定，损害买受人合法权益。

---

① 《商品房销售管理办法》第35条规定："商品房交付使用后，买受人认为主体结构质量不合格的，可以依照有关规定委托工程质量检测机构重新核验。经核验，确属主体结构质量不合格的，买受人有权退房；给买受人造成损失的，房地产开发企业应当依法承担赔偿责任。"

② 《商品房销售管理办法》第30条规定："房地产开发企业应当按照合同约定，将符合交付使用条件的商品房按期交付给买受人。未能按期交付的，房地产开发企业应当承担违约责任。因不可抗力或者当事人在合同中约定的其他原因，需延期交付的，房地产开发企业应当及时告知买受人。"

相关规定

《商品房销售管理办法》第30条。

问题条款

买受人对商品房质量提出异议，双方同意委托有房屋质量检测资质的单位进行质量检测；检测费用由买受人先行垫付；若经检测存在质量问题的，由出卖人承担该检测费用，无质量问题的由买受人承担检测费用。

合规意见

《浙江省实施〈中华人民共和国消费者权益保护法〉办法》第36条第2款规定："检验、鉴定费用由经营者先行垫付，消费者提供等额担保，最终由责任方承担。"该条款约定由提出质量异议的买受人先行垫付所需的鉴定费用，违反了上述规定，免除了出卖人自身责任，加重了买受人责任。建议房地产开发企业约定检测费用由其先行垫付，买受人提供等额担保，最终由责任方承担。

相关规定

《浙江省实施〈中华人民共和国消费者权益保护法〉办法》第36条第2款。

八、合同内容变更通知条款

问题条款

关于全装修商品房装饰装修及相关设备标准的约定：(1)对于本合同中未列明具体品牌、产地、规格、数量的装饰装修和设备，以及其余未列明的装饰装修和设备，买受人同意出卖人可不另行通知其确认而自行确定；(2)如果已约定或确定的材料、设备、物品的品牌或型号在本合同履行中厂家停产或厂家关闭的，或因市场周期，供货及技术更新的变化等原因，上述产品部分可能会出现缺货或产品升级的现象，导致出卖人无法配置安装的，出卖人有权不通知买受人，自行选择品牌或品质标准不低于约定品牌和型号的产品予以替代。

合规意见

精装修商品房的主要装修材料、室内各项设施设备的品牌、规格、型号等直接影响商品房的装修质量与买受人的使用体验，在订立商品房买卖合同时应由双方协商对相应标准予以明确。若基于实际原因确实无法做到在订立合同时与买受人协商一致，房地产开发企业也应在合同中对装修材料以及各项设施设备进行明确，以便买受人在签订合同时了解其所购买商品房的装修材料以及设施设备的相应标准。

关于房地产开发企业的明确告知义务应具体说明的事项及内容，法律未进行明确，但部分省市根据地方实际制定了相应标准，可参照适用。如浙江省在《浙江省实施〈中华人民共和国消费者权益保护法〉办法》第20条第1款中明确规定："房地产经营者销售全装修商品房的，应当在合同中明确所用主要装修材料的名称、品牌、规格、型号、等级和施工质量标准等内容；提供室内设施设备的，应当明确提供的设施设备的名称、品牌、规格、型号、等级和安装标准等内容。"

除了在订立商品房买卖合同时需明确装修和设备设施标准外，在合同履行过程中，若约定的材料及设备设施出现停产、缺货或产品升级换代等情况，致使无法再按合同约定履行，房地产开发企业也不能在未通知买受人的情况下自行决定更换。相关标准既然已约定在合同中并经双方确认签署，对其标准进行变更即为对合同内容的变更，依照《民法典》第543条的规定，当事人协商一致，才可以变更合同。考虑到商品房交易的特殊性，房地产开发企业无法与众多买受人一一协商达成一致，但在变更前履行通知义务还是必要的。

相关规定

《民法典》第543条；《浙江省实施〈中华人民共和国消费者权益保护法〉办法》第20条第1款。

九、商品房合同备案与房屋所有权登记

(一)商品房买卖合同备案条款

我国实行商品房预售合同备案登记制度。[①] 随着商品房交易市场管理制度的健全,也有部分省市对存量房屋交易进行备案监管。《城市商品房预售管理办法》第 10 条第 1 款明确规定,预售商品房办理登记备案手续的时间为签订商品房预售合同之日起 30 日内,房地产开发企业和买受人均不得无故拖延。办理登记备案手续时,房地产开发企业应提交《商品房销售许可证》和签署后的《商品房买卖合同》,买受人应交纳商品房交易契税。虽然商品房买卖合同登记备案仅具有公示效力,未办理登记备案不影响商品房买卖合同的效力,但未经登记备案的商品房买卖合同,后续无法办理产权登记、抵押登记等各项手续。为了确保后续合同能顺利履行,房地产开发企业和买受人应相互配合,按法律规定及合同约定履行登记备案手续。

(二)房屋所有权登记限制性条款

《城市房地产开发经营管理条例》第 32 条规定:"预售商品房的购买人应当自商品房交付使用之日起 90 日内,办理土地使用权变更和房屋所有权登记手续;现售商品房的购买人应当自销售合同签订之日起 90 日内,办理土地使用权变更和房屋所有权登记手续。房地产开发企业应当协助商品房购买人办理土地使用权变更和房屋所有权登记手续,并提供必要的证明文件。"

办理房屋所有权登记手续既是买受人的权利,又是买受人的义务。买受人应根据上述规定及时向主管部门申请办理相关手续,房地产开发企业应当协助并提供必要的证明文件。实践中,存在房地产开发企业在合同中为买受人办理房屋所

---

① 《城市商品房预售管理办法》第 10 条第 1 款规定:"商品房预售,开发企业应当与承购人签订商品房预售合同。开发企业应当自签约之日起 30 日内,向房地产管理部门和市、县人民政府土地管理部门办理商品房预售合同登记备案手续。"

有权登记设置障碍的情形，明显违反前述规定。

问题条款

买受人采取按揭贷款方式购买商品房的，须委托出卖人指定的代办机构办理房屋权属登记、抵押登记等相关事宜并提交全部所需资料并支付相关费用。若买受人选择自行办理相关事宜的，需向出卖人支付保证金2万元，待办完房产证并将银行已抵押证明提供给出卖人，出卖人无息退还保证金。

合规意见

在商品房预售过程中，房地产开发企业为按揭贷款的买受人承担了保证责任，待买受人取得房屋所有权，应及时办理正式抵押，解除房地产开发企业的担保责任。但房地产开发企业为规避自身风险，利用制订合同的优势地位，在商品房买卖合同中以格式条款的形式对买受人办理房屋权属登记设置前置条件，即买受人必须委托房地产开发企业指定的代办机构办理，或者向房地产开发企业交付保证金后，房地产开发企业才会协助办理。

《消费者权益保护法》第9条第1款规定："消费者享有自主选择商品或者服务的权利。"自主选择权是消费者的基本权利之一，出卖人不得以格式条款的形式进行限制。房地产开发企业要求按揭贷款方式购房的买受人必须委托指定的代办机构办理房屋权属登记和抵押登记，是对买受人选择权的限制。另外，要求自行办理房屋权属登记和抵押登记的按揭贷款买受人交付保证金，也没有法律依据，建议删除前述问题格式条款。

相关规定

《消费者权益保护法》第9条第1款。

十、其他问题格式条款及合规意见

（一）不利因素说明格式条款

问题条款

上述关于红线内外不利因素的说明系基于经政府批准的规划及设计方案，因规划及设计方案调整而导致信息变化的，以最终政府批准的规划及设计方案为准。出卖人在制订销售价格时，充分考虑不利因素对房屋及居住可能造成的影响。上述内容为出卖人根据已有规划和设计方案资料整理和概述，未包含该区域所有信息，不作为销售承诺。若资料有所误差或者变更，不再通知或公示，亦不承担责任。买受人已在购买房屋前，对上述内容已进行全面了解并谨慎决策。

合规意见

无论是商业还是住宅类商品房，房屋的不利因素都是买受人购房时考虑的重点因素之一。尤其是住宅，买受人日常居住生活在其中，周围不利环境对其影响更为明显，涉及影响或可能影响买受人居住、生活的不利因素，出卖人应如实告知。大到噪声、采光、油烟等因素，小到垃圾房、公共水电燃气等设施，出卖人应全面告知买受人各项不利因素，以保障买受人的知情权。而且，不利因素往往与商品房价格相关联，出卖人还应明确告知买受人该不利因素对确定商品房销售价格的影响，让买受人对所购商品房有全面了解后再做购买决策。

相关规定

《消费者权益保护法》第 8 条。

(二)广告排除适用格式条款

问题条款

出卖人通过报纸、电视、广播、户外路牌、楼书、海报、宣传品及网络等媒体或其他方式发布的广告、宣传资料,或售楼处展示资料、样板景观、样板房、售楼书、照片、沙盘等内容及销售人员的讲解内容等,凡未列入商品房买卖合同约定内容的,不视为要约和承诺。

合规意见

楼书、广告、宣传资料是买受人了解房地产开发企业所售商品房的初步资料;售楼处展示的售楼书、样板房以及销售人员的讲解内容,是买受人进一步了解商品房信息的重要依据。上述文书及资料中虽以宣传推广内容为主,但其中对商品房及相关环境设施的说明会对买受人的决策产生直接影响。《中华人民共和国广告法》(以下简称《广告法》)第 4 条规定:“广告不得含有虚假或者引人误解的内容,不得欺骗、误导消费者。广告主应当对广告内容的真实性负责。”因此,买受人可以合理相信房地产开发企业对所售商品房及项目配套的广告介绍是真实的;而房地产开发企业作为广告主,也应当对其所发布的广告内容的真实性负责,不得作任何夸大及虚假宣传。

关于房地产开发企业的广告宣传资料是否具有承诺和要约的合同效力,并对其产生合同约束力,《最高人民法院关于审理商品房买卖合同纠纷案件适用法律若干问题的解释》第 3 条①已作出了明确规定,即一旦出卖人就所售商品房开发规划范围内的房屋及相关设施所作的说明和允诺符合“具体确定”和“对商品房买卖合同的订立及房屋价格的确定有重大影响”两个条件,即应当视为合同要约,出卖人违反的,需承担违约责任。部分房地产开发企业为规避该规定,在合同格式条款中

① 《最高人民法院关于审理商品房买卖合同纠纷案件适用法律若干问题的解释》第 3 条规定:“商品房的销售广告和宣传资料为要约邀请,但是出卖人就商品房开发规划范围内的房屋及相关设施所作的说明和允诺具体确定,并对商品房买卖合同的订立以及房屋价格的确定有重大影响的,构成要约。该说明和允诺即使未载入商品房买卖合同,亦应当视为合同内容,当事人违反的,应当承担违约责任。”

约定“买受人确认出卖人对所售商品房的销售广告和宣传资料仅为要约邀请,且不对买受人订立商品房买卖合同及确定房屋价格产生影响”。该条款属于免除房地产开发企业责任的格式条款,且与司法解释的规定相违背,司法实务中很可能被认定为无效条款,建议删除。

相关规定

《广告法》第4条;《最高人民法院关于审理商品房买卖合同纠纷案件适用法律若干问题的解释》第3条。

(三)无偿使用公共空间格式条款

问题条款

房地产开发企业可以无须业主同意利用小区外墙面、广告栏、电梯轿厢等公共空间布置广告。

合规意见

《民法典》第271条规定:“业主对建筑物内的住宅、经营性用房等专有部分享有所有权,对专有部分以外的共有部分享有共有和共同管理的权利。”小区外墙面、广告栏属于业主共有部分,住宅内的电梯属于业主共用的设施设备。利用墙面、广告栏、电梯轿厢内壁等公共位置张贴广告,属于业主共同决定的范围,如果产生经济收入也应属业主所有的公共收益。无论是房地产开发企业还是任何第三方,未经业主大会许可均不能擅自利用公共部位和共用设施。该格式条款属于房地产开发企业擅自扩大自身权利,损害业主权利的不公平格式条款,建议直接删除或修改为“房地产开发企业经业主同意后可利用小区外墙面、广告栏、电梯轿厢等公共空间布置广告,但需支付相应费用”。

相关规定

《民法典》第271条。

(四)全装修商品房装修标准格式条款

问题条款

样板房不作为装修验收的标准,以实际交付为准。

合规意见

根据《浙江省实施〈中华人民共和国消费者权益保护法〉办法》第 20 条之规定,全装修商品房的展示样板房、模型、展示板以及广告对于合同订立有重大影响的,应当作为房屋装修质量的交付标准。另外,该办法第 20 条第 1 款规定:“房地产经营者销售全装修商品房的,应当在合同中明确所用主要装修材料的名称、品牌、规格、型号、等级和施工质量标准等内容;提供室内设施设备的,应当明确提供的设施设备的名称、品牌、规格、型号、等级和安装标准等内容。”在实务中发现,存在未严格按照上述要求约定的情形,如只约定品牌、产地,不约定规格、级别等。另外,实务中还存在部分房地产开发企业在制订格式条款时为了避免自身出现违约,对某一项目约定多达 3 个以上的品牌,在实际配置中可任选其一,导致买受人无法根据约定确定使用品牌,这相当于没有明确约定品牌,从而导致全装修房屋买卖因装修标准等问题产生较多纠纷和投诉。

在全装修商品房买卖合同中,存在各种排除样板房作用的格式条款,如上述问题条款约定“样板房不作为装修验收的标准,以实际交付为准”等字样。还有些在名称上模糊混淆样板房概念,如“项目示范区、产品体验区、装修样板房、装修体验馆”,导致消费者难以辨别。因此,全装修商品房的展示样板房因对于合同订立有重大影响,应当作为房屋装修质量的交付标准,房地产开发企业不得以格式条款形式排除该限制。

相关规定

《浙江省实施〈中华人民共和国消费者权益保护法〉办法》第 20 条。

(五)通知送达格式条款

问题条款

所有通知可用传真、电子邮件、挂号邮寄、特快专递、专人手递方式送达。文件送达的时间为:以传真方式发出的,以传真发出日期为送达日;以电子邮件方式发出的,以电子邮件发出日期为送达日;以专人手递方式发出的,取得对方签收日为送达日;以挂号邮寄、特快专递发出的,寄出后第3日为送达日。

合规意见

互联网时代电子送达的便利性是传统寄递方式无法实现的。关于传真、电子邮件、移动通信等电子送达方式的送达日期,《最高人民法院关于适用〈中华人民共和国民事诉讼法〉的解释》第135条[①]也已进行了明确规定,建议房地产开发企业在制订合同条款时参照适用。

传统的邮寄送达方式,送达时间的认定也要根据实际情况确认,如新型冠状病毒管控时期,对快递等物流行业影响较大,在送达时效性方面必然会有所迟延,"寄出后第3日"未必能及时送达。而且纸质文件运输途中存在损毁和丢失的风险,寄出后也未必能够准时送达。若房地产开发企业将各种特殊情形下买受人未收到通知或未及时收到通知的风险全部约定由买受人承担,无疑增加了买受人的违约风险。因此,特别是涉及双方重大权利义务的文件,在采用邮寄送达方式时,是否送达及送达具体时间还应根据实际情况予以确认,不能一概"视为送达"。

相关规定

《最高人民法院关于适用〈中华人民共和国民事诉讼法〉的解释》第135条。

---

① 《最高人民法院关于适用〈中华人民共和国民事诉讼法〉的解释》第135条规定:"电子送达可以采用传真、电子邮件、移动通信等即时收悉的特定系统作为送达媒介。民事诉讼法第九十条第二款规定的到达受送达人特定系统的日期,为人民法院对应系统显示发送成功的日期,但受送达人证明到达其特定系统的日期与人民法院对应系统显示发送成功的日期不一致的,以受送达人证明到达其特定系统的日期为准。"

(六)双重违约免责格式条款

问题条款

若出卖人逾期交房并承担了逾期交房违约责任的,则本合同第十六条中出卖人承诺取得土地、房屋权属证书的时间相应顺延,顺延期限与商品房交付的逾期期限相同。

合规意见

该条款为房地产开发企业单方制订的格式条款,而且没有采取合理的方式提请买受人注意,其内容显然对买受人利益不利,在房地产开发企业同时存在逾期交房和逾期办理土地、房屋权属证书两个违约行为的情况下,免除了房地产开发企业按时交付房地产权属证书的义务,应当为无效格式条款,建议删除。

第三节 商品房买卖类合同格式条款合规建议

一、政府有效监管建议

(一)部门配合,综合整治

我国各省市普遍将商品房买卖合同格式条款纳入备案监管,以规范商品房买卖行为,切实维护合同当事人的合法权益。商品房买卖合同格式条款备案机关一般为市场监督管理部门,但在实际工作中存在以下问题:

第一,处罚力度轻,备案监管效果不理想。部分房地产开发企业对于市场监督管理部门提出的修改意见拒不采纳,对存在问题的格式条款拒不修改。面对此种情况,市场监督管理部门往往只能通过发出修改通知、责令限期改正、警告或向社会公示等手段对房地产开发企业进行督促或处罚,但该等措施并不会对房地产开发企业造成实质影响，从而造成此项工作开展效果不理想。

第二，缺乏专业支持，备案流于形式。市场监督管理部门虽然负责商品房买卖合同格式条款备案工作，但一份商品房买卖合同涉及房产交易的方方面面，市场监督管理部门往往无法全面而准确地把握商品房交易风险，从而使商品房买卖合同格式条款备案监管流于形式。房地产开发企业的行业主管部门系住房保障和房产管理局，相较于市场监督管理部门，房管部门更加了解房地产交易市场基本情况、相关政策法规、商品房交易风险及投诉热点等情况。而且针对房地产开发企业的违法违规行为，行业主管部门有更加直接有效的监管处罚措施。为使商品房买卖合同格式条款备案监管工作落到实处，市场监督管理部门可与住房保障等房管部门按照各自职责分工、互相配合，共同做好与商品房销售有关的管理工作。

（二）加强宣讲，规范签约

在格式条款备案工作开展的同时，市场监督管理部门及房管部门还需做好房地产开发企业的宣传解释工作，结合投诉纠纷热点问题，号召房地产开发企业坚持公平原则以及诚实信用原则制订合同条款，对商品房买卖合同中加重买受人责任、免除房地产开发企业责任、排除买受人主要权利的“霸王条款”，坚决要求修改。同时，对房地产开发企业存在歧义或内容不完备的问题条款，也建议予以调整、修改和完善。市场监督管理部门和房管部门要将行政执法和行政指导结合起来，真正做到“在服务中实施管理，在管理中体现服务”，通过靠前服务、主动指导、强化监管，指导房地产开发企业完成合同格式条款备案前自查，主动修正合同中的问题格式条款。

（三）制定细则，统一标准

法律法规不可能对社会实践中出现的问题一一制定规范，为使房地产开发企业规范制订商品房买卖合同格式条款，就需对格式条款的订立标准进行明确及统一。市场监督管理部门作为合同格式条款备案部门、房管局作为房地产开发企业行业主管部门、人民法院作为争议发生后的裁判机关，应充分协商沟通，共同制定商品房买卖合同备案指导评判细则标准，对合同中可能存在的格式条款，统一发布指导性行政监管与司法审查要求,以使得房地产开发企业有示范性指引和参考。例如,在预售商品房面积差异处理条款中,双方自行约定部分不得与《商品房销售管理办法》的相关规定抵触,以避免房地产开发企业利用买受人对相关法定规则不了解,设置不利于买受人的格式条款;买受人的逾期付款责任在 LPR 4 倍的基础上上浮不超过 30%,同时买受人逾期付款的违约责任和出卖人逾期交付的违约责任应相对应,体现双方权利义务的对等原则。

(四)事后抽查,规范使用

为了防止房地产开发企业“备归备、用归用”,使合同格式条款备案工作落到实处,市场监督管理部门备案人员和房管局监管人员可适时巡查回访售房现场,检查房地产开发企业备案的合同是否在销售现场公示,核实企业在实际使用过程中有没有变更、增加格式条款内容,监督备案合同规范使用。

二、企业自我合规审查建议

(一)主动沟通,了解要求

一份公平、合法、规范的商品房买卖合同不仅有利于保障买受人的合法权益,还能减少房地产开发企业的合同纠纷。为了顺利通过商品房买卖合同备案,房地产开发企业在进行合同备案前,应与市场监督管理部门主动沟通,了解备案流程以及合同格式条款的订立标准与要求,对禁止订立的格式条款进行删除、对不建议订立的条款进行修改、对不完善的内容进行补充。

(二)诚信公平,规范订约

《民法典》第 496 ~ 498 条对格式条款进行了立法规制。另外,《消费者权益保护法》第26条[①]对经营者在经营活动中使用格式条款的要求以及违反后果作出了进一步规定。根据《民法典》及《消费者权益保护法》的相关规定，商品房买卖合同中格式条款的订立应遵循如下原则：

第一，房地产开发企业不合理地免除自身责任、加重买受人责任、排除买受人主要权利的格式条款无效。

第二，免除或者减轻房地产开发企业责任等对买受人有重大利害关系的格式条款，房地产开发企业未尽到提示说明义务的，买受人可主张该格式条款无效。

第三，对商品房买卖合同中格式条款的理解发生争议且无法按照统筹理解予以解释时，应当作出不利于房地产开发企业一方的解释。

为了避免格式条款被认定无效致使相应合同权利得不到支持，房地产开发企业在制订合同格式条款时，应遵循诚实信用原则，按照法律法规及规范性文件的要求，公平合理地确定双方的权利义务。

（三）备用一致，避免争议

合同格式条款备案工作的目的是保证消费者合法权益，维护社会经济秩序，对房地产开发企业等经营者订立的不公平、不合理格式条款进行监管，提高经营主体的法律意识，为消费者营造放心的消费环境。因商品房买卖合同实行“一房一价”，在进行备案时商品房价款、面积、买受人信息等暂未确定的条款内容是空白的，这就需要房地产开发企业在与买受人签订合同时对所有空白条款进行完善，无须填写处相应标注斜杠或划叉。同时，房地产开发企业在签订商品房买卖合同前需对合同文本进行审核校对，审查已备案的格式条款部分有无删改、增加，确保签署的合同与备案合同一致。

---

① 《消费者权益保护法》第26条规定：“经营者在经营活动中使用格式条款的，应当以显著方式提请消费者注意商品或者服务的数量和质量、价款或者费用、履行期限和方式、安全注意事项和风险警示、售后服务、民事责任等与消费者有重大利害关系的内容，并按照消费者的要求予以说明。经营者不得以格式条款、通知、声明、店堂告示等方式，作出排除或者限制消费者权利、减轻或者免除经营者责任、加重消费者责任等对消费者不公平、不合理的规定，不得利用格式条款并借助技术手段强制交易。格式条款、通知、声明、店堂告示等含有前款所列内容的，其内容无效。”

三、消费者主动维权建议

(一)签约前仔细阅读合同条款

在生活中绝大部分人都没有阅读合同条款再签订合同的习惯,尤其是商品房买卖合同,合同条款多,内容复杂,鲜少有买受人能在签约前逐条仔细阅读合同条款。合同双方一旦签字或盖章,就具有法律效力,对签约双方均具有约束力,“签字的时候没看合同”在任何情况下都不能作为抗辩的理由。因此,买受人在签订合同前,必须仔细阅读合同,对合同中约定的双方权利义务内容有基本了解,对于合同中可能损害自身权益的条款或自己无法履行的义务条款,要及时提出异议,争取修改的机会,即使无法修改,也要提出保留意见并留存相应证据。商品房买卖合同交易金额大,且合同内容较为专业,买受人在必要时可以先自行了解相关法律法规或向专业人员咨询,在对合同内容及履行风险基本了解后,再谨慎签署。

(二)房屋销售广告承诺要写入合同

房地产开发企业为了销售房屋,往往对楼盘的规划环境、配套设施、价位等进行包装,而直接面对买受人的房产销售更是利用楼宇沙盘模型大做文章,向买受人描述各种与现实相距甚远的美好景象。一旦买受人相信这些营销广告,待实际交付验收时,往往会产生明显落差,甚至产生一系列纠纷。

尽管前期宣传天花乱坠,房地产开发企业和买受人的权利义务往往是以双方签署的商品房买卖合同内容为准的。《最高人民法院关于审理商品房买卖合同纠纷案件适用法律若干问题的解释》第3条已作出了突破规定,即一旦房地产开发企业就所售商品房开发规划范围内的房屋及相关设施所作的说明和允诺符合“具体确定”和“对商品房买卖合同的订立及房屋价格的确定有重大影响”两个条件,即使未载入合同也应当视为合同要约,出卖人违反的需承担违约责任。但该条款的适用对买受人来说需要承担较高的证明责任,而且认定标准较为严格。为了避免麻烦,买受人可以在签订合同时,要求房地产开发企业将广告承诺的内容写入双方协议中,或要求作为合同附件,使其成为合同内容的一部分,以此约束房地产开发企业实现广告内容。

附:商品房买卖类合同格式条款合规主要法律法规及规范性文件目录

1. 1998 年 9 月 1 日:《商品住宅实行住宅质量保证书和住宅使用说明书制度的规定》(建房〔1998〕第 102 号)。
2. 2001 年 6 月 1 日:《商品房销售管理办法》(建设部令〔2001〕第 88 号)。
3. 2004 年 7 月 20 日施行:《城市商品房预售管理办法》(建设部令第 131 号)。
4. 2011 年 4 月 21 日:浙江省高级人民法院民一庭《关于审理受房地产市场调控政策影响的房屋买卖合同纠纷案件的若干意见(试行)》。
5. 2021 年 1 月 1 日施行:《最高人民法院关于审理商品房买卖合同纠纷案件适用法律若干问题的解释》(法释〔2020〕17 号)。
6. 2021 年 3 月 30 日:《城市房地产抵押管理办法》(建设部令〔2021〕第 98 号)。
7. 2021 年 6 月 1 日施行:《房地产广告发布规定》(国家市场监督管理总局令第 38 号)。

第九章

房屋租赁类合同格式条款合规指南

第一节 房屋租赁类合同格式条款概述

一、房屋租赁合同的概念及特征

（一）房屋租赁合同的概念

房屋租赁合同是以房屋为租赁物的合同，即出租人和承租人之间关于出租人将房屋交付承租人使用、承租人交付租金并于合同终止时将租用的房屋返还给出租人的协议。①

房屋租赁市场房源主要分为个人房源、分散式品牌公寓、集中化公寓三类，其中较多房源还是掌握在个人房东手里。但因个人房东与承租人之间订立房屋租赁合同具有较大的协商空间，适用合同格式条款的情况较少，因此不是本章讨论的重点。本章房屋租赁合同主要聚焦于分散式品牌公寓与集中化公寓经营者作为出租人，与承租人之间订立的用于日常居住生活的普

---

① 参见郭明瑞、王轶：《合同法新论·分则》，中国政法大学出版社1997年版，第123页。

通住宅、公寓房屋租赁合同,此类合同属于典型的房屋租赁消费类合同,监管投诉较多,值得认真对待。本章基本不涉及经营用商铺、办公楼、其他类型商品房租赁合同。

(二)《民法典》视域下房屋租赁合同的特征

1. 倾斜保护承租人权益

《民法典》第 725 条和第 726 条分别规定了房屋租赁合同买卖不破租赁制度和承租人优先购买权制度。① 对承租人进行倾斜保护,既适当平衡了房屋租赁合同双方当事人的利益,又有利于保护社会经济中弱势群体,是法律效果和社会效果相统一的体现。

2. 适用登记备案制度

《商品房屋租赁管理办法》第 14 条规定了房屋租赁合同的登记备案制度,②即房屋租赁合同当事人需在租赁合同订立 30 日内,向房地产主管部门办理房屋租赁登记备案。《民法典》第 706 条规定:"当事人未依照法律、行政法规规定办理租赁合同登记备案手续的,不影响合同的效力。"由此可见,办理租赁合同登记备案手续不是房屋租赁合同生效的法定要件。目前所谓的房屋租赁登记,推广普及程度并不高,多为流动人口为办理居住证需要,去公安部门或街道办事处进行居住登记的同时明确租赁房屋信息。③

3. 共同居住人继续承租权

《民法典》第 732 条规定:"承租人在房屋租赁期限内死亡的,与其生前共同居住的人或者共同经营人可以按照原租赁合同租赁该房屋。"房屋租赁合同具有人身依附性,并不适用一般的继承规则。基于保护承租人稳定居住、生活和经营活动的

---

① 《民法典》第 725 条规定:"租赁物在承租人按照租赁合同占有期限内发生所有权变动的,不影响租赁合同的效力。"第 726 条规定:"出租人出卖租赁房屋的,应当在出卖之前的合理期限内通知承租人,承租人享有以同等条件优先购买的权利;但是,房屋按份共有人行使优先购买权或者出租人将房屋出卖给近亲属的除外……"

② 《商品房屋租赁管理办法》第 14 条规定:"房屋租赁合同订立后三十日内,房屋租赁当事人应当到租赁房屋所在地直辖市、市、县人民政府建设(房地产)主管部门办理房屋租赁登记备案。房屋租赁当事人可以书面委托他人办理租赁登记备案。"

③ 参见金龙鑫:《论房屋租赁登记的完善》,载《乐山师范学院学报》2020 年第 5 期。

目的,《民法典》规定了承租人死亡后共同居住人或共同经营人可以继续履行租赁合同的特殊制度。

二、新型房屋租赁模式:长租公寓

(一)长租公寓概述

传统的房屋租赁模式是“房东—租客”或者“房东—中介—租客”。近年来,随着租房市场的不断发展,更多房屋租赁新业态不断产生,其中长租公寓的发展最为迅速。

长租公寓,是指由专业化、规模化的住房租赁企业或中介机构运营的住房租赁服务。区别于传统的住房租赁,长租公寓是一种新兴的行业,主要是住房租赁企业将房屋经过统一装修改造、配齐家具家电后进行出租。

(二)长租公寓的政策环境及发展历程

2015 年 11 月 19 日,国务院办公厅发布《关于加快发展生活性服务业促进消费结构升级的指导意见》,将长租公寓和短租公寓纳入服务业,并提出积极发展长、短租公寓等细分业态,为长租公寓行业规范化发展提供重要支持。

2016 年 6 月 3 日发布的《关于加快培育和发展住房租赁市场的若干意见》(以下简称《培育和发展租赁市场的意见》)提出通过租购并举的方式培育和发展住房租赁市场,强调了租赁房源的市场供应,鼓励发展住房租赁企业,支持房地产开发企业开展住房租赁业务,并计划到 2020 年基本形成供应主体多元、经营服务规范、租赁关系稳定的住房租赁市场体系。《培育和发展租赁市场的意见》的出台,表明国家有意识地推进租赁市场供应端的布局,扩大租赁房源。也是从 2016 年开始,国内长租公寓开始爆发式增长。

2017 年 7 月 18 日,《关于在人口净流入的大中城市加快发展住房租赁市场的通知》发布,鼓励机构化、规模化住房租赁企业发展,鼓励房地产开发企业、经纪机构、物业服务企业设立子公司拓展住房租赁业务,鼓励各地通过新用地建设租赁住房,多渠道增加新建租赁住房供应。2017 年,长租公寓保持快速增长。

2018 年 4 月 24 日,《关于推进住房租赁资产证券化相关工作的通知》发布,鼓励机构化和专业化住房租赁企业开展资产证券化,支持住房租赁企业建设和运营租赁住房,积极推动多类型具有债权性质的资产证券化产品。2018 年,长租公寓数量爆发性增长,同时行业不规范现象逐渐凸显。

2019 年 12 月 13 日,《关于整顿规范住房租赁市场秩序的意见》发布,强化有效监管,将整顿规范住房租赁市场秩序的成果制度化、常态化。加强从业主体管理、房源信息发布管理,规范租赁住房改造行为,建设住房租赁管理服务平台。这是对自 2016 年以来租赁市场野蛮发展、行业秩序混乱的一次梳理,租赁市场尤其是长租公寓行业进一步规范化。

2020 年 9 月 7 日,《住房租赁条例(征求意见稿)》发布,要求加强对房屋租赁行业准入企业的监管,建立租赁机构登记制度,要求企业进行经营资格备案,进一步规范住房租赁行业尤其是长租公寓的发展。

2021 年 4 月 15 日,《关于加强轻资产住房租赁企业监管的意见》出台。这是以蛋壳公寓为代表的轻资产、分散型长租公寓"爆雷"之后的政策反应,进一步规范长租公寓行业的发展。值得注意的是,长租公寓"爆雷"大部分集中在以蛋壳公寓为代表的轻资产、分散型长租公寓群体,而重资产、集中式长租公寓相较独善其身,主要是因为后者资金较为雄厚(如房地产开发企业子公司),且商业模式与前者有所不同。

总体来说,长租公寓行业作为新行业,从 2016 年开始急速发展,经过近 7 年的发展,其规模和行业规范在国家政策的支持下,已经逐步踏上了健康、平稳发展之路。

(三)长租公寓的分类

目前国内长租公寓主要分为"集中式"和"分散式"两类。

1. 集中式长租公寓

集中式长租公寓主要以传统的房地产行业为依托,通过采取收购、包租与开发商合作等方式获得房源,一次性投入整体装修,负责集中房源的物业管理。

2. 分散式长租公寓

分散式长租公寓是传统房屋租赁业务的延伸，其主要特点是从个人房东手中租入分散房源，约定较长租期，再将房源进行分散装修、分散管理，是一种轻资产经营模式，蛋壳公寓就是一种典型的分散式长租公寓。

（四）长租公寓法律关系分析

1. 房东与房屋租赁企业的委托合同关系

拥有房屋所有权的房东将房屋交由住房租赁企业或中介机构进行出租，二者之间存在委托合同关系还是租赁合同关系，理论界与实务上均存在分歧。目前，较为主流的观点是二者之间属于委托合同关系。

2. 中介机构与承租人之间的租赁合同关系

中介机构作为出租人与承租人之间订立的房屋租赁合同之居间人，通常以中介机构提供的格式文本为主，但可根据租赁房屋的情况以及承租人所需租赁的期限协商确定租期和租金等合同内容。相较于传统的“房东—租客”的房屋租赁模式，中介机构的加入意味着合同签订和履行的过程更为复杂，随之而来的各种问题与风险也更需关注。

3. 承租人与金融机构的贷款合同关系

部分房屋租赁合同中会约定“租金贷”的租金支付方式。所谓租金贷，是指租客在与中介机构签订租约的同时，与中介机构合作的金融机构签订贷款合同，一般由该金融机构替承租人支付全年房租，承租人向该金融机构按月还清租房贷款的一种贷款模式。[①] 2020 年年底开始，长租公寓领域陆续“爆雷”，许多中介机构出现资金链断裂的情况，牵涉到众多租客和房东，造成极其恶劣的社会影响，引发了长租公寓租金贷房屋合同订立及履行的法律风险分析热潮。

长租公寓“长收短付”的租金收付模式，用风险博收益，加之新型冠状病毒感染等不可抗力因素对房屋租赁市场的影响，中介机构资金链断裂，最终导致“爆雷”。长租公寓频繁“爆雷”后，各地纷纷出台相应监管政策对长租公寓租赁租金进行监管，引导市场健康发展，目前该种“租金贷”形式已得到进一步规范。

---

① 参见胡楼军：《租金贷问题的法律分析及其规制》，载《福建金融》2019 年第 4 期。

三、房屋租赁合同格式条款分析

(一)房屋租赁合同格式条款概述

传统房屋租赁合同大多是享有房屋所有权的出租人和承租人或享有转租权的承租人和次承租人订立的。随着住房租赁企业及中介机构的不断发展,房屋租赁合同采用格式合同的现象也愈加普遍。该种房屋租赁合同一般是由住房租赁企业或中介机构等出租人制订合同,其中存在较多格式条款,承租人在签约时并没有太多与之协商修改合同条款的机会。

随着互联网的普及,为了签约便捷,承租人所签订的房屋租赁合同只能通过出租人旗下的 App、网站等线上交流平台查阅和订立,在性质上属电子格式合同。对承租人而言,订立合同的意思表示的传递具有即时性和虚拟性,无“意思表示撤回制度”适用的余地,对承租人而言缔约风险更高。为在一定程度上保障承租人的权益,以浙江省为例,为加强对租赁合同格式条款的规范监管,规定房屋租赁合同采用格式条款的,经营者应当办理备案。①

(二)房屋租赁合同内容及格式条款合规要点

根据《商品房屋租赁管理办法》第 7 条第 1 款的规定,房屋租赁合同一般应包括以下内容:(1)房屋租赁当事人的姓名(名称)和住所;(2)房屋的坐落、面积、结构、附属设施,家具和家电等室内设施状况;(3)租金和押金数额、支付方式;(4)租赁用途和房屋使用要求;(5)房屋和室内设施的安全性能;(6)租赁期限;(7)房屋维修责任;(8)物业服务、水、电、燃气等相关费用的缴纳;(9)争议解决办法和违约责任;(10)其他约定。

---

① 《浙江省合同格式条款备案办法》第 2 条规定:“根据《浙江省合同行为管理监督规定》和《浙江省人民政府关于同意将全省汽车类合同格式条款列入备案范围的复函》的规定,下列合同采用格式条款的,经营者应当办理备案:(一)房屋买卖、租赁及其居间、委托合同;(二)物业管理、住宅装修装饰合同;(三)旅游合同;(四)供用电、水、热、气合同;(五)有线电视、邮政、电信合同;(六)消费贷款、人身财产保险合同;(七)旅客运输合同;(八)汽车销售、保养、维修合同;(九)省人民政府规定应当备案的其他含有格式条款的合同。”

其中,双方权利与义务、合同解除和违约责任等格式条款可能存在违反法律规定或未公平合理约定合同双方权利义务的情况,需要重点关注。

第二节 房屋租赁类合同主要问题格式条款及合规意见

房屋租赁类合同格式条款中涉及不少不公平的问题条款,给承租人带来很多显性或隐性的法律风险,也不利于房屋租赁市场的健康发展,需要予以类型化分析并提出合规意见。一般来说,出租房屋坐落位置、房屋面积、装修、配套设备设施、租赁期限等均为对房屋相关情况的说明条款,由出租人与承租人双方共同确定,是双方真实意思的表示。关于租金、保证金、水电煤气费、服务费等费用标准及支付方式,也可由双方协商约定或由出租人合理确定。然而,双方权利义务条款等涉及双方的权利分配及义务承担,往往是出租人在未与承租人协商的情况下自行拟定的格式条款,本节将结合相关法律规定对格式条款中可能存在的问题进行分析。

一、出租人扩大自身租赁收益的不公平(问题)格式条款

出租人有权以收取租金的方式获得房屋租赁收益,但部分出租人存在通过约定较高的水费、电费、燃气费、物业服务费等方式变相提高租金标准,损害承租人合法权益。

问题条款

水费 5 元/吨,电费 1 元/度,由承租人按月向出租人缴纳。

合规意见

房屋租赁合同一般为有偿合同,房屋租金是出租人进行房屋租赁的主要收益,

租金条款是房屋租赁合同中出租人的主要权利条款。租金的收取方式一般是“先付后用”，即承租人先支付房屋租金，再享有租赁房屋的使用权。

房屋租赁的水费、电费、燃气费、物业服务费等相关费用，一般也会在房屋租赁协议中进行明确，承租人应据实承担使用租赁房屋期间所产生的相关费用。实践中，常常出现出租人利用其优势地位，在起草房屋租赁合同时以格式条款的形式约定远高于实际标准的水费、电费、燃气费、物业服务费等，并约定承租人直接向其交纳，其在支付相应费用后剩余部分作为房屋出租的附加收益。该种相关费用支付模式，属于出租人利用自身信息优势，变相收取承租人额外费用，增加承租人租房成本的不公平格式条款。较为公平合理的结算方式是由承租人按照相应标准直接向提供服务的第三方交纳费用，或出租人以相关费用交纳凭证为依据向承租人收取相应费用。

相关规定

《民法典》第 496 条第 2 款、第 497 条。

二、减轻出租人逾期交付违约责任格式条款

按照房屋租赁合同约定的期限向承租人交付租赁物，是出租人的主要合同义务，但存在出租人利用格式条款减轻自身逾期交付租赁房屋的违约责任的情形。

问题条款

出租人未按合同约定按时交付该房屋，经承租人书面催告后三日内仍未交付的，承租人有权要求出租人赔偿损失。

合规意见

出租人与承租人签订房屋租赁合同后，应按照房屋租赁合同约定的交付时间，将符合约定使用用途的房屋及时交付承租人。出租人不得以任何形式规避自己按时交付租赁房屋的义务，也不得减轻或免除逾期交付的违约责任。出租人违反租

赁合同约定，未及时将租赁房屋交给承租人，给承租人造成损失的，出租人需赔偿承租人相应损失或向承租人支付违约金。问题条款中“经承租人书面催告后三日内仍未交付”，即出租人逾期交付后并不必然要承担违约责任，还需承租人履行书面催告程序，催告后3日内仍未交付的，出租人才承担赔偿责任。该条款属于减轻或免除出租人逾期交付违约责任的不公平格式条款。出租人未按合同约定的时间交付租赁房屋，承租人就有权要求出租人承担违约责任。如果出租人逾期交付租赁房屋达到一定期限，对承租人合同目的的实现造成严重影响的，承租人可以要求解除合同，出租人不得以格式条款的形式限制承租人的求偿权及合同解除权。

相关规定

《民法典》第496条第2款、第497条。

三、免除出租人房屋维修义务格式条款

问题条款

房屋出租后所有的维修责任，维修费用都应该由承租人自己承担，和出租人无任何关系。

合规意见

房屋的使用周期长，在正常使用过程中，相关设施设备不可避免地会出现老化、损坏，严重的甚至无法使用。这种自然老化和损坏不是承租人原因造成的，却会影响承租人对租赁房屋的正常使用。出租人作为房屋的所有权人，应履行必要的修缮义务，以使租赁房屋在租赁期限内符合约定的使用用途。该问题条款属于出租人利用起草房屋租赁合同的优势地位，采用格式条款形式免除自身房屋修缮义务的不公平格式条款。

出租人作为房屋的所有权人或者管理人，对房屋的使用情况以及存在的问题较为了解，而承租人对此并不知情。若出租人在与承租人协商订立租赁合同时，已

经将房屋设备设施的损害以及可能发生的故障情况如实告知，并在确定房屋租赁价格时将承租人自行承担维修费用的因素考虑在内，方可在与承租人协商一致的前提下，约定由承租人自行对房屋设备设施进行维修。同时需注意，承租人自行维修的范围和成本不应超过合理范围，若涉及房屋开裂、严重漏水等重大维修事项，出租人还是应承担相应的维修责任。

相关规定

《民法典》第 708 条、第 712 条、第 713 条。

四、排除承租人房屋使用权格式条款

问题条款

在租期到期前一个月内，出租人有权带人进入看房，承租人对此无异议。

合规意见

在租赁期间内，承租人依约占有、使用租赁房屋，并有权要求排除各种影响其正常居住、使用房屋的障碍，包括但不限于房屋自身存在的安全风险等。承租人在合法占有、使用租赁房屋期间，一定程度上甚至可以产生对抗出租人对房屋享有的物权的效力，即出租人未经承租人允许，也不可能擅自频繁出入租赁房屋，干扰承租人正常的居住和生活。如房屋租赁合同存在“在租期到期前一个月内，出租人有权带人进入看房，承租人对此无异议”等类似约定，就存在不公平和不合理之处。即使是在租赁期的最后一个月，房屋使用权仍然归承租人所有，若出租人因出租房屋需要，确需带人看房，也应与承租人具体协商，经承租人同意且在承租人在场的情况下进入。

相关规定

《民法典》第 496 条第 2 款、第 497 条。

五、排除承租人优先购买权格式条款

问题条款

若出租人在租赁期内出售租赁房屋需要看房的，承租人应予以配合，且承租人在此声明放弃该房屋的优先购买权。

合规意见

房屋承租人的优先购买权是指在房屋租赁合同存续期间，出租人出卖租赁房屋时，承租人依法享有在同等条件下优先于其他人购买该房屋的权利。优先购买权具有法定性，是直接依法律规定所产生的对房屋出租人处分权的限制，关于优先购买权《民法典》第726条①作出了相应规定。法律规定承租人对承租房屋的优先购买权，旨在加强保护承租人不至于因房屋所有权人将房屋随意卖给他人而致居所不定、漂泊无依，或者影响承租人正常生活，从而维护住房秩序。

承租人虽然享有优先购买权，但存在以下例外情形：第一，房屋的按份共有人行使优先购买权的；第二，出租人将房屋出卖给自己近亲属的；第三，出租人履行通知义务后，承租人在15日内未明确表示购买的。

优先购买权是承租人的一项法定权利，除承租人自愿放弃外，出租人不得加以限制。若出租人以格式条款的形式要求承租人放弃优先购买权，应以显著的方式提醒承租人注意该条款内容，并根据承租人要求对该条款内容进行解释说明。若出租人与承租人在房屋租赁合同中对优先购买权没有约定或者约定不明确的，应推定承租人享有优先购买权。

---

① 《民法典》第726条规定："出租人出卖租赁房屋的，应当在出卖之前的合理期限内通知承租人，承租人享有以同等条件优先购买的权利；但是，房屋按份共有人行使优先购买权或者出租人将房屋出卖给近亲属的除外。出租人履行通知义务后，承租人在十五日内未明确表示购买的，视为承租人放弃优先购买权。"

相关规定

《民法典》第 726 条。

六、房屋租赁合同解除和终止条款

(一)合同约定解除条款

《民法典》第 562 条规定:“当事人协商一致,可以解除合同。当事人可以约定一方解除合同的事由。解除合同的事由发生时,解除权人可以解除合同。”约定解除权是房屋租赁合同双方均享有的权利,双方可在订立合同时协商约定,其中解除条件可约定双方在互不担责情形下解除合同,以及在一方违约情形下另一方享有合同解除权,但实践中存在出租人在制订房屋租赁合同解除权格式条款时,利用互不担责情形规避自身违约责任,或对承租人的轻微违约行为苛以严格的违约责任条款,如以下问题条款。

问题条款

1. 双方同意在租赁期内,有下列情形之一的,本房屋租赁合同解除,双方互不担责:

(一)该房屋占用范围内的土地使用权依法提前收回的;

(二)该房屋因公共利益需要被依法征收的;

(三)该房屋因城市建设需要被依法列入房屋拆迁许可范围的;

(四)该房屋因不可抗力或第三方原因毁损、灭失,致使承租人不能正常使用的;

(五)签订本合同时,出租人已告知承租人该房屋已设定抵押,租赁期间被处分的;

(六)双方协商一致解除本合同的。

2. 出租人有下列情形之一的,承租人可书面通知出租人解除本合同,并有权要求出租人赔偿损失:

（一）出租人未按合同约定按时交付该房屋，经承租人书面催告后3日内仍未交付的；

（二）出租人交付的该房屋不符合本合同约定或存在重大质量缺陷，致使承租人不能正常使用的。

3. 承租人有下列情形之一的，出租人可书面通知承租人解除本合同，并有权要求承租人赔偿损失：

（一）承租人擅自改变房屋居住用途的；

（二）因承租人原因造成房屋结构损坏的；

（三）承租人擅自转租该房屋、转让该房屋承租权或与他人交换各自承租的房屋的；

（四）承租人擅自增加承租同住人，或人均承租建筑面积、使用面积低于规定标准的（居住房屋人均建筑面积不低于10平方米，且人均使用面积不低于7平方米）；

（五）承租人利用承租的居住房屋从事违法违规活动的；

（六）承租人逾期不支付本合同项下约定由承租人承担的费用的（包括但不限于房屋押金、租金、水电煤费用等）；

（七）承租人擅自将该房屋钥匙交付或配给非居住人员的；

（八）承租人隐瞒、漏报、谎报自身传染性病症或隐性病症的；

（九）承租人在未承租的房间堆放私人物品的。

合规意见

前述3个示例条款属于约定解除权的三种情形。

上述问题条款1第4项中，约定租赁房屋因第三方原因毁损、灭失，致使承租人不能正常使用的，房屋租赁合同解除且双方互不担责。“第三方原因”这一约定过于宽泛，即任何非出租人、承租人原因均可归为“第三方原因”。有些情形的房屋毁损、灭失虽非出租人原因造成，但出租人本身负有向承租人提供符合约定用途的租赁房屋的义务，对于房屋毁损、灭失造成的房屋租赁合同无法继续履行本身应承担更为严格的责任，而不能随意免责。

通过问题条款2、3的内容对比可以看出,出租人在设置格式条款时,对承租人的限制较多,部分情形下承租人尚未达到严重违约的标准,出租人也享有解除房屋租赁合同的权利。如问题条款3第6项,只约定了承租人逾期不支付相关费用,而未对逾期时间进行明确,意味着只要承租人迟延一天支付相关费用,出租人即享有合同解除权。对比问题条款2第1项内容,出租人逾期交付该房屋,承租人需经书面催告程序,然后催告后3日内仍未交付的,才享有合同解除权。《民法典》第496条明确规定,采用格式条款订立合同的,提供格式条款的一方应当遵循公平原则确定当事人之间的权利和义务。[①] 对比两个条款的约定内容,双方违约责任明显不对等。

出租人在租赁关系中往往占据主动权,可以以格式条款形式确定一方违约另一方享有解除权的情形,但在约定时应遵循平等原则,不能过分强调自身权利,亦不能过分加重承租人责任。

相关规定

《民法典》第496条。

(二)合同法定解除情形

《民法典》第563条规定了合同法定解除权的五种情形。[②] 从上述法律规定可以看出,法定解除权的情形主要有两个方面:第一,因不可抗力原因产生的法定解

① 《民法典》第496条规定:“格式条款是当事人为了重复使用而预先拟定,并在订立合同时未与对方协商的条款。采用格式条款订立合同的,提供格式条款的一方应当遵循公平原则确定当事人之间的权利和义务,并采取合理的方式提示对方注意免除或者减轻其责任等与对方有重大利害关系的条款,按照对方的要求,对该条款予以说明。提供格式条款的一方未履行提示或者说明义务,致使对方没有注意或者理解与其有重大利害关系的条款的,对方可以主张该条款不成为合同的内容。”

② 《民法典》第563条规定:“有下列情形之一的,当事人可以解除合同:(一)因不可抗力致使不能实现合同目的;(二)在履行期限届满前,当事人一方明确表示或者以自己的行为表明不履行主要债务;(三)当事人一方迟延履行主要债务,经催告后在合理期限内仍未履行;(四)当事人一方迟延履行债务或者有其他违约行为致使不能实现合同目的;(五)法律规定的其他情形。以持续履行的债务为内容的不定期合同,当事人可以随时解除合同,但是应当在合理期限之前通知对方。”

除权;第二,因合同一方根本违约守约方享有法定解除权。[①] 房屋租赁合同中法定解除权的形式也需要满足上述两个条件。

(三)合同任意解除情形

《民法典》第730条规定:"当事人对租赁期限没有约定或者约定不明确,依据本法第五百一十条的规定仍不能确定的,视为不定期租赁;当事人可以随时解除合同,但是应当在合理期限之前通知对方。"

出租人和承租人订立书面房屋租赁合同的,一般都会在租赁合同中明确约定租赁期限,很少出现租赁期限不确定的情况。实践中,存在较多的是租赁期限届满后,承租人继续租赁房屋并支付租金,出租人继续收取租金,但双方未续签书面房屋租赁合同,该情形下双方未就租赁期限重新达成一致,无法确定租赁期限,租赁合同期满后新形成的事实租赁关系即为不定期租赁。根据《民法典》第730条的规定,不定期租赁的双方当事人均可以随时解除房屋租赁合同,这将使房屋租赁合同的效力处于不稳定状态。因此,房屋租赁合同到期后双方继续履行的,应重新订立书面合同,明确租赁期限等合同内容。

(四)单方提前终止合同

出租人或承租人一方提前终止合同,如果其不享有约定、法定解除权,亦不满足任意解除权的情形,则构成违约,应按合同约定承担违约责任。在实际操作中,出租人提前收回租赁房屋或承租人提前退租的情况均有发生。该情形下违约一方的违约责任可由双方在房屋租赁合同中协商约定。承租人提前退租,个人房东由于违约成本较高,一般是以不退还押金的形式向承租人收取违约金,以弥补承租人提前退租造成的房屋空置损失。长租公寓因涉及体量较大且存在管理成本,出租时除在房屋租赁合同中约定承租人提前退租违约金外,还可能另行约定空置费金额,但违约金和空置费金额应合理确定,不应过分高于出租人实际损失。

---

① 《民法典》第724条规定:"有下列情形之一,非因承租人原因致使租赁物无法使用的,承租人可以解除合同:(一)租赁物被司法机关或者行政机关依法查封、扣押;(二)租赁物权属有争议;(三)租赁物具有违反法律、行政法规关于使用条件的强制性规定情形。"

七、添附物、遗留物品处置条款

(一)出租人处置添附物格式条款

问题条款

承租人对租赁房屋进行装修或改善的,应经出租人书面同意。租赁期限届满或租赁合同提前终止时,未形成附合的添附物,由承租人拆除。因拆除造成房屋毁损的,承租人应当恢复原状。已形成附合的添附物,归出租人所有。

合规意见

该问题条款未对租赁合同提前终止原因进行区分,单方约定合同终止后已形成附合的添附物归出租人所有,属于排除承租人权利的不公平条款。

在租房过程中,很多承租人在占有房屋后,为了创造一个更好的生活环境,往往会对该房屋进行改善或增设他物,形成添附物。在房屋租赁合同中,添附物主要包括房屋装修物和新增的附属设备。根据《最高人民法院关于审理城镇房屋租赁合同纠纷案件具体应用法律若干问题的解释》第8条、第9条、第10条的规定,房屋租赁合同终止后已形成附合的添附物该如何处置问题,应根据不同情况区别处理:

(1)承租人未经出租人同意,自行装修房屋或增加设备的,出租人有权要求承租人恢复原状或赔偿损失。

(2)承租人经出租人同意装饰装修的,租赁期间届满时承租人无权要求出租人补偿添附物费用。

(3)承租人经出租人同意装饰装修且房屋租赁合同提前解除的,承租人是否有权要求出租人补偿剩余租赁期内添附物残值损失,应根据合同解除原因确定:因出租人违约导致合同解除,承租人有权请求出租人赔偿剩余租赁期内添附物残值损失;因承租人违约导致合同解除,承租人无权请求出租人赔偿剩余租赁期内添附物残值损失的,但出租人同意利用的,可在利用价值范围内对承租人予以适当补偿;因双方违约导致合同解除,剩余租赁期内的添附物残值损失,由双方根据各自的过错承担相应的责任;因不可归责于双方的事由导致合同解除的,剩余租赁期内的添附物残值损失,由双方按照公平原则分担。

相关规定

《最高人民法院关于审理城镇房屋租赁合同纠纷案件具体应用法律若干问题的解释》第 8 条、第 9 条、第 10 条。

(二)遗留物品处置条款

房屋租赁合同期满后,承租人应当返还租赁房屋,以便出租人另行出租。实务中存在部分承租人在租赁期限届满后搬离,却遗留部分个人物品在房屋内,迟迟不进行处理,影响承租人将房屋再次出租。为规避该风险,出租人往往在房屋租赁合同中对遗留物品的处置约定专门条款,但该条款可能涉嫌损害承租人的合法权益。

问题条款

租赁期满,承租人应在租赁期满当日内腾退、归还该房屋。如逾期腾退的,则每逾期一天向出租人支付原日租金二倍的占有使用费;承租人逾期二天未腾退完成的,视为放弃房屋内所有余留物品,承租人有权自行收回房屋,并处理房屋内余留物品。

合规意见

合同终止后,承租人遗留在房屋内的物品,除承租人明示放弃所有权外,承租人仍对物品享有物权,出租人不得擅自处置,以免遭到承租人起诉要求赔偿。对于承租人的遗留物品,若承租人不及时取回,建议出租人通过对遗留物品进行公证提存的方式自行收回房屋。即使不能公证提存,出租人也应将遗留物品进行认真清点并做好相关笔录,全程拍照录像留作证据,妥善保管并书面通知承租人留存物品的存放地点和清单,通知承租人及时领取,然后收回租赁房屋。对于因处置遗留物品发生的公证、保管等费用,出租人可另行向承租人主张。

相关规定

《民法典》第733条。

第三节　房屋租赁类合同格式条款合规建议

一、政府有效监管建议

(一)以需求为立足点,调解供需矛盾

房屋租赁是卖方市场,承租人在交易中处于弱势地位。随着房价的日益攀升,买房对许多人特别是青年群体来说较为困难,因此房屋租赁市场的需求量还将持续增加。为了更好地满足居民"住有所居、住有宜居"的需求,除政府新增租赁住房外,还可以通过盘活闲置住房等多种方式增加市场房源供应,缓解供需矛盾,打造一个较为平衡的房屋租赁市场。

(二)多举措并行保障承租人租赁权益

1. 推广示范文本,规范租赁关系

国家已出台房屋租赁合同示范文本,除此之外部分省市也结合地方实际制订了地方性房屋租赁合同示范文本。但是因为示范文本不具有强制适用性,较多出租人在经营中并不会直接使用示范文本,而自行拟定房屋租赁合同。这些由出租人自行拟定的房屋租赁合同内容的合规性、规范性、完整性良莠不齐,而承租人只能被动签署,一旦发生争议承租人很难通过合同主张权益。政府可以加大房屋租赁合同示范文本推行力度,对租赁合同的内容进行规范与推广,这既有利于规范租赁行为,又能有效避免出租人滥用格式条款、损害承租人权益的情况发生。

2. 开通投诉渠道,协调租赁纠纷

当承租人权益遭受侵害后,因专业化知识有限及维权的困难性,会有较高比例的人选择忍受。政府应为求助者提供咨询、投诉渠道,为承租人维权提供协助。

3. 搭建数字平台,开放市场信息

信息资源不透明、不对称是承租人在房屋租赁市场中处于劣势地位的原因之一。政府主管部门可利用大数据时代信息优势,提供平台搭建房屋租赁信息共享服务,为出租人提供正规的房屋出租渠道,为承租人提供房源、租金水平等开放信息,解决信息在市场上传递不畅的问题。

4. 提高准入门槛、加强行业监管

长租公寓行业作为发展迅速的新型服务行业,缺乏完备的监管措施。近年来频发的长租公寓“爆雷”事件更是反映出监管的不足。长租公寓的“爆雷”主要原因是高收低租,长收短付及押金挪用,建议政府部门在提高长租公寓经营企业准入门槛的同时,引入押金监管制度或保证金制度,从而降低承租人的租赁风险,维持市场稳定。

二、经营者自我合规审查建议

出租人在拟定房屋租赁合同时,应遵循平等、自愿、合法和诚实信用的原则,在与承租人协商一致的基础上签订合同。承租人作为房屋租赁市场的弱势一方,信息资源有限,对承租房屋的情况缺乏了解,出租人应尽到充分的说明义务,如实告知房屋基本信息以及存在的瑕疵情况,不得故意隐瞒。同时,出租人作为拟订房屋租赁合同的一方,应根据法律规定以及公平原则,合理确定双方权利义务,不得采用格式条款形式减轻或免除自身权益,加重承租人责任、排除出租人权利。

三、消费者主动维权建议

(一)采用书面方式订立房屋租赁合同

虽然当事人订立合同时,可以选择书面形式、口头形式或其他形式,但《民法典》第 707 条规定:“租赁期限六个月以上的,应当采用书面形式。当事人未采用书面形式,无法确定租赁期限的,视为不定期租赁。”

若房屋租赁合同采取口头方式订立,双方权利义务不确定,在合同履行过程中非常容易发生争议。发生争议时双方又无法证明当时口头协商约定的内容,无论对出租人还是对承租人都不利。虽然《民法典》规定租赁期限6个月以上的应当订立书面合同,但为了尽量避免纠纷的发生,无论租赁期长短,最好都采用书面方式订立合同,明确约定双方的权利义务。另外,无法确定租赁期限的,视为不定期租赁。不定期房屋租赁合同双方当事人均有任意解除权。为了保障居所的稳定性,避免因出租人行使任意解除权而使房屋租赁合同的效力处于不稳定状态,承租人在与出租人订立合同时一定要采取书面方式。

在很多房屋租赁合同中,出租方身份信息不明确或不详细,一旦发生争议,承租人无法准确找到具体的出租方,故承租人在签订房屋租赁合同时,应要求出租人身份信息进行明确,且在合同中明确约定租赁房屋权属证明、租赁期限、租金、双方权利义务、违约责任等各项基本条款,防止发生争议时因合同相对方身份不明确或合同约定内容不完善等导致无法主张自身权益。

(二)仔细核查出租人权属证明

出租人对房屋享有出租权是房屋租赁合同合法有效的基础。因此,承租人在订立租赁合同前一定要仔细核对出租人身份信息和对房屋的权属证明。若出租人为房屋所有权人,应当核查其是否是不动产权证上所载的权利人;如果出租人是转租房屋的,需要核查其与房屋所有权人签署的房屋租赁合同,确认其租赁期限以及是否享有转租权。

(三)在订立合同时对易发生争议的事项进行明确

1. 明确租赁房屋的用途

作为承租人,未经出租人书面同意不能改变用途,否则可能需承担违约责任。同时承租房屋的用途应当符合法律规范,否则可能因相关行政机关的处罚或管制而无法履行,使得租赁双方遭受损失。

2. 明确租赁期限、租金以及租金支付时间等事项

《民法典》第705条规定:“租赁期限不得超过二十年。超过二十年的,超过部

分无效。租赁期限届满,当事人可以续订租赁合同;但是,约定的租赁期限自续订之日起不得超过二十年。”因此,在签订或续订租赁合同时不仅要明确租赁期限的起止日期,还要注意20年的法定限制。另外,越短的租金支付周期对承租人越有利,因此承租人应与出租人在合同中明确约定租金数额及支付周期,同时还需对格式条款中出租人提高租金的相关条款进行审慎审查。

3. 明确租赁期内房屋维修责任的承担方

实践中对租赁房屋维修责任承担问题不进行约定的情况较为常见,一旦发生争议常常由承租人买单。因此,承租人为保障自身权益,在审查出租人提供的房屋租赁合同时要重点关注是否对维修责任进行明确,若合同中没有约定的,应补充约定。在通常情况下,承租人按照约定正常使用房屋及其附属设施时,房屋及其附属设施因自然损耗或损坏的,则由出租人承担维修义务;反之,因为承租人的保管不善或不当使用导致损坏的,出租人不负维修义务,承租人还有可能要承担损害赔偿责任。所以作为承租人,在租赁前应对住房及其内部设施进行认真检查,保证自己今后能够正常使用。

4. 对装饰装修、转租等事项明确约定

随着承租人对居住环境要求的提高,在租赁期间对承租房屋进行装修以及添置物品的现象越发普遍。因此,在签订房屋租赁合同时,承租人要与出租人明确装修事项、租赁期限届满后的装修补偿、添置物品归属等事项。作为住所的租赁房屋往往受工作地点的影响较大,而租赁期限往往较长,普遍为1年以上。若工作地点变更,承租人可能会出现提前搬离租赁房屋的情况,因此需要提前在合同中明确转租事由,避免事后出租人拒绝承租人转租请求。

附:房屋租赁类合同格式条款合规主要法律法规及规范性文件目录

1. 2011年2月1日:《商品房屋租赁管理办法》(住房和城乡建设部令第6号)。
2. 2019年12月13日:住房和城乡建设部、国家发展改革委、公安部等《关于整顿规范住房租赁市场秩序的意见》(建房规〔2019〕10号)。

3. 2021 年 1 月 1 日:《最高人民法院关于审理城镇房屋租赁合同纠纷案件具体应用法律若干问题的解释》(法释〔2020〕17 号)。

4. 2021 年 4 月 15 日:住房和城乡建设部等部门《关于加强轻资产住房租赁企业监管的意见》(建房规〔2021〕2 号)。

第十章

房屋居间类合同格式条款合规指南

第一节　房屋居间类合同格式条款合规概述

房子在人们生活中所扮演的角色越来越重要，目前教育、医疗、养老等配套服务均已成为房子的附属价值，住房问题已经渐渐上升至民生问题。近年来，房地产行业的迅猛发展有力助推了房地产中介市场的蓬勃兴起，尤其是网络信息时代迅猛发展，更给房地产中介行业带来了无限商机，大型房地产中介企业也日趋专业化。在实践中，大部分的二手房交易以及租赁都是通过中介机构实现的，人们通过中介购房、租房已是很普遍的现象。房地产中介已经成为房地产市场发展的重要组成部分之一，而房产经纪人贯穿在房地产经济运行的全过程之中，为房屋流通和消费者提供了多元化的中介服务。房产经纪人作为市场与消费者之间的桥梁，发挥着举足轻重的作用，当购房者或租房者面对让人眼花缭乱的海量房地产信息时，其将会对购房者或租房者的最终决定产生影响。与此同时，经纪人为购房者或租房者提供邀约、看房、签约、交易等一系列服务。另外，由于房地产中介行业门槛较低,行业内良莠不齐带来的诸多问题也不容忽视。在实践中,房地产中介机构虚假广告、超标准收费以及滥用优势地位,利用合同格式条款对相对人设定不合理、不公平的霸王条款损害消费者经济利益的情况仍然存在。

鉴于此,虽然本书第八章、第九章已经对房屋买卖、租赁类格式条款合规进行了详细论述,但仍然有必要单独对包含房屋买卖以及租赁在内的房屋居间类格式条款合规进行探讨。

一、房屋居间类合同的概念

法律法规中的各种典型合同并非生活之常态,基于社会经济生活的复杂性以及契约自由原则,实践中大量的合同呈现为非典型合同,合同之间又存在各种复杂的关系,包括主从关系、履行关系、替代关系以及合同联立等。实践中,虽然房产居间类合同通常被归入中介合同,但是房地产中介有些活动并非单个典型合同所能涵盖。

在房地产交易实践中,中介机构的服务流程通常为:买卖双方或租赁双方发出委托要约—中介机构接受委托形成委托关系—报告交易机会—撮合订立三方合同—协助办理按揭贷款、过户、交房等手续—取得佣金。因在房地产中介服务中,二手房买卖交易最为复杂,故以房产买卖为例,房产中介机构通常除参与买卖合同具体洽谈外,也协助办理过户、融资贷款等,而佣金的支付一般不以买卖合同的成立作为成就条件,其通常以交易活动的最终完成为前提。此外,在租赁合同中,亦出现了新型中介服务模式,如托管租赁合同关系,其已经并非单纯仅提供居间服务,在本书前面所提及的长租公寓模式中,则可能涉及委托关系或转租关系的争议。

因此,本书所探讨的房地产居间类合同并非单纯的《民法典》典型合同中介合同所能涵摄的,而是在整个房地产中介服务活动过程中,以房地产中介机构为主体的,与消费者(包括买卖双方或租赁双方)之间形成的契约法律关系,在实践中主要表现为中介合同、代理合同、委托合同等构成的典型合同或混合合同。大陆法系民法理论通说认为,混合合同的法律适用问题应依个别给付所属契约类型的法律规定加以判断,关于混合合同法律适用问题,一般有三种态度,即吸收主义、结合主义、类推适用主义。吸收主义,是指混合合同应当在具体案件中占主要支配地位的合同类型决定了该合同性质。结合主义,是指混合合同中不同合同类型的规定可以分别适用不同的典型合同规定。类推适用主义,是指在法律没有规定的事项适用时,可以在一定范围内寻找最相似的法律进行适用处理。类推适用主义进行参照适用是普遍被接受的一种做法,因此房产居间类合同可类推适用《民法典》典型合同中的中介合同、委托合同关系等,至于适用何种法律关系,关键在于把握各方当事人的交易意图、探究契约真意,灵活解决实务问题。

二、房屋居间类合同的性质

(一)中介合同的性质

如上所述,根据房地产中介服务内容与流程来看,其具有中介合同的性质是明显的,但将整个中介活动均视为中介合同性质则是片面的。在《民法典》第 961 ~ 966 条中,立法者取消了“居间合同”一词,将原《合同法》规定的居间合同使用的“居间”一词统一替换为“中介”,更符合合同实务习惯。中介合同为《民法典》规定的典型合同的一种,权利义务关系可直接适用该典型合同之规定,《民法典》第 961 条将中介合同界定为“中介人向委托人报告订立合同的机会或者提供订立合同的媒介服务,委托人支付报酬的合同”。其特征有以下几点。

1. 中介合同为有偿、诺成性和非要式合同

中介合同只要委托人与中介人意思表示一致即可成立,且合同成立后,中介人就应按照委托人指示提供中介服务,中介人一旦促成交易,委托人就有支付报酬的义务。《民法典》第 964 条规定,中介人未促成合同成立的,不得请求支付报酬;但是,可以按照约定请求委托人支付从事中介活动支出的必要费用。

2. 中介合同的当事人为中介人和委托人

中介人基于信息优势,处于介绍人地位,其并非委托人的代理人,而是一种在交易双方当事人之间起着介绍、协助作用的中间人,这种“牵桥搭线”的媒介作用

旨在促成合同的订立,而中介人并不介入委托人与第三人之间的主合同缔结本身。

3. 中介合同是以促成委托人与第三人缔结合同为目的

中介合同的标的是中介人为委托人创造缔约机会或充当订约媒介的行为,以促成主合同缔约为最终目的,中介人一般以交易促成后方可请求支付报酬。这种促成合同订立效果的实现依赖于委托人的缔约意愿,故中介人需承担不能实现获取报酬的合同风险,履约过程中也极易引发机会主义倾向,存在“双边道德风险”问题,如在房屋买卖中介中经常出现的“跳单”现象。有学者认为,中介合同属于单务、有偿的合同。单务则是从委托人方面说的,只有委托人将来在一定条件下有佣金支付义务,所谓的“一定条件”是指基于居间人的活动(报告缔约机会或者提供媒介服务)而促成主合同的缔结。但是居间人没有必须报告或者媒介之义务,委托人对此也没有请求权,这也是中介合同的特殊之处。①

(二)委托合同的性质

中介合同与委托合同具有较为相似的外观,在房地产居间类合同纠纷中对二者的区分及认定不同,会产生完全不同的裁判结果。委托合同在《民法典》第三编第二十三章中共规定了18条,《民法典》第919条将委托合同界定为“委托人和受托人约定,由受托人处理委托人事务的合同”。归纳而言,委托合同作为有名合同的一种,具有以下法律特征。

1. 委托合同基于当事人的信任关系而成立

委托人基于对受托人能力和声誉的信任委派受托人为自己处理事务,受托人基于对完成委托事务的自信接受委托。基于此种相互信任关系,《民法典》中关于委托合同规定了委托人和受托人均享有任意解除权,以及受托人除征得委托人同意或者追认外应当亲自从事委托事务等。

2. 委托合同标的是受托人按照委托人的指示处理委托事务的行为

提供劳务是委托合同的标的,受托人以自己的知识能力等做出法律行为,如买卖、租赁、办理登记等,但委托事务并不限于法律行为。此外,委托合同一般是受托

---

① 参见张谷:《民法典合同编若干问题漫谈之典型的居间合同的构造:双务式?条件式?》,载微信公众号“浙大民商法”2019年1月16日,https://mp.weixin.qq.com/s/9VqD0AansBeKoQfpOZ7S9Q。

人以委托人的名义从事委托事务。

3. 委托合同为诺成性合同、非要式合同、双务合同

委托合同可以有偿或无偿，即合同在双方当事人意思达成一致即告成立，合同允许双方当事人自由约定订立合同的形式以及报酬。可见，建立在双方信赖基础之上，法律对委托合同双方当事人的意思自治给予充分尊重。

（三）委托合同与中介合同的区别

委托合同与中介合同在我国《民法典》第三编中分别规定在第二十三章和第二十六章，两类合同均为受托人接受委托为一定民事行为，具有一定的相似性，实践中也容易将两者混淆。但事实上，这两类合同有着本质区别，对二者差异的辨析，有助于正确适用法律，合理解决纠纷。

1. 在中介合同中，中介人的行为仅限于报告订约机会或充当订约媒介；而在委托合同中，受托人处理的委托事务范围广泛，既可以是有法律意义的事务，也可以是非法律意义的事务。

2. 中介合同是有偿合同；而委托合同可以是有偿合同，也可以是无偿合同。

3. 在中介合同中，中介人只有在促成委托人与相对人订立合同后，才能请求委托人支付报酬，并且在媒介中介合同中，即使只受一方当事人委托，中介人也可同时向委托人和相对人请求报酬；而在委托合同中，因不可归责于受托人的事由导致委托事务不能完成的，受托人仍可请求委托人支付相应的报酬，但其请求主体只能向合同相对方委托人请求。

4. 在中介合同中，中介人不介入委托人与相对人之间的法律关系；而在委托合同中，受托人可以委托人的名义或自己的名义与相对人订立合同，并参与其中的法律关系，且通常其行为的法律效果及于委托人。

三、《民法典》新增亮点规则：规范"跳单"行为

《民法典》首次将禁止房地产中介中"跳单"行为上升至法律层面，"跳单"行为是中介合同纠纷领域特别常见的一种纠纷类型，我国法律之前对此没有明确规定，

2021年1月1日正式施行的《民法典》基于对实践需要的回应，专门新增了相应规定。由于房地产中介合同中促成合同订立效果的实现依赖于委托人的缔约意愿，在实践中，常常存在委托人为了逃避支付报酬，利用中介服务提供的媒介，绕开房产中介而与相对人直接缔约，此即房屋买卖中介服务中经常出现的“跳单”现象。

1.“跳单”行为违反诚实信用原则

在《民法典》实施之前，对于“跳单”行为，并未明文规定其法律责任，基于民法的诚实信用原则，如果委托人确实存在利用中介人的服务获取相关信息后，绕开中介人私下成交以规避中介费支付的，由于此种“跳单”现象显然违背诚实信用原则，损害了诚实守信方的合法权益，故委托人仍应向中介人支付报酬。为此，《民法典》新增第965条明确规定：“委托人在接受中介人的服务后，利用中介人提供的交易机会或者媒介服务，绕开中介人直接订立合同的，应当向中介人支付报酬。”因此，衡量“跳单”行为的关键在于行为人是否利用了中介公司提供的房源信息、机会等条件，绕开中介与第三人私下签订合同。

2. 消费者有权“货比三家”

由于房源信息并非独家，同一房源信息可能经多个中介公司发布，买方或承租方通过正当途径获取房源信息的，有权在多个中介公司中选择报价低、服务好的促成交易，这是消费者的自主选择权。如果委托方并未利用中介公司提供的信息、机会等条件，而是通过其他可以获知的正当途径获得同一房源信息，则买方有权选择报价低、服务好的中介公司促成房屋买卖合同缔约，此种行为并不构成“跳单”。举例来说，如果房屋产权人为获取更多交易机会，同时在多家中介公司挂牌出售同一房屋，买家分别通过不同的中介公司了解同一房源信息，并通过其中一家中介公司促成了房屋买卖合同成立并支付相应中介报酬，该行为并不属于利用某个中介公司提供的信息、机会与他人私下成交，因此不构成“跳单”。

3. 不公平的“禁止跳单”格式条款无效

在实践中，为了防止客户恶意“跳单”，中介公司往往会约定“禁止跳单”的格式化条款，其中包括“一刀切”地规定买房人及其相关人在任何时间内利用上述信息资源就该房屋与卖方另行成交的，仍应支付居间服务费等，并不区分涉案房屋是否独家挂牌，或房源信息是否被多家中介公司享有。在此种情况下，即使中介公司未促成交易，却能轻易借助该“霸王条款”使其获得报酬，实质上加重了消费者的责任，限制了消费者的自主选择权，该条款应为无效或不能成为合同内容。

4. 认定“跳单”行为应当综合考量

在实践中，判断是否构成“跳单”，应当结合相关事实判定是否满足《民法典》中关于“跳单”的构成要件。例如，委托人与中介公司是否签订居间合同、委托协议、看房确认书等，中介公司是否积极如实提供了中介服务，委托人是否绕开中介人直接订立合同，以及委托人实际有无支出居间费用等均可作为判断依据，不能仅仅因为诉争房源与房产中介公司提供的房源一致，就认定委托人利用了原房产中介公司提供的信息，应当结合实际情况综合认定。在司法实践中，我们既要防范中介公司借助“霸王条款”排除消费者货比三家选择优质服务的权利，又要保障中介方的合法权益，在中介方勤勉尽责的情况下，各方均应恪守约定，交易方不应当利用中介公司提供的交易机会和媒介服务，为逃避支付中介费，故意绕开中介公司私下成交，“跳单”的行为是对他人劳动成果的不尊重，属于有悖于《民法典》中诚实守信原则的违约行为。

综上，从“跳单”行为的法律规定可见，无论是对于中介人还是委托人，诚信是贯彻在整个交易过程中的，在市场经济的往来中，诚实信用是最基本、最重要的原则。

四、房地产居间类合同格式条款合规问题

《浙江省合同行为管理监督规定》第 8 条规定：“下列合同采用格式条款的，经营者应当在开始使用该格式条款之日起三十日内将合同样本报核发其营业执照的市场监督管理部门备案：(一)房屋买卖、租赁及其居间、委托合同……”可见，房地产行业除了买卖、租赁类合同属于应当备案的类型，有关的中介或委托合同同样需要备案。由于格式合同制订者及提供方通常为中介机构，故对于格式合同不公平条款合规要点应从消费者的视角出发，主要存在以下合规问题：

第一，虚假承诺，诱导交易。中介机构为促使交易的形成，往往对消费者做出超出中介服务范围之外的承诺，如保证过户、帮助融资贷款等。而在签订合同过程

中，往往以格式合同不能随意更改为由，未将上述承诺纳入契约中，导致发生纠纷时，消费者无法举证。

第二，订金锁定条款。在实践中，一旦确定买方有购房意向，中介立即要求支付“诚意金”“意向金”等，规避“定金”的法律约束，试图预先把部分佣金收入袋中，进而锁定交易，并制订对己有利的条款。在房屋买卖合同中，意向金（或认购金、预订金、订购金）是买卖双方就订立商品房买卖合同的担保金，且应由卖家收，而不应由中介方取得。房地产中介利用不平等格式条款侵吞意向金的做法也明显限制一方消费者获得违约金及其他合理赔偿权利。

第三，违约责任不对等。由于格式合同一般由具有优势地位的一方中介公司提供，其往往在合同中设定不对等的违约责任，消费者一方承担的违约责任明显重于己方的违约责任。

第四，隐瞒瑕疵，误导消费者。中介提供的信息不实有两个原因：一是业主没有如实告知中介方，但中介方应当尽核对核查义务；二是业主如实告诉了中介方，但中介方故意隐瞒，如抵押、缺陷、配套等，购房者往往签了居间合同后才知道存在这些不利因素。

第五，乱收费现象。当前房产中介行业存在乱收费现象，如按照交易惯例一般以不超过成交3%的幅度收取佣金，但仍然存在以按揭服务费、办证费等各种名目收费的现象。

第六，违规“变通”操作。为使双方满足房产交易条件，中介违法违规代办社保、完税等虚假证明，并趁机收取价格不菲的代办费。

第二节　房屋居间类合同主要问题格式条款及合规意见

房地产居间类合同在实践当中使用相当普遍，其格式条款存在诸多问题，以下对实际中常见的典型问题条款列举并阐释，对于此类格式条款合规化具有一定的参考意义。

一、限制自主选择条款

问题条款

委托期限届满后三个月内，本人及与本人相关的其他人士不以任何形式与我公司介绍的房屋业主达成私下交易，否则我公司有权要求本人支付本次交易双方总佣金之和的违约金。

委托方在委托期限内或在委托期限结束后三个月内与中介公司曾介绍的买方成交，应按委托价格总额的1%支付违约金。

合规意见

这一格式条款实际剥夺了消费者在特定情形下的中介服务自主选择权。《消费者权益保护法》第9条规定："消费者享有自主选择商品或者服务的权利。消费者有权自主选择提供商品或者服务的经营者，自主选择商品品种或者服务方式，自主决定购买或者不购买任何一种商品、接受或者不接受任何一项服务。消费者在自主选择商品或者服务时，有权进行比较、鉴别和挑选。"如前述关于"跳单"行为的论述中，当业主方委托多家房屋中介公司挂牌出售，出售价格、成交条件可能都不一样，中介公司对这一套房源客观上会存在不同程度的雷同现象，交易方可能在不同的中介公司同时获悉了该套房源，如果在合同中"一刀切"地约定，只要中介公司带看过房屋，则一旦双方成交，都需要向这些不同的中介公司支付报酬，对消费者而言，显然是不公平、不合理的，该格式条款侵犯了消费者的自主选择权，属于典型的不公平格式条款。诚信交易是本质，中介提供的服务为买卖双方搭建了一条沟通的桥梁，无论是中介过于限制委托人责任的格式化条款，还是委托人的"跳单"行为都不可取，只有以诚相待，才能形成良性互动。该条款建议可参照《民法典》的相关规定进行调整，如直接约定："委托人在接受中介人的服务后，利用中介人提供的交易机会或者媒介服务，绕开中介人直接订立合同的，应当向中介人支付报酬。"

相关规定

《消费者权益保护法》第9条;《民法典》第965条。

二、居间费用条款

问题条款

因可归责于买受方的原因导致买卖合同无法签订的,出售方收取违约金并应支付中介公司居间服务费。

丙方在促成《杭州市房屋转让合同》订立时有权向甲乙双方要求支付居间代理服务费;甲乙双方不依约履行合同的,丙方已收取的居间代理服务费不予退还;非丙方过错甲乙双方未能订立《杭州市房屋转让合同》的,导致丙方不能继续履行义务的,丙方不承担责任,且丙方有权收取本合同约定的居间服务费和交易中已经发生的费用。

合规意见

《民法典》第964条规定:“中介人未促成合同成立的,不得请求支付报酬;但是,可以按照约定请求委托人支付从事中介活动支出的必要费用。”根据该条规定,中介人享有必要费用请求权。但必须说明的是,该条款的适用前提是双方有约定,如果双方未就必要费用请求权作出约定,则委托人没有义务向中介支付费用。而上述格式条款约定,使中介公司无论居间服务是否成功或取得效果,均可取得相应报酬,这明显与法律规定相悖,且这一格式条款明显违反了公平原则,加重了买卖双方的责任,排除了守约方根据买卖合同收取违约金的权利,侵害了守约方的合法权利,当属无效或不成为合同内容。因此,上述问题条款应当删除关于合同无法签订时/交易未达成时仍然要支付居间服务费的约定,但可以保留在未促成交易时,中介公司有权要求委托人支付从事中介活动支出的必要费用的表述。

相关规定

《民法典》第 964 条。

三、诚意金条款

问题条款

如买方反悔,未于约定日期至中介方签订买卖合同,致无法完成买卖事宜,则买方同意将实际给付的诚意金支付给中介公司,以作为买方违约之赔偿。

卖方收到定金后,中途不得借故中止卖房,否则加倍赔偿定金,中介方有权分享其中 1/2 的违约金;买方未能如期签订合同、付清房款,则支付给卖方的定金不予退还,由卖方与中介方平均分享。

合规意见

这一条款通常出现在卖方、买方与中介三方签订的居间合同中,这是中介方利用其优势地位,对消费者作出的不公平、不合理的规定,剥夺消费者依法享有的没收定金的法定权利,目的就是使自己在交易中“旱涝保收”。作为房产中介,积极促成买卖成交,是其利益的推动力,没有成交就没有中介费,是业内共识,也是中介合同的基本特征。在没有成交的条件下,如何获得不当利益,中介方可谓绞尽脑汁。中介方制订该条款的目的就是在买方因价格等原因不能成交时,为谋取不当利益而设定的格式条款,买方为购买该套房屋支付的诚意金变成了中介方变相收取报酬的借口,目的是当交易未促成时,中介方可没收该笔诚意金,这明显违反《民法典》关于中介方未促成合同成立的,不得要求买方支付报酬,只可要求买方支付从事买卖活动所支出的必需费用的规定,是典型的问题条款。在当前房地产行情剧烈变化的形势下,买卖房屋退定金或意向金的纠纷层出不穷,首先需要澄清一个误区,对于购房合同而言,定金双方指向的是房屋买卖的双方,其目的是保证买卖双方能够按时签订正式的商品房购买合同,如果一方违约导致无法签订购房合同,定金则是对守约方的保护和救济。房产中介作为中介方,并非房屋买卖合同的当事人,其无权与买卖合同双方签订定金合同或向任何一方收取定金,房地产市场运作复杂,涉及的法律法规较多,消费者购房时应多求助于包括律师在内的专业人士,不仅要在权益受到侵害后寻求保护,更要在签约和协商过程中防止风险的发生。

相关规定

《民法典》第 587 条、第 964 条。

四、按揭费用负担条款

问题条款

乙方(指购房方)如需按揭贷款,所发生的一切费用均由乙方承担。乙方公积金如有疑问,丙方(指中介方)有权转为商业贷款。

合规意见

如上述所述,消费者拥有自主选择权。该格式条款属于公积金贷款失败后不当排除消费者救济方式的选择权。众所周知,商业贷款是一种利率相对较高的贷款方式,对于购房者而言,如能考虑其他借款或贷款方式的,应准许购房者选择其他方式;对于出售者而言,也应尊重其是否接受购房者的贷款方式,因为不同贷款的放贷时间不同,可能会影响资金到账时间。上述条款中,赋予丙方(中介方)有单方面选择商业贷款的权利,侵犯了购房者的选择权,属于限制消费者主要权利的格式条款。应将相关条款调整为"经各方协商同意可变更贷款方式"等表述为宜。

相关规定

《消费者权益保护法》第 9 条。

五、中介机构法定义务排除条款

问题条款

乙方（指购房方）对上述房屋进行现场考察并已对房屋相关证件确认无任何异议，愿意购买此房屋。丙方（指中介方）认可甲乙双方的确认行为。

合规意见

该格式条款属于不当排除中介方在中介服务中的法定义务与责任。根据《民法典》第962条的规定：中介人应当就有关订立合同的事项向委托人如实报告。中介人故意隐瞒与订立合同有关的重要事实或者提供虚假情况，损害委托人利益的，不得请求支付报酬并应当承担赔偿责任。中介人如实报告义务属于法定义务，且其如实报告的范围应包含忠实义务和勤勉义务所要求报告的与交易相关的重要事项，违反上述义务的行为方式既包含故意隐瞒和提供虚假信息，也应包含知道或应当知道而未尽职告知的不作为。因此，中介服务机构对中介服务活动中涉及的房地产的合法性、真实性进行审查，并且将中介服务机构知道或应当知道的相关信息如实告知，确因中介人违反如实报告义务导致交易方损失的，中介人应承担相应的赔偿责任。该条款将现场考察与对房屋有关证件的核查责任全部推给了购房者，显然是一种加重消费者责任而免除中介方自身责任的行为。建议将其修改为："乙方（指购房方）对上述房屋进行现场考察并已对房屋相关证件确认无任何异议，愿意购买此房屋。丙方（指中介方）也已对买卖房屋产权的合法性、真实性进行了审查并如实向乙方告知房屋相关信息。"

相关规定

《民法典》第962条。

第三节　房屋居间类合同格式条款合规建议

房屋居间类格式合同出现的根本原因是格式合同的提供者中介机构在经济上占据优势地位,这就导致提供者极有可能凭借自己的优势地位损害合同相对方的利益。合同格式条款实际上剥夺了对方当事人进行协商的权利,其自愿就可能成为无奈的自愿。合同格式条款的大量使用,尤其对相对方不公平的条款,导致了该领域的不平等和特权,由此造成了利益上的矛盾和冲突,故有必要从政府监管、企业自我合规审查以及消费者主动维权三个视角对房屋居间类合同不公平格式条款进行合规化阐述。

一、政府有效监管建议

(一)充分发挥合同监管职能作用

政府部门应当加强房地产中介合同格式条款监督管理,倡导市场主体履行社会责任,加强行业交流、加强监管力度,多措并举开展合同格式条款备案监管工作,积极营造诚实守信、公平竞争的市场环境。

(二)深化指导服务

签订规范化的合同格式条款是平衡各方利益,保障权益、降低法律风险的有效方式。房地产中介行业属于传统行业,格式合同示范文本发展相对成熟,政府部门应当主动发挥指导作用,引导市场主体、中介机构签订规范化范本合同、主动办理合同格式条款备案,确保合同格式条款备案规范有序、无漏洞。同时,政府部门应当不断积累和总结,根据法律规定及行业发展特点进一步出台指导性文件等,切实保护消费者和经营者的合法权益,维护合同公平正义。

（三）加强法律宣传

政府部门应当大力宣传《消费者权益保护法》《合同行政监督管理办法》《浙江省合同行为管理监督规定》等相关法律法规及规范性文件，使市场主体在制订合同格式条款备案时能明确合同双方当事人的权利和义务，确保合同公平公正，提升经营者法律意识，督促经营者诚信经营。

二、企业自我合规审查建议

（一）制订合同时遵循公平原则

合同格式条款提供者在制订合同范本时要坚持公平的原则，公平原则是法律的灵魂。它要求当事人之间应公平地确立相应的权利和义务，反对制订格式合同一方凭借其优势对另一方当事人权利进行不合理限制。因此，制订格式合同、格式条款时要遵循这一原则，避免该条款因违反公平原则被司法机关确认为无效或予以变更。基于格式条款的法律后果，企业应当本着公平、诚实信用原则对合同条款进行拟定，在合同中明确服务内容、价格、赔偿责任、违约责任等内容；同时，在签订合同时应当向消费者进行条款宣读、解释以及充分提示。

（二）做好提示及报告工作，确保消费者自主选择权

中介公司应当在中介服务活动如实报告与房屋交易或租赁相关的重要事项，对交易具有重大影响的不利因素应当尽到提示义务，确保消费者的知情权、选择权。

（三）建立完善的中介服务流程和规范化的管理制度

房地产行业，尤其是二手房买卖中介市场，具有较强的专业性，房地产中介行业只有逐步建立完善、专业的服务流程，在提供中介服务时，细化具体中介服务各环节的格式文本，同时应当制定规范化的管理制度，提升人员素养。同时，房地产

中介机构要增强法治意识、自律意识、诚信意识、管理意识,共建良好的房地产经纪市场环境。

三、消费者主动维权建议

在房地产居间类合同不公平条款的规制中,消费者通常处于弱势一方,但消费者仍然可以通过审查并关注合同中的重要条款,主动防范风险。

首先,审查交易对象,选择合法的中介机构。消费者应当通过审查中介机构营业执照和资质证书,了解合同主体信息,对该主体的资质信息、服务能力等进行核验,以便主动维权时责任主体明晰。

其次,审查房屋的产权关系。该点在房地产交易、租赁中非常重要,直接涉及交易的成功与否和当事人的利益。消费者在租房、购房前应该对意向房屋产权调查清楚,要求中介公司提供房屋产权资料,核实房主的房屋证、身份证等,避免遇到租赁户将房屋擅自对外转租和出售的情况。

再次,关注重要条款,谨慎签署合同。在签订合同、交纳定金之前要仔细阅读中介公司的合同格式条款,注意其中的模糊用语,如发现不合理或显失公平的格式条款,可以要求经营者将其补充至合同条款,或可将消费者关心的条款和中介作出的承诺列入格式条款中。

最后,积极投诉举报,依法维权。当遭遇"霸王条款"或不公平格式条款时,消费者可以以投诉等方式主动维权。根据《合同行政监督管理办法》第18条规定,经营者违反本办法第5条、第6条第1款、第7条、第8条、第9条、第12条规定,法律、行政法规有规定的,依照其规定;没有规定的,由县级以上市场监督管理部门责令限期改正,给予警告,并可以处10万元以下罚款。第19条同时规定:"合同违法行为轻微并及时改正,没有造成危害后果的,不予行政处罚;主动消除或者减轻危害后果的,从轻或者减轻行政处罚。"各地亦纷纷出台地方性法规进一步对合同格式条款监管制定相关规定。消费者可以发挥主观能动性,对发现的"霸王条款"、不公平合同格式条款或在自身合法权益被侵害时,可以通过向相关部门反映、投诉等方式维护自身权益。

附：房屋居间类合同格式条款合规主要法律法规及规范性文件目录

1. 2016 年 4 月 1 日：《房地产经纪管理办法》（住房和城乡建设部、国家发展改革委、人力资源和社会保障部第 65 次部常委会议审议通过）

2. 2022 年 9 月 1 日：《北京市住房租赁条例》（北京市人民代表大会常务委员会公告〔十五届〕第 76 号公布）。

第十一章

物业服务类合同格式条款合规指南

第一节　物业服务类合同格式条款概述

一、物业服务合同概述

在《民法典》颁布实施之前，原《合同法》中的典型合同中没有物业服务合同，而《民法典》正式将物业服务合同纳入合同编分则，单独列出“物业服务合同”章节，使物业服务合同从无名合同成为典型合同，即《民法典》中第三编“合同”的第二分编中的典型合同，显示了物业管理及物业服务的重要性。此外，《民法典》还在物权编中对物业服务企业以及其他管理人的责任义务作了具体规定，在侵权责任编新增加了物业服务合同以及其他管理人的安全责任等相关内容，回应了社会的现实诉求，也对处理业主与物业服务人之间的权利义务关系具有象征性的指导。

根据《民法典》第937条的规定：“物业服务合同是物业服务人在物业服务区域内，为业主提供建筑物及其附属设施的维修养护、环境卫生和相关秩序的管理维护等物业服务，业主支付物业费的合同。物业服务人包括物业服务企业和其他管理人。”

通常,物业服务人是物业服务企业。《物业管理条例》中所称的物业管理,也是指物业服务企业。《物业管理条例》第 2 条规定:“本条例所称物业管理,是指业主通过选聘物业服务企业,由业主和物业服务企业按照物业服务合同约定,对房屋及配套的设施设备和相关场地进行维修、养护、管理,维护物业管理区域内的环境卫生和相关秩序的活动。”

物业服务合同根据签订的阶段、主体的不同,可分为前期物业服务合同和物业服务合同。前期物业服务合同是新建商品房买卖时建设单位与物业买受人签订的,可以单独签订,也可在商品房买卖合同中包含前期物业服务合同约定的内容。商品房交付后,成立的业主委员会与物业服务人可签订物业服务合同。

建设单位依法与物业服务人订立的前期物业服务合同,以及业主委员会与业主大会依法选聘的物业服务人订立的物业服务合同,对业主具有法律约束力。

二、物业服务合同法律规范体系

物业服务合同作为《民法典》中典型合同的一类,在《民法典》的合同编中第 937 ~ 950 条共 14 条进行了详细规定。同时,《民法典》在物权编、侵权责任编中对物业服务及管理都有具体规定,《民法典》无疑是物业服务合同最重要的法律渊源,也是处理物业服务合同纠纷及物业服务相关的侵权纠纷最重要、最基本的法律规定。

除《民法典》外,物业服务合同相关的主要法律、行政法规、司法解释、部门规章还包括《中华人民共和国价格法》(以下简称《价格法》)、《中华人民共和国消防法》(以下简称《消防法》)、《物业管理条例》、《最高人民法院关于审理物业服务纠纷案件适用法律若干问题的解释》、《住宅室内装饰装修管理办法》等。其中,国务院制定的《物业管理条例》是规范物业管理活动,维护业主和物业服务企业的合法权益的基本法规。《最高人民法院关于审理物业服务纠纷案件适用法律若干问题的解释》是在《民法典》颁布后,为正确审理物业服务纠纷案件,依法保护当事人的合法权益,最高人民法院根据《民法典》等法律规定,结合民事审判实践而制定的。

另外,有些地方也相应制定并实施了与物业管理、物业服务相关的地方性法规,如浙江省制定的地方性法规主要包括《浙江省物业管理条例》《浙江省消防条例》等。

三、物业服务合同的内容及格式条款

物业服务合同的内容在《民法典》和《物业管理条例》中都有明确的规定。《民法典》第 938 条规定:“物业服务合同的内容一般包括服务事项、服务质量、服务费用的标准和收取办法、维修资金的使用、服务用房的管理和使用、服务期限、服务交接等条款。物业服务人公开作出的有利于业主的服务承诺,为物业服务合同的组成部分。物业服务合同应当采用书面形式。”

《物业管理条例》第 34 条规定:“业主委员会应当与业主大会选聘的物业服务企业订立书面的物业服务合同。物业服务合同应当对物业管理事项、服务质量、服务费用、双方的权利义务、专项维修资金的管理与使用、物业管理用房、合同期限、违约责任等内容进行约定。”

前期物业服务合同或者建设单位与物业买受人签订的买卖合同中包含的前期物业服务合同约定的内容,在业主签订商品房买卖合同时就由建设单位单方确定了,条款内容是建设单位为了重复使用而预先拟定,并在订立合同时未与物业买受人(业主)协商,完全属于格式条款。在商品房交付后,部分物业仍由前期的物业服务人提供物业服务,格式条款仍继续沿用。有些物业的业主委员会与业主大会依法选聘的物业服务人订立的物业服务合同,也是包含了大量格式条款。

实践中,物业服务存在诸多问题。物业服务人违反物业服务合同约定或者违反法律法规,擅自扩大收费范围乱收费、擅自提高物业服务合同约定的收费标准或者重复收费等违规收费问题,以及非法取得对属于业主的物业共用部位、共用设施设备进行经营获得的收益等问题,因此,物业服务合同格式条款的合规应重点关注物业收费问题、服务费用的标准和收取办法、维修资金的使用、物业共用部位及共用设施设备经营收益的归属及使用等方面。

第二节　物业服务类合同问题格式条款及合规意见

本节将通过列举代表性的物业合同中的具体格式条款，对物业服务合同中存在问题的格式条款从法理、法律上进行分析，重点分析其不公平的表现，并提出合规的意见，供各类主体订立、履行合同以及产生合同纠纷时参考。

一、业主何时开始交纳物业服务费问题

问题条款

1. 业主应自商品房买卖合同约定的商品房交付之日、业主实际收楼之日(二者以时间在前者为准)起，且不论业主是否居住或使用该物业均应全额交纳物业服务费、本协议约定的各项分摊费用。

2. 自开发商通知交房的次月1日起，业主/物业使用人须根据政府相关规定及本协议第12条约定的标准缴纳物业服务费。首次支付物业服务费具体时间为开发商通知交付房屋之日，预缴1年物业服务费。

3. 前期物业服务费自本物业建设单位发出的交付通知指定的交付日期次月起计收，业主不得以房屋质量或以未领房等理由拒交物业服务费。

合规意见

依照《物业管理条例》(2018年修订)第41条的规定，业主应当根据物业服务合同的约定交纳物业服务费用，已竣工但尚未出售或者尚未交给物业买受人的物业，物业服务费用由建设单位交纳。该条规定明确了尚未交给物业买受人的物业，物业服务费用由建设单位交纳，不应由业主交纳。开发商与买受人签订了商品房买卖合同，在合同中虽然约定了商品房交付期限，但在实际履行合同过程中，开发

商会因各种因素导致商品房交付日延期或业主迟延收房。无论何种情况，在业主没有实际收房的情况下，物业服务费应由建设单位进行交纳。

相关规定

《物业管理条例》(2018 年修订)第 41 条。

二、除物业服务费之外的收费问题

问题条款

新办园区出入证：办理收楼手续后，由业主本人或受托人凭业主书面委托书及办证资料(包括：一张办证人身份证复印件、两张一寸彩色免冠近照；租户及装修工人还需根据当地公安部门的要求准备出租屋登记文件或居住证)前往乙方物业服务中心，如实填写出入证办理登记表并按约定标准交纳办证费用办理新证。

合规意见

依照《民法典》第 942 条的规定，维护物业服务区域内的基本秩序是物业服务人应尽的义务，小区人员出入小区秩序属于物业服务区域内的基本秩序。物业服务人为维护小区基本秩序要求业主办理园区出入证，属于物业服务的内容，业主支付的物业服务费中应当已经包含了该服务的费用，物业服务人不应当也无法律依据再另行收取费用。在上述问题格式条款中，物业服务人因维护小区秩序要求业主办理园区出入证而向业主收取办证费用，属于不合理、不合法的违规收费。

相关规定

《民法典》第 942 条。

三、物业服务费调整问题

问题条款

因物价变动、职工最低工资标准调整、物业服务成本增加等原因,本合同履行过程中,物业服务费标准可按照以下方式调整:

自________年____月起,每________年按照____%的比例调整,其中:

多层住宅:________元/月·平方米;

高层住宅:________元/月·平方米;

别墅:________元/月·平方米;

办公物业:________元/月·平方米;

商业物业:________元/月·平方米;

车位物业服务费:________元/月·个;

________物业:________元/月·平方米;

________物业:________元/月·平方米。

合规意见

物业服务费调整问题应属于《民法典》第278条第1款"下列事项由业主共同决定"之第9项"有关共有和共同管理权利的其他重大事项",应当由专有部分面积占比2/3以上的业主且人数占比2/3以上的业主参与表决,并经参与表决专有部分面积过半数的业主且参与表决人数过半数的业主同意,才可以对物业费进行调整。问题条款中直接约定每年的增长幅度,没有经过业主大会的表决程序,不符合法律规定,损害了业主的合法权益。

相关规定

《民法典》第278条。

四、利用业主共有部分从事经营活动问题

问题条款

1. 属于全体业主共有的物业管理用房,物业共用部位、共用设施设备,共有的场地以及物业管理区域内配套设施在业主委员会成立之前由甲方经营管理(包括引进相关单位为业主提供便利服务等)。上述各项物业的经营管理收入的40%作为乙方必要的管理成本,其余收入用于弥补物业服务费用不足部分。

2. 业主共有的车库车位,使用人应按照本合同约定的标准向甲方缴纳停车费。上述停车费收入使用于人员成本支出和专项共有车库车位的共用设施设备的维修、更新、改造和养护,如有剩余部分,弥补物业服务费用不足。

合规意见

首先,利用共有部分从事经营活动属于业主共同决定的事项,依照《民法典》第278条的规定,应当由专有部分面积占比2/3以上的业主且人数占比2/3以上的业主参与表决,并经参与表决专有部分面积3/4以上的业主且参与表决人数3/4以上的业主同意后,物业服务人才可以利用业主共有部分从事经营活动。

其次,依照《民法典》第275条的规定,物业共用部位、共用设施设备,共有的场地以及配套设施、业主共有的车库车位,均属于全体业主共同共有。物业服务企业利用业主的共有部分进行经营获得的收入,在扣除物业服务企业的合理成本之后,属于全体业主共有。该经营收入的使用属于业主共同决定的事项,应依照《民法典》第278条的规定,由业主共同决定。问题条款中"其余收入用于弥补物业服务费用不足部分"显然是物业服务企业违法取得业主共有的收益,属于违法行为,损害了全体业主的合法权益。

最后,根据《民法典》第943条的规定,物业服务人利用业主共有部分经营的,还应当定期将业主共有部分的经营与收益情况以合理方式向业主公开并向业主大会、业主委员会报告。

相关规定

《民法典》第 278 条、第 275 条、第 943 条。

五、加重业主责任的问题

问题条款

业主对承租人、使用人及访客等违反物业管理制度、《业主临时管理规约》和物业服务手册等规范造成的损失、损害承担连带责任。

合规意见

物业服务合同对业主具有法律约束力，业主应当按照物业服务合同履行相关义务。在实践中，业主出租房屋或者将房屋交由其他人使用是一个普遍现象，对业主出租房屋，法律规定了业主的及时告知物业服务人义务。根据《民法典》第 945 条第 2 款的规定，业主出租房屋的，应当及时将相关情况告知物业服务人，即业主应履行告知义务。业主出租房屋或者将房屋交由其他人使用的，房屋的实际使用人是承租人或使用人，物业服务人可要求房屋承租人、使用人遵守物业管理规定、业主管理规约等，而业主作为出租人，也有义务督促房屋承租人、使用人遵守物业管理的相关规定。但是，若承租人、使用人违反物业管理制度、《业主临时管理规约》和物业服务手册等规范造成的损失、损害的，承租人、使用人是侵权人，应由侵权人承担相应责任。问题条款中要求业主承担连带责任，加重了业主责任，属于《民法典》第 497 条第 2 项的无效格式条款。

综上所述，业主虽然不应对房屋的承租人、使用人造成的损害承担连带责任，但业主还是有责任督促承租人、使用人遵守物业管理的相关规定，物业服务合同中可对业主的督促义务作出相关约定。

相关规定

《民法典》第 945 条第 2 款、第 497 条第 2 项。

六、业主逾期交纳物业管理费的违约责任问题

问题条款

1. 业主和非业主使用人不按规定交纳各项物业管理费用，从逾期之日起按每天应缴额的1‰交纳滞纳金；6个月后仍不缴交的，物业服务人可采取公布欠费名单、诉讼等方式追缴。

2. 业主违反协议，不按本协议约定的收费标准和时间交纳有关费用的，物业服务人有权要求业主补交并从逾期之日起按每天3‰交纳违约金（按年服务费总额计算），业主无正当理由，延期3个月不交服务费、违约金、滞纳金的，物业服务人有权采取公告形式进行催缴，并诉诸法律。

3. 业主或物业使用人逾期交纳物业服务费、本协议约定的各项分摊费用的，从应交费用之日的次月1日起，每逾期1日按应付费用的2%交纳违约金；情节严重的，物业服务人可依法向人民法院起诉。

合规意见

关于业主逾期交纳物业管理费的问题。首先，物业服务人何时开始有权要求业主承担违约责任。依照《民法典》第944条的规定，业主违反约定逾期不支付物业费的，物业服务人首先可催告业主在合理期限内支付，业主在合理期间交纳了，物业服务人是否要求业主支付违约金，根据双方合同约定处理。合理期限届满仍不支付的，物业服务人可以提起诉讼或者申请仲裁，并可以要求业主承担违约责任。实践中，绝大多数物业服务合同对物业费交纳的约定都要求业主提前预交，通常物业费是按照年度交纳的，因此物业服务合同会约定业主需提前交纳一整年的物业费，既然业主需先交纳了一整年的物业费，而物业服务企业此时还没有提供相应服务，那也不应当对业主迟延交纳作太过严苛规定。因此，若业主没有在约定的期限交纳物业费的，物业服务人可以催告业主在合理期限内支付，业主在合理期限届满仍不支付的，物业服务人才可以要求业主承担违约责任、支付违约金。

其次，物业服务合同约定的违约金是否符合法律规定。从《民法典》第585条

对违约金的规定看,基本沿袭了大陆法系的传统,强调违约金的赔偿性,同时有限地兼顾了违约金的惩罚性。约定违约金的数额应当根据违约情况确定或者约定因违约产生的损失赔偿额计算方法。也就是说,约定的违约金数额应与计算出的损失赔偿数额相当,因此,如果当事人约定的违约金的数额低于造成的损失的,当事人可以请求人民法院或仲裁机构予以增加,以使违约金与实际损失大体相当,这明显体现了违约金的赔偿性。

上述问题条款,约定“从逾期之日起按每天应缴额的1‰交纳滞纳金”“甲方有权要求乙方补交并从逾期之日起按每天3‰交纳违约金”“从应交费用之日的次月1日起,每逾期1日按应付费用的2%交纳违约金”都是对违约金的约定过高,不符合违约金的赔偿性,应当将其降到与实际损失大体相当。从通常和合理的角度考虑,物业费的逾期交纳违约金可参照借款的利息约定,每逾期1日按应付费用的万分之一至万分之三交纳违约金。

相关规定

《民法典》第944条、第585条。

第三节　物业服务类合同格式条款合规建议

通过以上第二节对物业服务合同存在问题的格式条款分析,本节将分别从政府、物业服务人、业主三方面提出物业服务合同的合规建议。

一、政府有效监管建议

物业服务关乎民生。原《合同法》中并没有单独列出物业服务合同,物业服务合同还是无名合同,有关物业管理的法律法规分散在《物业管理条例》、《中华人民共和国物权法》(以下简称《物权法》)、《中华人民共和国侵权责任法》(以下简称

《侵权责任法》)、《最高人民法院关于审理物业服务纠纷案件适用法律若干问题的解释》等法律法规里。《民法典》是我国的第一部法典,在其第三编“合同”第二分编“典型合同”中新增了第二十四章“物业服务合同”,足以显示政府对物业服务行业的重视。

(一)各方共同开展监管工作

根据《物业管理条例》的规定,国务院建设行政主管部门负责全国物业管理活动的监督管理工作,县级以上地方人民政府房地产行政主管部门负责本行政区域内物业管理活动的监督管理工作。物业服务合同作为物业管理活动的基本依据,各地方政府房地产行政主管部门对此应进行监督管理。浙江省对此还专门制定了《浙江省合同行为管理监督规定》,明确了市场监督管理部门和其他有关行政主管部门开展合同指导服务、监督合同格式条款和查处利用合同违法行为的活动。因此,浙江省市场监督管理部门与浙江省房地产行政主管部门应共同开展合同指导服务、监督合同格式条款等活动。在实践中,各地方政府要求物业服务合同需在房产主管部门备案。比如《杭州市物业服务合同》(2018)(示范文本)中就规定,“物业服务企业应在合同签订之日起15日内,将本物业服务合同报物业所在区/县(市)房产主管部门备案”。同时,依照《浙江省合同行为管理监督规定》的规定,物业服务合同也应向核发其营业执照的市场监督管理部门备案。

各地政府房地产行政主管部门物业主管部门作为对物业管理活动的监管部门,对物业服务合同的备案应从行业规范、专业性角度进行合同指导,市场监管部门对物业服务合同备案可从格式条款是否侵犯消费者合法权益角度进行合同指导。

(二)加强物业服务收费监督

物业服务收费关乎老百姓的切实利益,物业服务存在乱收费情况,《物业管理条例》第42条规定:“县级以上人民政府价格主管部门会同同级房地产行政主管部门,应当加强对物业服务收费的监督。”据此,政府价格主管部门应按照法律规定,对物业服务收费进行严格监督,切实维护广大业主的合法权益。

(三)应尽快制定《民法典》时代的物业服务合同示范文本并进行大力推广

《民法典》第470条第2款规定“当事人可以参照各类合同的示范文本订立合同”,可见,《民法典》鼓励当事人参照使用示范文本。

2003年9月《物业管理条例》实施后,为规范前期物业管理活动,引导当事人通过合同明确各自的权利与义务,减少物业管理纠纷,原建设部于2004年9月制定了《前期物业服务合同(示范文本)》。同时,部分地方政府物业主管部门与当地的市场监管部门也制定了当地的前期物业服务合同(示范文本)和物业服务合同(示范文本)。杭州市于2018年9月制定了《杭州市前期物业服务合同》(示范文本)和《杭州市物业服务合同》(示范文本)。《民法典》实施后,仅有少数地方政府根据《民法典》对物业服务合同示范文本进行了修订,大部分地方政府没有对物业服务合同示范进行修订。对此,各地物业管理的主管部门及行业协会应尽快根据《民法典》制定或修订物业服务合同示范文本,并大力进行推广使用。

(四)物业管理协会充分发挥作用

物业管理行业协会作为行业组织,其发挥的是联系政府与企业之间的“纽带桥梁”作用。行业协会对物业服务企业应起到合同指导、行业服务、业务指导作用,努力提高物业管理行业发展整体水平。根据《浙江省合同行为管理监督规定》的规定,有关行业主管部门或者行业组织可以制定合同示范文本,供当事人参照使用。市场监督管理部门和有关行业主管部门、行业组织应当做好合同示范文本的宣传、推广工作。因此,物业管理协会应主持或积极参与物业服务合同示范文本的制定,并在会员企业中大力宣传推广使用示范文本。

二、经营者自我合规审查建议

(一)严格依据《民法典》《物业管理条例》等法律法规制定、审查物业服务合同,积极使用当地政府推荐使用的物业服务合同示范文本

物业服务企业向业主提供己方制订的物业服务合同,应严格按照《民法典》等

相关法律法规制订。如是业主提供的物业服务合同,物业服务企业应严格依照《民法典》等相关法律法规进行审核修改。物业服务合同示范文本是严格依据相关法律法规制订的,物业服务企业使用物业合同示范文本,可有效规范物业管理活动,明确当事人各自的权利与义务,减少物业管理纠纷,物业服务企业应积极主动使用当地政府制定的物业服务合同示范文本。

(二)杜绝违规收费

物业收费关乎消费者切身利益。物业服务企业存在的违规收费包括擅自扩大收费范围、提高收费标准或者重复收费、擅自取得属于业主的物业共用部位、共用设施设备进行经营获得的收益等,对此,物业服务人应加强自身合法合规管理,杜绝违规收费。

(三)将保护业主的人身、财产安全的条款的具体内容明确写进物业服务合同

《民法典》颁布后,对物业管理提出了更高要求,物业服务合同也应对此作出相应改变。《民法典》第 942 条规定:“物业服务人应当按照约定和物业的使用性质,妥善维修、养护、清洁、绿化和经营管理物业服务区域内的业主共有部分,维护物业服务区域内的基本秩序,采取合理措施保护业主的人身、财产安全。对物业服务区域内违反有关治安、环保、消防等法律法规的行为,物业服务人应当及时采取合理措施制止、向有关行政主管部门报告并协助处理。”

《民法典》第 1254 条规定:“禁止从建筑物中抛掷物品。从建筑物中抛掷物品或者从建筑物上坠落的物品造成他人损害的,由侵权人依法承担侵权责任;经调查难以确定具体侵权人的,除能够证明自己不是侵权人的外,由可能加害的建筑物使用人给予补偿。可能加害的建筑物使用人补偿后,有权向侵权人追偿。物业服务企业等建筑物管理人应当采取必要的安全保障措施防止前款规定情形的发生;未采取必要的安全保障措施的,应当依法承担未履行安全保障义务的侵权责任……”

物业服务企业应根据上述法律规定,将高空抛物安全保障内容写进管理公约及物业服务合同。为了保障人民生命安全,物业管理应对高空抛物的安全问题作

出具体规定，开展高空抛物、坠物的宣传教育和安全巡查，制定高空抛物、坠物应急方案，协助公安机关调查高空抛物、坠物责任人。

近年来，随着电动自行车、电动摩托车的大量增加，因违规停放和违规充电引发的安全事故频发，给人民的生命安全带来严重威胁，造成了人民财产的重大损失。根据《浙江省消防条例》第 31 条①的规定，物业服务企业作为管理单位，应当加强对充电安全的日常巡查，制止电动自行车、电动摩托车在不符合规定要求的室内场所充电。禁止在疏散通道、安全出口、楼梯间等影响消防通道畅通的区域停放电动自行车、电动摩托车。禁止违反用电安全要求私拉电线和插座给电动自行车、电动摩托车充电。对此，物业服务合同中建议写入"禁止在疏散通道、安全出口、楼梯间等影响消防通道畅通的区域停放电动自行车、电动摩托车，禁止违反用电安全要求私拉电线和插座给电动自行车、电动摩托车充电"等内容。

三、消费者主动维权建议

(一) 选择物业服务人的自由权之维护

业主在购买商品房时，前期物业服务合同是建设单位与其选定的物业服务人签订的，业主对物业服务人没有选择权。但物业交付后，法律赋予了业主重新选择物业服务公司的权利。《民法典》第 284 条第 2 款规定："对建设单位聘请的物业服务企业或者其他管理人，业主有权依法更换。"同时，《民法典》第 940 条规定："建设单位依法与物业服务人订立的前期物业服务合同约定的服务期限届满前，业主

① 《浙江省消防条例》第 31 条规定："机关、团体、企业、事业等单位，住宅小区管理责任人以及住宅小区以外居住人数较多的出租户应当按照规范为其员工、居民、承租人设置集中或者相对集中的电动自行车、电动摩托车停放、充电场所，设置符合用电安全要求的充电设施；在室内场所设置集中或者相对集中的电动自行车、电动摩托车停放、充电区域的，应当采取防火防烟分隔措施，配备监控、报警、灭火等设施。管理单位应当加强对充电安全的日常巡查，制止电动自行车、电动摩托车在不符合规定要求的室内场所充电。禁止在疏散通道、安全出口、楼梯间等影响消防通道畅通的区域停放电动自行车、电动摩托车。禁止违反用电安全要求私拉电线和插座给电动自行车、电动摩托车充电。消防救援机构应当对机关、团体、企业、事业等单位设置电动自行车、电动摩托车停放、充电场所和充电设施的情况定期进行监督检查。乡镇人民政府、街道办事处应当对住宅小区、住宅小区以外人数较多的出租户设置电动自行车、电动摩托车停放、充电场所和充电设施的情况定期进行监督检查。"

委员会或者业主与新物业服务人订立的物业服务合同生效的,前期物业服务合同终止。”因此,开发商交付房屋给业主后,业主若对建设单位聘请的物业服务人不满意的,即使是前期物业服务合同服务期还未到期,业主也有权依法重新选择新的物业服务人。

在业主聘请新的物业服务人之后,若业主对其服务不满意的,依照法定程序也有权解聘,更换新的物业服务人。《民法典》第 946 条第 1 款规定:“业主依照法定程序共同决定解聘物业服务人的,可以解除物业服务合同。决定解聘的,应当提前六十日书面通知物业服务人,但是合同对通知期限另有约定的除外。”因此,业主在选择物业服务人上拥有充分的自由权。业主若对已有物业服务人的服务不满意的,可以依法行使权利,重新选择满意的物业服务人。

(二)业主应熟知物业服务合同的具体内容,知晓业主享有的各项权利,对物业服务行使监督权

物业服务合同是业主委员会与物业服务人订立的,但对全部业主具有法律约束力。《民法典》第 939 条规定:“建设单位依法与物业服务人订立的前期物业服务合同,以及业主委员会与业主大会依法选聘的物业服务人订立的物业服务合同,对业主具有法律约束力。”因此,业主应当对物业服务合同内容进行仔细阅读并全面把握和理解,对业主的各项权利也应知晓,才可以有效维护业主自身的合法权益。比如,业主要知晓物业的哪些事项是应由业主共同决定的。《民法典》第 278 条对业主共同决定的事项详细列出,业主应当知晓。

业主作为委托人,物业服务人作为被委托人管理建筑物及其附属设施,《民法典》第 285 条第 1 款规定:“物业服务企业或者其他管理人根据业主的委托,依照本法第三编有关物业服务合同的规定管理建筑区划内的建筑物及其附属设施,接受业主的监督,并及时答复业主对物业服务情况提出的询问。”业主对物业服务人有监督权,对物业服务情况有知情权。

(三)对物业违规收费坚决说“不”

业主对物业服务人违规收费的,要坚决说“不”,必要时可以通过法律途径解

决。《最高人民法院关于审理物业服务纠纷案件适用法律若干问题的解释》第2条规定："物业服务人违反物业服务合同约定或者法律、法规、部门规章规定，擅自扩大收费范围、提高收费标准或者重复收费，业主以违规收费为由提出抗辩的，人民法院应予支持。业主请求物业服务人退还其已经收取的违规费用的，人民法院应予支持。"因此，业主若遭遇物业服务人的违规收费的，法律明确予以保护业主的合法权益。

附：物业服务类合同格式条款合规主要法律法规及规范性文件目录

1. 2009年11月27日：《浙江省物业管理条例》(2009年修正)(浙江省第十届人民代表大会常务委员会第二十五次会议通过)。
2. 2011年1月26日：《住宅室内装饰装修管理办法》(住房和城乡建设部令第9号)。
3. 2018年3月19日：《物业管理条例》(2018年修订)(国务院令第698号)。
4. 2021年1月1日：《最高人民法院关于审理物业服务纠纷案件适用法律若干问题的解释》(法释〔2020〕17号)。
5. 2021年11月25日：《浙江省消防条例》(浙江省第十三届人民代表大会常务委员会第十八次会议通过)。

第十二章

住宅装饰装修类合同格式条款合规指南

第一节 住宅装饰装修类合同格式条款概述

一、住宅装饰装修合同概述

近年来,随着公有住房的改革和商品房的发展,普通民众拥有了自己的住房,为了增强住房的实用性及美观度,很多人会对房屋进行装饰装修。国家标准《建筑装饰装修工程质量验收标准》(GB 50210 - 2018)对建筑装饰装修作出以下定义:为保护建筑物的主体结构、完善建筑物的使用功能和美化建筑物,采用装饰装修材料或饰物,对建筑物的内外表面及空间进行的各种处理过程。GB 50210 - 2018 所称建筑装饰装修的对象包括新建、扩建、改建及既有建筑。本章所涉住宅装饰装修类合同是由一方民事主体即业主或住宅使用人(以下简称装修人)与另一方民事主体即装饰装修企业就竣工验收合格的住宅进行室内装饰装修而签订的合同。住宅装饰装修合同无论是在原《合同法》中,还是在现行的《民法典》中都不是典型合同,从合同性质上可归属于建设工程施工合同,是建设工程施工合同中的一个类别。

二、住宅装饰装修合同法律规范体系

住宅装饰装修合同应适用的法律法规首先是《民法典》。《民法典》是住宅装饰装修合同的基本法律规定。除《民法典》外，住宅装饰装修相关的主要法律、行政法规、部门规章及标准包括《中华人民共和国建筑法》（以下简称《建筑法》）、《消费者权益保护法》、《城乡规划法》、《价格法》、《建设工程质量管理条例》、《物业管理条例》、《住宅室内装饰装修管理办法》、GB 50210－2018、《住宅室内装饰装修工程质量验收规范》、《民用建筑工程室内环境污染控制标准》等。此外，还有地方性法规对住宅装饰装修也作出相关规定，如《浙江省实施〈中华人民共和国消费者权益保护法〉办法》。

三、住宅装饰装修合同主要内容及格式条款简析

根据《住宅室内装饰装修管理办法》第 24 条的规定，装修人与装饰装修企业应当签订住宅室内装饰装修书面合同，明确双方的权利和义务。住宅室内装饰装修合同应当包括下列主要内容：(1)委托人和被委托人的姓名或者单位名称、住所地址、联系电话；(2)住宅室内装饰装修的房屋间数、建筑面积，装饰装修的项目、方式、规格、质量要求以及质量验收方式；(3)装饰装修工程的开工、竣工时间；(4)装饰装修工程保修的内容、期限；(5)装饰装修工程价格，计价和支付方式、时间；(6)合同变更和解除的条件；(7)违约责任及解决纠纷的途径；(8)合同的生效时间；(9)双方认为需要明确的其他条款。

实务中，装修人作为委托人在签订住宅室内装饰装修合同时，装饰装修企业作为被委托人通常会提供由其单方制作的未与装修人协商的合同。因装饰装修的专业性较强，容易形成装修人与装饰装修企业的信息不对称，部分装饰装修企业在其提供的合同中设置格式条款。因此，住宅装饰装修合同格式条款合规应重点关注装饰装修质量要求、验收方式、装饰装修工程保修的内容及期限、装饰装修工程价

格、计价和支付方式等方面。

第二节　住宅装饰装修类合同主要问题格式条款及合规意见

本节将通过列举住宅装饰装修类合同中具体格式条款，对其中存在不公平、不合理的问题格式条款进行法理、法律分析，以供各主体签订和履行合同时参考。

一、装修合同总价款问题

实践中，装饰装修工程最后的竣工结算总价往往与合同中约定的总价款不一致，多数情况是竣工结算总价高于合同总价款，有的竣工结算总价甚至大大高过合同约定的总价，从而导致合同双方发生争议。

问题条款

多数住宅装饰装修合同中约定了工程总价，但对工程竣工结算总价的增减幅度并没有作出明确的限定，即合同中对合同总价的增减幅度没有约定或者约定不明确。而实际中，多数情况是竣工结算总价高于合同总价款。

合规意见

在《浙江省家庭居室装饰装修施工合同（示范文本）》中，对合同总价的规定为：合同总价款是甲、乙双方对设计方案、工程价格确认后的金额。竣工结算总价的增减幅度在没有项目变更时不应超过合同总价款的5%。经双方约定增项后的结算总价不应超出原合同价的10%。按实结算单个项目的结算价应与预算项目价保持一致；与同类项目设计有差异的项目，结算价不应超过该类项目预算价的10%。乙方应在合同报价中列出详细的应收费项目与收费标准。合同签订生效后,如甲方确认变更施工内容、变更材料,该部分的变更价应当按实计算。

上述规定对没有项目变更时的竣工结算总价以及有增项时的竣工结算总价都规定了明确的增减幅度,有效加强了对消费者合法权益的保护。装饰装修合同对合同总价的增减幅度可参照上述规定进行明确约定。

相关规定

《浙江省家庭居室装饰装修施工合同(示范文本)》。

二、质量要求及质量验收问题

装修人对住宅进行装饰装修,最关注的问题除了价格外,就是房屋装饰装修的质量。但是,有些装饰装修合同对工程质量的约定模糊不清,工程质量验收所依据的标准也不够明确。

问题条款

(1)在合同里笼统写一句“工程质量:合格”。

(2)验收标准笼统写一句“工程验收标准,双方同意参照国家的相关规定执行”。

合规意见

问题条款仅约定工程质量合格,但合格的标准却不明确;对于工程验收标准,双方同意参照国家的相关规定,但在有具体的国家标准的情况下,仅是参照国家标准而不要求符合国家标准是不符合法律规定的。工程质量,应是装饰装修合同中重要的条款内容,而上述问题条款,却对质量要求及质量验收条款约定不明确,依照《民法典》第511条第1款第1项的规定,当事人就有关合同内容约定不明确,依据第510条规定仍不能确定的,适用下列规定:质量要求不明确的,按照强制性国家标准履行;没有强制性国家标准的,按照推荐性国家标准履行;没有推荐性国家标准的,按照行业标准履行;没有国家标准、行业标准的,按照通常标准或者符合合同目的的特定标准履行。从上述法律规定可以看出，质量要求有国家标准的，首先要按照国家标准，没有国家标准的，按照行业标准。

关于装饰装修工程的质量要求是有国家标准的。首先，应依据 GB 50210－2018；其次，装饰装修工程的质量应符合《建设工程质量管理条例》《住宅室内装饰装修管理办法》《住宅室内装饰装修工程质量验收规范》；最后，各地方如有地方性法规，也应符合地方性法规。

以上是关于装饰装修工程的质量要求和验收标准的主要法律规定，在装饰装修合同的质量要求及验收标准条款中应基于上述规定予以明确约定。同时，若装修人对工程质量另有要求，应与装饰装修公司明确，双方协商一致并明确写在合同里。

相关规定

《民法典》第 511 条。

三、工程保修期限问题

住宅装饰装修工程竣工交付给装修人后，该工程即进入了保修期。在保修期内，房屋装饰装修的质量出现问题，装饰装修企业应当进行免费维修。因此，保修期限的长短，对装修人来说非常重要，因为过了保修期，房屋装饰装修出现的问题，就得装修人自己买单了。保修期对装修人如此重要，但有些装饰装修企业对保修期随意约定，而作为消费者的装修人并不了解法律规定的保修期。

问题条款

1. 双方约定本工程保修 2 年。

2. 工程竣工后，乙方负责对施工项目进行保修，并出具《保修单》，保修期为 2 年。

合规意见

装饰装修工程经验收合格交付使用后,即进入保修期。对于建设工程的保修期,国家有明确的法律规定。《建设工程质量管理条例》第 40 条,对建设工程装饰装修规定了最低保修期限,并且根据不同工程项目规定了不同最低保修期。基础设施工程、房屋建筑的地基基础工程和主体结构工程,最低保修期限为设计文件规定的该工程的合理使用年限;有防水要求的厨房、卫生间和外墙面,最低保修期限为 5 年;其他工程最低保修期限为 2 年。《住宅室内装饰装修管理办法》(2011 年修正)第 32 条规定,对装饰装修工程而言,厨房、卫生间、外墙面、地下室等的装饰装修工程,最低保修期限为 5 年,住宅其他的装饰装修最低保修期限为 2 年。建设工程在保修范围和保修期限内发生质量问题的,施工单位应当履行保修义务,并对造成的损失承担赔偿责任。

另外,一些省市对装饰装修工程的保修期限做出了严于国家标准的规定。比如,《浙江省实施〈中华人民共和国消费者权益保护法〉办法》(2017 年修订)第 19 条就规定了商品房的屋面防水工程、有防水要求的厨房、卫生间、地下室和外墙面的防渗漏保修期限不得低于 8 年,保修期限自商品房交付消费者之日起计算。该办法第 21 条规定,埋设在墙体、地面内的电气网络管线和给排水管道等隐蔽工程的保修期限不得低于 8 年,其他装修部位的保修期限不得低于 2 年,自装修工程竣工验收合格之日起计算。

可见,与国家标准的规定相比,浙江省在对住宅装饰装修的保修期限的规定中,有防水要求的厨房等的最低保修期限提高到了 8 年,隐蔽工程的最低保修期限也提高到了 8 年,这体现了浙江省在维护消费者合法权益方面的力度。因此,在浙江省范围内的装饰装修企业对住宅装饰装修的保修期限均应符合浙江省的规定,装饰装修企业自行规定工程保修期 1 年或者 2 年的,均属明显违反规定。

相关规定

《建设工程质量管理条例》第 40 条;《住宅室内装饰装修管理办法》(2011 年修正)第 32 条;《浙江省实施〈中华人民共和国消费者权益保护法〉办法》(2017 年修订)第 19 条、第 21 条。

四、安全责任归责问题

装饰装修的施工过程中,安全是一个非常重要的问题。在安全责任的归责问题上,有的装饰装修合同中将装饰装修企业应当承担的责任推卸给装修人。

问题条款

由于甲方确认的图纸和做法说明,违反有关安全操作规程、消防条例和防火设计规范,导致发生安全或火灾事故,甲方应承担由此产生的一切经济损失(这里甲方指的是装修人)。

合规意见

总体意见:装饰装修过程中的安全问题,应当由装饰装修公司负责。

依照《住宅室内装饰装修管理办法》(2011 年修正)第 3 条的规定,住宅室内装饰装修应当保证工程质量和安全,符合工程建设强制性标准。第 11 条规定,装饰装修企业从事住宅室内装饰装修活动,应当遵守施工安全操作规程,按照规定采取必要的安全防护措施和消防措施,不得擅自动用明火和进行焊接作业,保证作业人员和周围住房及财产的安全。因此,住宅装饰装修应当保证工程安全。装饰装修企业在施工过程中,应当遵守施工安全操作规程。装修人不是专业人士,对于图纸和做法说明,装修人不可能知道哪些违反工程建设强制性标准,哪些违反安全操作规程、消防条例等,也不应该要求装修人对此明晰。装饰装修企业不能以装修人确认图纸和做法说明,就将本属于自身的安全责任推给了装修人。

装饰装修企业以装修人确认图纸和做法说明,就将己方对安全的责任推给装修人,属于《民法典》第 497 条第 1 款的第 2 项:“提供格式条款一方不合理地免除或者减轻其责任、加重对方责任、限制对方主要权利。”系装修企业不合理地免除了自己对安全应承担的责任。因此,装饰装修企业若对安全责任做出类似如上约定的,属于无效的格式条款。

相关规定

《民法典》第 497 条;《住宅室内装饰装修管理办法》(2011 年修正)第 3 条、第 11 条。

五、拆改原有建筑主体和承重结构问题

住宅装饰装修活动中,有些装修人为了满足自身的需要,要求拆改原有建筑物结构,装饰装修企业则对此作出类似责任归于装修人的约定。

问题条款

1. 甲方未办理装修的任何手续,擅自同意拆改原有建筑物结构或设备管线,由此发生的损失或事故(包括罚款),由甲方负责并承担损失(这里的甲方即装修人)。

2. 甲方未办理有关手续,强行要求乙方拆改原有建筑承重结构及共有设备管线,由此发生的损失或事故(包括罚款)由甲方负责并承担责任(这里的甲方即装修人)。

合规意见

建筑物主体和承重结构对整个建筑物的安全至关重要,装修工程如涉及建筑主体和承重结构的变动,有明确的法律强制性规定。装饰装修企业的装饰装修活动,应严格遵循该类法律法规。

《建筑法》第 49 条规定,涉及建筑主体和承重结构变动的装修工程,建设单位应当在施工前委托原设计单位或者具有相应资质条件的设计单位提出设计方案;没有设计方案的,不得施工。第 70 条规定,涉及建筑主体或者承重结构变动的装修工程擅自施工的,责令改正,处以罚款;造成损失的,承担赔偿责任;构成犯罪的,依法追究刑事责任。因此,如果装修人提出的要求违反上述法律强制性规定,例如问题条款中,装修人若没有办理装修手续擅自同意拆改原有建筑物结构、装修人未

办理有关手续强行要求拆改原有建筑承重结构的，按照法律规定，装饰装修企业应当予以拒绝，装饰装修企业明知装修人的要求违反法律强制性规定仍按照装修人要求进行施工的，装饰装修企业不但要承担损失赔偿责任，还要受到相关部门的处罚，构成犯罪的，依法追究刑事责任。

《建设工程质量管理条例》(2019 年修订)第 15 条规定，涉及建筑主体和承重结构变动的装修工程，建设单位应当在施工前委托原设计单位或者具有相应资质等级的设计单位提出设计方案；没有设计方案的，不得施工。房屋建筑使用者在装修过程中，不得擅自变动房屋建筑主体和承重结构。《住宅室内装饰装修管理办法》(2011 年修正)第 5 条也明确规定了装饰装修活动中的禁止行为，其中就包括禁止未经原设计单位或者具有相应资质等级的设计单位提出设计方案，变动建筑主体和承重结构。建筑主体和承重结构，关乎建筑物整体安全，未经原设计单位或者具有相应资质等级的设计单位提出的设计方案，禁止任何对建筑主体和承重结构的变动，该规定是法律强制性规定，合同当事人双方均应严格遵守该规定，并且装饰装修企业对此的法定责任不以装修人要求而免除，装饰装修企业不能以装修人要求为由就进行违法行为。装修人在未取得原设计单位或者具有相应资质等级的设计单位提出的设计方案时，强行要求装饰装修企业变动建筑主体和承重结构，装饰装修企业应当以违反法律禁止性规定为由予以拒绝，若装饰装修企业为了经济利益一味迎合装修人要求，则装饰装修企业不仅要承担由此造成的损失及恢复原状的费用，其违法行为也将受到处罚。

相关规定

《建筑法》第 49 条、第 70 条；《建设工程质量管理条例》(2019 年修订)第 15 条；《住宅室内装饰装修管理办法》(2011 年修正)第 5 条。

六、争议解决方式问题

装饰装修合同履行中出现争议，有些装饰装修企业作出了向装饰装修企业公司注册所在地提请仲裁或起诉的规定。

问题条款

本合同履行中出现争议的,由双方协商解决。协商不成的,选择下列第____项处理:

(1)将争议提请乙方公司注册所在地仲裁委员会仲裁。

(2)乙方公司注册所在地人民法院起诉。

合规意见

首先,依照《住宅室内装饰装修管理办法》(2011 年修正)第 25 条的规定,对于住宅室内装饰装修工程纠纷,当事人有申请仲裁或者向人民法院起诉的选择权。

其次,《中华人民共和国民事诉讼法》(以下简称《民事诉讼法》)第 34 条规定,因不动产纠纷提起的诉讼,由不动产所在地人民法院管辖。当事人在申请仲裁和法院诉讼二选一的情况下如选择法院诉讼,因为住宅室内装饰装修工程纠纷属于不动产纠纷,必须由不动产所在地(装饰装修房屋所在地)人民法院专属管辖,问题条款中"乙方公司注册所在地人民法院"的内容违反了人民法院专属管辖的约定。

最后,依照《中华人民共和国仲裁法》(以下简称《仲裁法》)第 16 条的规定,仲裁协议包括合同中订立的仲裁条款和以其他书面方式在纠纷发生前或者纠纷发生后达成的请求仲裁的协议,应当具有请求仲裁的意思表示、仲裁事项和选定的仲裁委员会的内容。

住宅室内装饰装修工程发生纠纷,若当事人选择仲裁方式解决,必须明确选定的仲裁委员会,即具体明确的哪一个仲裁委员会,问题条款中"乙方公司注册所在地仲裁委员会仲裁"不是选定的仲裁委员会,这样的仲裁条款属于没有选定仲裁委员会,如纠纷发生后双方未按照上述法律规定达成仲裁协议,依照《仲裁法》第 18 条"仲裁协议对仲裁事项或者仲裁委员会没有约定或者约定不明确的,当事人可以补充协议;达不成补充协议的,仲裁协议无效"的规定,将导致仲裁协议无效。

相关规定

《民事诉讼法》第34条;《仲裁法》第16条、第18条;《住宅室内装饰装修管理办法》(2011年修正)第25条。

第三节　住宅装饰装修类合同格式条款合规建议

通过本章第二节对住宅装饰装修合同问题格式条款的分析来看,住宅装饰装修合同的问题集中于质量要求、验收标准、保修约定、安全责任、争议解决等方面,本节将分别从政府、企业、消费者三方面提出对住宅装饰装修合同格式条款的合规建议,以做到政府有效监管、企业自我审查及消费者主动维权。

一、政府有效监管建议

(一)各方共同开展监管

根据《浙江省合同行为管理监督规定》的规定,市场监督管理部门和其他有关行政主管部门开展合同指导服务、监督合同格式条款和查处利用合同违法行为的活动。针对住宅装饰装修活动,浙江省住房和城乡建设厅作为行政主管部门,应与浙江省市场监督管理局共同开展合同指导服务、监督合同格式条款等活动。建筑装饰行业协会作为其行业组织,充分发挥联系政府与企业之间的"纽带桥梁"作用,对住宅装饰装修企业提供行业服务、业务指导,努力提高建筑装饰行业发展整体水平。

(二)对问题较多的合同格式条款重点关注

住宅装饰装修合同中,容易出现问题的格式条款在第二节已经列举,包括装饰装修工程价格、质量要求以及质量验收方式、装饰装修工程保修的内容及期限、安全责任、拆改建筑主体及承重结构、争议解决方式等,对这些条款应重点关注其合规性。

(三)大力推广住宅装饰装修合同示范文本

根据《浙江省合同行为管理监督规定》的规定,有关行业主管部门或者行业组织可以制定合同示范文本,供当事人参照使用。市场监督管理部门和有关行业主管部门、行业组织应当做好合同示范文本的宣传、推广工作。在《民法典》颁布之前,浙江省建筑装饰行业协会就制定了《浙江省家庭居室装饰装修施工合同(示范文本)》(2021 年版),在《民法典》颁布实施后,浙江省建筑装饰行业协会对 2021 年版《浙江省家庭居室装饰装修施工合同(示范文本)》进行了修订,制定了 2022 年版《浙江省家庭居室装饰装修施工合同(示范文本)》(HT33/SF021－2022),该示范文本由浙江省市场监督管理局、浙江省消费者权益保护委员会、浙江省建筑装饰行业协会于 2022 年 6 月 13 日共同发布,自 2022 年 8 月 1 日起施行,原《浙江省家庭居室装饰装修施工合同(示范文本)》(2021 年版)同时废止。

(四)督促物业服务企业积极履行对住宅装饰装修活动的监管义务

物业服务企业在住宅装饰装修活动中有监管义务。物业服务企业应当将房屋装饰装修中的禁止行为和注意事项告知业主,对违反装饰装修法律法规规定的行为,物业服务企业应当制止,并及时向有关行政管理部门报告。县级以上地方人民政府房地产行政主管部门作为物业管理活动的监督管理部门,应督促物业服务企业积极履行对社区住宅装饰装修活动的监管。

二、企业自我合规审查建议

(一)以《浙江省家庭居室装饰装修施工合同(示范文本)》为首选合同

家庭居室装饰装修工程为民生工程。为进一步规范住宅与家庭居室装饰装修市场,保障当事人的合法权益,建议装饰装修企业开展业务时首先使用《浙江省家庭居室装饰装修施工合同(示范文本)》。即便不使用示范文本,也建议参照示范文本的合同内容。

(二)不转包工程

具有相应资质的装饰装修企业,将具体的施工转包给不具备资质的施工单位,是造成质量问题的主要原因之一。有些具有资质的企业,为了实现利益最大化,降低人员成本,其正式员工并不多,有的业务在承接之后,就转交由其他单位或者个人施工,质量也就难以保证。具有资质的企业应以身作则,杜绝转包工程现象。

(三)合同提前提供给消费者,合同附件要详细明确

签订合同前,应至少提前 3 日向消费者提供拟签合同文本及附件,合同附件要详细,确保消费者能详细阅读了解合同条款。

三、消费者主动维权建议

(一)选择有资质的装饰装修企业

消费者要选择有资质的装饰装修企业进行房屋装修,不找无资质的包工头(自然人)。装饰装修企业不具备相应资质,就无法保证施工质量。有的消费者在选择装饰装修企业时,会选择价格最便宜的,而不在意装饰装修企业的资质。参照《住宅室内装饰装修管理办法》(2011 年修正)第 23 条的规定:“装修人委托企业承接其装饰装修工程的,应当选择具有相应资质等级的装饰装修企业。”

装饰装修活动是一个专业性强、安全要求高、工期历时久、工序复杂的活动,法律规定装饰装修企业须具备相应资质,就是为了保证质量。装修人选择具有资质的装饰装修企业,才能保证装饰装修的质量。装修人若只考虑价格因素,对装饰装修企业资质不予考虑,将会为后续的装修质量埋下隐患。因此,装修人在委托装修时,应当选择有相应资质的装饰装修企业。装修人在签订合同前,应当首先核实该装饰装修企业的营业执照及相应资质。

(二)签署合同要仔细,对工程款条款内容尤其要注意

消费者在签署合同时应对整个合同进行仔细阅读,对不明确意思的条款内容

应要求装饰装修企业进行解释,特别要注意其中的工程款条款内容。消费者签署的装饰装修合同,对工程款总价通常都有明确的约定,但在装修结束结算工程款的时候,多数情况会出现工程结算款超出合同签订时的工程款,有的甚至大大超出。因为在签订合同时的工程价和计价,是根据工程预算清单来计算的,而在装修过程中,几乎所有的装修都会进行工程量变更,包括已有项目的工程量的增加或减少、减掉了工程预算清单中的某些项目、增加了不在工程预算清单中的项目、工程量清单中的材料在施工中发生变更、装饰装修企业为了获取业务报低价或隐藏一些项目而在施工过程中层层加码等。因此,消费者为维护自身合法权益,应在签署合同时特别注意,工程预算清单应该包含工程的全部项目,对工程款总价的增减幅度有明确的约定。

(三)聘请工程监理人对装修过程进行监督

装饰装修活动的专业性非常强,消费者不具备相关知识,并且装修工期历时久,消费者往往没有足够的时间和精力去检查装修的材料及监督施工质量,而聘请具备专业知识的工程监理是一个较好维护消费者合法权益的方式。

附:住宅装饰装修类合同格式条款合规主要法律法规及规范性文件目录

1. 2011 年 1 月 26 日:《住宅室内装饰装修管理办法》(住房和城乡建设部令第 9 号)。
2. 2013 年 12 月 1 日《住宅室内装饰装修工程质量验收规范》(JGJ/T304－2013,住房和城乡建设部公告第 49 号)。
3. 2018 年 9 月 1 日:《建筑装饰装修工程质量验收标准》(GB50210－2018,住房和城乡建设部公告第 1834 号)。
4. 2019 年 4 月 23 日:《建设工程质量管理条例》(2019 年修订)(国务院令第 714 号)。
5. 2020 年 8 月 1 日:《民用建筑工程室内环境污染控制标准》(GB50325－2020,住房和城乡建设部公告 2020 年第 46 号)。

第十三章

旅游类合同格式条款合规指南

第一节　旅游类合同格式条款合规概述

旅游合同是伴随旅游活动的产生而产生的。旅游活动包括“吃住行游购娱”六大要素,因此旅游合同也是一个类别性的概念,包含的合同形式很多,涉及的合同主体也很多。截至目前,我国学术界对于旅游合同的定义仍存在很大争议,《中华人民共和国旅游法》(以下简称《旅游法》)也未对旅游合同作出明确界定,只明确了旅游合同中的一类,即包价旅游合同的概念及相关内容。虽然关于旅游合同的定义尚无定论,但我们可以尝试通过不同旅游方式和旅游活动,简单对旅游类合同进行归类与分析。

一、包价旅游合同

(一)包价旅游合同的概念

《旅游法》第111条第3项规定:“包价旅游合同,是指旅行社预先安排行程,提供或者通过履行辅助人提供交通、住宿、餐饮、游览、导游或者领队等两项以上旅游服务，旅游者以总价支付旅游费用的合同。”尽管《旅游法》对于包价旅游合同已进行了具体定义，但随着近几年来旅游市场的不断发展，出现了新的包价旅游形式，由旅游者预先选定行程，而非旅行社预先安排，再由旅行社或履行辅助人提供交通、住宿、餐饮、游览、导游或者领队等旅游服务，这种形式的旅游服务合同在类型上也应归为包价旅游合同。

（二）包价旅游合同的特征

1. 合同内容有严格要求

根据《旅游法》第 111 条的规定，包价旅游合同要同时具备以下 3 个要素：(1)旅行社预先安排行程，或者旅游者预先选定行程或旅游者与旅行社协商确定行程；(2)旅行社或通过履行辅助人为旅游者提供交通、住宿、餐饮、游览、导游或者领队等两项以上旅游服务，若仅提供单一服务则不属于包价旅游合同；(3)旅游者以总价支付旅游费用。

2. 合同内容具有整体性

包价旅游服务是一个整体概念。从旅行社角度来说，其提供的是旅游过程中可能涉及的“吃、住、行、游、购、娱”等两项以上具体服务，旅游者所支付的旅游费用也是针对整体，而不是某个具体服务项目，而且因为旅游服务是先付费后服务模式，所以旅游者对旅游服务存在异议时，也很难主张同时履行抗辩权。[①]

3. 合同类型具有多样性

根据旅游地点、旅游时间、旅游方式的不同，旅游合同存在多种类型，具体如下：第一，以旅游地点进行区分，包括境内旅游合同、出境旅游合同等；第二，以旅游时间进行区分，包括“一日游”旅游合同和“多日游”旅游合同；第三，以旅游方式进行区分，除常规旅游合同外，还有邮轮旅游合同等特色旅游合同。

二、代办旅游合同

旅游者为了旅游的便捷性，把机票或火车票、餐饮、住宿、景区门票等部分旅游

① 参见王利明：《违约责任论》，中国政法大学出版社 1996 年版，第 198 页。

服务直接委托旅行社或其他第三方代为预订,并向其支付服务费用,即与旅行社或相关服务企业形成了代办旅游合同关系。

代办旅游合同适用于半自助旅游方式,在该种旅游方式下,旅游者将旅游行程中的部分而不是全部环节委托第三方办理,其余相关服务由旅游者自己直接预订。这种旅游方式因兼顾行程自由与旅游便捷而备受旅游者欢迎,因此代办旅游合同也逐渐普遍。因代办服务内容多样,对应的合同内容也不尽相同,目前尚没有权威的、统一的、国家层面的代办旅游合同示范文本,尽管云南省制定了《云南省旅游合同示范文本旅行社单项委托合同》,但是市场上仍主要依赖经营者自行制订合同格式条款的文本,故而,未来需要从权威性示范文本制定、备案监管和市场自我规制等方面予以强化。

三、旅游相关项目服务合同

随着交通、网络的不断发展以及相关服务的逐渐便捷,自助旅游方式也极受旅游者青睐。在自助旅游方式中,旅游者不借助相关服务机构,自己直接向旅游相关服务供应商预订相应服务,并与之直接产生各类合同关系,如景区内餐饮、住宿服务合同,景区游览服务合同等旅游行程中涉及的各项分散服务合同。

相比包价旅游合同,代办旅游合同以及旅游相关项目服务合同的法律关系较为清晰,合同内容及权利义务较为简单。若在履行合同过程中发生争议,依据相关法律规范大多能够解决。而包价旅游合同作为一个集成性质的服务合同,合同关系复杂,且相关法律规范不完备,在实务中争议较多,争议处理难度较大。

四、旅游类合同基本内容及格式条款合规要点

根据《旅游法》第58条的规定,一份完整的包价旅游服务合同至少应包括下列内容:(1)旅行社、旅游者的基本信息;(2)旅游行程安排;(3)旅游团成团的最低人数;(4)交通、住宿、餐饮等旅游服务安排和标准;(5)游览、娱乐等项目的具体内容和时间;(6)自由活动时间安排;(7)旅游费用及其交纳的期限和方式;(8)违约责

任和解决纠纷的方式;(9)法律法规规定和双方约定的其他事项。

包价旅游合同是典型的格式合同。为降低双方磋商成本,包价旅游合同一般是由旅游经营者预先拟定并向不特定消费者反复适用,合同内容多数是旅行社以格式条款的形式单方确定,旅游者与之协商的空间较小。因此,本章第二节会对包价旅游合同中的问题格式条款分类列举,并进行法理、法律分析,进而提出合规建议,供监管者以及合同各方参考。

除包价旅游合同外,景区服务、景区内住宿、餐饮等旅游相关的单项服务中,虽较少签署书面合同,但经营者利用店堂公告、注意事项、消费说明、客户须知等形式订立格式条款,减轻、免除自身责任,排除、限制消费者权利的情况也极为普遍。本章也会结合消费投诉热点,对该类问题进行简要分析。

第二节　包价旅游合同主要问题格式条款及合规意见

一、旅行社减轻自身责任问题格式条款及合规意见

《旅行社服务质量赔偿标准》详细规定了旅行社不履行合同或者履行合同不符合约定的服务质量标准;旅游者和旅行社对赔偿标准未作出合同约定情形下,相应的赔偿标准。虽然该标准是在旅游合同未约定情形下适用,但旅行社作为制订旅游合同格式条款的一方,在对自己的相关义务以及赔偿责任进行约定时,也应遵循公平和诚实信用原则,依据该标准内容,合理制订相关赔偿条款,不得肆意减轻或免除自身赔偿责任。

问题条款

旅行社收取旅游者的全部费用后,因旅行社原因不能成行,应提前 3 天通知旅游者,否则应付旅游者已支付费用的 10% 作为违约金。

合规意见

《旅行社服务质量赔偿标准》第 4 条规定："旅行社与旅游者订立合同或收取旅游者预付旅游费用后，因旅行社原因不能成行的，旅行社应在合理期限内通知旅游者，否则按下列标准承担赔偿责任：（一）国内旅游应提前 7 日（不含 7 日）通知旅游者，否则应向旅游者全额退还预付旅游费用，并按下述标准向旅游者支付违约金：出发前 7 日（含 7 日）至 4 日，支付旅游费用总额 10% 的违约金；出发前 3 日至 1 日，支付旅游费用总额 15% 的违约金；出发当日，支付旅游费用总额 20% 的违约金。（二）出境旅游（含赴台游）应提前 30 日（不含 30 日）通知旅游者，否则应向旅游者全额退还预付旅游费用，并按下述标准向旅游者支付违约金：出发前 30 日至 15 日，支付旅游费用总额 2% 的违约金；出发前 14 日至 7 日，支付旅游费用总额 5% 的违约金；出发前 6 日至 4 日，支付旅游费用总额 10% 的违约金；出发前 3 日至 1 日，支付旅游费用总额 15% 的违约金；出发当日，支付旅游费用总额 20% 的违约金。"

实践中，该问题条款在上述标准的基础上，大幅降低违约金赔偿标准，减轻自身赔偿责任，损害旅游者的合法求偿权。建议根据《旅行社服务质量赔偿标准》第 4 条的规定，约定旅游者通知义务及违约责任。

相关规定

《旅游法》第 63 条；《旅行社服务质量赔偿标准》第 4 条。

二、旅行社免责问题格式条款及合规意见

《旅行社服务质量赔偿标准》规定，旅行社存在下列违约情形的，应向旅游者支付相应违约金或赔偿相应损失：（1）旅行社未经旅游者同意，擅自将旅游者转团、拼团的；（2）因旅行社原因造成旅游者未能乘坐预定的公共交通工具；（3）旅行社安排的旅游活动及服务档次与合同不符；（4）导游或领队未按照国家或旅游行业对旅游者服务标准提供导游或者领队服务；（5）旅行社擅自缩短游览时间、遗漏旅游景点、减少旅游服务项目；（6）未经旅游者签字确认，擅自安排合同约定以外

的用餐、娱乐、医疗保健、参观等另行付费项目,另行付费项目的相关费用应由旅行社承担;(7)未经旅游者签字确认,擅自违反合同约定增加购物次数、延长停留时间;(8)强迫或者变相强迫旅游者购物;(9)旅游者在合同约定的购物场所所购物品系假冒伪劣商品;(10)私自兜售商品;(11)旅行社违反合同约定,中止对旅游者提供住宿、用餐、交通等旅游服务等。

但实践中旅行社在制订格式条款时,免除自身违约责任的情形时常出现,下面结合具体问题条款进行分析。

(一)不成团免责格式条款

问题条款

如不成团,旅行社可在出团前五天内通知改期、改线或全额退回已收取款项,不作任何赔偿。

合规意见

关于不成团提前通知的要求,《旅游法》第63条第1款有明确规定:"旅行社招徕旅游者组团旅游,因未达到约定人数不能出团的,组团社可以解除合同。但是,境内旅游应当至少提前七日通知旅游者,出境旅游应当至少提前三十日通知旅游者。"因此,上述问题条款约定提前5天通知,与法律规定不符,关于提前通知的时间,建议按《旅游法》规定进行约定。

对于旅游者而言,一次出行计划往往是长期的假期积累、金钱储备,对于具有特殊意义的旅游行程,其精神价值更是无法用金钱衡量的,无法按计划出行,不仅可能给旅游者造成经济损失,更有可能造成精神损失。因此,问题条款中"不作任何赔偿"的约定过于绝对,对旅游者不公平。若旅行社的解除行为给旅游者造成直接经济损失,旅行社还应承担相应的赔偿责任。

相关规定

《旅游法》第63条第1款。

(二)第三人责任免责格式条款

问题条款

对于非因旅行社自身原因造成的旅游者损失,旅行社在履行了积极协助义务后,不再承担其他责任。

合规意见

旅游活动大部分是在异地,因第三人原因造成旅游者人身或财产损失的情况时有发生,这无疑加大了旅行社的经营风险,所以旅行社往往通过格式条款来规避其承担责任的风险。[①] 保障旅游者人身和财产安全,不仅是旅行社的合同义务,更是法定责任,旅行社不能利用其优势地位,在拟定格式条款时对该义务进行免除。因第三人原因造成的旅游者人身财产损失,旅行社未尽到安全保障义务的,应承担补充责任。如果该第三人是基于与旅行社的合同关系辅助旅行社为旅游者提供服务过程中造成旅游者损失的,旅行社应对旅游者承担违约责任,在承担责任后可以向第三人追偿。

相关规定

《最高人民法院关于审理旅游纠纷案件适用法律若干问题的规定》第 7 条、第 8 条、第 17 条。

(三)拼房未成旅游者补齐房差格式条款

问题条款

如出现单男单女,旅行社尽量安排该游客与其他同性别团友拼房;如不愿拼房或未能拼房,由该游客自行补齐房差以享用单人房间。

① 参见王丹:《论旅游合同格式条款的规制》,北京化工大学 2018 年硕士学位论文,第 28 页。

合规意见

在包价旅游合同中，相关费用已事先在书面旅游合同中做出明确约定，且往往旅游者已事先足额支付了全部旅游费用。要求落单的旅游者补齐房差会增加旅游费用，是对旅游合同费用条款的变更，须经双方协商一致，而不能单方决定变更。《旅游法》第75条规定："住宿经营者应当按照旅游服务合同的约定为团队旅游者提供住宿服务。住宿经营者未能按照旅游服务合同提供服务的，应当为旅游者提供不低于原定标准的住宿服务，因此增加的费用由住宿经营者承担。"因此，因旅行社未能安排拼房导致的房费增加部分，应由旅游经营者承担，而不应由旅游者自行承担。

相关规定

《旅游法》第75条。

（四）转嫁责任保险投保义务格式条款

问题条款

为保证旅游者的旅游安全，旅行社应按规定投保旅行社责任险，旅游团报价中含此保险费。

合规意见

该问题条款属于加重旅游者责任、减轻旅行社责任的条款。根据我国《旅游法》第56条的规定，投保旅行社责任保险，是旅行社经营的法定要求。[①] 旅行社未按规定投保旅行社责任保险的，主管部门可视情节轻重给予相应的行

---

① 《旅游法》第56条规定："国家根据旅游活动的风险程度，对旅行社、住宿、旅游交通以及本法第四十七条规定的高风险旅游项目等经营者实施责任保险制度。"

政处罚。[①] 投保旅行社责任保险是旅行社的义务，旅行社不得通过格式条款的形式将投保费用转嫁给旅游者，约定由旅游者承担该保险费用。

相关规定

《旅游法》第 56 条、第 97 条；《旅行社条例》第 38 条；《旅行社责任保险管理办法》第 2 条第 1 款。

（五）安全保障义务免责格式条款

问题条款

因旅游者自身原因造成自己人身损害、财产损失或造成他人损失的，由旅游者自己承担全部责任，旅行社不承担责任。

合规意见

旅行社作为旅游服务提供者，在随团游览、娱乐期间甚至是自由活动时间，都应对旅游者的人身安全、财产安全承担一定的责任。在随团游览、娱乐期间，旅行社承担较高的安全保障义务，包括为旅游者提供安全健康的旅游服务、就旅行活动中的风险事项事先向旅游者作出说明或者警示等。即使是在旅游者自由活动时间，根据《旅游法》第 70 条第 3 款的规定[②]，旅行社也应尽到安全提示、救助义务。旅行社未尽到上述义务的，应当对旅游者的人身损害、财产损失承担相应责任。问题条款中“由旅游者自己承担全部责任，旅行社不承担责任”的表述过于绝对，排除了旅游者未尽到安全提示、救助义务情形下的责任，应予以修改。

---

① 《旅游法》第 97 条规定：“旅行社违反本法规定，有下列行为之一的，由旅游主管部门或者有关部门责令改正，没收违法所得，并处五千元以上五万元以下罚款；违法所得五万元以上的，并处违法所得一倍以上五倍以下罚款；情节严重的，责令停业整顿或者吊销旅行社业务经营许可证；对直接负责的主管人员和其他直接责任人员，处二千元以上二万元以下罚款：（一）进行虚假宣传，误导旅游者的；（二）向不合格的供应商订购产品和服务的；（三）未按照规定投保旅行社责任保险的。”

② 《旅游法》第 70 条第 3 款规定：“在旅游者自行安排活动期间，旅行社未尽到安全提示、救助义务的，应当对旅游者的人身损害、财产损失承担相应责任。”

相关规定

《旅游法》第70条第3款、《最高人民法院关于审理旅游纠纷案件适用法律若干问题的规定》第17条。

(六)扩大不可抗力范围免责格式条款

问题条款

因交通延误、战争、大风大雾、政变、罢工、自然灾害、飞机故障、航班取消或更改时间等不可抗力原因所致的额外费用,旅行社不承担责任。

合规意见

问题条款约定的内容不符合《旅游法》风险共担的立法原意,且扩大了旅行社的免责事由,属于不公平的合同格式条款。

《民法典》第180条对不可抗力进行了一般性规定,但同时规定"法律另有规定的,依照其规定"①。《旅游法》作为特别法,对因不可抗力因素影响旅游行程情况下的处理方式,作出了进一步规定②,旅行社在拟定旅游合同不可抗力格式条款时应遵循该规定。

关于不可抗力的范围,交通延误存在一定的发生概率,大风大雾一般也会有天气预警,这些不应属于"不能预见"的情况,因此不属于不可抗力范畴,建议从"不可抗力原因"中删除相应表述。发生战争、政变、罢工、自然灾害等不可抗力事件时,双方可根据《旅游法》第67条内容进行约定,即危及旅游者人身、财产安全的,

---

① 《民法典》第180条规定:"因不可抗力不能履行民事义务的,不承担民事责任。法律另有规定的,依照其规定。不可抗力是不能预见、不能避免且不能克服的客观情况。"

② 《旅游法》第67条规定:"因不可抗力或者旅行社、履行辅助人已尽合理注意义务仍不能避免的事件,影响旅游行程的,按照下列情形处理:(一)合同不能继续履行的,旅行社和旅游者均可以解除合同。合同不能完全履行的,旅行社经向旅游者作出说明,可以在合理范围内变更合同;旅游者不同意变更的,可以解除合同。(二)合同解除的,组团社应当在扣除已向地接社或者履行辅助人支付且不可退还的费用后,将余款退还旅游者;合同变更的,因此增加的费用由旅游者承担,减少的费用退还旅游者。(三)危及旅游者人身、财产安全的,旅行社应当采取相应的安全措施,因此支出的费用,由旅行社与旅游者分担。(四)造成旅游者滞留的,旅行社应当采取相应的安置措施。因此增加的食宿费用,由旅游者承担;增加的返程费用,由旅行社与旅游者分担。"

旅行社应当采取相应的安全措施,因此支出的费用,可以由旅行社和旅游者分担;造成旅游者滞留的,旅行社应当采取相应的安置措施。因此增加的食宿费用,由旅游者承担;增加的返程费用,由旅行社与旅游者分担。

相关规定

《民法典》第 180 条;《旅游法》第 67 条。

三、包价旅游合同变更问题格式条款及合规意见

包价旅游合同的变更是指包价旅游合同在有效成立之后,尚未履行或未履行完毕之前,双方协商一致或因法律的规定,对合同的内容或者主体进行更改的行为。

(一)旅行社单方变更合同格式条款

问题条款

在不减少景点的条件下,旅行社保留对行程进行调整的权利。

合规意见

合同变更的基本规则是当事人协商一致。包价旅游合同一般是团体游,旅游人数众多,很难就合同变更达成一致意见,加之旅游行程中的住宿地点、游览景点、交通方式等都是旅行社提前与履行辅助人签订合同,不能任意变更。因此,若旅游者无正当理由要求变更合同内容,旅行社有权拒绝。若旅行社同意变更,因此增加的费用由旅游者承担,减少的费用退还旅游者。[①] 旅行社提出变更合同的,亦须征得旅游者同意,旅行社擅自变更合同内容的行为构成违约。

实际旅行过程中因为天气、交通等多种因素,不可避免存在需要对部分已约定

---

① 《旅游法》第 73 条规定:"旅行社根据旅游者的具体要求安排旅游行程,与旅游者订立包价旅游合同的,旅游者请求变更旅游行程安排,因此增加的费用由旅游者承担,减少的费用退还旅游者。"

内容进行调整的情况，若要征求全体旅游者同意较为困难，笔者认为该情形下只需多数人同意即可，不同意的旅游者可以解除合同，旅行社退还未发生费用，此时不应视为旅行社违约。该问题条款建议修改为"为保障旅游行程顺利进行，在不减少景点的条件下，旅行社有权根据实际情况且经多数旅游者同意后对行程进行必要的调整"。

相关规定

《民法典》第 543 条。

（二）旅游者单方变更合同格式条款

问题条款

未经旅行社同意，旅游者不得将旅游合同权利、义务转让给第三方。

合规意见

《旅游法》第 64 条规定："旅游行程开始前，旅游者可以将包价旅游合同中自身的权利义务转让给第三人，旅行社没有正当理由的不得拒绝，因此增加的费用由旅游者和第三人承担。"该问题条款排除了旅游者向第三人转让自身合同权利及义务的权利，建议删除。

相关规定

《旅游法》第 64 条。

（三）可归责于旅行社的事由导致合同变更

在旅游行程中，旅行社居于主导地位，旅游者变更合同需要经过旅行社同意，但旅行社单方变更合同的情况时有发生，由此导致的纠纷也较为常见。因为包价旅游合同中往往未详细列明旅行社单方变更合同的制约条款或违约责任，导致旅游者维权困难。

问题条款

因旅行社故意或者过失未达到合同约定的内容和标准，造成旅游者直接经济损失的，旅行社须承担责任。

合规意见

旅游服务追求的是精神愉悦，旅行社提供的服务不符合约定给旅游者造成的主要为愉悦感丧失、心情烦闷等精神损失，问题条款约定只有在对旅游者造成直接经济损失时，旅行社才承担责任，属于减轻或免除旅行社擅自变更旅游合同内容、提供的服务不符合合同约定等违约责任的不公平条款，同时减轻了旅行社擅自变更服务内容、降低服务质量与标准的违约责任，因此“直接”两字应删除。

相关规定

《民法典》第584条。

四、包价旅游合同解除问题格式条款及合规意见

(一)旅行社合同解除权格式条款

旅行社享有特定情形下的合同解除权，但旅行社在订立格式条款时要基于合同履行情况和旅游者违约情形，合理约定合同解除权，不能滥用权利损害旅游者的合法权益。

问题条款

旅游者擅自滞留、脱团或从事影响其他旅游者权益的活动，旅行社有权解除合同，旅游者不得要求退还旅游费用。

合规意见

根据《旅游法》第66条的规定[①],旅游者存在特定情形或从事特定行为且不听劝阻的,旅行社可以解除合同,但是应当在扣除必要费用后将余款退还旅游者。上述问题条款中未设置旅游者"不听劝阻"的前置性条件,若旅游者存在轻微影响其他旅游者权益的情况,但经劝阻后及时改正且未造成严重影响的,旅行社不得随意解除合同。另外,"旅游者不得要求退还旅游费用"明显与法律规定不符,属于排除或限制旅游者权利的格式条款,应修改为"但是应当在扣除必要费用后将余款退还旅游者"。

相关规定

《旅游法》第66条。

(二)旅游者合同解除权格式条款

在包价旅游中,因未达到约定人数不能出团时,旅游者不同意组团社委托其他旅行社履行合同的,有权解除合同,并要求退还已收取的全部费用。[②] 旅游行程结束前,旅游者解除合同的,组团社应当在扣除必要费用后,将余款退还旅游者。上述合同解除权是法律赋予旅游者的权利,旅行社不得在合同中对旅游者合同解除权进行限制或增加限制条件。

问题条款

旅游者在出发前7日以内(含第7日)提出解除合同的,应自解除之日起5个

---

① 《旅游法》第66条规定:"旅游者有下列情形之一的,旅行社可以解除合同:(一)患有传染病等疾病,可能危害其他旅游者健康和安全的;(二)携带危害公共安全的物品且不同意交有关部门处理的;(三)从事违法或者违反社会公德的活动的;(四)从事严重影响其他旅游者权益的活动,且不听劝阻、不能制止的;(五)法律规定的其他情形。因前款规定情形解除合同的,组团社应当在扣除必要的费用后,将余款退还旅游者;给旅行社造成损失的,旅游者应当依法承担赔偿责任。"

② 《旅游法》第63条第2款、第3款规定:"因未达到约定人数不能出团的,组团社经征得旅游者书面同意,可以委托其他旅行社履行合同。组团社对旅游者承担责任,受委托的旅行社对组团社承担责任。旅游者不同意的,可以解除合同。因未达到约定的成团人数解除合同的,组团社应当向旅游者退还已收取的全部费用。"

工作日内,支付旅行社实际发生的费用并按以下标准向对方支付违约金:(1)出发前7日至4日,支付旅游费用总额的50%;(2)出发前3日至1日,支付旅游费用总额的75%;(3)出发当日,支付旅游费用总额的100%。

合规意见

《旅游法》第65条规定,旅游行程结束前旅游者解除合同,旅行社在扣除必要费用后,应当将余款退还旅游者。《最高人民法院关于审理旅游纠纷案件适用法律若干问题的规定》第12条规定:"旅游行程开始前或者进行中,因旅游者单方解除合同,旅游者请求旅游经营者退还尚未实际发生的费用,或者旅游经营者请求旅游者支付合理费用的,人民法院应予支持。"根据前述法律规定,旅游者享有单方解除权,即在旅游行程结束前旅游者可单方提出解除合同,旅行社须退还尚未实际发生的费用。由于旅游者行使单方解除权的行为本身并不构成违约,故不产生违约责任,旅行社要求旅游者因单方解除合同行为支付违约金,没有法律依据。但是为防止旅游者滥用单方解除权,恶意解约损害旅行社的合法权利,司法解释规定了旅行社可以请求旅游者支付合理费用。

相关规定

《旅游法》第65条;《最高人民法院关于审理旅游纠纷案件适用法律若干问题的规定》第12条。

五、旅游行程单问题及合规意见

《旅游法》第59条规定,"旅行社应当在旅游行程开始前向旅游者提供旅游行程单"。旅游行程单是旅行社提供给旅游者的写明某个旅游线路的日程安排、服务标准的一份文件,是包价旅游合同的必备内容,也是包价旅游合同的一个重要组成部分,旅行社应当在旅游行程开始前向旅游者提供旅游行程单。①

① 《旅游法》第59条规定:"旅行社应当在旅游行程开始前向旅游者提供旅游行程单。旅游行程单是包价旅游合同的组成部分。"

旅游行程单是旅行社对包价旅游服务内容以及服务标准所做的具体承诺，是对旅行社根据包价旅游合同所承担的旅游服务提供义务的具体化，旅游者在报名前应当仔细阅读行程单的内容，并就相关事项详细咨询旅行社。

第三节　旅游相关服务类合同主要问题格式条款及合规意见

一、景区服务问题格式条款及合规意见

（一）免除景区经营者安全保障义务问题格式条款及合规意见

问题条款

本游戏项目具有一定危险性，游客请谨慎加以注意，参与过程中造成的人身财产损失请自行承担。

合规意见

《最高人民法院关于审理旅游纠纷案件适用法律若干问题的规定》第7条规定："旅游经营者、旅游辅助服务者未尽到安全保障义务，造成旅游者人身损害、财产损失，旅游者请求旅游经营者、旅游辅助服务者承担责任的，人民法院应予支持。因第三人的行为造成旅游者人身损害、财产损失，由第三人承担责任；旅游经营者、旅游辅助服务者未尽安全保障义务，旅游者请求其承担相应补充责任的，人民法院应予支持。"旅游经营者、辅助服务者具有保障义务，未尽到保障义务的应当承担相应责任，不能仅因自己以公告的形式主动提醒游客，便可以免除应承担的责任。以格式条款的方式让消费者自行承担损失，免除了经营者责任、加重了消费者责任，属无效格式条款，应删除"参与过程中造成的人身财产损失请自行承担"的相关表述。

相关规定

《最高人民法院关于审理旅游纠纷案件适用法律若干问题的规定》第7条。

(二)限制消费者退改换权利问题格式条款及合规意见

问题条款

1. 景区门票一经售出恕不退换。
2. 如因天气原因等导致部分项目无法开放,不改退门票、不退还费用。

合规意见

随着互联网的发展,现在景区门票大多通过网络途径购买,景区经营者在出售门票时经常会在购买须知中规定限制消费者退改换权利的内容。《消费者权益保护法》中明确规定,除了定做、鲜活易腐、在线下载或经拆封的数字化商品、报纸期刊4种例外商品外,其他网购商品均可7天无理由退货。只要消费者还未核销门票进入景区,即未实际使用所购门票,均不应限制消费者退、改票的权利。此外,消费者购买景区门票是为了享受景区所有的娱乐项目,如因景区原因或不可抗力因素致使部分项目未能如期开放,势必影响消费者游玩体验。景区经营者对该种情况一概规定"不退票、不退费、不改期",明显限制了消费者权利,对消费者不公平。

相关规定

《民法典》第496条第2款、第497条。

(三)免除景区经营者责任问题格式条款及合规意见

问题条款

票、款当面点清,离柜概不负责。

合规意见

景区门票大多可通过网上预订，但是景区内游览车、游船、索道等项目大多需要现场购票。消费者在购票时有支付票款的义务，景区经营者有向消费者交付票据的义务。若票、款交易出现错误，景区经营者也存在相应过错，即使已经离柜，若消费者有证据证明景区经营者在交易过程中确实存在多收钱、少出票的情况，景区经营者仍应当予以纠正，而不能以格式条款规定“离柜概不负责”。该问题条款涉嫌免除经营者责任，属于不公平、不合理格式条款，应予删除。

相关规定

《民法典》第 496 条第 2 款、第 497 条。

（四）禁带食品饮料问题格式条款及合规意见

问题条款

入园时禁止携带食品、酒精饮料、超过 600 毫升的非酒精饮料。

合规意见

对于稍大一些的景区，游玩一次往往需要两三个小时甚至更长时间，消费者在游玩时不可避免会有饮食、饮水的需求。景区禁止或限制游客携带食品及饮料入园无非是为了维护园区的秩序，避免产生不必要的纠纷；拉动园区内餐饮消费，增加消费收入。但是对于消费者来说，其购票入园，与景区之间仅构成娱乐服务合同，合同主要是为了娱乐消费而非餐饮消费，消费者仍有权自主选择食品来源。景区经营者利用格式条款禁止或限制消费者携带食品、饮料进入景区，限制了消费者的选择权，应予删除。

相关规定

《消费者权益保护法》第 9 条。

二、景区内住宿服务问题格式条款及合规意见

(一)免除经营者合同义务的问题格式条款及合规意见

问题条款

由于旅游旺季顾客需求旺盛,网上预订后出现无房状况的,本酒店概不负责。

合规意见

《民法典》第577条规定:"当事人一方不履行合同义务或者履行合同义务不符合约定的,应当承担继续履行、采取补救措施或者赔偿损失等违约责任。"网订房实际上是一个要约承诺的过程,消费者提出订房的要约,经营者确认达成承诺,合同即生效。入住时以旺季住房紧俏为由拒绝提供服务的,应当承担相应的违约责任。

相关规定

《民法典》第577条。

(二)免除经营者安全保障义务的问题格式条款及合规意见

问题条款

入住酒店后,贵重物品请妥善保管,如有丢失概不负责。

合规意见

《消费者权益保护法》第18条第2款规定:"宾馆、商场、餐馆、银行、机场、车站、港口、影剧院等经营场所的经营者,应当对消费者尽到安全保障义务。"安全保障义务是酒店经营者应该承担的法定义务。经营者虽然通过店堂告示的方式告知对顾客的财物丢失不承担责任,但是该店堂告示属于免除经营者安全保障义务的

格式条款，属于无效条款，在消费者财物丢失的情况下，除非经营者能够证明自己已经尽到了安全保障义务，即采取了必要的人员值守、视频监控安装等措施，否则还是需要对消费者财物丢失承担赔偿责任。

相关规定

《消费者权益保护法》第18条第2款。

（三）加重消费者赔偿责任的问题格式条款及合规意见

问题条款

住宿过程中丢失或损坏酒店物品的，按原价的三倍予以赔偿。

合规意见

丢失损坏物品进行赔偿是消费者应尽的义务，但是赔偿损失应当以实际损失情况为依据。物品损坏的赔偿方式包括恢复原状和折价赔偿。物品的主要部分没损坏，基本功能没有受到大的影响，经过修理可以发挥原有功能的，可通过恢复原状弥补酒店损失。若损坏的物品无法恢复原状，消费者可以根据损害物品的现行市场价格减去折旧费所剩余的价值，对酒店经营者进行折价赔偿。经营者以店堂告示等形式漫天要价或高倍赔偿，属于加重消费者责任的格式条款，建议经营者以实际损失为基础约定消费者赔偿责任。

相关规定

《民法典》第584条。

（四）排除消费者变更及解除合同权利的问题格式条款及合规意见

问题条款

消费者一旦预订后不支持取消和修改订单，若变更/取消订单或者未入住，将收取全部担保金作为违约金。

合规意见

“退订难”是酒店行业普遍存在的现象。酒店的客房不同于普通商品，它带有时间属性，消费者预订了某间客房，酒店就把该客房的这个时间段锁定给了这位消费者。一旦消费者产生临时变更，这间客房就很难再次售卖出去，很容易造成客房的虚耗，给酒店造成损失。但是以格式条款形式一概排除消费者取消预订的权利，又会对消费者造成较大损失。酒店经营者可设置合理的阶梯式退订政策，如入住前一天 12:00 前可免费取消；入住当天 18:00 前取消，扣除当天房费的 10% 等。这样既能避免消费者随意取消，又能部分弥补酒店经营者损失。

相关规定

《消费者权益保护法》第 9 条、第 25 条、第 26 条。

三、景区内餐饮服务问题格式条款及合规意见

(一)排除消费者选择权的问题格式条款及合规意见

问题条款

本酒楼谢绝自带酒水。

合规意见

根据《消费者权益保护法》第 9 条“消费者享有自主选择商品或者服务的权利。消费者有权自主选择提供商品或者服务的经营者，自主选择商品品种或者服务方式，自主决定购买或者不购买任何一种商品、接受或者不接受任何一项服务。消费者在自主选择商品或者服务时，有权进行比较、鉴别和挑选”之规定，消费者在酒店依法享有对饮食的自主选择权。该问题条款排除了消费者对饮食的选择权，应认定无效，应予删除。

相关规定

《消费者权益保护法》第9条。

(二)设置最低消费的问题格式条款及合规意见

问题条款

本店包厢最低消费1000元。

合规意见

《餐饮业经营管理办法(试行)》第12条规定:"禁止餐饮经营者设置最低消费。"根据该规定,餐饮经营者如设最低消费,可处违法所得3倍以下、最高不超过3万元的罚款。

相关规定

《餐饮业经营管理办法(试行)》第12条。

(三)收取餐具消毒费用的问题格式条款及合规意见

问题条款

消毒餐具工本费每套一元。

合规意见

《中华人民共和国食品安全法》(以下简称《食品安全法》)第56条第2款规定:"餐饮服务提供者应当按照要求对餐具、饮具进行清洗消毒,不得使用未经清洗消毒的餐具、饮具;餐饮服务提供者委托清洗消毒餐具、饮具的,应当委托符合本法规定条件的餐具、饮具集中消毒服务单位。"提供清洁的消毒餐具是餐饮经营者的义务,不应将这种义务转嫁给消费者,变相收取餐具消毒费用,相应条款应予删除。

相关规定

《食品安全法》第 56 条第 2 款。

第四节　旅游类合同格式条款合规建议

一、政府有效监管建议

(一)进一步完善、推广旅游合同示范文本的使用

我国目前的旅游合同示范文本存在两个问题:第一,合同版本不统一,各层级、各地区文本内容不一,导致普遍推行受限;第二,对不采用示范文本的旅行社缺乏有效的制约,使示范文本流于形式。针对示范文本不统一的情况,应加强统一规制,制定科学、合理的旅游合同示范文本,并根据相关法律规范及旅游市场环境的变化不断更新完善。此外,有关部门还应做好旅游合同示范文本的推广工作,宣传未签订旅游合同的危害、采用旅游合同示范文本的好处,通过案例展示、公益广告等形式开展推广活动,鼓励旅行社采用示范文本规范订立旅游合同,从而实现对旅游合同格式条款的规范指引。

(二)建立健全违规使用格式条款旅行社黑名单

行政机关可通过互联网建立并公示全国旅游业规范经营名单,对规范使用旅游合同格式条款的旅行社,建立完善诚信守法、诚信褒奖机制;对违法违规、不合理使用格式条款、损害旅游者合法权益或旅游投诉频繁的旅行社,适当建立黑名单制度,将旅行社的合法诚信经营行为与其市场活动挂钩,敦促其依法依规诚信经营。

(三)加强旅游合同格式条款使用的日常监督

对于旅游合同格式条款的监管,除合同格式条款备案外,还应加强日常监督,特别是在旅游业较为发达的地区,应该针对旅游行业监管增加行政人力、物力,定期或不定期对旅行社使用旅游合同的情况进行监督,对于不规范行为提出修改意

见,推动地方旅游业的规范、有序发展。

(四)实行“先行赔付”制度

为解决旅游者维权难、维权成本高等问题,同时增强旅行社责任风险意识,建议实行“先行赔付”制度。凡旅游活动涉及消费争议造成旅游者经济(精神)损失的,旅行社除导游或领队需积极协助消费者维权外,可以无理由先行赔付消费者的相关损失,若该损失是因第三人原因造成的,旅行社可向责任方追偿。从制度上保证消费者合法权益得到有效保护、督促旅行社诚信守法经营,主管部门也可依此为对旅行社评星评级的先决条件之一。

二、经营者自我合规审查建议

(一)旅游行业协会应当发挥自律作用

行业协会处于市场和政府之间的地位,对于发挥行业自律、完善行业监管制度、提升行业自律能力等,发挥着积极的作用。作为旅游经营主体自律组织的旅游协会,在对旅游合同格式条款规范使用上可以发挥积极的促进作用。首先,协会可以通过开展行业内部成员培训学习的形式,指导旅行社规范使用旅游合同示范文本,依法依规公平合理地制订格式条款。其次,可以通过组织对《旅游法》等行业相关的法律规范的学习活动,增强旅行社的法律意识和从业素质。再次,旅游协会可以通过制定行业规范的形式,约束、规范旅行社以及从业人员的执业行为,对于违反行业规范的行为,给予相应的行业处罚。最后,行业协会可以配合主管部门,对旅游合同的违规使用、格式条款的不合理使用等行业现象,开展整治行动,维护行业秩序和风气。

(二)旅行社应强化自身责任意识

相较于旅游者,旅游经营者在经济实力、信息储备等方面处于明显优势地位。在旅游服务过程中,旅游经营者使用格式条款本身更加剧了此种地位差异,打破了契约公平原则,因此旅游经营者应转变经营理念,强化公平意识,遵循诚信原则,依法订立格式合同。

三、消费者主动维权建议

在旅游服务市场中,格式条款在旅游服务合同中随处可见。由于旅行社与旅游者服务交易的定型化,旅游者往往不会仔细阅读格式条款,无法知晓不利于自身权利义务的格式条款。旅游经营者作为一种营利性组织,缺乏自我约束的驱动力,在订立旅游服务合同时往往追求自身利益最大化、责任最小化,这就要求旅游者摈除侥幸心理,在签署合同前要认真审查合同内容,特别是对关系到自身权利义务的格式条款要格外重视,必要时可寻求专业人士帮助。

附:旅游类合同格式条款合规主要法律法规及规范性文件目录

1.2010 年 7 月 1 日:《旅游投诉处理办法》(国家旅游局令第 32 号)。

2.2011 年 4 月 12 日:《旅行社服务质量赔偿标准》(旅办发〔2011〕44 号)。

3.2013 年 10 月 1 日:《旅游行政处罚办法》(国家旅游局令第 38 号)。

4.2014 年 11 月 1 日:《餐饮业经营管理办法(试行)》(商务部、国家发展和改革委员会令 2014 年第 4 号)。

5.2016 年 12 月 1 日:《旅游安全管理办法》(国家旅游局令第 41 号)。

6.2017 年 3 月 1 日:《中国公民出国旅游管理办法》。

7.2018 年 10 月 26 日:《中华人民共和国旅游法》。

8.2020 年 10 月 1 日:《在线旅游经营服务管理暂行规定》(文化和旅游部令第 4 号)。

9.2020 年 11 月 29 日:《旅行社条例》(国务院令第 550 号)。

10.2021 年 1 月 1 日:《最高人民法院关于审理旅游纠纷案件适用法律若干问题的规定》(法释〔2020〕17 号)。

11.2022 年 1 月 1 日:《文化和旅游市场信用管理规定》(文化和旅游部令第 7 号)。

第十四章

供用电、水、气、热力类合同格式条款合规指南

第一节 供用电、水、气、热力类合同格式条款概述

一、概述

(一)供用电、水、气、热力管理体系历史沿革

电、水、气、热力属于民生保障产品,关系国计民生。我国属于能源匮乏国家,在计划经济时代,对电、水、气、热力的供应保障以行政管理为主,采取政府定价的方式,实行计划调配以保证居民生活需求。该管理模式在资源有限情况下,保障了资源的合理利用,满足了人民群众的基本生活和生产企业的生产需要。但弊端显而易见,即易产生社会不良风气,滋生腐败,如社会上流传的“电老虎”和为了取得能源供应出现的商业贿赂等现象。随着政府职能转变和社会主义市场经济制度的确立,能源供应管理被纳入市场调节范畴,为了规范能源市场的运行,在法律层面对供用电、水、气、热力作出了规定。

电、水、气、热力属于民生保障产品，从供需主体、生产经营体制、管理体制等方面看具有高度相似性。虽然法律法规规章政策分别就电、水、气、热力作了规定，但《民法典》规定，供用水、气、热力参照适用供用电合同的有关规定。本书主要针对合同格式条款问题进行探讨，为避免内容过多重复，本节概述中主要以供用电合同为例进行阐述。

（二）供用电、水、气、热力管理法律规范体系的建立

1. 确立了供电企业强制缔约义务

供用电、水、气、热力属于特殊类型的合同，由于商品的唯一性和供应方的单一性的特点，如果电、水、气、热力使用人的申请被拒绝，基本的民生需求就得不到保障，因此法律规定了强制缔约义务[①]，即普遍服务，要求向社会公众供电的供电人，不得拒绝用电人的合理订立合同要求。

1982 年 7 月 1 日起施行的原《经济合同法》第 21 条规定，供用电合同，根据电力可供量签订。该法未规定供电人强制缔约义务。1990 年 10 月 1 日起施行的原《合同法》也未规定供电人的强制缔约义务。2018 年 12 月 29 日起施行的《中华人民共和国电力法》（以下简称《电力法》）首次确立了供电企业强制缔约义务，该法第 26 条规定："供电营业区内的供电营业机构，对本营业区内的用户有按照国家规定供电的义务；不得违反国家规定对其营业区内申请用电的单位和个人拒绝供电。"《民法典》第 648 条第 2 款规定，"向社会公众供电的供电人，不得拒绝用电人合理的订立合同要求"。同时第 656 条规定，"供用水、供用气、供用热力合同，参照适用供用电合同的有关规定"。据此，强制缔约义务已从单行法规范上升至法典规范，具有普遍适用意义。

2. 中断供电的通知义务

《民法典》第 652 条规定，供电人因供电设施计划检修、临时检修、依法限电或者用电人违法用电等原因，需要中断供电时，应当按照国家有关规定事先通知用电人；未事先通知用电人中断供电，造成用电人损失的，应当承担赔偿责任。

---

① 参见《民法典》第 648 条第 2 款。

3. 中止供电的通知义务

《民法典》第654条规定，"用电人应当按照国家有关规定和当事人的约定及时支付电费。用电人逾期不支付电费的，应当按照约定支付违约金。经催告用电人在合理期限内仍不支付电费和违约金的，供电人可以按照国家规定的程序中止供电。供电人依据前款规定中止供电的，应当事先通知用电人"。

4. 供用电合同格式条款的基本内容

《民法典》第649条规定，供用电合同的内容一般包括供电的方式、质量、时间，用电容量、地址、性质，计量方式，电价、电费的结算方式，供用电设施的维护责任等条款。

5. 供用电、水、气、热力设施的保护义务

《电力法》第52条第1款规定，任何单位和个人不得危害发电设施、变电设施和电力线路设施及其有关辅助设施。由于电、水、气、热力大多是管道式供应，涉及设施的投资和维护，任何单位和个人都有保护此类设施安全的义务，都有权制止危害此类设施的行为，并向相关主管部门或者公安机关举报。

(三)供用电、水、气、热力合同

1. 供用电合同的概念

供用电合同是指供电人和用电人订立的，由供电人供应电力，用电人使用电力并支付电费的协议。供用电合同标的物，是一种特殊的商品电，由于其具有物的特性，属于物的一种，故是一种特殊类型买卖合同。供用电合同主体为供电人和用电人。供电人是指具有供电资质的企业法人和非法人机构。用电人是指为生活、生产经营、工作所需消费电力的单位和个人。

2. 供用电合同的特点

供用电合同一般具有以下特点：

(1)缔约具有强制性。只要用电区域内用电人发出合理用电要约，供电人必须予以承诺。

(2)诺成、格式合同。双方当事人协商一致，合同即告成立。由于供用电交易内容基本相同，适合采用格式条款磋商订立，方便交易。

(3)双务、有偿合同。供电人负有按照国家规定的标准和与用电人的约定安全供电的义务。用电人负有按约用电和支付电费的义务。

(4)供用电合同属于持续性合同,非经法定事由,不得擅自停止供电。供用电合同的履行是连续的,因为电力的供应和使用是连续的,所以合同的履行也是连续的。在合同规定的期限内,正常情况下,供应商必须连续供电,用户必须按时支付相应的价格。

(5)电力实行统一定价。电力产品属于民生产品,关系国计民生。《电力法》第35条第2款规定,电价实行统一政策,统一定价原则。不能由当事人双方约定价格。

(6)合同标的物为电力,具有无形性、可使用性及消耗性的特点。

二、供用电、水、气、热力合同主要格式条款

(一)供用电合同主体

1.供电人

供电人为经行政许可的供电企业。具体包括两个方面:一是经许可具有供电资质;二是在划定区域范围内的供电企业。

2.用电人

在划定区域范围的单位和个人,具有法律规定的电力使用权。

(二)供用电合同主要格式条款

供用电合同的内容一般包括供电的方式、质量、时间,用电容量、地址、性质,计量方式,电价、电费的结算方式,供用电设施的维护责任等条款。

1.供电方式

供电企业对申请用电的用户提供的供电方式,应从供用电的安全、经济、合理和便于管理等方面出发,依据国家的有关政策和规定、电网的规划、用电需求以及当地供电条件等因素,进行技术经济比较,按照《供电营业规则》第二章的规定,与

用户协商确定。

2. 供电质量

供电人应当按照国家规定的供电质量标准和约定安全供电。供电人未按照国家规定的供电质量标准和约定安全供电,造成用电人损失的,应当承担赔偿责任。供电企业应按规则规定在电力系统正常状态下和非正常状态下的供电电压允许偏差,以保证供电质量。

3. 供电时间

在发供电系统正常情况下,供电企业应连续向用户供应电力。出现法定可中断、中止供电的情况时,应履行通知义务。

4. 用电容量、地址、性质

(1)任何单位或个人需新装用电或增加用电容量、变更用电都必须按本规则规定,事先到供电企业用电营业场所提出申请,办理手续。供电企业应在用电营业场所公告办理各项用电业务的程序、制度和收费标准。

(2)供用电合同的履行地点,按照当事人约定;当事人没有约定或者约定不明确的,供电设施的产权分界处为履行地点。

(3)用电性质指用电负荷具有的电特性,用电负荷的重要程度,用电负荷的用电时间、场合、目的和答应停电时间等。

消费电能行为的属性,包括用电负荷本身具有的电特性以及对停电的敏感性,用电的时间特性,用电服务场所与环境等。用户用电性质不同,对供电质量的要求和影响也不同,导致用电负荷在电网用电中所处的位置有差异,因而在电力系统调度、供用电治理和服务上也有区别。用电性质既反映了用户用电过程中的客观规律,也反映了用户用电对供电的基本要求,是供电企业经济合理地确定供电方式、选用合适的电能计算方式和相应电价以及进行用电负荷调整、改善供电质量、提高服务水平的依据。

用电性质按行业分为:居民类用电、商业服务业类用电、工业类用电和其他用电四个类别。供用电合同根据用电性质约定电价。

5. 用电计量方式

供电企业应在用户每一个受电点内按不同电价类别分别安装用电计量装置,

每个受电点作为用户的一个计费单位。城镇居民用电一般应实行一户一表。

6. 电价、电费的结算方式

电价,是指电力生产企业的上网电价、电网间的互供电价、电网销售电价。电价实行统一政策、统一定价原则,分级管理。供电企业应当按照国家有关规定实行分类电价、分时电价。供电企业应当按照国家核准的电价和用电计量装置的记录,向用户计收电费。禁止任何单位和个人在电费中加收其他费用,但是,法律、行政法规另有规定的,按照规定执行。禁止供电企业在收取电费时,代收其他费用。用电人应当按照国家有关规定和与供电人的约定及时支付电费。用电人逾期不支付电费的,应当按照约定支付违约金。经催告用电人在合理期限内仍不支付电费和违约金的,供电人可以按照国家规定的程序中止供电。

7. 供电设施的维护责任

供电设施的运行维护管理范围,按产权归属确定。在供电设施上发生事故引起的法律责任,按供电设施产权归属确定。产权归属于谁,谁就承担其拥有的供电设施上发生事故引起的法律责任。

(三)供水、气、热力合同主要格式条款

《民法典》第656条规定,供用水、供用气、供用热力参照适用供用电合同的有关规定。供水、气、热力合同基本内容可参见供用电合同主要内容。依据《消费者权益保护法》、《城市供水条例》、《浙江省城市供水管理办法》、《城镇燃气管理条例》、原《城市燃气安全管理规定》和《浙江省燃气管理条例》等有关法律法规和规章规定制订格式条款。

第二节　供用电、水、气、热力类合同主要问题格式条款及合规意见

供用电、水、气、热力合同的签订和履行是一项重要工作。一些经营企业,利用

公用企业的独占地位,在签订合同时强加一些显失公平的格式条款,牟取不正当利益,侵害了消费者的合法权益。有的格式条款不合理地免除或者减轻经营者责任、加重消费者责任、限制消费者主要权利或者有其他违反法律法规规定的情形。无论是从保护消费者合法权益角度来说,还是从企业依法合规经营角度来说,都很有必要对供用电、水、气、热力合同格式条款进行合规指引。为增强合规可操作性,本节在对主要不公平格式条款提出合规意见后,举例阐述。

一、供用电、水、气、热力企业拒绝履行合同强制缔约义务

(一)合同强制缔约义务及合规要求

如前所述,供用电、水、气、热力作为民生保障产品,法律规定了强制缔约义务,即普遍服务,要求向社会公众供电的供电人,不得拒绝用电人的合理订立合同要求。供用电、水、气、热力人应依法履行强制缔约义务,即合同订立的强制承诺。

强制缔约义务存在于合同订立前,无法列举问题条款进行合规分析。但实践中确实存在拒绝履行强制缔约义务的案例,故在此将其延伸至缔约磋商阶段。根据相关法律规定,分析供用电法律关系各种主体的权利义务,在文后加引强制缔约义务相关司法判例,供市场管理部门参考,同时用于对经营者的警示、消费者维权的参考。

所谓强制缔约义务是指法律规定的,合同一方当事人对相对方提出的要约,不得拒绝承诺。供用电关系国计民生,供电人处于独占经营地位。强制缔约义务设置的初衷就是为了保护公众的生活利益或者维护公共秩序而对个人或者企业的缔约自由作出的限制。① 根据不同的标准,可以分为强制要约和强制承诺、直接强制缔约和间接强制缔约等。关于违反强制缔约义务应承担的责任有不同的观点,如缔约过失责任说、侵权责任说、独立责任说。笔者认为,违反强制缔约义务所产生的是一个独立的责任类型。强制缔约义务的设立,是为使公共服务部门履行其应尽的社会职能,满足公众的生活、生产需要,因而违反强制缔约义务的责任承担方

① 参见杨钉、周嫚:《非独立商铺所有人的强制缔约义务》,载《人民司法》2020年第14期。

式主要是强制合同的订立,独立责任说也得到了司法判例的支持。①

法律规定了供用电的强制缔约义务,同时赋予供电人依法抗辩的权利,并非一概无条件地强制缔约。如存在符合国家规定的抗辩事由,供电人可以拒绝供电。供用电的基本要求是供用电设施要符合国家规定的标准,用电人在供电人的营业区范围内。如果住宅小区开发商没有将专用配电设施等供电设施建设完成并交付,小区不具备国家规定的供用电条件,供电人则可以拒绝供电。

供用电、水、气、热力人拒绝履行强制缔约义务。首先,违反了法律强制性规定。其次,剥夺了使用人获取生活、生产资料的权利。电、水、气、热力系民生保障商品,且为独家经营。供用企业拒绝履行缔约义务,将导致使用人无法获取相应商品,影响使用人正常的生活、生产。最后,冲击了市场管理秩序,增加了消费者交易和维权成本,容易增加社会不稳定因素。

《电力监管条例》规定了电力主管机构履行电力监管和行政执法职能。国务院有关部门履行相关的监管职能和行政执法职能。违反强制缔约义务行为通常发生在供用电合同订立前,合同格式条款无从规制,当事人可通过向监管部门投诉和司法救济形式维权。

法律规定了拒绝履行强制缔约义务的责任。在行政责任方面,可由电力监管机构责令改正,给予警告;情节严重的,对直接负责的主管人员和其他直接责任人员,依法给予处分。在强制缔约方面,由监管部门责令供用企业履行缔约义务或由司法机关判令供用企业履行缔约义务。

建议:通过监管部门日常检查监督和对用户投诉的处理,对不履行强制缔约义务供用企业实施监管。

(二)相关规定

《民法典》第 648 条第 2 款;《电力法》第 26 条;《电力监管条例》第 4 条、第 18 条、第 32 条。

① 参见黑龙江省鹤岗市兴安区人民法院民事判决书,(2020)黑 0405 民初 11 号。

二、格式条款中未设定中止、中断供用电、水、气、热力的通知义务

问题条款

用水方私自开启计费水表封印、更换计费水表、拆装计费水表等致使水量失准的行为均属窃水行为，供方有权中止供水，并移送有关部门按规定处理。

用水人超过规定缴费日期30日不缴纳水费的，供水人停止供水。停止供水后，用水人在30日内交齐所欠水费、违约金和恢复通水所发生的相关费用后，供水人应当在48小时内恢复通水。

供气方有权对不按期交费（超过两个缴费周期）的用气方中断供气。

合规意见

1. 中止、中断供用电、水、气、热力概述

中止供用电、水、气、热力是指因用户违反合同约定出现欠费等违约行为时，电、水、气、热力供用人暂时停止供用的行为。停止供用的原因为主观因素，恢复供用时间也由主观因素决定。中断供用电、水、气、热力是指因供用设施计划检修、临时检修、依法限电或者用户违法使用等原因，暂时停止供用的行为。停止供用原因为客观因素，恢复供用时间也由客观因素决定。

两者的共同点均是暂时停止供用。不同点在于停止供用的原因和恢复供用的理由。合法有效的合同，必须全面履行。法律规定，供电企业在发电、供电系统正常的情况下，应当连续向用户供电。向用户供电既是供电人的合同义务，也是法定义务。法律规定中止、中断供电、水、气、热力的通知义务，是基于供用合同连续不中断履行的特点作出的特别规定，其目的在于减少中止、中断供用对使用人造成经济损失或其他不利影响。

2. 中止、中断供用通知义务的法律规定

《民法典》第652条、第654条，《电力法》第29条，《电力供应与使用条例》第28条，《城镇燃气管理条例》第20条均规定中止、中断供用的通知义务。

3. 中止、中断供用电、水、气、热力的法定事由

中止供用电、水、气、热力的事实依据在于:合同履行过程中,使用人违反了供用合同约定的义务,法律规定供用人可行使停止供用权,并可以追究使用人违约赔偿责任,以及追究违法行为的行政、刑事责任。中断供用电、水、气、热力的事实依据在于:基于设施计划检修、临时检修、依法限电或者用电人违法用电等原因,法律规定供用人可行使暂停供用权。

4. 违法性分析

3 个问题条款均未设定依法履行中止、中断供用电、水、气、热力的通知义务。建议在格式条款中增加:遇有法定中止、中断供用电、水、气、热力事由的,经营者应依法履行通知义务。

5. 未履行中止、中断供用通知义务的法律责任

(1)行政责任。《电力法》第 64 条规定,拒绝供电或者中断供电的,由电力管理部门责令改正,给予警告;情节严重的,对有关主管人员和直接责任人员给予行政处分。

(2)民事赔偿责任。《电力法》第 59 条第 2 款、《民法典》第 652 条均规定了未履行通知义务的民事赔偿责任。司法判例也确立了未履行通知义务的民事赔偿责任,认为供电公司中断停电,未依法履行通知义务,应承担相应民事赔偿责任。

6. 建议:监管部门监督供用企业设立中止、中断供电、水、气、热力通知制度,对确需中止、中断供用的,切实履行好通知义务,避免发生侵害消费者合法权益的纠纷。

相关规定

《民法典》第 652 条、第 654 条、第 656 条;《电力法》第 29 条、第 59 条、第 64 条;《电力供应与使用条例》第 28 条;《城镇燃气管理条例》第 20 条。

三、合同格式条款设定违约赔偿损失范围和最高限额

问题条款

供电人违反本合同电能质量义务给用电人造成损失的，应当赔偿用电人的实际损失，最高赔偿限额为用电人在电能质量不合格的时间段内实际用电量和对应时段的平均电价乘积的百分之二十。

供电人违反本合同约定实施停电给用电人造成损失的，应赔偿用电人实际损失，最高赔偿限额为用电人在停电时间内可能用电量（该用电量的计算参照）电度电费的五倍。

合规意见

违约赔偿责任，是指行为人违反合同约定造成对方损失时，行为人向受害人支付一定数额的金钱以弥补其损失。违约赔偿责任的构成要件包括：第一，有违约行为，即当事人一方不履行合同义务或者履行合同义务不符合约定。第二，违约行为造成了对方的损失。如果违约行为未给对方造成损失，则不能用赔偿损失的方式追究违约方的民事责任。第三，违约行为与对方的损失之间有因果关系，对方的损失是违约行为所导致的。第四，无免责事由。

上述问题条款中设定赔偿损失范围和最高赔偿限额，违反了法律关于违约赔偿损失范围的规定，属于《民法典》第497条规定的，提供格式条款一方不合理地免除或者减轻其责任的无效条款。法律规定违约赔偿损失包括直接经济损失和可得利益损失。电能质量不符合合同约定，以及擅自停电造成的损失，并不单单是电费的损失。如电压不稳，可能造成家用电器等财产损害。擅自停电可能造成人身或财产损害。由此产生的损失，均属违约赔偿责任范围。

建议将该问题条款中的赔偿比例限额删去，改为："供电人违反本合同约定，对用电人造成损失的，依照法律规定承担民事赔偿责任。"

相关规定

《民法典》第 497 条、第 583 条、第 584 条、第 651 条;《电力法》第 59 条。

四、免除经营者责任

问题条款

特别声明:用气方确认并承诺同意该等条款时并不存在欺诈、胁迫或显失公平等情形。本合同所有条款所表达的内容为买卖双方的真实意思表示,并不存在法定可撤销之情形。

合规意见

所谓可撤销合同,是指合同因欠缺一定的生效要件,其有效与否,取决于有撤销权的一方当事人是否行使撤销权的合同。可撤销合同是一种相对有效的合同,在有撤销权的一方行使撤销权之前,合同对双方当事人都是有效的。《民法典》第 147 条至第 151 条规定了重大误解、欺诈、胁迫、显失公平等可撤销情形。

《民法典》规定,民事法律行为被撤销后,行为人因该行为取得的财产,应当予以返还;不能返还或者没有必要返还的,应当折价补偿。有过错的一方应当赔偿对方由此所受到的损失;各方都有过错的,应当各自承担相应的责任。上述问题条款排除了本合同存在欺诈、胁迫、显失公平等法定可撤销情形,属于《民法典》第 497 条规定的,提供格式条款一方不合理地免除或者减轻其责任的无效格式条款。

建议删除该免责条款。

相关规定

《民法典》第 497 条、第 147～151 条、第 157 条。

五、转嫁消防设施维护责任

问题条款

供、用水设施维护管理责任：用水方要加强对消防设施及系统的维护和保养，经常性地检查消防设施及系统的运行状况，发现问题及时解决，确保消防设施及系统处于正常状态。

合规意见

《浙江省城市供水管理办法》第25条第2款规定，城市公共消火栓由城市供水企业负责安装和维修管理，公安消防部门负责监督检查。问题条款将供水企业的对消防设施维修义务转嫁于用水人承担，属于《民法典》第497条规定的，提供格式条款一方不合理地免除或者减轻其责任、加重对方责任的无效条款。建议依照相关规定修改该问题条款。

相关规定

《民法典》第497条；《浙江省城市供水管理办法》第25条第2款。

六、逾期缴费滞纳金设定不合理

问题条款

用水人逾期不缴纳水费，自逾期之日起向供水人按日支付应缴纳水费总额万分之五的违约金。

合规意见

《民法典》第585条规定，当事人可以约定一方违约时应当根据违约情况向对方支付一定数额的违约金，也可以约定因违约产生的损失赔偿额的计算方法。违约金属于法律规定的可由当事人协商约定的合同内容。格式条款的设定,未能与对方当事人协商,属于单方设定,故违约金的比例应适用相对合理的比例。

供用水合同本质上是一种货物买卖合同,应参照适用《最高人民法院关于审理买卖合同纠纷案件适用法律问题的解释》中关于逾期付款违约金的规定。该司法解释规定,违约行为发生在2019年8月19日之前的,人民法院可以中国人民银行同期同类人民币贷款基准利率为基础,参照逾期罚息利率标准计算;违约行为发生在2019年8月20日之后的,人民法院可以违约行为发生时中国人民银行授权全国银行间同业拆借中心公布的一年期贷款市场报价利率(LPR)标准为基础,加计30%~50%计算逾期付款损失。

该问题条款以每日万分之五比例计算逾期缴纳水费的违约金,没有法律依据,也不符合法律关于违约金可约定的规定,同时又有失公平。应参照《最高人民法院关于审理买卖合同纠纷案件适用法律问题的解释》设置逾期缴纳水费违约金格式条款。

建议参照《最高人民法院关于审理买卖合同纠纷案件适用法律问题的解释》中关于逾期付款违约金的规定,修改违约金比例。

相关规定

《民法典》第585条;《最高人民法院关于审理买卖合同纠纷案件适用法律问题的解释》第18条第4款。

七、对丢失IC卡内余额不予补偿不合法

问题条款

用气方如已充值的IC卡丢失,需到燃气公司办理补卡手续,缴纳相应的补卡费,但未充入气表的气量,供气方不予补偿。

合规意见

已充值 IC 卡具有预付款性质，在供气方履行供气义务后，可以用于结算用气费用。《消费者权益保护法》第 53 条规定：经营者以预收款方式提供商品或者服务的，应当按照约定提供。未按照约定提供的，应当按照消费者的要求履行约定或者退回预付款；并应当承担预付款的利息、消费者必须支付的合理费用。该问题条款只设定可以补办 IC 卡，对卡内的余额不予补偿，与法律规定的对未履行的应继续履行或退回预付款不符。对已充值卡内余额能查清的，供气方应继续履行供气义务或退回预付款。

相关规定

《消费者权益保护法》第 53 条。

第三节　供用电、水、气、热力类合同格式条款合规建议

本章合规指引除按通用合同监管与审查原则进行监管与审查外，需特别注意保持企业市场发展地位，及其对社会民生保障的重要性，尤其是法律对公用企业经营活动的特别规定，以及企业有无利用公有企业优势地位订立合同的情况。

一、政府有效监管建议

本章监管部门涉及行业监管机构和市场监督管理机构双重监管。

（一）行业监管机构的监管

1. 强制缔约义务的监管

（1）对供用企业合法经营进行监管。供用电、水、气、热力关系国计民生。行

业监管机构要依法履行监管职责，督促供用企业依法经营，保证使用人依法享有供用权。

（2）对不履行强制缔约义务供用企业的监管。通过日常检查和用户的投诉，实施监管。对使用人的投诉要高度重视并及时进行处理。对不履行强制缔约义务的供用企业，可以责令履行缔约义务，给予警告；情节严重的，对直接负责的主管人员和其他直接责任人员，依法给予处分。

2. 中止、中断供电、水、气、热力通知义务的监管

监督供用企业设立中止、中断供电、水、气、热力通知制度，对确需中止、中断供用的，切实履行好通知义务，避免发生侵害消费者合法权益的纠纷。

（二）市场监督管理机关的监管

1. 强制缔约义务的监管

（1）对经营者的监管。通过行使合同管理职能，将合同格式条款备案审查延伸至缔约磋商阶段，通过日常监管对经营者履行强制缔约义务进行监管，督促经营者依法经营，履行强制缔约义务。

（2）妥善处理消费者投诉。针对消费者的强制缔约投诉，不推诿、不回避。指导行业协会进行协调，妥善处置。减少消费者的维权成本。

2. 中止、中断供电、水、气、热力通知义务的监管

（1）严格合同格式条款备案审查。供用电、水、气、热力合同格式条款示范文本应用多年，实践中格式条款不应再遗漏通知义务相关内容，但在合同格式条款备案文本中仍存在未设定的情况。监管部门应严格备案审查，对屡查屡犯的经营者，可采取书面告知、警告、公示等监管措施，督促经营者依法履行中止、中断供用通知义务。

（2）日常监管经营者按约履行合同义务。日常检查经营者出现中止、中断供用法定事由时是否履行通知义务，对未履行的督促其履行。

3. 无效、可撤销格式条款的监管

通过合同格式条款备案审查进行监管。对合同格式条款设定违约赔偿损失范围和最高限额、免除或者减轻经营者责任、加重消费者责任、限制消费者主要权利、

排除消费者主要权利等违法条款的，坚决予以纠正。

4. 供用电、水、气、热力企业利用优势地位转嫁义务和责任的监管

通过合同格式条款备案审查予以纠正。

5. 合同格式条款共性问题监管

（1）重力治理《补充协议》

自合同格式条款备案制度实施以来，《补充协议》已成为某些市场主体规避监管、逃避责任的逃生门。如放任自流，恐成“溃堤之蚁穴”，合同格式条款备案的“大堤”终将毁于一旦。

经营者为了减免自身的责任，往往在合同格式条款备案后，通过签订《补充协议》的方式，改变备案合同中对己不利的格式条款内容，并约定主合同与《补充协议》约定内容不一致的，以《补充协议》为准。

建议监管部门在合同格式条款“说明”中，对《补充协议》的性质和内容范围作出规定，并将改变主合同内容的《补充协议》列入强制备案管理。避免经营者以签订《补充协议》方式，减少或免除己方责任，侵害消费者的合法权益。

（2）日常监管

指导经营者进行合同格式条款自查，主动修改格式条款中的“霸王条款”，为消费者营造放心环境；查处曝光利用格式条款侵害消费者合法权益的案例；加大源头治理力度；依据法律、法规、规章，制定完善本类合同示范文本，供经营者参照使用。

二、经营者自我合规审查建议

（一）强制缔约义务

1. 经营者要依法经营，对符合供用条件的使用人不推诿，履行好强制缔约义务。

2. 充分行使法律赋予的权利。遇有强制缔约纠纷，要依法审查消费者是否具备使用人资格和条件，适时提出强制缔约义务抗辩。

（二）合同无效、可撤销情形的把握

法律规定了无效、可撤销情形。为避免合同无效、被撤销，要依法协商订立合同。从合同主体、内容、经营范围，以及平等、自愿、互利等方面进行把握。

（三）提交合同格式条款备案重点关注内容

合同备案的意义在于，督促经营者依法规范经营。对监管部门而言，既是监管的需要，也是为企业提供服务。作为经营者，对合同备案不能有畏难情绪，更不应该有抵触。通过合同格式条款备案可以促进企业优化经营。合同格式条款备案重点关注内容如下：(1)是否存在格式条款中未设定中止、中断供用电、水、气、热力的通知义务情况；(2)格式条款是否设定违约赔偿损失范围和最高限额；(3)格式条款中是否存在免除或者减轻经营者责任、加重消费者责任、限制消费者主要权利等条款；(4)格式条款是否存在排除消费者主要权利条款；(5)其他条款的设定是否符合法律法规和规章的规定。

（四）正确运用补充协议

正确运用补充协议，让其回归本意，避免利用补充协议规避合同格式条款备案审查，损害消费者合法权益，以至于最终损害企业自身信用。

三、消费者主动维权建议

（一）经营者不履行强制缔约义务的维权

1. 向行业监管机构投诉。由行业监管机构责令经营者履行缔约义务。

2. 提起诉讼。由司法机关判令经营者履行缔约义务。

（二）经营者不履行中止、中断供用通知义务的维权

一般情况下因消费者原因中止供用的，经营者往往会履行通知义务。未履行

通知义务多数发生在供用设施计划检修、临时检修、依法限电等情况中。此时消费者如发生因未通知，而造成人身、财产损害的，可通过协商或诉讼途径进行维权，要求经营者赔偿损失。

（三）格式条款中约定不存在无效、可撤销情形的维权

按照法律规定，若条款排除了合同存在欺诈、胁迫、显失公平及法定可撤销等情形，属于提供格式条款一方不合理地免除或者减轻其责任的无效格式条款。

因格式条款属于无效条款，如合同订立过程中存在欺诈、胁迫、显失公平等法定可撤销情形，消费者可依法提起仲裁或诉讼，请求撤销合同，追究经营者的法律责任。

消费者出于对经营者的信任，或者由于法律知识的欠缺，并不会认真审阅合同内容。这就需要消费者提高维权意识，对涉及自身权利义务的主要条款，进行认真审阅。主要包括以下内容：

（1）是否存在免除或减轻经营者责任条款；（2）是否存在加重消费者责任条款；（3）是否限制或排除消费者权利条款；（4）是否未设定经营者的中止、中断供用的通知义务；（5）其他条款的设定是否符合法律法规和规章的规定。

附：供用电、水、气、热力类合同格式条款合规主要法律法规及规范性文件目录

1. 1996 年 10 月 8 日：《供电营业规则》（电力工业部令第 8 号）。
2. 2005 年 5 月 1 日：《电力监管条例》（国务院令第 432 号）。
3. 2005 年 12 月 2 日：《浙江省城市供水管理办法》（浙江省人民政府令第 207 号）。
4. 2010 年 1 月 1 日：《供电监管办法》（国家电力监管委员会令第 27 号）。
5. 2011 年 1 月 8 日：《电力设施保护条例》（国务院令第 588 号）。
6. 2011 年 12 月 31 日：《浙江省电力设施保护办法》（浙江省人民政府令第 293 号）。
7. 2016 年 2 月 6 日：《城镇燃气管理条例》（国务院令第 666 号）。

8.2019年3月2日：《电力供应与使用条例》（国务院令第709号）。

9.2020年3月27日：《城市供水条例》（国务院令第726号）。

10.2020年9月24日：《浙江省燃气管理条例》（浙江省第十三届人民代表大会常务委员会公告第34号）。

11.2021年1月1日：《最高人民法院关于审理买卖合同纠纷案件适用法律问题的解释》（法释〔2020〕17号）。

12.2021年7月30日：《浙江省合同行为管理监督规定》（浙江省第十三届人民代表大会常务委员会公告第55号）。

13.2021年10月1日：《城镇供水价格管理办法》（国家发展和改革委员会、住房和城乡建设部令第46号）。

第十五章

有线电视、电信、邮政类合同格式条款合规指南

第一节　有线电视、电信、邮政类合同格式条款概述

一、有线电视、电信、邮政业务概述

（一）有线电视业务

有线电视，是指利用电缆或者光缆传送电视节目的公共电视传输系统。符合条件的机关、部队、团体、企业事业单位，可以申请开办有线电视台（站）。开办有线电视台（站）必须由广播电视行政管理部门批准，取得有线电视台（站）许可证，方可从事经营活动。有线电视台（站）建设及共用天线系统的设计、安装均需取得有线电视台（站）和共用天线系统设计（安装）许可证。禁止利用有线电视站播放自制电视节目。个人不得申请开办有线电视台（站）。

（二）电信业务

电信，是指利用有线、无线的电磁系统或者光电系统，传送、

发射或者接收语音、文字、数据、图像以及其他任何形式信息的活动。国家对电信业务经营按照电信业务分类,实行许可制度。国家对电信资源统一规划、集中管理、合理分配,实行有偿使用制度。电信资费实行市场调节价制度。电信业务经营者应当统筹考虑生产经营成本、电信市场供求状况等因素,合理确定电信业务资费标准。电信用户有权自主选择使用依法开办的各类电信业务。

(三)邮政业务

《中华人民共和国邮政法》(以下简称《邮政法》)规定,国家实行邮政普遍服务,是指按照国家规定的业务范围、服务标准,以合理的资费标准,为中华人民共和国境内所有用户持续提供的邮政服务。邮政企业经营业务包括邮件寄递、邮政汇兑、邮政储蓄、邮票发行以及集邮票品制作、销售,国内报刊、图书等出版物发行以及国家规定的其他业务。国务院规定范围内的信件寄递业务,由邮政企业专营。快递企业不得经营由邮政企业专营的信件寄递业务,不得寄递国家机关公文。实行邮政普遍服务,特殊服务业务停止、限制办理的通知制度。邮政资费实行政府指导价、政府定价或是市场调节价的定价模式。

二、有线电视、电信、邮政合同的概念

(一)有线电视服务合同

有线电视服务合同,是指有线电视服务商与有线电视用户经协商一致达成的,由有线电视服务商利用电缆或者光缆向用户提供传送电视节目服务,用户支付费用的协议。

(二)电信服务合同

电信服务合同,是指电信服务商与电信用户经协商一致达成的,由电信服务商利用有线、无线的电磁系统或者光电系统,传送、发射或者接收语音、文字、数据、图像以及其他任何形式信息,为电信用户提供服务,电信用户支付费用的协议。

(三)邮政服务合同

邮政服务合同,是指邮政企业与用户经协商达成的,由邮政企业向用户提供邮政业务服务,用户支付费用的协议。

三、有线电视、电信、邮政合同特点

1.强制缔约义务

《邮政法》规定,国家保障中华人民共和国境内的邮政普遍服务。邮政企业按照国家规定承担提供邮政普遍服务的义务,并按照国家规定的业务范围、服务标准,以合理的资费标准,为中华人民共和国境内所有用户持续提供邮政服务。邮政企业提供邮政普遍服务不符合邮政普遍服务标准的,邮政管理部门可以责令改正,并予以处罚。

2.有线电视、电信、邮政业务特许经营制度

设立有线电视台(站)和经营电信业务必须经行政审批,取得许可证后方可从事经营活动。国家规定了邮政企业专营制度,即邮政业务由邮政企业专营的制度。法律规定国务院规定范围内的信件寄递业务,由邮政企业专营。快递企业不得经营由邮政企业专营的信件寄递业务,不得寄递国家机关公文。

3.诺成、双务、有偿合同

有线电视、电信、邮政服务合同属于诺成、双务、有偿合同。

4.邮政普遍服务和特殊服务业务停止办理、限制办理需要履行通知义务

《邮政法》第15条规定,邮政企业应当对信件、单件重量不超过5千克的印刷品、单件重量不超过10千克的包裹的寄递以及邮政汇兑提供邮政普遍服务。邮政企业按照国家规定办理机要通信、国家规定报刊的发行以及义务兵平常信函、盲人读物和革命烈士遗物的免费寄递等特殊服务业务。未经邮政管理部门批准,邮政企业不得停止办理或者限制办理上述业务;因不可抗力或者其他特殊原因暂时停止办理或者限制办理的,邮政企业应当及时公告,采取相应的补救措施,并向邮政管理部门报告。

5. 执行政府指导价或政府定价与市场调节价相结合的定价制度

《邮政法》规定,用户享有自主选择邮政服务和公平交易的权利。邮政企业不得以任何方式限定、指定用户使用高资费业务或者搭售其他商品。实行政府指导价或者政府定价的邮政业务范围,以中央政府定价目录为依据,具体资费标准由国务院价格主管部门会同国务院财政部门、国务院邮政管理部门制定。邮政企业的其他业务资费实行市场调节价,资费标准由邮政企业自主确定。

四、有线电视、电信、邮政服务合同主要格式条款

法律未将有线电视、电信、邮政服务合同列为典型合同。可以参照《民法典》第 470 条规定的合同的一般内容制订格式条款,主要包括:当事人的姓名或者名称和住所,标的,数量,质量,价款或者报酬,履行期限、地点和方式,违约责任,解决争议的方法。

(一)有线电视服务合同主要格式条款

1. 合同双方当事人

(1)有线数字电视服务提供方,是指取得有线电视台(站)许可证的有线电视台(站)。国务院《有线电视管理暂行办法》第 4 条规定:机关、部队、团体、企业事业单位,符合条件的,可以申请开办有线电视台。个人不得申请开办有线电视台、有线电视站。需求方应注意审查服务提供方,有无取得经营有线电视服务业务行政许可证。

(2)有线电视用户,是指需要购买有线电视服务的单位、个人。个人用户订立合同,需要提供个人身份信息,其属于《中华人民共和国个人信息保护法》(以下简称《个人信息保护法》)规定的为订立、履行个人作为一方当事人的合同所必须提供客户个人资料的情形。客户所提供的个人信息,应明确约定服务方使用权限,不得随意泄露和违法使用。单位用户,应提供营业执照、法人身份证明书、法人授权委托书等材料。

2. 标的

约定提供的数字电视、宽带服务。

3. 数量

明确约定有线电视服务业务的种类、数量。

4. 质量

质量包括硬件设施设备的产品质量和有线电视网络传输的运营安全通畅。

5. 价款

价款即服务费，应明确服务费的金额。

6. 履行期限、地点和方式

履行期限按有线电视用户需要确定，一般按年份计算。履行地点即有线电视用户接受服务终端所在地。履行方式为开通数字电视输送终端，将电视信号传送至服务终端，并保持安全畅通运行。

7. 违约责任

约定合同双方权利义务及违反合同应承担的违约责任。

8. 解决争议的方法

可约定以协商、仲裁、诉讼方式解决争议，并明确约定纠纷管辖地。

(二) 电信服务合同格式条款

1. 合同双方当事人

(1) 电信服务提供方，是指取得电信业务经营许可证的电信企业。《中华人民共和国电信条例》(以下简称《电信条例》) 第 7 条规定：国家对电信业务经营按照电信业务分类，实行许可制度。经营电信业务，必须依照本条例的规定取得国务院信息产业主管部门或者省、自治区、直辖市电信管理机构颁发的电信业务经营许可证。未取得电信业务经营许可证，任何组织或者个人不得从事电信业务经营活动。

(2) 电信用户，是指需要购买电信服务的单位、个人。个人用户订立合同，需要提供个人身份信息，其属于《个人信息保护法》规定的为订立、履行个人作为一方当事人的合同所必须提供客户个人资料情形。客户所提供的个人信息，应明确约定服务方使用权限,不得随意泄露或违法使用。单位用户,应提供营业执照,法人身份证明书,法人授权委托书等材料。

2. 标的

标的即由电信服务企业提供的《电信业务分类目录》中的基础电信业务和增值电信业务。

3. 数量

明确约定电信服务业务的种类、数量。

4. 质量

确保电信网络传输的运营安全通畅。

5. 价款

价款即服务费,明确服务费的金额。

6. 履行期限、地点和方式

履行期限按电信用户需要进行约定。履行地点接受服务所在地。履行方式为开通服务项目网络传输。

7. 违约责任

约定合同双方当事人的权利义务及违反合同约定应承担的违约责任。

8. 解决争议的方法

可约定以协商、仲裁、诉讼方式解决争议,并明确约定纠纷管辖地。

(三)邮政合同主要格式条款

1. 合同双方当事人

(1)邮政经营企业,是指具有邮政业务专营权的邮政经营企业。《邮政法》规定,国务院规定范围内的信件寄递业务,由邮政企业专营。

(2)邮政用户。《中华人民共和国邮政法实施细则》(以下简称《邮政法实施细则》)第6条规定,凡使用我国邮政业务的一切单位或者个人统称邮政用户。

2. 标的

标的即邮政服务业务。《邮政法》规定邮政企业经营下列业务:(1)邮件寄递;(2)邮政汇兑、邮政储蓄;(3)邮票发行以及集邮票品制作、销售;(4)国内报刊、图书等出版物发行;(5)国家规定的其他业务。

3. 数量

数量即享有的邮政服务项目数量。

4. 质量

符合国家制定的邮政业务服务质量标准。

5. 价款

价款即邮政服务费。

6. 履行期限、地点和方式

按照邮政服务项目确定履行期限,履行地点和履行方式。邮政服务合同,大多即时清结,有的邮政业务无须约定履行期限,已告完成。

7. 违约责任

约定合同双方权利义务及违反合同应承担的违约责任。

8. 解决争议的方法

可以协商、仲裁、诉讼方式解决争议,并明确约定纠纷管辖地。

第二节　有线电视、电信、邮政类合同主要问题格式条款及合规意见

本节针对有线电视、电信、邮政合同主要不公平条款,依据有关法律法规和规章,进行审查解析,提出意见,以期对有线电视、电信、邮政合同格式条款依法进行规范。

一、有线电视服务类合同主要问题格式条款及合规意见

（一）未经同意向当事人发送广告

问题条款

您愿意接收本公司及关联公司以电话、电子邮件、手机短信等方式告知、发送的产品或业务介绍、推广促销信息及其他商业性信息。

合规意见

《中华人民共和国广告法》（以下简称《广告法》）第43条、《消费者权益保护法》第29条第3款以及全国人民代表大会常务委员会《关于加强网络信息保护的决定》第7条都有“未经当事人同意或请求，不得发送商业性电子信息”的规定，赋予消费者拒绝权。《广告法》明确规定经营者必须向消费者提供拒绝接收的方式。

我国法律不排除经营者向消费者介绍、推荐商品和服务，但在介绍、推荐方式上，法律明确规定未经当事人同意或者请求，不得向其住宅、交通工具等发送广告，也不得以电子信息方式向其发送广告，不得向其发送商业性信息。

该问题条款违反了《广告法》第43条和《消费者权益保护法》第29条第3款的强制性规定，未经同意向消费者发送广告。属于《民法典》第497条第2项规定的限制对方主要权利的无效条款。

建议严格执行广告发送需经消费者同意及以消费者能接受的发送方式进行发送的规定。

相关规定

《民法典》第497条第2项；全国人民代表大会常务委员会《关于加强网络信息保护的决定》第7条；《广告法》第43条；《消费者权益保护法》第29条第3款；《通信短信息服务管理规定》第18条。

(二)限制消费者选择权

问题条款

服务暂停:客户承诺连续在网不少于三年,按期缴费。三年内客户领取的机顶盒产权归公司所有,连续在网满三年后,该机顶盒产权归客户所有。客户在协议规定的连续使用期内,不得中途退网,如违约,公司有权追缴协议期内尚未付清的费用及收回机顶盒,并予以销户。客户连续在网三年以上或预存满三年费用后,若暂不使用服务,需携带开户人有效身份证件至公司营业厅办理服务暂停手续。

合规意见

消费者消费选择权,是指消费者有权自主选择提供商品或者服务的经营者,自主选择商品品种或者服务方式,自主决定购买或者不购买任何一种商品、接受或者不接受任何一项服务。消费者在自主选择商品或者服务时,有权进行比较、鉴别和挑选。

《消费者权益保护法》第 26 条第 2 款规定,经营者不得以格式条款等方式,作出排除或者限制消费者权利等对消费者不公平、不合理的规定。该问题条款设定客户承诺连续在网不少于三年,按期缴费。在网三年以上或预存满三年费用后可以暂停服务。限制了消费者在该时间段另选其他服务商的权利,属于无效条款。

相关规定

《消费者权益保护法》第 9 条,第 26 条第 2 款、第 3 款。

(三)减轻经营者责任、限制消费者主要权利

问题条款

机顶盒保修:甲方向乙方购买或领取的机顶盒在数字电视开通之日起,乙方提供保修 1 年。在此期间对机顶盒本身因素损坏的,乙方予以保修,不收取维修费用。保修期以外,乙方仍负责维修,但将收取设备维修费。

合规意见

《消费者权益保护法》第24条规定，消费者可以按照国家规定或者当事人约定，要求经营者退货，或者要求经营者履行更换、修理等义务，经营者应当承担运输等必要费用。也就是俗称的“三包”。浙江省物价局、浙江省广播电影电视局《关于加强有线数字电视服务收费管理的通知》第4条规定了免费提供的数字电视机顶盒，由商家负责免费维修或更换；有偿提供的数字电视机顶盒，自购买之日起3年内，按国家有关机顶盒“三包”政策规定执行。按照上述法律及规范性文件，消费者对机顶盒享有“三包”的权利。

该问题条款存在以下问题：首先，用“保修”代替法律规范用语“包修”，容易对修理担保的责任范围产生歧义，还可能被无良商家以保修要收取零部件成本为由收费，损害消费者合法权益。其次，保修1年，自行免除包换、包退责任。限制了消费者享受“三包”权利。最后，机顶盒虽包括免费领取和有偿提供，但免费领取以购买有线电视服务为前提，其价值已包含在服务费中，故免费领取的机顶盒，也应适用“三包”规定。该问题条款免除了经营者的“三包”责任，限制了消费者享受“三包”权利。属于《民法典》第497条第2项“提供格式条款一方不合理地免除或者减轻其责任、加重对方责任、限制对方主要权利”的无效条款。

建议将“保修”改为“包修”，内容改为：免费提供或购买的机顶盒，3年内均执行法律关于“三包”的规定。

相关规定

《民法典》第497条第2项，《消费者权益保护法》第24条，浙江省物价局、浙江省广播电影电视局《关于加强有线数字电视服务收费管理的通知》第4条。

（四）提供格式条款一方排除对方主要权利

问题条款

数字电视节目频道及内容由乙方根据国家有关规定和某某市有线电视网络的实际情况确定，双方一致同意乙方有权在未通知甲方的情况下作出必要调整。

合规意见

合法有效的合同,必须全面履行。《民法典》第577条规定了不全面履行合同的违约责任,第543条规定了当事人协商一致,可以变更合同。浙江省物价局、浙江省广播电影电视局《关于加强有线数字电视服务收费管理的通知》第7条规定,运营机构要“调整收费标准或服务内容时,调整前应及时告知已订购使用的用户”。

该问题条款设定“有权在未通知甲方的情况下”对合同主要内容作出必要调整,排除了消费者参与协商变更合同的权利,属于《民法典》第497条第3项规定的“提供格式条款一方排除对方主要权利”情形,应属无效。

建议改为:应当在调整前与已订购使用该项业务的消费者进行协商。

相关规定

《民法典》第577条、第543条、第497条。

(五)提供格式条款一方扩大不可抗力范围

问题条款

乙方(经营者)如因遇不可抗力(包括但不限于自然灾害、国家政策、政府干预等)而不能执行本协议的部分或全部条款,无须承担任何责任,但应立即有效通知甲方并尽力减少甲方损失。

合规意见

《民法典》第180条规定:“因不可抗力不能履行民事义务的,不承担民事责任。法律另有规定的,依照其规定。不可抗力是不能预见、不能避免且不能克服的客观情况。”由此可知,不可抗力为法定免责事由。提供格式条款的一方,无权单方设定不可抗力免责事由。为满足市场经济的发展的需要,国家政策在不断地调整,市场主体应能预见,故不属于上述法律规定的不可抗力免责事由。

《民法典》第585条第1款规定,当事人可以约定一方违约时应当根据违约情况向对方支付一定数额的违约金,也可以约定因违约产生的损失赔偿额的计算方法。同样，当事人也可以协商在一定条件下，免除对方的民事责任。但问题格式条款系预先设定，未经双方协商，不可单方将法定不可抗力免责情形以外的情形，如国家政策调整、政府干预等，归为不可抗力情形。该问题条款，减轻了经营者责任。属于《民法典》第497条第2项“提供格式条款一方不合理地免除或者减轻其责任、加重对方责任、限制对方主要权利”的无效条款。

建议改为：合同履行过程中，如遭遇不可抗力的，按法律规定处理。

相关规定

《民法典》第180条、第585条第1款、第497条第2项。

（六）收费计算方法不合理

问题条款

乙方退订按月计费的服务，服务时间不足一个月的，服务费按一个月计费。

合规意见

《消费者权益保护法》第10条第2款规定，消费者在购买商品或者接受服务时，有权获得质量保障、价格合理、计量正确等公平交易条件。

该问题条款“不足一个月的，服务费按一个月计费”的收费计算方法不合理，加重了消费者负担，有失公平。属于《民法典》第497条第2项规定的“加重对方责任”格式条款，应属无效。建议按实际使用天数计收费用。

相关规定

《民法典》第497条第2项；《消费者权益保护法》第10条第2款。

（七）未履行通知义务

问题条款

甲方应当按照约定的时间和方式及时、足额地向乙方缴纳费用。甲方逾期未缴纳相关费用,乙方有权停送信号。

合规意见

《有线广播电视运营服务管理暂行规定》第24条第1款规定:“用户逾期未按照约定缴纳有线广播电视基本收视维护费的,有线广播电视运营服务提供者可以暂停或者终止相应业务服务,但应当提前二十四小时通知用户。暂停服务期间,不得终止中央电视台第一套节目信号传送服务。”

该问题条款设定,中断服务前未按行业主管部门规定履行通知义务,应予纠正。同时,暂停服务期间,不得终止中央电视台第一套节目信号传送服务。

建议改为:暂停或终止服务的,提前24小时通知用户。暂停服务期间,继续提供中央电视台第一套节目信号传送服务。

相关规定

《有线广播电视运营服务管理暂行规定》第24条第1款。

二、电信服务类合同主要问题格式条款及合规意见

(一)债务抵销不符合法律规定

问题条款

甲方违约责任:甲乙双方一致确认,甲方出现本协议所述的违约情形时,甲方应向乙方支付违约金以补偿乙方的损失,乙方有权以甲方账户中尚未解冻的预存款直接抵扣欠费、违约金及约定的相关费用,不足部分,乙方保留对甲方追缴的权利。违约金包括但不限于:因用户欠费发生的逾期付款违约金,以及乙方在本协议中所给予甲方的优惠等(如终端优惠、话费优惠、赠送业务及礼品等)。

合规意见

债务抵销,是指债务人互负标的物种类、品质相同的到期债务,任何一方都可以提出相互抵销,从而终止合同权利义务关系的一种制度。根据《民法典》第568条的规定,债务抵销应具备以下条件:第一,必须是双方互负债务;第二,债务标的物种类、品质相同;第三,双方债务均已到清偿期;第四,主张债务抵销的一方应当通知对方,通知自到达对方时生效。法律规定了行使债务抵销的条件,同时对债务抵销进行了限制,即根据债务性质、按照当事人约定或者依照法律规定不得抵销的除外,且抵销不得附条件或者附期限。

该问题条款设定的所谓欠费、违约金及相关费用等债务,尚未发生,债权人没有请求权基础。该债务抵销设定条件不符合法律规定,应属无效。建议取消债务抵销,增加依法追究违约责任。

相关规定

《民法典》第568条。

(二)免除经营者责任

问题条款

由于技术故障等原因导致客户服务功能或增值服务项目不能使用的,运营商应尽快恢复,但不承担责任。

合规意见

《电信条例》第32条规定,电信业务经营者不能按时修复电信服务障碍或者调通的,应当及时告知用户,并免收障碍期间的月租费用。除外情形为终端设备的原因造成电信服务障碍。第35条规定,电信业务经营者因工程施工、网络建设等原因,影响或者可能影响正常电信服务的,必须按照规定的时限及时告知用户;中断电信服务的,电信业务经营者应当相应减免用户在电信服务中断期间的相关费用;电信业务经营者未及时告知用户的,应当赔偿由此给用户造成的损失。

该问题条款对技术障碍造成电信服务中断一概免责，不符合法律法规规定，属于免除自身责任的无效条款。

建议改为：经营者无法恢复电信服务的，必须按照规定时间告知用户，并免收障碍期间的月租费。除终端设备原因造成电信服务中断外，经营者应承担未告知用户而造成损失的民事赔偿责任。

相关规定

《电信条例》第 32 条、第 35 条。

三、邮政服务类合同主要问题格式条款及合规意见

(一) 设定最高赔偿限额不合法

问题条款

1. 设定最高赔偿限额条款，即若因本公司原因造成托寄物毁损、灭失，则本公司按实际价值赔偿，但最高赔偿金额不超过人民币 500 元。

2. 对未保价的按倍数设定最高赔偿限额，即若您未选择保价，则本公司在 7 倍运费的限额内向您赔偿托寄物的实际损失。如您认为该赔偿标准不足以弥补您的损失，应根据托寄物的实际价值选择等值保价服务。

合规意见

《邮政法》第 45 条规定了邮政普遍服务范围以外邮件损失适用有关民事法律的规定，国务院《快递暂行条例》第 27 条第 1 款规定，对未保价的快件，依照民事法律的有关规定确定赔偿责任。《民法典》第 832 条规定，承运人对运输过程中货物的毁损、灭失承担赔偿责任。

问题条款 1 存在的问题：首先，“公司原因造成托寄物毁损、灭失”，系经营者过错造成，应承担过错赔偿责任。其次，依照《邮政法》《快递暂行条例》的相关规定，

该邮件属于邮政普遍服务外的邮件,又未保价,应适用民事法律规定进行赔偿。按照《民法典》的规定,承运人应承担赔偿损失责任,损失包括直接损失和间接损失。最后,该问题条款中所述的按"实际价值赔偿",但不超过人民币500元的最高额限制是不符合相关民事法律赔偿规定的。

问题条款2存在的问题:将未保价赔偿额限定在7倍以内,不符合民事法律的赔偿规定。另外,从未保价的限额赔偿角度来说,限制了消费者选择不保价的消费。

上述问题条款,属于《民法典》第497条第2项规定的提供格式条款一方不合理地免除或者减轻其责任、加重对方责任、限制对方主要权利的无效条款,应予纠正。

建议按相关法律规定进行修改。

相关规定

《民法典》第497条、第832条;《邮政法》第14条、第45条;《快递暂行条例》第27条第1款。

(二)合同变更未经双方当事人协商一致

问题条款

声明与承诺:您同意,本公司有权随时对本条款内容进行单方面的变更,无须另行单独通知您,但您可以登录本公司官方网站查询或拨打本公司客服热线咨询;若您在本条款内容变更后继续使用本服务,表示您已充分阅读、理解并接受修改后的条款内容,也将遵循修改后的条款内容使用本服务;若您不同意修改后的条款内容,您应停止使用本服务。

合规意见

合法有效的合同,必须全面履行。《民法典》第577条规定了不全面履行合同的违约责任,第543条规定了当事人协商一致,可以变更合同。该规定的前提是双方协商,非单方更改合同内容。

上述问题条款设定“本公司有权随时对本条款内容进行单方面的变更,无须另行单独通知您”。合同一方未与对方协商,单独对合同主要内容作出调整,排除了消费者参与协商变更合同的权利,属于《民法典》第497条第3项规定的“提供格式条款一方排除对方主要权利”的情形,应属无效。

建议改为:经双方协商可变更合同相关内容。

相关规定

《民法典》第497条第3项、第543条、第577条。

(三)查询、赔偿时效设定不合法

问题条款

邮件损失赔偿,因乙方原因造成甲方邮件丢失、邮件内容短少、毁损,乙方承担赔偿责任,但以下情况除外:甲方自寄件之日起满一个月未查询又未提出赔偿要求的。

合规意见

邮件查询、赔偿时效以及免责事由由法律规定或由当事人双方约定,企业经营者无权设定。《民法典》第180条规定:“因不可抗力不能履行民事义务的,不承担民事责任。法律另有规定的,依照其规定。不可抗力是不能预见、不能避免且不能克服的客观情况。”第188条第1款规定:“向人民法院请求保护民事权利的诉讼时效期间为三年。法律另有规定的,依照其规定。”《邮政法》第49条第1款规定:“用户交寄给据邮件后,对国内邮件可以自交寄之日起一年内持收据向邮政企业查询,对国际邮件可以自交寄之日起一百八十日内持收据向邮政企业查询。”

该问题条款设定一个月的邮件查询期限和赔偿时效,并将其定为免责条件,违反了《邮政法》和《民法典》的相关规定,属于《民法典》第497条第2项“提供格式条款一方不合理地免除或者减轻其责任、加重对方责任、限制对方主要权利”规定的无效条款。

建议改为：按照法律规定确定邮件查询时间和以法律规定确定诉讼时效。

相关规定

《民法典》第180条、第188条第1款、第497条第2项；《邮政法》第49条第1款。

第三节　有线电视、电信、邮政类合同格式条款合规建议

有线电视、电信、邮政类合同格式条款，无论是政府的合规监管，企业的自我合规审查还是消费者的维权注意事项，都可通过针对合同格式条款中的不公平、不公正的问题条款予以分析，实现合规。本节针对如何有效实现有线电视、电信、邮政合同主要不公平格式条款的合规，提出建议，以供参考。

一、政府有效监管建议

（一）合同格式条款备案是市场监督管理部门的法定职责

1. 市场监督管理部门发现格式条款不合理地免除或者减轻经营者责任、加重消费者责任、限制消费者主要权利或者有其他违反法律法规规定的情形的，针对问题条款提出书面意见，通知经营者予以修改。

2. 经营者对有关格式条款在规定时间内拒不修改的，市场监督管理部门可以将该格式条款违反法律法规规定的有关情况向社会公告。

(二)市场监督管理部门对有限电视、电信、邮政类合同特有格式条款审查

1. 有线电视服务合同格式条款

注意审查经营者的主体资格,法律对经营主体资格申请有限制。国务院《有线电视管理暂行办法》第4条第4款规定,个人不得申请开办有线电视台、有线电视站。注意有线电视台(站)与广播电视视频点播机构的区别。

2. 电信服务合同格式条款

注意审查电信经营企业,是否具有经营电信业务许可证。

3. 邮政服务合同格式条款

要注意,该类合同大多属于即时清理结算的口头合同,一般无须订立书面合同,但并不排除邮政经营企业的合同管理责任。因为《邮政法》规定适用原《合同法》的格式合同管理,所以邮政经营企业仍需依法制订格式合同,置于营业场所,供消费者阅览,仍然要接受监管部门对格式合同的备案审查。监管部门要审查邮政经营企业有无履行强制缔约义务,审查邮政经营企业有无履行邮政普遍服务和特殊服务业务停止办理、限制办理通知义务。

二、经营者自我合规审查建议

1. 经营者有将合同格式条款报核发营业执照的市场监管部门备案的法定义务,并将修改无异议的备案合同,用于企业经营。

2. 对合同格式条款修改意见有异议的,可以向市场监督管理部门提出申辩并要求听证。

三、消费者主动维权建议

1. 消费者若认为格式条款不合理地免除或者减轻经营者责任、加重消费者责任、限制消费者主要权利,损害其合法权益,可以向市场监督管理部门投诉。

2. 参照问题条款合规意见,与经营者进行交涉。因合同格式条款引发的纠纷,

可以通过纠纷解决机制寻求解决,维护自身合法权益。

附:有线电视、电信、邮政类合同格式条款合规主要法律法规及规范性文件目录

1. 1990 年 11 月 12 日:《中华人民共和国邮政法实施细则》(国务院令第 65 号)。
2. 2012 年 1 月 1 日:浙江省物价局、浙江省广播电影电视局《关于加强有线数字电视服务收费管理的通知》(浙江省物价局、浙江省广播电影电视局浙价服〔2011〕387 号)。
3. 2012 年 12 月 28 日:全国人民代表大会常务委员会《关于加强网络信息保护的决定》(第十一届全国人民代表大会常务委员会第三十次会议通过)。
4. 2016 年 2 月 6 日:《中华人民共和国电信条例》(国务院令第 666 号)。
5. 2018 年 9 月 18 日:《有线电视管理暂行办法》(国务院令第 703 号)。
6. 2019 年 3 月 2 日:《快递暂行条例》(国务院令第 709 号)。
7. 2021 年 3 月 23 日:《有线广播电视运营服务管理暂行规定》(国家广播电视总局令第 8 号)。

第十六章

消费贷款类合同格式条款合规指南

我国的消费贷款发展迅速,不仅带来了金融业的发展,还拉动了消费快速增长和经济繁荣。金融业在我国实行严格的市场准入制度,政策性壁垒高。作为普通消费者,理论上虽然也可以用手中的“货币选票”决定金融机构之间一定程度的竞争,但由于我国金融行业的特殊性,这种影响并不明显。在消费者与金融机构的相互关系中,消费贷款的资金提供者——贷款人,即金融机构,在交易中无疑占绝对主导地位。[①] 为了重复使用的需要,消费贷款合同一般都是由金融机构预先拟制的格式合同文本。该类格式合同文本页数动辄几十页,还涉及诸多晦涩难懂的金融专业术语,关于利息、复利、逾期利息、违约金费用等计算方式往往搞得异常复杂。因此,监管部门有必要对消费贷款合同中格式条款的实质合规提供指南。

① 参见于良春、鞠源:《垄断与竞争:中国银行业的改革和发展》,载《经济研究》1999年第8期。

第一节 消费贷款类合同格式条款概述

《民法典》第 667 条明确借款合同是借款人向贷款人借款，到期返还借款并支付利息的合同。从《民法典》的视角出发，本书将重心放在对个人消费贷款的观察分析之上。

消费贷款，是指由银行、金融机构或特定的专门机构向自然人提供的用于日常消费或购买耐用消费品并由自然人承担融资费用的一种贷款或类似支付便利的金融服务。[①] 在消费信贷的基础上，消费信贷合同特指消费者为了个人消费与银行、金融机构或特定的专门机构就一定时间内有偿使用对方提供的货币资金或迟延付款而达成的协议。[②] 可见，消费信贷在主体与用途上具有独特之处。在借款人中，消费信贷的对象一般限定于个人或家庭消费者，而将法人、其他经济组织、个体工商户排除在外；在借款用途上仅限于消费目的，这是目前各国法律立法时所采取的普遍做法。[③] 为了进一步聚焦本书的研究对象，在贷款人中，将目光限定在银行、金融机构等专门机构，像京东、花呗等机构另作研究。

本章以消费贷款合同为研究对象，结合以上分析，本章所要研究的消费贷款合同特指借款人出于消费目的向银行、金融机构等专门机构贷款，到期返还贷款并支付利息的合同。

一、消费贷款合同规范体系

《民法典》第三编合同编第二分编典型合同第十二章借款合同中从第 667 条到第 680 条，共计 14 个条文，是消费贷款合同基本的法律规范。

---

① 参见尹世杰主编：《消费经济学》，高等教育出版社 2003 年版，第 127 页。

② 参见赵燕：《论完善我国消费信贷中对消费者的保护：以汽车金融消费信贷为中心》，华东政法大学 2013 年硕士学位论文，第 1 页。

③ 参见周显志：《我国消费信贷立法若干问题探讨》，载《暨南学报（哲学社会科学）》2000 年第 2 期。

二、消费贷款合同的主要内容及格式条款的合规点

《民法典》第 668 条第 2 款明确借款合同的内容一般包括借款种类、币种、用途、数额、利率、期限和还款方式等条款。而消费贷款合同所涉及的领域，目前主要有各类型住房贷款、汽车贷款、耐用消费品贷款、教育助学贷款、旅游贷款、信用销售贷款、信用卡（贷记卡）等。其中以将房屋、汽车作为对象的消费贷款为主。

为降低磋商成本，消费贷款合同一般是由贷款人预先拟定可以供不特定消费者反复适用的格式合同。实务中，消费贷款合同中涉及各方权利义务的格式条款是合规监管与审查要点，常存在无效的格式条款，主要包括贷款方没有遵循公平原则确定双方的权利和义务；没有采取合理的方式提示消费者注意免除或者减轻其责任等与消费者有重大利益关系的条款，或者没有按照消费者的要求，对该条款予以说明，致使消费者没有注意或者理解与其有重大利害关系的条款。也包括贷款方不合理地预制免除或者减轻其责任、加重消费者责任、限制消费者主要权利的条款；排除消费者主要权利的条款；在免责条款中设置免除因故意或者重大过失造成消费者财产损失而免责的条款；甚至存在违反法律、行政法规的强制性规定而无效的格式条款等。

第二节　消费贷款类合同主要问题格式条款及合规意见

本节将对消费贷款类合同中的主要问题格式条款进行法理、法律分析，并提出有针对性的具体合规意见，以供实践参考。

一、贷款人免除提示说明义务的条款

问题条款

1. 本合同一经签订,即视为各方理解并同意本合同全部条款。

2. 借款人、保证人声明:本合同内容经与本人协商并经贷款人充分告知、说明,本人已理解并同意本合同的全部内容。

3. 借款人声明:在签订本合同前,已认真听取、阅读了贷款人对合同有关条款、内容所作的解释说明,并对合同条款、内容特别是借款人同意或责任承担条款、争议解决等条款予以全面理解,无任何异议。同意贷款人向本合同项下的保证人、出质人或者抵押人提供本合同文本。同意贷款人在实现通知事项时(包括但不限于债权转让事宜),有效通知的方式包括但不限于邮寄通知、电话或短信等电子渠道通知、贷款人官方网站或者外部媒体公告及第三方平台通知等。

合规意见

此类格式条款,作为合同一方的贷款人试图用事先确定的方式来免除己方的提示或者说明义务,并预设借款人在签订时已经理解并同意本合同全部条款,或对本合同不存在误解或疑义。根据《民法典》第 496 条的规定[①],提供格式条款的贷款人,首先应当遵循公平原则确定当事人之间的权利和义务。对于普通金融消费者而言,这种预制的格式条款,不公平地把提示、说明或者理解格式条款的责任预制给了借款人。

故此,类似的文字建议从监管的角度作删除处理,此举可以要求贷款人在合同签订时客观、真实地采取提示、说明或让借款人能理解的措施。

---

① 《民法典》第 496 条规定:"格式条款是当事人为了重复使用而预先拟定,并在订立合同时未与对方协商的条款。采用格式条款订立合同的,提供格式条款的一方应当遵循公平原则确定当事人之间的权利和义务,并采取合理的方式提示对方注意免除或者减轻其责任等与对方有重大利害关系的条款,按照对方的要求,对该条款予以说明。提供格式条款的一方未履行提示或者说明义务,致使对方没有注意或者理解与其有重大利害关系的条款的,对方可以主张该条款不成为合同的内容。"

相关规定

《民法典》第 496 条。

二、合理确定逾期贷款罚息利率与挪用贷款罚息利率水平的问题

问题条款

1. 逾期贷款罚息利率为本合同约定的贷款利率水平上加收 50%；挪用贷款罚息利率为本合同约定的贷款利率水平上加收 100%。

2. 借款人未按合同约定期限按期、足额缴纳费用的，应向贷款人支付应缴纳费用每日千分之六的违约金。

合规意见

1. 违约金计算方式设置实在过高

根据《民法典》的相关规定，当事人一方不履行合同义务或者履行合同义务不符合约定，造成对方损失的，损失赔偿额应当相当于因违约所造成的损失，包括合同履行后可以获得的利益；但是，不得超过违约一方订立合同时预见到或者应当预见到的因违约可能造成的损失。① 最高人民法院《关于进一步加强金融审判工作的若干意见》第 2 条第 2 款规定：严格依法规制高利贷，有效降低实体经济的融资成本。金融借款合同的借款人以贷款人同时主张的利息、复利、罚息、违约金和其他费用过高，显著背离实际损失为由，请求对总计超过年利率 24% 的部分予以调减的，应予支持，以有效降低实体经济的融资成本。规范和引导民间融资秩序，依法否定民间借贷纠纷案件中预扣本金或者利息、变相高息等规避民间借贷利率司法保护上限的合同条款效力。

① 《民法典》第 577 条规定："当事人一方不履行合同义务或者履行合同义务不符合约定的，应当承担继续履行、采取补救措施或者赔偿损失等违约责任。"

根据《民法典》[①]与相关意见对于违约责任的精神，违约金主要用于填补损失。贷款人出借贷款，在正常情况下的利息为1倍贷款利率，当借款人出现逾期支付利息的时候，贷款人因借款人的这一违约行为，造成的损失是确定的。此时将逾期贷款罚息利率标准设为合同约定的贷款利率水平的1.5倍，有过高之嫌。而将挪用贷款的违约情形，直接设置为合同约定的贷款利率水平的2倍，则明显过高，在消费类贷款中，利息、复利、逾期利息、罚息、违约责任等，需要综合考量，不得超过24%。

2. 对于挪用贷款问题

《民法典》第673条规定，借款人未按照约定的借款用途使用借款的，贷款人可以停止发放贷款、提前收回借款或者解除合同，而不是设置高额的违约金；在目前消费贷款资金去向复杂的金融市场中，该条款的预设也存在贷款人明知或重大过失可能造成资金损失而意与借款人共同牟利的可能性。

建议将“挪用贷款罚息利率为本合同约定的贷款利率水平上加收100%”的内容删除。对挪用贷款的，另行约定停止发放贷款、提前收回借款或者解除合同的违约责任。

相关规定

《民法典》第510条、第577条、第582条、第584条、第673条；最高人民法院《关于进一步加强金融审判工作的若干意见》第2条第2款。

三、关于罚息以复利方式计算问题

问题条款

若借款人未按约定期限还款，就逾期部分，从逾期之日起按照逾期贷款罚息利率按日计收利息，直到清偿本息为止。若借款人未按约定用途使用贷款，就挪用部

① 《民法典》第584条规定：“当事人一方不履行合同义务或者履行合同义务不符合约定，造成对方损失的，损失赔偿额应当相当于因违约所造成的损失，包括合同履行后可以获得的利益；但是，不得超过违约一方订立合同时预见到或者应当预见到的因违约可能造成的损失。”

分,从挪用之日起按照挪用贷款罚息利率按日计收利息,直至清偿本息为止。同一笔贷款既逾期又挪用的,按照罚息利率中较高者计收利息。按罚息利率计收利息的,计算公式为:利息 =(本金 + 应付未付利息)× 实际天数 × 日罚息利率。

合规意见

贷款人通过计算公式来约定复利的方式,是否具有有效性呢？复利,英文的表达是“compound interest”,是一种计算利息的方法。按照复利这种方法进行计算的利息除了会根据本金计算外,新得到的利息又同样可以生息,这种做法在民间,俗称“利滚利”“驴打滚”“利叠利”。复利条款对借款人而言,是具有重大利益的条款。对于该类条款的设定,贷款人作为国家金融服务机构,首先,应考虑是否有法律法规政策依据;其次,遵守公平原则并采取提示、说明或让借款人能理解的措施。同时,复利的计算不得超出最高人民法院《关于进一步加强金融审判工作的若干意见》第 2 条第 2 款规定的限制。

建议对此条进行突出显示和提示说明,并且对利息、复利、罚息等的约定不得过高,不得显著背离实际损失。

相关规定

最高人民法院《关于进一步加强金融审判工作的若干意见》第 2 条第 2 款。

四、关于贷款利率的变更问题

问题条款

1. 关于参考利率调整:如遇国家利率政策变化导致参考利率发生调整或取消,贷款人有权在法律及监管政策允许的范围内自行决定参考利率的变更事宜。贷款人在进行上述调整前,将提前一定合理时间通知借款人,通知将采用网点公告或其他贷款人认为合理的方式进行。如借款人不接受上述利率变更的,应在通知发出后及时向贷款人申请提前结清剩余贷款本息,否则将视为借款人接受上述利率变更。

2. 本合同项下每笔借款的利率以□合同生效日□借款发放日前一自然日已公布的最近一期□1 年期□5 年期以上□其他 LPR(□加□减)××个基点确定,具体以借款借据为准。借款期限内,每笔借款的利率按以下第×种方式作相应调整,且贷款人不再另行通知借款人。

合规意见

贷款利率是消费贷款合同中的一个核心事项。当前贷款利率多采用浮动利率,浮动利率又与参考利率挂钩。此时,对于参考利率的调整这一格式条款,在参考利率的变更事宜、通知借款人的方式以及借款人不接受利率变更后可供选择的选项上,都显失公平。

根据《民法典》的相关规定[①],如贷款利率因参考利率这种浮动利率下调的,则是一种对借款人有利的情形,此时采用上述问题条款的方式,并未有不妥。而当贷款利率因参考利率这种浮动利率上调时,对借款人而言意味着贷款利率升高,要支出的利息增加:

1. 以点对点的方式通知借款人。因为通知义务作为《民法典》第 509 条第 2 款规定的"附随义务"[②],属于法定义务。原问题条款约定利率调整后,"不另行通知"的内容违背了《民法典》的相关规定,侵害了借款人的合法权益,建议修改为"提前在合理期限内通知借款人"。

2. 借款人不接受利率变更的,应向借款人提供可供选择的几种方案。如只允许借款人申请提前结清贷款本息(像住房贷款这类大额贷款)这一种选项,会造成借款人财产损失。设置提前还款的条件,应当是在参考利率变动情况下,双方协商实际贷款利率(提高或优惠),设置提前还款条款,对于这些选择消费者有选择权。

---

① 《民法典》第 543 条规定:"当事人协商一致,可以变更合同。"第 544 条规定:"当事人对合同变更的内容约定不明确的,推定为未变更。"

② 《民法典》第 509 条第 2 款规定:"当事人应当遵循诚信原则,根据合同的性质、目的和交易习惯履行通知、协助、保密等义务。"

相关规定

《民法典》第 509 条第 2 款、第 543 条、第 544 条。

五、关于利息的收取方式问题

问题条款

本合同项下贷款的结息方式为按下列第(____)款确定：

(壹)一次性收取合同期内的全部利息，收息日为贷款发放日(含)前。

合规意见

从本金中预先抽出利息的，俗称“砍头息”，违反了《民法典》第 670 条[①]，借款的利息不得预先在本金中扣除的规定。

该问题条款中，收息日定为贷款发放日(含)前，违反了《民法典》中利息不得预先在本金中扣除的规定，且若为贷款发放日前收息，借款尚未发放，借款合同未成立，未产生利息。

建议删除此款项。

相关规定

《民法典》第 670 条。

六、关于提前还款的问题

问题条款

1. 借款人申请提前还款，应符合贷款人相关条件。借款人应提前一定时间向

---

① 《民法典》第 670 条规定：“借款的利息不得预先在本金中扣除。利息预先在本金中扣除的，应当按照实际借款数额返还借款并计算利息。”

贷款人提出书面申请。经借款人和贷款人协商同意后予以办理。对于提前还款部分,除计收正常利息外,贷款人有权按一定标准计收补偿金。提前还款申请一经贷款人确认即不可撤销。借款人提前还款须到贷款人指定的营业网点办理提前还款手续。提前还款条件、提前申请时间、补偿金计收标准约定见本合同附件一第四款(四)。[附件一第四款(四):提前还款条件设置为同时满足:借款人已正常还款满12期,每次提前还款金额不少于人民币伍万元,每年限还2次。补偿金标准为贷款发放后36个月内,按“提前还款本金金额×月利率×1”收取。]

2. 乙方有权要求甲方提前归还借款本金及利息。

合规意见

关于问题条款1对于借款人提前还款的要求,从形式要件、时间要件,以及申请的不可撤销,提前还款金额,每年限还次数皆提出了较为苛刻的要求,建议格式条款的提供方,采用更为灵活的提前还款方案,方便借款人,进一步增强金融灵活服务于公众的功能。[①]

关于问题条款2提前还款的问题,实际上赋予乙方即金融机构擅自变更合同的权利。《民法典》第543条规定,当事人协商一致,可以变更合同。该条明确了合同的变更须经双方当事人同意,任何一方不得擅自变更。建议将问题条款设置为有条件的变更,如甲方违约的情形下,乙方可要求甲方提前归还借款本金及利息。

相关规定

《民法典》第543条、第677条。

---

① 《民法典》第677条规定:“借款人提前返还借款的,除当事人另有约定外,应当按照实际借款的期间计算利息。”

七、关于贷款人行使抵押权的方式与费用承担问题

问题条款

1. 在担保责任发生后,借款人不履行到期债务或者发生本合同约定的实现抵押权的情形,贷款人可以与借款人协议以抵押物折价或者以拍卖、变卖该抵押物所得的价款优先清偿本合同项下的债务。协议不成的,贷款人有权依法请求人民法院拍卖、变卖抵押物。

2. 与本合同及本合同项下抵押财产有关的一切费用(包括但不限于占有、管理、处置、登记、公证、保险、运输、仓储、保管、估价、维修、保养、拍卖、过户等费用),均由借款人承担,双方另有约定的除外。

合规意见

对于问题条款1,贷款人对行使抵押权的方式,设置了"贷款人可以与借款人协议以抵押物折价",并指明在协议不成时,贷款人有权依法请求人民法院拍卖、变卖抵押物。如果是借款人与贷款人自行签订的抵押协议,根据《民法典》第410条的规定①,协议损害其他债权人利益的,其他债权人可以请求人民法院撤销该协议。建议修改为"在担保责任发生后,借款人不履行到期债务或者发生本合同约定的实现抵押权的情形,贷款人可以与借款人协议以抵押物折价或者以拍卖、变卖该抵押物所得的价款优先清偿本合同项下的债务,但协议不得侵害其他债权人利益。协议不成的,贷款人有权依法请求人民法院拍卖、变卖抵押物"。

对于问题条款2,在行使抵押权过程中,只有这些费用是必要且合理的,才应由借款人来承担,贷款人将一些不必要且不合理的费用加到借款人身上,是显失公平的。建议删除或者修改为"与本合同及本合同项下抵押财产有关的一切费用

① 《民法典》第410条规定:"债务人不履行到期债务或者发生当事人约定的实现抵押权的情形,抵押权人可以与抵押人协议以抵押财产折价或者以拍卖、变卖该抵押财产所得的价款优先受偿。协议损害其他债权人利益的,其他债权人可以请求人民法院撤销该协议。抵押权人与抵押人未就抵押权实现方式达成协议的,抵押权人可以请求人民法院拍卖、变卖抵押财产。抵押财产折价或者变卖的,应当参照市场价格。"

(包括但不限于占有、管理、处置、登记、公证、保险、运输、仓储、保管、估价、维修、保养、拍卖、过户等费用),均由贷款人承担,双方另有约定的除外”。

相关规定

《民法典》第410条。

八、关于借款人的安置问题

问题条款

借款人同意接受人民法院的强制执行,无条件自找住房或接受其他方式的安置,处分抵押物所得款项在优先支付抵押物处分费用和本合同项下借款人应偿付给贷款人的费用后,用于清偿本合同项下的贷款。

合规意见

《最高人民法院关于人民法院办理执行异议和复议案件若干问题的规定》第20条规定:“金钱债权执行中,符合下列情形之一,被执行人以执行标的系本人及所扶养家属维持生活必需的居住房屋为由提出异议的,人民法院不予支持:(一)对被执行人有扶养义务的人名下有其他能够维持生活必需的居住房屋的;(二)执行依据生效后,被执行人为逃避债务转让其名下其他房屋的;(三)申请执行人按照当地廉租住房保障面积标准为被执行人及所扶养家属提供居住房屋,或者同意参照当地房屋租赁市场平均租金标准从该房屋的变价款中扣除五至八年租金的。执行依据确定被执行人交付居住的房屋,自执行通知送达之日起,已经给予三个月的宽限期,被执行人以该房屋系本人及所扶养家属维持生活的必需品为由提出异议的,人民法院不予支持。”

在强制执行借款人及所扶养家属维持生活必需的居住房屋时,要保障借款人及其家属的基本居住生活权益。可给予3个月的宽限期,也可在房屋变价款中预留5~8年租金。条款内容在约定时也应对借款人的居住必需房屋的情况予以考虑,不可限制或排除宽限期限和安置费用的权益。

建议删除此条款,或者修改为"借款人同意接受人民法院的强制执行,自找住房或接受其他方式的安置,处分抵押物所得款项在优先支付抵押物处分费用、法律规定需要扣除的其他费用和本合同项下借款人应偿付给贷款人的费用后,用于清偿本合同项下的贷款"。

相关规定

《最高人民法院关于人民法院办理执行异议和复议案件若干问题的规定》第20条。

九、借款人在借期内义务合理设定的问题

问题条款

在本合同终止之前,除非事先经过银行正式明确的书面同意,否则借款人不会就其任何资产或权益进行转让、转移占有、赠与、出租、出借、承包、托管、设定担保、设立信托或以其他任何方式进行处置,但单笔及累计价值均低于本合同约定的贷款金额5%的动产或权益的处置无须事先获得银行的同意。

合规意见

借款人与贷款人之间只是形成了一个借贷关系。作为贷款人,所有条款的设置,以保证贷款的按时收回为目的。借款人处置自身的财产和权益的,可能产生一定的回款风险,但是也有可能是通过资产出租、承包、托管等方式提高借款人偿还债务的能力。但前述问题条款的设定,借款人对自身拥有的资产或权益进行转让、转移占有、赠与、出租、出借、承包、托管、设定担保、设立信托等处置行为,附加贷款人书面同意的条件,极大限制了借款人处置自身财产的自由和权利,依照《民法

典》第 497 条应予无效。[①]

建议将此条款予以删除。

相关规定

《民法典》第 497 条。

十、关于借款人与贷款人的诉讼权利问题

问题条款

1. 当借款人出现逾期还款时,借款人同意被人民法院强制执行并放弃抗辩权。

2. 借款人的任何付款义务到期应履行的,银行有权随时从借款人在本银行系统内开立的任何账户中自行直接扣划款项用于清偿。[或表述为"有权主动从借款人开立在×××银行各营业机构的任一账户(含可透支账户)中扣划款项以清偿债务,并通过各种形式向借款人及担保人追索。"]

3. 本合同所发生公证费用、诉讼费用、评估费及律师代理费等实现债权的一切合理费用,均由借款人承担。

合规意见

对于问题条款 1,贷款人虽然为机构,但在民法慈母般的眼中,贷款人与借款人是同样平等的民事主体,享有同样的诉讼权利。贷款人无权剥夺由法律赋予借款人的诉讼权利,包括抗辩权等,以上问题条款不合理地剥夺了借款人法定的诉讼权利,应明确否定。建议删除此条款。

对于问题条款 2,贷款人直接划款用于清偿的,需要借款人的授权,不得直接在条款中写"银行有权随时"划款。建议此条改为授权条款,并设置借款人是否同

---

① 《民法典》第 497 条规定:"有下列情形之一的,该格式条款无效:(一)具有本法第一编第六章第三节和本法第五百零六条规定的无效情形;(二)提供格式条款一方不合理地免除或者减轻其责任、加重对方责任、限制对方主要权利;(三)提供格式条款一方排除对方主要权利。"

意的选项。

对于问题条款3,“公证费用、诉讼费用、评估费及律师代理费”等费用,并非必然由借款人负担。此条款如此约定增加了借款人的责任,并不公平。建议删除。

相关规定

《民法典》第497条。

十一、贷款人对合同解释权问题

问题条款

贷款方具有本合同最终解释权。

合规意见

根据《民法典》第498条的规定,对格式条款的理解发生争议的,应当按照通常理解予以解释。对格式条款有两种以上解释的,应当作出不利于提供格式条款一方的解释。提供格式条款的甲方,即贷款方,对于合同并没有最终的解释权。贷款方不得也无法通过格式合同约定的方式,取得合同的解释权。并且,作为格式条款的制作和提供方,在合同存在多种不同的解释时,将作出不利于贷款方的合同解释。

建议删除此条款。

相关规定

《民法典》第498条。

十二、关于授信额度的调整问题

问题条款

贷款人有权随时调整授信额度,实际授信额度以贷款人信贷管理等相关系统显示为准。该授信额度支持部分贸易融资业务多币种放款(人民币、美元、欧元、日元等,各外币币种按当日中间价折合人民币计入额度)。借款人同意:贷款人设置和调整授信额度无需征得借款人同意,并承诺不提出任何异议。在授信期限内的任一时点,借款人在本合同项下发生的贷款本金累计余额不得超过此实际授信额度。

合规意见

上述问题条款所在的合同为最高额借款合同,故授信额度实际就是借款人能够借得的最大金额,是合同的主要条款之一。但根据本问题条款的约定,贷款人有权随时、无理由地变更授信额度,相当于贷款人有单方随意变更合同的权利,不符合法律规定,属于排除消费者权利的条款。鉴于贷款合同的特殊性,如借款人确实出现信用风险需要调整授信额度的,贷款人应当提前明示原因,并在调整前进行通知。

具体建议修改为:"实际授信额度以贷款人信贷管理等相关系统显示为准。该授信额度支持部分贸易融资业务多币种放款(人民币、美元、欧元、日元等,各外币币种按当日中间价折合人民币计入额度)。借款人同意:在发生本条所述事项时,贷款人设置和调整授信额度无须征得借款人同意,并承诺不提出任何异议。在授信期限内的任一时点,借款人在本合同项下发生的贷款本金累计余额不得超过此实际授信额度。在发生下列事项时,贷款人有权调整授信额度:(根据贷款人信用政策据实列举)。"

相关规定

《民法典》第 543 条。

十三、关于贷款期限的调整问题

问题条款

借款人在本合同项下发生的任何一笔贷款的到期日期不得晚于授信到期日。

贷款人有权根据借款人的实际情况，就本合同项下的任意一笔贷款设置最短和最长借款期限要求，并有权随时调整该最短和最长借款期限。借款人同意：贷款人设置并调整该期限无需再次征得借款人同意，并承诺不提出任何异议。

合规意见

贷款期限显然是借款合同的核心条款，本条约定贷款人可以随意设置贷款期限，显然排除了借款人的主要权利，明显加重了其义务，属于不公平的霸王条款。

建议修改为："借款人在本合同项下发生的任何一笔贷款的到期日期不得晚于授信到期日。"

相关规定

《民法典》第 497 条、第 543 条。

十四、关于收集、使用个人信用信息的问题

问题条款

1. 乙方有权将甲方的个人信用信息（包括姓名、性别、证件号码、职业、工作单位、学历、婚姻状况、收入和财产状况等能够反映甲方信用状况的个人信息）及相关贷款情况（包括贷款额、贷款期限、贷款发放时间、贷款担保情况、贷款用途、贷款偿还情况等）录入行业监管部门、中国人民银行及其他金融监管机构建立及认可的个人信用信息系统或征信系统。

2. 借款人及时向贷款人提供与本合同项下贷款资金发放、支付和使用有关的文件和凭证等，且提供的资料、文件、数据和信息是真实、准确、完整、合法和有效的。

3. 信息使用：借款人同意贷款人根据中国人民银行或其他管理部门的有关规定，在中国人民银行个人（企业）信用信息基础数据库及有关信息系统上录入（查询、披露）借款人的有关信息。借款人在本合同项下发生违约行为时，贷款人有权

视违约情况，依法公开违约信息或为催收之目的将有关信息提供给依法成立的催收机构。

4. 乙方应对甲方提供的职业、收入、开支、负债、担保及与他人发生经济纠纷的情况予以保密，法律另有规定的除外。

5. 为处理借款人逾期、欺诈等恶意行为或其他违法违规、违约行为，贷款人有权向有关部门或单位予以通报，有权自行或委托第三方服务机构通过信函、短信、电话、上门、公告或司法途径等方式催收欠款，并追究法律责任。借款人同意并授权贷款人有权将必要的借款人身份信息及欠款信息提供给该第三方以及借款人的担保人、联系人、亲友、关联方、工作单位和其他代偿意愿人。

合规意见

关于前三个问题条款，金融机构未经消费者同意收集、使用个人信用信息，未在条款中明确使用消费者金融信息的目的、方式、内容和范围，未用显著方式尽可能通俗易懂地向消费者提示同意的可能后果。根据《消费者权益保护法》第29条①以及《中国人民银行金融消费者权益保护实施办法》（以下简称《金融消费者权益保护实施办法》）第31条②的规定，收集、使用消费者个人信息须经消费者同意，且须按规定在条款中注明收集、使用消费者信息的目的、方式和范围，并以显著方式尽可能通俗易懂地向消费者提示同意的可能后果。建议按照规定，在收集个人信息的条款中注明其目的、方式和范围，并以显著且通俗易懂的方式提示同意的后果。

① 《消费者权益保护法》第29条规定："经营者收集、使用消费者个人信息，应当遵循合法、正当、必要的原则，明示收集、使用信息的目的、方式和范围，并经消费者同意。经营者收集、使用消费者个人信息，应当公开其收集、使用规则，不得违反法律、法规的规定和双方的约定收集、使用信息。经营者及其工作人员对收集的消费者个人信息必须严格保密，不得泄露、出售或者非法向他人提供。经营者应当采取技术措施和其他必要措施，确保信息安全，防止消费者个人信息泄露、丢失。在发生或者可能发生信息泄露、丢失的情况时，应当立即采取补救措施。经营者未经消费者同意或者请求，或者消费者明确表示拒绝的，不得向其发送商业性信息。"

② 《中国人民银行金融消费者权益保护实施办法》第31条规定："银行、支付机构应当履行《中华人民共和国消费者权益保护法》第二十九条规定的明示义务，公开收集、使用消费者金融信息的规则，明示收集、使用消费者金融信息的目的、方式和范围，并留存有关证明资料。银行、支付机构通过格式条款取得消费者金融信息收集、使用同意的，应当在格式条款中明确收集消费者金融信息的目的、方式、内容和使用范围，并在协议中以显著方式尽可能通俗易懂地向金融消费者提示该同意的可能后果。"

关于问题条款4,根据《消费者权益保护法》第29条第2款的规定,经营者及其工作人员对收集的消费者个人信息必须严格保密,不得泄露、出售或者非法向他人提供。经营者应当采取技术措施和其他必要措施,确保信息安全,防止消费者个人信息泄露、丢失。在发生或者可能发生信息泄露、丢失的情况时,应当立即采取补救措施。对于收集到的个人信息均需要严格保密,此问题条款只进行有限列举,缩小了贷款人应保密的个人信息范围。建议修改为"乙方应对甲方提供的职业、收入、开支、负债、担保及与他人发生经济纠纷的情况等个人信息予以保密,法律另有规定的除外"。

关于问题条款5,该问题条款约定贷款人可以将借款人的身份信息和欠款信息提供给第三方及联系人、亲友、关联方、工作单位和其他代偿意愿人,该问题条款中个人信息使用的范围存在不合理的扩大,加重了借款人的义务,也存在侵害借款人的隐私的行为,应予以修正。建议删除条款中的"、亲友、关联方、工作单位"内容。

相关规定

《消费者权益保护法》第29条、《金融消费者权益保护实施办法》第31条。

十五、关于债权转让的通知义务问题

问题条款

贷款人有权在任何时候将本合同项下全部或部分的借贷债权以及相关的担保权益转让给第三方(或设立信托等特殊目的载体)而无须征得借款人同意。贷款人转让本合同项下的借贷债权及担保权益(或设立信托等特殊目的载体)的,贷款人在本合同项下的权利与义务一并由受让方承接,受让方无须与借款人重新签订债权债务确认协议,借款人仍应履行本合同项下的所有义务。贷款人有权接受债权受让方委托作为信贷管理人按照本合同的约定进行催收、贷后管理等委托事项,并根据征信管理要求,在贷款结清前,履行征信报送义务。

合规意见

根据《民法典》第546条[1]债权转让的规定，转让债权应通知债务人，否则该转让对债务人不发生效力。该问题条款不符合此规定，贷款人应当履行通知义务，不得通过合同约定的方式免除。

建议修改为："贷款人有权在任何时候将本合同项下全部或部分的借贷债权以及相关的担保权益转让给第三方（或设立信托等特殊目的载体）而无须征得借款人同意，但应通知借款人。贷款人转让本合同项下的借贷债权及担保权益（或设立信托等特殊目的载体）的，贷款人在本合同项下的权利与义务一并由受让方承接，受让方无须与借款人重新签订债权债务确认协议，借款人在接到通知后仍应履行本合同项下的所有义务。贷款人有权接受债权受让方委托作为信贷管理人按照本合同的约定进行催收、贷后管理等委托事项，并根据征信管理要求，在贷款结清前，履行征信报送义务。"

相关规定

《民法典》第546条。

十六、关于金融机构单方决定清偿顺序的问题

问题条款

1. 贷款人依本合同和相应担保合同所获得的用以清偿债务的款项，原则上按照先清偿实现债权和担保权利的费用，再清偿违约金、赔偿金，之后清偿利息，最后清偿本金的顺序进行清偿，但贷款人有权单方变更上述清偿顺序。借款人在贷款人处有多笔债务的，贷款人可自主决定各笔债务清偿顺序。

2. 如借款人与贷款人之间存在数笔债务，贷款人依本合同和相应担保合同所

---

① 《民法典》第546条规定："债权人转让债权，未通知债务人的，该转让对债务人不发生效力。债权转让的通知不得撤销，但是经受让人同意的除外。"

获得的用以清偿债务的款项,相应款项清偿的是哪笔债务也即清偿债务的顺序,由贷款人决定。

合规意见

《民法典》第 560 条、第 561 条[①]对债务的清偿有所规定,如格式条款直接赋予贷款人可自主决定各笔债务清偿顺序的权利,可能扩大了贷款人权利,限制了借款人对清偿顺序的决定权,违反法律规定。此类格式条款,应按法律规定来确定。

建议将问题条款 1 修改为:"贷款人依本合同和相应担保合同所获得的用以清偿债务的款项,原则上按照先清偿实现债权和担保权利的费用,再清偿违约金、赔偿金,之后清偿利息,最后清偿本金的顺序进行清偿。"

建议将问题条款 2 修改为:"如借款人与贷款人之间存在数笔债务,可由借款人在清偿时指定其履行的债务。借款人未指定的,应当优先履行已经到期的债务;数项债务均到期的,优先履行对贷款人缺乏担保或者担保最少的债务;均无担保或者担保相等的,优先履行借款人负担较重的债务;负担相同的,按照债务到期的先后顺序履行;到期时间相同的,按照债务比例履行。"

相关规定

《民法典》第 560 条、第 561 条。

---

① 《民法典》第 560 条规定:"债务人对同一债权人负担的数项债务种类相同,债务人的给付不足以清偿全部债务的,除当事人另有约定外,由债务人在清偿时指定其履行的债务。债务人未作指定的,应当优先履行已经到期的债务;数项债务均到期的,优先履行对债权人缺乏担保或者担保最少的债务;均无担保或者担保相等的,优先履行债务人负担较重的债务;负担相同的,按照债务到期的先后顺序履行;到期时间相同的,按照债务比例履行。"第 561 条规定:"债务人在履行主债务外还应当支付利息和实现债权的有关费用,其给付不足以清偿全部债务的,除当事人另有约定外,应当按照下列顺序履行:(一)实现债权的有关费用;(二)利息;(三)主债务。"

十七、关于停止发放贷款及提前收回贷款的条件限制问题

问题条款

甲方如有下列情形之一的，乙方有权停止发放贷款或提前收回贷款本息，并有权处分抵/质押物和/或要求保证人承担连带保证责任：

(1)甲方或担保人财务状况发生变化或涉及诉讼、仲裁、行政处罚等其他司法程序或无法正常履行职责的；

(2)本合同项下贷款为个体工商户贷款及其他经营性用途的贷款，而其经营状况恶化或出现被吊销营业执照、关闭停业等情形；

(3)本合同项下担保人违反担保合同约定的任一义务或承诺的；

(4)甲方或保证人对其他债务有违约行为的；

(5)甲方违反本合同任何一项约定，乙方认为可能危及乙方贷款安全的；

(6)乙方认为应提前收回贷款本息的。

合规意见

根据《民法典》第527条①的规定，该问题条款赋予乙方单方变更合同的权利，所列款项过分加重甲方义务，应严格限制其适用条件。第1项建议修改为甲方或担保人财务状况发生变化足以影响合同后续履行的，第2项建议修改为经营状况恶化足以影响合同后续履行的，第3项应明确违反哪些实质性条款，第4项应限制违约行为范围，第5、6项不建议以乙方认为为标准，应以客观评价为准。

相关规定

《民法典》第527条。

---

① 《民法典》第527条规定："应当先履行债务的当事人，有确切证据证明对方有下列情形之一的，可以中止履行：(一)经营状况严重恶化；(二)转移财产、抽逃资金，以逃避债务；(三)丧失商业信誉；(四)有丧失或者可能丧失履行债务能力的其他情形。当事人没有确切证据中止履行的，应当承担违约责任。"

第三节　消费贷款类合同格式条款合规建议

一、政府有效监管建议

第一,政策部门应注重国家消费趋势、政策、法规、法律的研究,为金融机构金融消费贷款行为提供政策、法规参考和指导。消费贷款行为本身的经济关系是经济活动中的重要一环。要建立完善的制度,以支持积极的消费行为,控制金融消费所带来的风险。

第二,监管部门强化金融领域消费贷款共性研究,推行消费贷款合同示范文本。消费贷款合同是典型的以格式条款为主的一种合同,监管部门可在本辖区范围内推行消费贷款合同示范文本,统一形式。监管部门强化事先审查时,对推广的示范文本,应当减少相关利害关系的机构(各类金融机构)及与其具有直接利害关系的机构人员的参与。此外,增加法律、其他专家作为独立第三方,参与对示范文本的起草和修订,避免被利益团体左右。

第三,重视金融领域消费贷款的事中、事后监管,严惩消费贷款领域中的违法犯罪行为。重视消费贷款领域监管,可以开展多部门合作,监管与处罚紧密结合,有利于保证国家金融政策、法规、法律的贯彻执行,也有利于保护金融消费者权益,为国家消费经济发展提供公平、合理的金融基础。

二、企业自我合规审查建议

贷款公司需要进行自我的合规审查,规范、完善消费贷款格式合同,推行消费贷款合同示范文本,并降低合同的复杂程度。笔者在对各大贷款人公司文本进行观察的过程中,发现消费贷款合同形式各异,并且合同中存在许多无实际存在必要的术语,合同条款繁多且难以理解。这客观上为借款人向贷款人申请消费贷款时制造了认知困难。贷款公司应按照消费贷款合同示范文本,统一形式,避免增加不必要且难以读懂的条款，增加合同的可读性和可理解性。贷款公司在对消费者提供消费借贷服务时，对重要的条款内容应特别向消费者说明，并进行解释，以确保消费者在接受消费借贷服务时，对合同内容是理解并接受的。

三、消费者主动维权建议

首先，树立正确的消费观和价值观，理性消费。消费者要根据自身的经济承受能力，理性消费、谨慎贷款。消费借贷要用于满足自身教育培训、健康养老、信息通信、旅游娱乐等领域的合理需求，发挥借贷长期而非短期对改善生活的积极作用。

其次，选择正规的消费借贷机构和服务，避免踩坑。需要消费借贷时，选择正规的、有资质的、安全的金融机构，避免向无资质的贷款公司或个人进行贷款。

最后，仔细审查消费借贷合同文本，谨慎签署。在接受消费借贷服务的过程中，一定要仔细阅读合同文本，对于其中模糊、不明确之处，要求进行解释说明。确保自己已经了解合同内容后，再签字确认。

附：消费贷款类合同格式条款合规主要法律法规及规范性文件目录

1. 2008 年 5 月 4 日：《关于小额贷款公司试点的指导意见》（银监发〔2008〕23 号）。
2. 2010 年 2 月 12 日：《个人贷款管理暂行办法》（中国银行业监督管理委员会令 2010 年第 2 号）。
3. 2014 年 1 月 1 日：《消费金融公司试点管理办法》（中国银行业监督管理委员会令 2013 年第 2 号）。
4. 2015 年 7 月 14 日：《关于促进互联网金融健康发展的指导意见》（银发〔2015〕221 号）。
5. 2016 年 4 月 12 日：《互联网金融风险专项整治工作实施方案》（国办发〔2016〕21 号）。

6.2016年8月17日:《网络借贷信息中介机构业务活动管理暂行办法》(中国银行业监督管理委员会、工业和信息化部、公安部、国家互联网信息办公室令2016年第1号)。

7.2017年8月4日:最高人民法院《关于进一步加强金融审判工作的若干意见》(法发〔2017〕22号)。

8.2017年12月1日:《关于规范整顿"现金贷"业务的通知》(整治办函〔2017〕141号)。

9.2019年11月8日:《全国法院民商事审判工作会议纪要》(法〔2019〕254号)。

10.2020年8月1日:《浙江省地方金融条例》(浙江省第十三届人民代表大会常务委员会公告第26号)。

11.2020年9月7日:《关于加强小额贷款公司监督管理的通知》(银保监办发〔2020〕86号)。

12.2020年11月1日:《中国人民银行金融消费者权益保护实施办法》(中国人民银行令〔2020〕第5号)。

13.2021年1月1日:《最高人民法院关于审理民间借贷案件适用法律若干问题的规定》(法释〔2020〕17号)。

14.2021年2月24日:《关于进一步规范大学生互联网消费贷款监督管理工作的通知》(2021年2月24日施行)。

15.2023年5月18日:《合同行政监督管理办法》(国家市场监督管理总局令第77号,2023年7月1日实施)。

第十七章

人身财产保险类合同格式条款合规指南

第一节 人身财产保险类合同格式条款概述

1980 年我国开始恢复保险业务,保险行业以一日千里的惊人发展速度,取得了令世人瞩目的成就。[①] 在这种发展情况下,保险公司在保险合同中大量使用格式条款,最大限度地降低了交易成本。作为一种最为典型的格式合同,保险合同的格式条款是由保险公司事先拟定的,在交易过程中,投保人只能选择接受或不接受,而无任何的修改权。相比其他行业而言,这对"契约自由"的合同精神可以说形成了更大的挑战。故此对保险合同的格式条款如何规制,如何减少保险实务中因保险格式条款所引起的大量消费者投诉的情况,已成为摆在监管部门面前需要解决的现实课题。本章将选取保险合同中的代表性合同,即人身财产保险合同进行分析,尤其是针对人身财产保险合同中的格式条款进行法理、法律分析,并提出合规的意见和建议,供

① 参见李奕廷:《保险合同格式条款的法律问题研究》,载《东南大学学报(哲学社会科学版)》2015 年第 S1 期。

相关主体参考。

一、人身财产保险合同规范体系

保险行业是我国现代化金融产业的重要组成部分。根据《保险法》的规定，保险是指投保人根据合同约定，向保险人支付保险费，保险人对于合同约定的可能发生的事故因其发生所造成的财产损失承担赔偿保险金责任，或者当被保险人死亡、伤残、疾病或达到合同约定的年龄、期限等条件时承担给付保险金责任的商业保险行为。

《保险法》载明：保险合同是投保人与保险人约定保险权利义务关系的协议。这份协议虽是投保人与保险人之间达成的协议，但这份协议同时会牵连到被保险人、受益人等利益相关方。故此，对于投保人、保险人、被保险人、受益人等保险合同中的核心要素，都需要一一说明。

《保险法》明确：投保人是指与保险人订立保险合同，并按照合同约定负有支付保险费义务的人。保险人是指与投保人订立保险合同，并按照合同约定承担赔偿或者给付保险金责任的保险公司。被保险人是指其财产或者人身受保险合同保障，享有保险金请求权的人。投保人可以为被保险人。受益人是指人身保险合同中由被保险人或者投保人指定的享有保险金请求权的人。投保人、被保险人可以为受益人。

投保人之所以会购买保险，系出于对保险利益的需求。保险利益是指投保人或者被保险人对保险标的具有的法律上承认的利益。与保险利益挂钩的保险标的，是一个重要且核心的概念。因为从保险标的层面，可以进一步将保险合同区分为人身保险与财产保险。人身保险是以人的寿命和身体为保险标的的保险。人身保险的投保人在保险合同订立时，对被保险人应当具有保险利益。财产保险是以财产及其有关利益为保险标的的保险。财产保险的被保险人在保险事故发生时，对保险标的应当具有保险利益。

人身财产保险合同作为主要的保险合同类型，在《保险法》第二章对保险合同订立及履行过程中的相关问题进行了明确规定，是规范保险合同内容、解决保险合同履行过程中有关争议的主要依据。同时，保险合同关系作为一种民事法律关系，其当然受《民法典》的规制。此外,投保人、被保险人、受益人作为保险服务消费者,其与保险经营者之间的权利义务约定也应符合《消费者权益保护法》的相关规定。除法律规定外,最高人民法院于 2009 年开始,陆续颁布了 4 部关于适用《保险法》若干问题的解释,用于解决保险合同纠纷或者侵权纠纷。前述法律及司法解释是指导实践中订立及履行保险合同的规范依据,也是审查保险合同的法律基础。

二、人身财产保险合同主要内容及格式条款合规点

根据《保险法》第 18 条的规定,保险合同应当包括下列事项:(1)保险人的名称和住所;(2)投保人、被保险人的姓名或者名称、住所,以及人身保险的受益人的姓名或者名称、住所;(3)保险标的;(4)保险责任和责任免除;(5)保险期间和保险责任开始时间;(6)保险金额;(7)保险费以及支付办法;(8)保险金赔偿或者给付办法;(9)违约责任和争议处理;(10)订立合同的年、月、日。除了上述 10 大事项外,投保人和保险人可以约定与保险有关的其他事项。

为降低磋商成本,保险合同一般是由保险人预先拟定可以向不特定投保人反复适用的格式合同。保险合同中涉及各方权利义务的格式条款是审查要点,实务中也常存在损害投保人、被保险人、受益人权益的格式条款,主要包括排除或限制权利的格式条款以及减免保险人责任的格式条款。因此,投保人在签署合同前,对涉及自身权益的格式条款的谨慎审查就尤为重要。鉴于保险标的的不同,人身保险合同与财产保险合同有不同的特点,下文中将这两种基本合同类型的格式条款进行分别阐述。

第二节　人身保险类合同主要问题格式条款及合规意见

本节将结合人身保险合同格式条款的监管与交易实践情况,对人身保险合同

中不公平、不公正的问题格式条款进行法理、法律分析,并提出具体的合规意见供相关主体参考。

一、关于受益人指定的问题

问题条款

除另有约定外,本保险合同的受益人为被保险人本人。

合规意见

根据《保险法》的规定①,被保险人或投保人享有受益人的指定权。对于一份人身保险合同如何确定受益人,应将决定的权利交给投保人或者被保险人,不宜采用格式条款的方式先予确定被保险人为受益人。格式合同通常难以变动,或需要另行签订补充协议,因此该问题格式条款,限制了投保人或者被保险人指定受益人的权利。

相关规定

《保险法》第 11 条第 1 款、第 39 条第 1 款、第 40 条。

二、关于受益人变更的问题

问题条款

对因身故保险金受益人变更发生的法律纠纷,保险人不承担任何责任。

---

① 《保险法》第 11 条第 1 款规定:“订立保险合同,应当协商一致,遵循公平原则确定各方的权利和义务。”第 39 条第 1 款规定:“人身保险的受益人由被保险人或者投保人指定。”第 40 条规定:“被保险人或者投保人可以指定一人或者数人为受益人。受益人为数人的,被保险人或者投保人可以确定受益顺序和受益份额;未确定受益份额的,受益人按照相等份额享有受益权。”

合规意见

根据《保险法》第39条、第41条的规定[1]，受益人由被保险人或投保人指定或变更，投保人指定或变更受益人时须经被保险人同意。变更受益人的权利属于被保险人和投保人，保险人并不决定或限制受益人的变更。在变更受益人时，书面通知保险人即可。但是该问题条款约定，因受益人变更发生的法律纠纷，保险人均不承担责任，这会不合理地免除保险人责任。一方面，保险人收到变更受益人的书面通知后，应当在保险单或者其他保险凭证上批注或者附贴批单。[2] 如果不履行此义务导致受益人的确定或保险金的赔付发生纠纷的，保险人可能因此承担责任。另一方面，受益人变更后发生保险事故的，保险人应向变更后的受益人赔付保险金，如果保险人向原受益人赔付保险金，因此发生纠纷的，保险人应就其未恰当履行义务承担责任。

建议将此条款删除，或者改为："对因身故保险金受益人变更发生的法律纠纷，保险人已经履行自身义务，不存在过错的，保险人不承担任何责任。"

相关规定

《保险法》第20条、第39条、第41条。

三、关于未支付分期保费的保险合同效力中止的问题

问题条款

若投保人分期支付保险费，在支付首期保险费后未按约定在应付之日交纳保

---

① 《保险法》第39条规定："人身保险的受益人由被保险人或者投保人指定。投保人指定受益人时须经被保险人同意。投保人为与其有劳动关系的劳动者投保人身保险，不得指定被保险人及其近亲属以外的人为受益人。被保险人为无民事行为能力人或者限制民事行为能力人的，可以由其监护人指定受益人。"第41条规定："被保险人或者投保人可以变更受益人并书面通知保险人。保险人收到变更受益人的书面通知后，应当在保险单或者其他保险凭证上批注或者附贴批单。投保人变更受益人时须经被保险人同意。"

② 《保险法》第20条规定："投保人和保险人可以协商变更合同内容。变更保险合同的，应当由保险人在保险单或者其他保险凭证上批注或者附贴批单，或者由投保人和保险人订立变更的书面协议。"

险费,保险人允许投保人在催告之日起三十日内补交保险费,如果被保险人在此三十日内发生保险事故,保险人仍按合同约定给付保险金,但有权从给付的保险金中扣除投保人欠缴的保险费。若投保人在保险人催告之日起三十日内(含第三十日)未补交保险费,则本合同自其保费的应付之日起终止,对于保险合同终止后发生的保险事故,保险人不承担保险责任。

合规意见

该问题条款是关于分期支付保险费,在首期保险费支付之后出现后续保险费欠缴时,保险合同的效力问题与保险人是否应承担保险责任的问题。以上问题条款的内容不符合《保险法》中关于保险合同中止的规定。[①] 首先,中止的发生需要经过一段宽限期。除另有约定外,宽限期为自保险人催告支付保险费之日起 30 日,或者超过约定期限 60 日。只有经过法定或约定的宽限期后逾期未支付保险费的,才发生中止的效果。其次,保险人对中止期内发生的保险事故不承担保险责任,而对在宽限期内发生的保险事故,保险人依然要给付保险金。最后,保险合同中止为效力暂时失效,保险合同并非就此终止,投保人补交保险费后可恢复合同效力。除非保险合同中止后 2 年双方未达成协议的,保险人才有权解除保险合同。因此,上述问题条款中关于"催告之日起三十日内(含第三十日)未补交保险费,则本合同自其保费的应付之日起终止,对于保险合同终止后发生的保险事故,保险人不承担保险责任"的约定,混淆了"中止"与"终止"的概念和法律效力,与《保险法》相违背。

《保险法》对人身保险合同的中止有明确规定,那么格式合同的内容应严格依照规定的内容。建议改为:"若投保人分期支付保险费,在支付首期保险费后未按约定在应付之日交纳保险费,保险人允许投保人在催告之日起 30 日内补交保险

---

① 《保险法》第 36 条规定:"合同约定分期支付保险费,投保人支付首期保险费后,除合同另有约定外,投保人自保险人催告之日起超过三十日未支付当期保险费,或者超过约定的期限六十日未支付当期保险费的,合同效力中止,或者由保险人按照合同约定的条件减少保险金额。被保险人在前款规定期限内发生保险事故的,保险人应当按照合同约定给付保险金,但可以扣减欠交的保险费。"第 37 条规定:"合同效力依照本法第三十六条规定中止的,经保险人与投保人协商并达成协议,在投保人补交保险费后,合同效力恢复。但是,自合同效力中止之日起满二年双方未达成协议的,保险人有权解除合同。保险人依照前款规定解除合同的,应当按照合同约定退还保险单的现金价值。"

费，如果被保险人在此30日内发生保险事故，保险人仍按合同约定给付保险金，但有权从给付的保险金中扣除投保人欠缴的保险费。若投保人在保险人催告之日起30日内（含第30日）未补交保险费，则本合同中止，对于保险合同中止期间发生的保险事故，保险人不承担保险责任。”

相关规定

《保险法》第36条、第37条。

四、关于投保时所申报的被保险人年龄不真实的问题

问题条款

有关被保险人的年龄确定与错误处理：投保人申报的被保险人年龄不真实，并且其真实年龄不符合本保险合同约定年龄限制的，保险人可以解除本保险合同或者取消该被保险人资格，并向投保人退还保险单或该被保险人的现金价值。

合规意见

该问题条款中，当投保人申报的被保险人年龄不真实，同时被保险人真实年龄不符合合同约定的年龄限制时，保险人可以解除合同，但保险人行使合同解除权，受《保险法》第16条第3款与第6款的限制。[①] 保险人行使合同解除权，合同被解

---

① 《保险法》第16条规定："订立保险合同，保险人就保险标的或者被保险人的有关情况提出询问的，投保人应当如实告知。投保人故意或者因重大过失未履行前款规定的如实告知义务，足以影响保险人决定是否同意承保或者提高保险费率的，保险人有权解除合同。前款规定的合同解除权，自保险人知道有解除事由之日起，超过三十日不行使而消灭。自合同成立之日起超过二年的，保险人不得解除合同；发生保险事故的，保险人应当承担赔偿或者给付保险金的责任。投保人故意不履行如实告知义务的，保险人对于合同解除前发生的保险事故，不承担赔偿或者给付保险金的责任，并不退还保险费。投保人因重大过失未履行如实告知义务，对保险事故的发生有严重影响的，保险人对于合同解除前发生的保险事故，不承担赔偿或者给付保险金的责任，但应当退还保险费。保险人在合同订立时已经知道投保人未如实告知的情况的，保险人不得解除合同；发生保险事故的，保险人应当承担赔偿或者给付保险金的责任。保险事故是指保险合同约定的保险责任范围内的事故。"第32条第1款规定："投保人申报的被保险人年龄不真实，并且其真实年龄不符合合同约定的年龄限制的，保险人可以解除合同，并按照合同约定退还保险单的现金价值。保险人行使合同解除权，适用本法第十六条第三款、第六款的规定。"

除后,保险人应退还保险单的现金价值,而非“向投保人退还保险单或该被保险人的现金价值”。

相关规定

《保险法》第16条、第32条第1款。

五、关于保险责任免除条款的问题

问题条款

1. 关于责任免除中,因下列原因导致被保险人发生重大疾病的,保险人不承担保险责任:被保险人患艾滋病或感染艾滋病毒。

2. 关于责任免除中,因下列原因造成被保险人身故、伤残或医疗费用支出的,保险人不承担给付保险金责任:因被保险人挑衅或故意行为而导致的打斗、被袭击或被谋杀;被保险人中暑,猝死;被保险人接受整容手术及其他内、外科手术;被保险人未遵医嘱,私自服用、涂用、注射药物;被保险人病理性骨折或被诊断为骨质疏松并因该病症而导致的伤害;被保险人没有遭受骨折伤害,因其他原因或主动进行骨密度检测。

3. 在意外伤害保险的责任免除中,被保险人在下列期间遭受伤害导致身故、伤残或医疗费用支出的,保险人也不承担给付保险金责任:被保险人酒后驾车、无有效驾驶证驾驶无有效行驶证的机动车期间。

4. 在意外伤害保险中作为责任免除的条款,有下列费用,保险人不承担给付保险金的责任:(一)保险单签发地社会医疗保险或其他公费医疗管理部门规定的自费项目,如自费药品费用等;(二)因椎间盘膨出造成被保险人支出的医疗费用;(三)营养费、康复费、辅助器具费、整容费、美容费、修复手术费、牙齿整形费、牙齿修复费、镶牙费、护理费、交通费、伙食费、误工费、丧葬费。

合规意见

以上问题条款均是保险人免除自身责任的条款,并不必然具有法律效力,因此也不自然地排除保险人的给付保险金责任。此类条款要想成为保险合同的有效内容,首先,不应属于格式合同无效的情形;其次,应尽提示说明义务。一方面,根据《保险法》第 19 条的规定①,如果合同格式条款免除保险人依法应承担的义务,加重投保人和被保险人责任,排除投保人、被保险人或受益人依法享有的权利,此种约定无效。另一方面,根据《保险法》第 17 条和《最高人民法院关于适用〈中华人民共和国保险法〉若干问题的解释(二)》(以下简称《保险法司法解释(二)》)第 9 条、第 10 条、第 11 条、第 12 条、第 13 条的规定②,保险人对于其提供的格式合同中,免除或减轻自身保险责任的条款,应在订立合同时在投保单、保险单或其他保险凭证上作出足以引起投保人注意的提示,并对退款内容向投保人作出明确说明。如果保险人未尽此提示说明义务,该格式条款不产生效力。

---

① 《保险法》第 19 条规定:“采用保险人提供的格式条款订立的保险合同中的下列条款无效:(一)免除保险人依法应承担的义务或者加重投保人、被保险人责任的;(二)排除投保人、被保险人或者受益人依法享有的权利的。”

② 《保险法》第 17 条规定:“订立保险合同,采用保险人提供的格式条款的,保险人向投保人提供的投保单应当附格式条款,保险人应当向投保人说明合同的内容。对保险合同中免除保险人责任的条款,保险人在订立合同时应当在投保单、保险单或者其他保险凭证上作出足以引起投保人注意的提示,并对该条款的内容以书面或者口头形式向投保人作出明确说明;未作提示或者明确说明的,该条款不产生效力。”《保险法司法解释(二)》第 9 条规定:“保险人提供的格式合同文本中的责任免除条款、免赔额、免赔率、比例赔付或者给付等免除或者减轻保险人责任的条款,可以认定为保险法第十七条第二款规定的‘免除保险人责任的条款’。保险人因投保人、被保险人违反法定或者约定义务,享有解除合同权利的条款,不属于保险法第十七条第二款规定的‘免除保险人责任的条款’。”第 10 条规定:“保险人将法律、行政法规中的禁止性规定情形作为保险合同免责条款的免责事由,保险人对该条款作出提示后,投保人、被保险人或者受益人以保险人未履行明确说明义务为由主张该条款不成为合同内容的,人民法院不予支持。”第 11 条规定:“保险合同订立时,保险人在投保单或者保险单等其他保险凭证上,对保险合同中免除保险人责任的条款,以足以引起投保人注意的文字、字体、符号或者其他明显标志作出提示的,人民法院应当认定其履行了保险法第十七条第二款规定的提示义务。保险人对保险合同中有关免除保险人责任条款的概念、内容及其法律后果以书面或者口头形式向投保人作出常人能够理解的解释说明的,人民法院应当认定保险人履行了保险法第十七条第二款规定的明确说明义务。”第 12 条规定:“通过网络、电话等方式订立的保险合同,保险人以网页、音频、视频等形式对免除保险人责任条款予以提示和明确说明的,人民法院可以认定其履行了提示和明确说明义务。”第 13 条规定:“保险人对其履行了明确说明义务负举证责任。投保人对保险人履行了符合本解释第十一条第二款要求的明确说明义务在相关文书上签字、盖章或者以其他形式予以确认的,应当认定保险人履行了该项义务。但另有证据证明保险人未履行明确说明义务的除外。”

因此，保险人在格式条款中罗列此类免责条款时，需要对此以足以引起投保人注意的方式，进行提示说明。

相关规定

《保险法》第17条、第19条；《保险法司法解释（二）》第9条、第10条、第11条、第12条、第13条。

六、关于被保险人故意犯罪或抗拒刑事强制措施的问题

问题条款

关于责任免除中，因下列原因导致被保险人发生重大疾病的，保险人不承担保险责任：……被保险人故意犯罪或抗拒依法采取的刑事强制措施。

合规意见

根据《保险法》第45条的规定[①]，在被保险人故意犯罪或者抗拒依法采取的刑事强制措施导致其伤残或者死亡的情形下，保险人不承担给付保险金的责任。“伤残或者死亡”与“重大疾病”的范围并不相同，“重大疾病”并不必然符合《保险法》免责规定而免除保险人自身责任。

因此，保险人在格式条款中列入此类免责条款时，需要对此以足以引起投保人注意的方式，进行提示说明。[②]

---

① 《保险法》第45条规定：“因被保险人故意犯罪或者抗拒依法采取的刑事强制措施导致其伤残或者死亡的，保险人不承担给付保险金的责任。投保人已交足二年以上保险费的，保险人应当按照合同约定退还保险单的现金价值。”

② 《保险法》第17条规定：“订立保险合同，采用保险人提供的格式条款的，保险人向投保人提供的投保单应当附格式条款，保险人应当向投保人说明合同的内容。对保险合同中免除保险人责任的条款，保险人在订立合同时应当在投保单、保险单或者其他保险凭证上作出足以引起投保人注意的提示，并对该条款的内容以书面或者口头形式向投保人作出明确说明；未作提示或者明确说明的，该条款不产生效力。”

相关规定

《保险法》第 17 条、第 45 条。

七、关于限制转院治疗的问题

问题条款

被保险人因医疗条件限制，确需转院治疗，必须有转出医院主治医师以上级别人员签署的会诊报告及转院证明，并经保险人同意后方可转院治疗。

合规意见

保险公司应尊重保险消费者的就医选择，保险产品也应服务于被保险人的疾病治疗。[①] 被保险人有接受合理医疗服务的权利，在医疗条件存在限制情况下，确需转院治疗的，属于被保险人合法合理的正当需求，应当予以满足。保险公司对此设置需要医护人员签署报告、证明和保险人同意的双重限制，限制被保险人依法享有的基本就医权利，不具有合法性也不具有合理性。此外，按照《最高人民法院关于适用〈中华人民共和国保险法〉若干问题的解释(三)》(以下简称《保险法司法解释(三)》)第 20 条的规定[②]，在紧急就医情况下，被保险人可不在保险合同约定的医疗服务机构治疗。保险合同中设置限定治疗医院条款的主要目的在于防范保险欺诈，是为了对抗虚假医疗行为。而在急迫医疗需求情况下，生命健康权利是法律更偏重保护的价值。因医疗条件限制需要转院治疗的情况下，选择为治愈身体所需转院治疗，是对病患基本的保障，如加以过多限制，有失公允。

建议按照《保险法司法解释(三)》第 20 条的内容，将此问题条款修改为："被保险人未在本保险合同约定的医疗服务机构接受治疗的，保险人可不予支付保险

① 《健康保险管理办法》第 22 条规定："保险公司拟定医疗保险产品条款，应当尊重被保险人接受合理医疗服务的权利，不得在条款中设置不合理的或者违背一般医学标准的要求作为给付保险金的条件。"

② 《保险法司法解释(三)》第 20 条规定："保险人以被保险人未在保险合同约定的医疗服务机构接受治疗为由拒绝给付保险金的，人民法院应予支持，但被保险人因情况紧急必须立即就医的除外。"

金，但被保险人因情况紧急必须立即就医的除外。”

相关规定

《健康保险管理办法》第22条；《保险法司法解释（三）》第20条。

八、关于限定鉴定机构的问题

问题条款

由保险人指定或认可鉴定机构出具的被保险人残疾或烧伤程度鉴定书。

合规意见

该问题条款，对于鉴定被保险人残疾或烧伤程度的鉴定机构，进行了不合理的限制。根据《保险法》第129条的规定①，保险活动当事人有权委托独立评估机构或具有专业知识的人员进行评估鉴定。该问题条款要求由保险人指定或认可的鉴定机构进行鉴定，出具鉴定书，系单方将鉴定机构限制为保险人指定或认可的范围，排除了投保人、被保险人或者受益人对鉴定机构的选择权。

建议将“保险人指定或认可”删除。

相关规定

《保险法》第129条。

---

① 《保险法》第129条规定：“保险活动当事人可以委托保险公估机构等依法设立的独立评估机构或者具有相关专业知识的人员，对保险事故进行评估和鉴定。接受委托对保险事故进行评估和鉴定的机构和人员，应当依法、独立、客观、公正地进行评估和鉴定，任何单位和个人不得干涉。前款规定的机构和人员，因故意或者过失给保险人或者被保险人造成损失的，依法承担赔偿责任。”

九、关于勘查、调查费用不合理分担的问题

问题条款

投保人、被保险人或受益人未通知或通知迟延使保险人因此而增加的勘查、调查等费用,应由被保险人承担。

合规意见

按照《保险法》第64条的规定[1],为查明和确定保险事故的性质、原因和保险标的的损失程度支出的勘查、调查等费用,是保险人应负担的费用。投保人、被保险人或受益人向保险人提供确认保险事故有关的证明材料,保险人对此应及时作出核定,看是否属于保险责任的过程中,进行勘查、调查等活动是明确保险人是否承担保险责任以及承担的责任范围所必要的程序,属于理赔工作的一部分。该问题条款规定投保人、被保险人或受益人未通知或通知迟延而增加的勘查、调查等费用由被保险人承担,系加重投保人、被保险人或受益人责任。

建议删除该条款。

相关规定

《保险法》第64条。

十、关于原始收据的问题

问题条款

下列原因所导致的费用和后果包括被保险人的治疗,身体残疾或身故,保险人

---

① 《保险法》第64条规定:“保险人、被保险人为查明和确定保险事故的性质、原因和保险标的的损失程度所支付的必要的、合理的费用,由保险人承担。”

不负保险责任；……无原始收据的费用。

合规意见

这个问题条款同样系保险人排除自身责任，加重被保险人责任的格式条款，依照《保险法》第 19 条的规定①应属无效。对于费用，只要实际产生，只要有明确、真实、有效的证据证明，有无原始收据并不影响保险人的保险责任。对于费用已经实际产生的证据，与原始收据同等证明效果的材料都可以作为证据使用。

建议删除此款项。

相关规定

《保险法》第 19 条。

十一、关于在保险责任中扣除已经取得医疗费用补偿的问题

问题条款

若被保险人已从其他途径（包括公费医疗、社会基本医疗保险、其他费用补偿型医疗保险以及依法承担侵权损害赔偿责任的第三人等）获得医疗费用补偿，则保险人仅对被保险人实际发生的医疗费用扣除其所获医疗费用补偿后的剩余部分按本保险合同约定负责赔偿。社会基本医疗保险个人账户部分支出视为个人支付，不属于已获得的医疗费用补偿。

合规意见

该格式条款的内容，将包括但不限于通过公费医疗、社会基本医疗保险、其他费用补偿型医疗保险和依法承担侵权损害赔偿责任的第三人途径获得的医疗费用

---

① 《保险法》第 19 条规定："采用保险人提供的格式条款订立的保险合同中的下列条款无效：（一）免除保险人依法应承担的义务或者加重投保人、被保险人责任的；（二）排除投保人、被保险人或者受益人依法享有的权利的。"

补偿排除在赔偿金额之外，是对保险机构应当承担的给付意外伤害医疗保险的责任进行不合理的限缩。按照《保险法司法解释（三）》第18条的规定[①]，保险人就给付费用补偿型的医疗费用保险金，可主张的扣减金额在公费医疗或社会医疗保险取得的赔偿金额范围内，不包括从依法承担侵权损害赔偿责任的第三人处获得的医疗费用补偿。我国保险法的立法体系分为财产保险与人身保险，财产保险适用损害填补原则，而人身保险不适用损害填补原则，且人身保险的保险人给付保险金后不享有对第三人的代位求偿权。根据《保险法》第46条的规定[②]，因第三人侵权而发生保险事故的，被保险人在取得保险人给付的保险金后，仍可以要求侵害权益的第三人进行损害赔偿。故保险公司不得以被保险人已从侵权第三人处获得了赔偿为由，扣减保险合同中约定的保险金。

建议删除此条款中的“以及依法承担侵权损害赔偿责任的第三人等”。

相关规定

《保险法》第46条；《保险法司法解释（三）》第18条。

十二、关于被保险人追加索赔请求的问题

问题条款

保险人支付赔款后，对被保险人追加的索赔请求，保险人不承担赔偿责任。

合规意见

这个问题条款系保险人排除自身责任的条款，保险人对自身应当承担的理赔责任，受制于保险范围、所产生的实际损失等核心要素，而与被保险人是否一次性地提

---

① 《保险法司法解释（三）》第18条规定：“保险人给付费用补偿型的医疗费用保险金时，主张扣减被保险人从公费医疗或者社会医疗保险取得的赔偿金额的，应当证明该保险产品在厘定医疗费用保险费率时已经将公费医疗或者社会医疗保险部分相应扣除，并按照扣减后的标准收取保险费。”

② 《保险法》第46条规定：“被保险人因第三者的行为而发生死亡、伤残或者疾病等保险事故的，保险人向被保险人或者受益人给付保险金后，不享有向第三者追偿的权利，但被保险人或者受益人仍有权向第三者请求赔偿。”

出了理赔请求无关。订立保险合同的目的就在于保险事故发生时,能及时得到赔偿以弥补经济或精神的损失,索赔请求权是其最基本的权利。根据《保险法》第23条第3款的规定①,包括保险人在内的任何单位和个人不得非法限制被保险人或受益人取得保险金的权利。保险人在格式条款中规定支付赔款后,保险人不再对被保险人追加的索赔请求承担赔付责任。这类"一次性赔偿结案"的内容不仅严重违反了公平原则,而且排除了被保险人的再次索赔请求权,依照《保险法》第19条的规定②应认定为无效。

建议删除此条款。

相关规定

《保险法》第19条、第23条第3款。

第三节　财产保险类合同主要问题格式条款及合规意见

本节将结合具体格式条款内容,对财产保险合同中存在问题的典型格式条款提出具体合规意见。

一、关于保险责任免除条款的问题

问题条款

1. 无房产证,土地使用证或相关证明的房产,保险人不负赔偿责任。

---

① 《保险法》第23条第3款规定:"任何单位和个人不得非法干预保险人履行赔偿或者给付保险金的义务,也不得限制被保险人或者受益人取得保险金的权利。"

② 《保险法》第19条规定:"采用保险人提供的格式条款订立的保险合同中的下列条款无效:(一)免除保险人依法应承担的义务或者加重投保人、被保险人责任的;(二)排除投保人、被保险人或者受益人依法享有的权利的。"

2. 下列原因造成的损失、费用，保险人不承担赔偿责任：……投保人、被保险人及其代表的故意或重大过失行为……

合规意见

保险人免除赔偿责任的条款，并不必然具有法律效力，而应尽到《保险法》第17条及《保险法司法解释（二）》第9条、第10条、第11条、第12条、第13条的规定中的提示说明义务。如果保险人未尽此提示说明义务，该格式条款不产生效力。例如，问题条款1中，保险人免除自身在被保险人未提供“房产证，土地使用证或相关证明”时的赔偿责任。一般在订立保险合同时，保险人并不审查作为保险标的的房产的房产证、土地使用证等相关证明，投保人填写房屋的具体地址信息即可。因此，可能发生投保人在订立保险合同时并不知晓需要提供房产证、土地使用证等相关证明，在订立合同并交付保险费后，可能因无法提供相关证据而不能得到赔偿保险金。问题条款2中，因投保人、被保险人故意制造保险事故的，保险人可依《保险法》第27条第2款[①]不承担赔偿或者给付保险金的责任。但其他的重大过失行为造成的损失和费用的免责，需要保险人尽到提示说明义务。如果保险人在订立合同时未尽到提示说明义务，则该格式条款不产生效力，不能免除保险人的赔偿责任。

因此，保险人在格式条款中列入此类免责条款时，需要对此以足以引起投保人注意的方式，进行提示说明。

相关规定

《保险法》第17条、第19条、第27条第2款；《保险法司法解释（二）》第9条、第10条、第11条、第12条、第13条。

---

① 《保险法》第27条第2款规定：“投保人、被保险人故意制造保险事故的，保险人有权解除合同，不承担赔偿或者给付保险金的责任；除本法第四十三条规定外，不退还保险费。”

二、关于保险标的消防安全的问题

问题条款

投保人、被保险人有义务按照公安部发布的《仓库防火安全管理规则(公安部令第6号)》的相关规范要求做好仓库的安全管理。如因投保人,被保险人未按《仓库防火安全管理规则(公安部令第6号)》的相关规范要求进行仓库的安全管理导致仓库发生火灾、爆炸事故,则本保单对火灾、爆炸事故加扣10%的绝对免赔率。

合规意见

按《保险法》第51条的规定,“被保险人应当遵守国家有关消防、安全、生产操作、劳动保护等方面的规定,维护保险标的的安全。保险人可以按照合同约定对保险标的的安全状况进行检查,及时向投保人、被保险人提出消除不安全因素和隐患的书面建议。投保人、被保险人未按照约定履行其对保险标的的安全应尽责任的,保险人有权要求增加保险费或者解除合同。保险人为维护保险标的的安全,经被保险人同意,可以采取安全预防措施。”可见,被保险标的的安全不是只有投保人与被保险人有责任,保险人同样可以进行检查和建议监督,并在投保人与被保险人未尽安全管理责任时要求增加保险费或解除合同。

建议将此条款予以修改,按照《保险法》的内容,进行双方权利义务的平衡。可修改为:“投保人、被保险人有义务按照公安部发布的《仓库防火安全管理规则(公安部令第6号)》的相关规范要求做好仓库的安全管理。保险人可以进行安全状况检查,及时向投保人、被保险人提出消除不安全因素和隐患的书面建议。投保人、被保险人未按照约定履行其对保险标的的安全应尽责任的,保险人有权要求增加保险费或者解除合同。”

相关规定

《保险法》第51条。

三、关于保险标的危险程度显著增加的问题

问题条款

保单承保仓库内存储的货物类型为棉纱、包纱、橡筋、辅料、各种袜子的,在保险期限内被保险人在未经保险人同意的情况下,在其投保仓库中存储其他类型货物导致保险标的危险程度显著增加的,如发生保险事故,保险公司不承担任何赔偿责任。

合规意见

该问题条款,是对“保险期限内,保险标的危险程度显著增加”时各方权利义务的规定。根据《保险法》第52条的规定[①],保险标的危险程度显著增加的,被保险人应当及时通知保险人,保险人可以按照合同约定,以解除保险合同的形式不再承保,或以增加保险费的形式继续承保。而当被保险人未履行通知义务时,因保险标的的危险程度显著增加而发生的保险事故,可以免除保险人承担赔偿保险金的责任。而未经保险人同意的情况下存储其他类型货物使保险标的危险程度增加,与危险程度增加后未通知保险人,是两种不同的情形。如果未经同意存储其他货物,发生了保险标的危险程度增加的情形,存在被保险人是否通知保险人的不同情况:一是未通知的情况,依照《保险法》第52条的规定,如果发生保险事故,保险人因此免责,不承担赔偿责任;二是经通知后,保险人解除保险合同并退还保险费的情况,如果发生保险事故,因保险合同已经解除,保险人不承担赔偿责任;三是经通

① 《保险法》第52条规定:“在合同有效期内,保险标的的危险程度显著增加的,被保险人应当按照合同约定及时通知保险人,保险人可以按照合同约定增加保险费或者解除合同。保险人解除合同的,应当将已收取的保险费,按照合同约定扣除自保险责任开始之日起至合同解除之日止应收的部分后,退还投保人。被保险人未履行前款规定的通知义务的,因保险标的的危险程度显著增加而发生的保险事故,保险人不承担赔偿保险金的责任。”

知后，保险人增加保险费继续承保的情况，如果发生保险事故，保险人应按照保险合同的约定承担赔偿或给付保险金的责任。而该问题条款免除了第三种情况下保险人的保险责任，损害被保险人或受益人的利益，与《保险法》的规定相违背。

建议依照《保险法》第52条的内容将此条款修改为："保单承保仓库内存储的货物类型为棉纱、包纱、橡筋、辅料、各种袜子的，在保险期限内，被保险人在其投保仓库中存储其他类型货物导致保险标的危险程度显著增加的，应及时通知保险人，保险人可以按照合同约定增加保险费或者解除合同。保险人解除合同的，应当将已收取的保险费扣除自保险责任开始之日起至合同解除之日止应收的部分后，退还投保人。被保险人未履行通知义务的，因保险标的的危险程度显著增加而发生的保险事故，保险公司不承担任何赔偿责任。"

相关规定

《保险法》第52条。

四、主险与附加险相悖时的处理问题

问题条款

本附加险条款与主险条款内容相悖之处，以本附加险条款为准；未尽之处，以主险条款为主。

合规意见

主险也被称为基本险，是可以单独投保的险别；附加险是不能单独投保的，须在购买主险的前提下，附加某些险种才能享受相应的保障利益。主险和附加险是各自独立，在出现主险条款和附加险条款冲突的情况下，不能简单地以附加险条款的优先性和主险条款的补充性来进行认定。在附加险约定保险事故，但这些事故按主险为免责条款的情况下，保险人与被保险人对于主险的免责条款是否适用于附加险就有争议。保险人会主张主险的免责条款适用于附加险，保险人免除给付保险金责任；被保险人会主张附加险与主险的免责条款相互独立，主险的免责条款不成为附加险的部分。而当保险合同格式条款存在不同解释时，依照《民法典》第498条和《保险法》第30条的规定[①]，应当作出不利于提供格式条款一方的解释，即按照有利于投保人、被保险人的解释，认定主险的免责条款不及于附加险。这种做法就与格式条款中的内容冲突，因此条款中如此约定并不完全合理。

建议在此问题条款中明确是否有除外条款，如免责条款的约定是否同样依照“附加险条款优先，主险条款补充”的原则。

相关规定

《民法典》第498条；《保险法》第30条。

五、关于“无责不赔”的问题

问题条款

保险车辆方无事故责任的，保险人不承担赔偿责任。

合规意见

当保险标的发生交通事故，肇事车全责，投保人无责，保险合同的“无责不赔”条款，排除了被保险人在保险事故发生时依照保险合同获得保险人赔偿的权利。

---

① 《保险法》第30条规定：“采用保险人提供的格式条款订立的保险合同，保险人与投保人、被保险人或者受益人对合同条款有争议的，应当按照通常理解予以解释。对合同条款有两种以上解释的，人民法院或者仲裁机构应当作出有利于被保险人和受益人的解释。”《民法典》第498条规定：“对格式条款的理解发生争议的，应当按照通常理解予以解释。对格式条款有两种以上解释的，应当作出不利于提供格式条款一方的解释。格式条款和非格式条款不一致的，应当采用非格式条款。”

按照《保险法》第 60 条、第 61 条和《保险法司法解释(二)》第 19 条的规定[①],第三者对保险标的造成损害的,被保险人既可以向保险人要求承担保险责任,也可以向侵害其权利的第三者要求赔偿。保险人赔偿保险金后,在赔偿金额范围内获得向第三者的代位求偿权。另外,中国保险监督管理委员会(已撤销)于 2012 年 2 月 23 日发布的原《关于加强机动车辆商业保险条款费率管理的通知》和中国保险行业协会 2020 年 9 月 4 日发布的《中国保险行业协会机动车商业保险示范条款(2020 版)》也对此有相关规定[②],明确了因第三者造成保险标的损失的,被保险人可以向保险人主张赔偿保险金的权利。被保险人已经从第三者处取得损害赔偿的,保险人可以在相应范围内扣减赔偿金额。被保险人放弃对第三者请求赔偿的权利的,保险人不承担赔偿保险金的责任。在被保险人未从第三者处获得赔偿也未放弃对第三者的赔偿权时,该问题条款直接免除保险人承担的赔偿责任,排除被保险人获得赔偿保险金的权利,违反《保险法》的规定,应属无效。

建议删除此条款。

---

① 《保险法》第 60 条规定:"因第三者对保险标的的损害而造成保险事故的,保险人自向被保险人赔偿保险金之日起,在赔偿金额范围内代位行使被保险人对第三者请求赔偿的权利。前款规定的保险事故发生后,被保险人已经从第三者取得损害赔偿的,保险人赔偿保险金时,可以相应扣减被保险人从第三者已取得的赔偿金额。保险人依照本条第一款规定行使代位请求赔偿的权利,不影响被保险人就未取得赔偿的部分向第三者请求赔偿的权利。"《保险法》第 61 条规定:"保险事故发生后,保险人未赔偿保险金之前,被保险人放弃对第三者请求赔偿的权利的,保险人不承担赔偿保险金的责任。保险人向被保险人赔偿保险金后,被保险人未经保险人同意放弃对第三者请求赔偿的权利的,该行为无效。被保险人故意或者因重大过失致使保险人不能行使代位请求赔偿的权利的,保险人可以扣减或者要求返还相应的保险金。"《保险法司法解释(二)》第 19 条规定:"保险事故发生后,被保险人或者受益人起诉保险人,保险人以被保险人或者受益人未要求第三者承担责任为由抗辩不承担保险责任的,人民法院不予支持。财产保险事故发生后,被保险人就其所受损失从第三者取得赔偿后的不足部分提起诉讼,请求保险人赔偿的,人民法院应予依法受理。"

② 《关于加强机动车辆商业保险条款费率管理的通知》第 2 条规定:"二、关于商业车险条款拟订及执行的要求……(十一)因第三者对被保险机动车的损害而造成保险事故的,保险公司自向被保险人赔偿保险金之日起,在赔偿金额范围内代位行使被保险人对第三者请求赔偿的权利。保险公司不得通过放弃代位求偿权的方式拒绝履行保险责任。"《中国保险行业协会机动车商业保险示范条款(2020 版)》第 17 条第 1 款、第 2 款、第 3 款规定:"因第三方对被保险机动车的损害而造成保险事故,被保险人向第三方索赔的,保险人应积极协助;被保险人也可以直接向本保险人索赔,保险人在保险金额内先行赔付被保险人,并在赔偿金额内代位行使被保险人对第三方请求赔偿的权利。被保险人已经从第三方取得损害赔偿的,保险人进行赔偿时,相应扣减被保险人从第三方已取得的赔偿金额。保险人未赔偿之前,被保险人放弃对第三方请求赔偿的权利的,保险人不承担赔偿责任。"

相关规定

《保险法》第60条、第61条;《保险法司法解释(二)》第19条;中国保险监督管理委员会(已撤销)原《关于加强机动车辆商业保险条款费率管理的通知》第2条;《中国保险行业协会机动车商业保险示范条款(2020版)》第17条第1款、第2款、第3款。

六、关于“高保低赔”的问题

问题条款

购置新车后,为新车投保,保险人按新车购置价值进行投保,在保险期间,投保车辆发生被盗或事故,致全车发生损失时,保险人仅按车辆实际价值进行赔偿。

合规意见

“高保低赔”条款要求投保车辆按购置价格购买保险,出现全车保险事故后,却按实际损失赔偿,属于“霸王条款”。“高保低赔”条款可能约定,在保险金额内计算赔偿,保险金额高于保险事故发生时被保险机动车实际价值的,按保险事故发生时被保险机动车的实际价值计算赔偿。保险事故发生时被保险机动车的实际价值根据保险事故发生时的新车购置价减去折旧金额后的价格确定。保险人出示此类条款,一方面拿到了新车购置价相对应的高保费,另一方面又确定了较低的赔偿标准。有违公平正义,严重损害投保人、被保人利益。依照《保险法》第55条的规定[①],保险金额不得超过保险价值,超过部分无效。“高保低赔”条款约定以新车购置价作为保险金额,而车辆在投保时的实际价值一般是低于新车购置价的,双方合同约定的保险金额超过的保险价值,应属无效。《中国保险行业协会机动车商业保

---

① 《保险法》第55条规定:“投保人和保险人约定保险标的的保险价值并在合同中载明的,保险标的发生损失时,以约定的保险价值为赔偿计算标准。投保人和保险人未约定保险标的的保险价值的,保险标的发生损失时,以保险事故发生时保险标的的实际价值为赔偿计算标准。保险金额不得超过保险价值。超过保险价值的,超过部分无效,保险人应当退还相应的保险费。保险金额低于保险价值的,除合同另有约定外,保险人按照保险金额与保险价值的比例承担赔偿保险金的责任。”

险示范条款(2020 版)》在第 13 条[①]中,明确投保金额按新车购置价减去折旧金额后被保险机动车实际价值确定,此类“高保低赔”条款明显与之违背。

建议按照《保险法》及示范条款的内容予以规范,保险金额按投保时被保险机动车的实际价值确定,即投保人与保险人根据投保时的新车购置价减去折旧金额后的价格协商确定或其他市场公允价格协商确定。

相关规定

《保险法》第 55 条;《中国保险行业协会机动车商业保险示范条款(2020 版)》第 13 条。

七、关于保险费率及保险费调整后的问题

问题条款

我们进行保险费率调整后,请您按调整后的保险费交付以后各期保险费。

合规意见

根据《保险法》第 18 条的规定[②],保险费以及支付办法系保险合同中需要双方明确约定的条款,且系保险合同的核心条款。而保险费的变动,属于对保险合同的变更。按照《保险法》第 20 条的规定[③],对合同的变更须经过投保人和保险人协

---

① 《中国保险行业协会机动车商业保险示范条款(2020 版)》第 13 条规定:“保险金额按投保时被保险机动车的实际价值确定。投保时被保险机动车的实际价值由投保人与保险人根据投保时的新车购置价减去折旧金额后的价格协商确定或其他市场公允价值协商确定。折旧金额可根据本保险合同列明的参考折旧系数表确定。”

② 《保险法》第 18 条规定:“保险合同应当包括下列事项:(一)保险人的名称和住所;(二)投保人、被保险人的姓名或者名称、住所,以及人身保险的受益人的姓名或者名称、住所;(三)保险标的;(四)保险责任和责任免除;(五)保险期间和保险责任开始时间;(六)保险金额;(七)保险费以及支付办法;(八)保险金赔偿或者给付办法;(九)违约责任和争议处理;(十)订立合同的年、月、日。投保人和保险人可以约定与保险有关的其他事项。受益人是指人身保险合同中由被保险人或者投保人指定的享有保险金请求权的人。投保人、被保险人可以为受益人。保险金额是指保险人承担赔偿或者给付保险金责任的最高限额。”

③ 《保险法》第 20 条规定:“投保人和保险人可以协商变更合同内容。变更保险合同的,应当由保险人在保险单或者其他保险凭证上批注或者附贴批单,或者由投保人和保险人订立变更的书面协议。”

商。如果保险合同的双方未对保险费率及保险费的调整有约定,保险人不可单方对合同进行变更,仅以保险人单方告知调整保险费率的,对被保险人不产生约束的效力。

建议删除此条款。

相关规定

《保险法》第18条、第20条。

第四节　人身财产保险类合同格式条款合规建议

一、政府有效监管建议

保险合同是典型的以格式条款为主的一种合同。保险业务专业化与技术化程度均高于一般行业,这给一般投保人准确理解制造了现实困难。其中的"重灾区"是格式条款中大量的除外责任条款和保险人免除责任条款,这直接导致"投保容易,理赔艰难"现象的屡屡发生。笔者对各家保险公司文本进行观察的过程中,发现其形式各异,这也为投保人购买不同保险公司产品时制造了认知困难。据此,监管部门要做到事前事后两手抓。加强事前监管,包括保险监督机构在内的监管部门可在本辖区范围内推行保险合同示范文本,统一形式。严格事后监督,对发生保险事故后的保险理赔,加强对保险公司的监督管理,保障投保人、被保险人和受益人的合法权益。

二、经营者自我合规审查建议

保险人应做到自我合规管理,强化责任意识,慎用自身优势地位,对不公平的条款进行自查自纠。相较于投保人,保险人在经济实力、信息储备等方面处于明显优势地位。在保险服务过程中,保险人使用格式条款本身更加剧了此种地位差异,打破了契约公平原则，因此保险人应转变经营理念，强化公平意识，遵循诚信原则，依法订立格式合同。具体行为方式可以是在保险人内部加强自我审查，对不公平的格式条款进行自查自纠。

三、消费者主动维权建议

保险行业中格式合同运用普遍而广泛，格式条款随处可见。由于保险人的强势地位，险种定型化，人身财产保险合同内容的复杂、文本的繁冗都让投保人对仔细阅读格式条款望而生畏，致使其漠视了不利于自身权利义务的格式条款。从态度上说，保险人作为一种本质上需要盈利的组织，在内在动机上缺乏自我约束的驱动力，在订立保险合同时容易追求自身利益最大化、责任最小化。这样的客观情况，需要投保人摒除偷懒的心理，在签署合同前要认真审查合同内容，特别是对关系到自身权利义务的格式条款要格外重视。

附：人身财产保险类合同格式条款合规主要法律法规及规范性文件目录

1. 2009 年 9 月 8 日：《浙江省高级人民法院关于审理财产保险合同纠纷案件若干问题的指导意见》（浙高法〔2009〕296 号）。
2. 2009 年 10 月 1 日：《最高人民法院关于适用〈中华人民共和国保险法〉若干问题的解释（一）》（法释〔2009〕12 号）。
3. 2012 年 2 月 23 日：原《关于加强机动车辆商业保险条款费率管理的通知》（保监发〔2012〕16 号）。
4. 2019 年 3 月 2 日：《机动车交通事故责任强制保险条例》（国务院令第 709 号）。
5. 2019 年 12 月 1 日：《健康保险管理办法》（中国银行保险监督管理委员会令 2019 年第 3 号）。
6. 2021 年 1 月 1 日：《最高人民法院关于适用〈中华人民共和国保险法〉若干问题的解释（二）》（法释〔2020〕18 号）。

7.2021 年 1 月 1 日:《最高人民法院关于适用〈中华人民共和国保险法〉若干问题的解释(三)》(法释〔2020〕18 号)。

8.2021 年 1 月 1 日:《最高人民法院关于适用〈中华人民共和国保险法〉若干问题的解释(四)》(法释〔2020〕18 号)。

9.2021 年 2 月 1 日:《互联网保险业务监管办法》(中国银行保险监督管理委员会令 2020 年第 13 号)。

10.2021 年 10 月 1 日:《财产保险公司保险条款和保险费率管理办法》(中国银行保险监督管理委员会令 2021 年第 10 号)。

第十八章

旅客运输类合同格式条款合规指南

第一节　旅客运输类合同格式条款概述

一、旅客运输合同规范体系

《民法典》第809条规定："运输合同是承运人将旅客或者货物从起运地点运输到约定地点,旅客、托运人或者收货人支付票款或者运输费用的合同。"根据该条规定,旅客运输合同可定义为:承运人与旅客之间订立的,内容为旅客运输方面的权利义务的协议。也就是承运人将旅客及其行李包裹安全、及时地运送到合同约定的目的地;与此相对的,旅客的义务则是向承运人支付约定的票款。

按照运输方式的不同,旅客运输合同可分为公路旅客运输合同、铁路旅客运输合同、水路旅客运输合同、航空旅客运输合同等。考虑到篇幅所限,本章仅针对公路运输中所涉的公路旅客运输合同进行论述。而公路旅客运输合同通常包含班车客运、包车客运、公共汽车客运、出租汽车客运等形式。无论是何种形式的公路运输合同,其所涉及的法律主体基本包括两方:承运人和旅客。在旅客运输合同这一民事法律关系中,相较于旅客支付相应票款的单一义务来说,承运人负有运输相关的多种义务。承运人通常作为旅客运输合同的提供方,由其预先拟定合同,不可避免地会涉及未与旅客协商的条款,而这些条款又关乎双方之间的权利与义务。本章以包车客运形式为例,展开对旅客运输合同的格式条款合规的论述,在此之前,将先对承运人在旅客运输合同法律关系中所负的义务进行简要论述。

二、旅客运输合同中承运人的义务

民法上的义务是指法律所加于当事人作为或不作为之约束。[①] 承运人所承担的义务包括两种:基于合同的约定义务和基于法律规定的法定义务。首先承运人作为旅客运输合同的一方当事人,其在合同有效成立后需要承担合同项下的义务,其次还负有法定义务。

(一)合同项下的约定义务

合同义务是合同缔约方依法订立后,基于合同约定产生的义务。根据《民法典》合同编的规定,结合理论界的概括,承运人的合同义务具体包括以下三方面。

1. 给付义务

承运人在旅客运输合同中负担的给付义务是把旅客从起点运送至约定地点的运输行为,而运输行为本身便是旅客运输合同的目标和功能之体现。给付义务主要包括:

(1)主给付义务,是指"合同关系所固有、必备,并且决定合同关系类型的基本义务"[②]。在旅客运输合同中,承运人的主给付义务是依照合同约定把旅客运送至目的地这一运输行为,也就是运输义务。该运输义务是依照合同所约定的时间、班次和运输工具,在合同约定时间内运送旅客至目的地的行为。它包括三层意思:第一,承运人应当将旅客按照约定期间或合理期间运送至目的地;第二,承运人应当

① 参见梁慧星:《民法总论》,法律出版社 1996 年版,第 74 页。
② 韩世远:《合同法总论》,法律出版社 2004 年版,第 280 页。

安全地将旅客运送到目的地;第三,承运人应当按照合同约定将旅客运送到约定地点。[①]

(2)从给付义务。它具有辅助功能,表现在给旅客提供旅程中的必要设施、生活服务以及救助义务等。

2. 附随义务

附随义务,是指给付义务以外,应当负担的其他义务。附随义务是不能独立请求履行的义务,在运输合同中,附随义务依据功能可分为告知义务和保护义务。告知义务即在运输过程中向旅客告知不能正常运输的重要事由及运输中安全注意事项的义务。保护义务贯穿自缔约至合同结束全过程,承运人所负的照顾旅客法益的特别义务,即为保障旅客人身安全、财产安全的义务。

3. 强制缔约义务

《民法典》第 810 条规定:"从事公共运输的承运人不得拒绝旅客、托运人通常、合理的运输要求。"该义务主要针对公共运输承运人,如果承运人对旅客通常、合理的要求予以拒绝,便构成违约。

(二)基于法律规定的法定义务

法定义务是基于法律的强制性规定或者禁止性规定产生的义务,与合同义务相对。在旅客运输合同履行的过程中,承运人担负的法定义务主要有二:其一,任何人均不得非法侵害他人权益的一般性义务;其二,安全保障义务。

三、旅客运输类合同主要格式条款要览

根据《民法典》合同编运输合同这一章之规定,一份完整的旅客运输合同一般包括承运人信息、时间、班次、座位号、价款、违约责任、争议解决方式等。为降低磋商成本,旅客运输合同一般是由承运人预先拟定,可以针对不特定旅客反复适用的格式合同。

---

① 参见全国人大法工委研究室编写组编:《中华人民共和国合同法释义》,人民法院出版社 1999 年版,第 428 ~429 页。

旅客运输合同中涉及双方权利义务的格式条款是合规的主要考量点，实务中也常存在损害旅客权益的格式条款，主要包括排除或限制旅客权利的格式条款以及减免承运人责任的格式条款。因此，旅客在签署合同前，对涉及自身权益的格式条款谨慎审查就尤为重要。

第二节　旅客运输类合同主要问题格式条款及合规意见

本节将结合具体格式条款内容，对包车客运中常见的旅客运输合同中不公平的问题格式条款进行分析，并提出具体合规意见。此外，还提出若干建议订入合同的格式条款，以供实践参考。

一、承运人变更用车标准等责任条款

问题条款

承运人擅自变更约定车辆或降低用车标准，造成旅客不能按时出发的，承运人应承担旅客的直接经济损失。

合规意见

承运人与旅客订立旅客运输合同，就车辆、时间、起始地和线路等信息进行约定，便负有按照合同约定提供服务的义务。除非与旅客协商一致，否则承运人不得擅自变更。

本问题条款列明了两种情形：一为甲方擅自变更约定车辆，二为降低用车标准。而针对该两种情形甲方应承担乙方的直接经济损失的前提为造成乙方团队不能按时出发。也就是说，承运人纵使有擅自改变约定车辆或者降低用车标准的情

形,但并未造成乙方团队不能按时出发的后果,甲方仍然不需要向乙方承担责任。

如前所述,其一,约定车辆系承运人与旅客之间订立旅客运输合同的必备条款,属于未与旅客协商一致时,不得擅自变更的内容。而该条款的约定如若成立,便使甲方具备了可以任意变更约定车辆的权利。那么便属于《民法典》第 497 条第 2 项中“提供格式条款一方不合理地减轻其责任”的情形,该格式条款无效。

其二,针对擅自降低用车标准的情形,《民法典》第 821 条明确规定承运人应当根据旅客的请求退票或者减收车票,即只要旅客要求,承运人便须退票或者减收车票,不能以造成乙方团队不能按时出发为前提,承运人的该条款是在为旅客向其主张权利设置障碍。依据《民法典》第 496 条第 2 款之规定,承运人应向旅客尽到提示或者说明义务。否则,旅客可以主张该条款不成为合同的内容,即只要承运人降低用车标准,旅客便可以依据《民法典》第 821 条之规定,请求承运人退票或者减收票款。

当然,针对该问题条款的规定,还有一种解释为,如果承运人擅自降低用车标准,同时导致旅客不能按时出发,旅客可以向承运人主张赔偿损失,该损失以承运人给旅客造成的直接经济损失为限,而不是以车票价值为限。这样,便将旅客向承运人主张何种形式的权利的选择权给予了旅客本人。而该种解释又恰好符合了《民法典》第 498 条对于格式条款有两种以上解释时,应当作出不利于提供格式条款一方的解释的规定,不失为一种好方法。

但是,直接损失却又限定了损失的范围,是单纯主张直接损失,还是一并主张间接损失,是旅客的权利,在本问题条款中直接约定为主张直接损失,看似在《民法典》第 821 条的基础上向旅客权利有所倾斜,实则又从另一方面限制了旅客主张权利的范围,因而,建议将“直接经济损失”修改为“损失”,将具体主张什么损失的权利交给旅客本人,如果涉诉,又将支持何种损失的权利交给了法院,更有利于个案的解决。

而与擅自降低服务标准相对应的是提高服务标准,针对该类行为,《民法典》第 821 条也是予以明确规定的,也就是不得加收票款。就承运人变更运输工具的行为来讲,其属于违约行为,即使该违约行为的结果提高了运输标准也不得加收票款。因为,如果允许承运人在提高服务标准的情况下加收票款,则意味着承运人的违约行为非但没有受到惩罚,反而获得了利益,同时又侵犯了旅客自由选择的权利。因而,《民法典》针对此种情形明确规定,在承运人将运输工具的服务标准提高的情况下,旅客不仅有权利继续乘坐变更后的运输工具,而且不需要为提高的服务标准加付费用。

此外,建议在合同中明确本车的“用车标准”,针对车辆型号、配置、车龄等关键事项进行约定,以免在是否属于降低“用车标准”上产生争议。故建议将本条修改为“承运人擅自变更约定车辆或降低用车标准,承运人应承担旅客的损失”。

相关规定

《民法典》第 498 条、第 543 条、第 821 条;《中华人民共和国道路运输条例》(以下简称《道路运输条例》)第 20 条;《浙江省道路运输条例》第 9 条。

二、运输期间安全保障义务条款

问题条款

包车期间,因旅客自身行为及身体健康原因,造成旅客人身财产损失,应由旅客自行承担责任,承运人协助处理。

合规意见

承运人作为运输服务的提供者,本身对旅客负有安全保障义务。如在合同履行过程中,确因旅客自身行为及自身健康原因造成旅客人身财产损失,承运人无须承担责任,但承运人在此过程中依然要尽到安全提示、救助义务。对此,《民法典》第 822 条是有明确规定的,即“承运人在运输过程中,应当尽力救助患有急病、分娩、遇险的旅客”,“应当尽力救助”意味着承运人应实施的救助是积极主动的且应当穷尽一切救助手段的救助。而非该条款表述的“承运人协助处理”,“协助处理”的表述有减轻承运人自身责任之嫌。

同时,《民法典》第 823 条对承运人对运输中旅客的伤亡承担赔偿责任的除外情形的规定是“伤亡是旅客自身健康原因造成的或者承运人证明伤亡是旅客故意、重大过失造成的”。也就是说，运输过程中，除去旅客自身健康原因或者承运人能够证明伤亡是旅客故意、重大过失造成的以外，承运人都要对旅客的伤亡承担赔偿责任。但是，该问题条款将“承运人证明伤亡是旅客故意、重大过失造成”中的“旅客故意、重大过失”表述为“旅客自身行为”，以及将“伤亡”这一“人身损害”扩大为“人身财产损失”，不合理地免除或者减轻了承运人的责任，加重了旅客的责任，是典型的问题格式条款。

故针对该格式条款，建议修改为：“包车期间，因旅客自身健康原因或者承运人能够证明是旅客故意、重大过失造成的人身损害，应由旅客自行承担责任，但承运人应当尽到尽力救助之义务，承运人不能证明其尽到了前述义务的，应依法承担赔偿责任。”

相关规定

《民法典》第 822 条、第 823 条。

三、人身安全双方责任约定问题

问题条款

乙方必须保证甲方的人员、车辆、财务在卸载地点（包括往返运输的回程起运点）的绝对安全。如发生在上述地点的甲方人员伤亡、车辆损坏、财务损失（甲方自身原因除外），甲方有权拒绝继续运行，并要求乙方立即协助调查事件，承担相应经济赔偿责任，情形严重的，甲方有权请求司法保护。

合规意见

《民法典》第 809 条规定，运输合同是承运人将旅客或者货物从起运地点运输到约定地点，旅客、托运人或者收货人支付票款或者运输费用的合同。承运人应当对运输过程中旅客的伤亡承担赔偿责任，运输过程自然也可能包含卸载地点、往返运输的回程起运点，且承运人作为专业的道路旅客运输经营的经营者，其应当具备安全生产管理制度，具有专业人员能够识别可能存在的风险，并采取必要措施防止运输过程中的风险发生。该问题条款将起运点、卸载地点的安全责任约定为全部归乙方（托运人/旅客）保障负责，不免对托运人/旅客要求过高，有免除或减轻承运人自身责任之嫌。

旅客遇此问题条款可与承运人进行交涉，及时要求运输企业修改相应条款以符合法律法规规定。如发生旅客人身损害而承运人据此拒绝赔偿的问题，旅客可以主张该条款不符合法律规定，系免除经营者责任、排除消费者权利的格式条款而要求承运人承担赔偿责任。

相关规定

《民法典》第809条。

四、保密义务问题

问题条款

承运人对在履行本合同过程中所获悉的属于旅客且无法自公开渠道获得的文件、资料、信息，应负保密义务。未经旅客书面同意，不得擅自利用或对外发表、披露，否则应赔偿旅客全部损失。保密期限自承运人接受或知悉旅客资料之日起至该信息资料公开之日或旅客书面解除承运人保密义务之日止。

合规意见

合同缔结人的保密义务系《民法典》第501条明确规定的内容。尤其在旅客运输合同中的包车客运经营过程中，承运人极有可能获得不得擅自利用或披露的旅客文件、资料、信息，严格遵守该条款的约定，也是符合《民法典》该条规定的应有之义。旅客在履行合同过程中，同样有可能获取承运人一方的商业秘密或者其他应当保密的信息，故旅客在享受承运人方给予的保密义务带来的便利同时，对自己掌握的承运人的商业秘密或者其他应当保密的信息，也具有同样的保密义务。如果因泄露、不当使用，造成承运人损失的，也应承担赔偿责任。如此才能体现出民事法律关系中权利、义务的一致性。

故针对本条，建议修改为："一方对在履行本合同过程中所获悉的属于另一方且无法自公开渠道获得的文件、资料、信息，应负保密义务。未经另一方书面同意，不得擅自利用或对外发表或披露，否则应赔偿另一方全部损失。保密期限自一方接受或知悉另一方资料之日起至该信息资料公开之日或另一方书面解除一方保密义务之日止。"

相关规定

《民法典》第 501 条。

第三节　旅客运输类合同格式条款合规建议

社会发展加速了人员的流动，与人员流动相匹配的是旅客运输业的繁荣、蓬勃发展。而法律规定本身又具有滞后性，这就要求我们在规范旅客运输业发展时，既要依靠监管部门的有效监管，又要依赖运输服务提供者及旅客法律意识的提高，利用各自优势，充分发挥自身能力，监督、保障该行业的健康、有序运行。以下将从不同主体的不同角度对旅客运输合同中所涉不公平格式条款的合规提出分类建议，以供参考。

一、政府有效监管建议

(一)制定合同的示范文本并推广使用

旅游运输合同因所涉方式不同，甚至地域、层级的不同，会导致内容出现极大的不统一，推行亦严重受限。建议结合行业特点，由行政机关以公开、透明、科学的方式制定格式条款和合同示范文本，使条款、文本的适用能够得到实质性推广，而非流于形式。

（二）加强日常监督检查

建立常态化格式合同文本监督检查审核机制，或者在接到举报后立即进行检查，然后结合具体情况，分别给出处理方案，以达到及时、高效地规制格式条款使用之目的。

二、企业自我合规审查建议

（一）强化意识，诚实守信

相较于旅客，旅客运输服务提供者在经济实力、信息储备等方面处于明显优势地位。在旅客运输服务过程中，旅客运输服务提供者使用格式条款更加剧了此种地位差异，打破了公平原则，因此其应转变经营理念，强化公平意识、服务意识，遵循诚实守信原则。

（二）积极沟通、充分协商

一份公平、合法、规范的旅客运输合同不仅有利于保障旅客合法权益，还能减少承运人的合同纠纷。为顺利通过旅客运输合同审核，旅客运输服务提供者在审核前，应主动与监管部门沟通，了解审核流程以及合同格式条款订立标准与要求，对禁止订立的格式条款进行删除、对不建议订立的格式条款进行修改、对不完善的格式条款内容进行补充完善，对于旅客有重大利害关系的格式条款尽到提示或者说明义务。在出现纠纷时，与旅客积极沟通、协商，妥善处理问题，解决纠纷。

三、消费者主动维权建议

（一）审慎订立旅客运输合同

旅客运输服务市场中格式合同运用广泛，格式条款在旅客运输合同中随处可见。由于承运人与旅客服务交易的定型化,旅客往往不会仔细阅读格式条款,无法知晓不利于自身权利义务的格式条款。除去具有公益性的公共运输外,非公益性的运输服务经营者均是以营利为目的,缺乏自我约束的驱动力,在订立旅客运输合同时往往追求自身利益最大化、责任最小化,这就要求旅客摒除侥幸心理,在签署合同前要认真审查合同内容,特别是对关系到自身权利义务的格式条款要格外重视,必要时可寻求专业人士帮助。

(二)遇到纠纷,积极维权

旅客运输合同订立后,在履行过程中,甚至在履行完毕后,如出现纠纷,旅客均应积极维护权利。一要重视证据搜集工作,针对承运人侵害旅客权益的事实尽量保存好文字资料、音视频资料等证据以备查证;二要讲究维权方式,可以通过与承运人协商处理、向监管部门投诉建议、向法院提起诉讼等方式维权,积极、理性地解决问题。

附:旅客运输类合同格式条款合规主要法律法规及规范性文件目录

1. 2013 年 1 月 1 日:浙江省交通运输厅《关于调整道路客运车辆承运人责任险最低投保限额的通知》(浙江省交通厅浙交〔2012〕301 号)。
2. 2019 年 3 月 2 日:《机动车交通事故责任强制保险条例》(国务院令第 709 号)。
3. 2022 年 5 月 1 日:《中华人民共和国道路运输条例》(国务院令第 752 号)。
4. 2022 年 10 月 1 日:《浙江省道路运输条例》(浙江省第十三届人民代表大会常务委员第 37 次会议通过)。

第十九章

汽车销售类合同格式条款合规指南

第一节　汽车销售、维修管理制度概述

一、汽车销售管理制度

（一）一般规定

未经销售的汽车，是指《汽车和挂车类型的术语和定义》（GB/T3730.1）定义的汽车，且在境内未办理注册登记的新车。供应商、经销商销售汽车、配件及其他相关产品应当符合国家有关规定和标准，不得销售国家法律、法规禁止交易的产品。经销商应当在经营场所明示所出售的汽车产品质量保证、保修服务及消费者需知悉的其他售后服务政策，出售家用汽车产品的经销商还应当在经营场所明示家用汽车产品的“三包”信息。售后服务商应当向消费者明示售后服务的技术、质量和服务规范。经销商销售汽车时不得强制消费者购买保险或者强制为其提供代办车辆注册登记等服务，并应当核实登记消费者的有效身份证明，签订销售合同，并如实开具销售发票。

供应商、经销商应当在交付汽车的同时交付以下随车凭证

和文件,并保证车辆配置表述与实物配置相一致:(1)国产汽车的机动车整车出厂合格证;(2)使用国产底盘改装汽车的机动车底盘出厂合格证;(3)进口汽车的货物进口证明和进口机动车检验证明等材料;(4)车辆一致性证书,或者进口汽车产品特殊认证模式检验报告;(5)产品中文使用说明书;(6)产品保修、维修保养手册;(7)家用汽车产品“三包”凭证。

家用汽车产品的“三包”有效期不得低于2年或者行驶里程50,000公里,以先到者为准;保修期不得低于3年或者行驶里程60,000公里,以先到者为准。

(二)缺陷汽车产品召回制度

缺陷,是指由于设计、制造、标识等原因导致的在同一批次、型号或者类别的汽车产品中普遍存在的不符合保障人身、财产安全的国家标准、行业标准的情形或者其他危及人身、财产安全的不合理的危险。召回,是指汽车产品生产者对其已售出的汽车产品采取措施消除缺陷的活动。生产者确认汽车产品存在缺陷的,应当立即停止生产、销售、进口缺陷汽车产品,并实施召回。国务院市场监督管理部门调查认为汽车产品存在缺陷的,应当通知生产者实施召回。车主应当配合生产者实施召回。对实施召回的缺陷汽车产品,生产者应当及时采取补充标识、修理、更换、退货等措施消除缺陷。生产者应当承担消除缺陷的费用和必要的运送缺陷汽车产品的费用。

(三)汽车买卖合同

1. 概念

汽车买卖合同,是指汽车经销商与汽车用户,经协商一致达成的,由经销商向汽车用户出卖未办理注册登记的新汽车,汽车用户支付费用的协议。

2. 特点

(1)交易标的物,为未经办理注册登记的新汽车。二手车流通,不属于汽车销售规范调整。(2)双务有偿合同。经销商有收取相应货款权利,及交付交易车辆的义务。汽车用户有支付货款义务,取得交易车辆的权利。(3)汽车属于动产,其物权设立、变更、转让和消灭,未经登记,不得对抗善意第三人。(4)汽车驾驶人,必须通过考核,取得驾驶资格。

二、汽车维修管理制度

(一)概述

机动车维修经营,是指以维持或者恢复机动车技术状况和正常功能,延长机动车使用寿命为作业任务所进行的维护、修理以及维修救援等相关经营活动。

从事机动车维修经营业务的,应当在依法向市场监督管理部门办理有关登记手续后,向所在地县级道路运输管理机构进行备案。机动车维修经营者应当按照备案的经营范围开展维修服务。机动车维修经营者不得擅自改装机动车,不得承修已报废的机动车,不得利用配件拼装机动车。托修方要改变机动车车身颜色,更换发动机、车身和车架的,应当按照有关法律法规的规定办理相关手续,机动车维修经营者在查看相关手续后方可承修。机动车维修实行竣工出厂质量保证期制度。

汽车和危险货物运输车辆整车修理或总成修理质量保证期为车辆行驶20,000公里或者100日;二级维护质量保证期为车辆行驶5000公里或者30日;一级维护、小修及专项修理质量保证期为车辆行驶2000公里或者10日。质量保证期中行驶里程和日期指标,以先达到者为准。机动车维修质量保证期,从维修竣工出厂之日起计算。

在质量保证期和承诺的质量保证期内,因维修质量原因造成机动车无法正常使用,且承修方在3日内不能或者无法提供因非维修原因而造成机动车无法使用的相关证据,机动车维修经营者应当及时无偿返修,不得故意拖延或者无理拒绝。

(二)汽车维修、保养合同

1. 概念

汽车维修、保养合同,是指由机动车维修经营者与汽车托修方,经协商一致达成的,由机动车维修经营者,为汽车托修方提供以维持或者恢复机动车技术状况和正常功能,延长机动车使用寿命为目的所进行的维护、修理以及维修救援等相关服务,托修方支付费用的协议。

2. 特点

(1)经营汽车维修、保养业务,需经行政许可和行业主管部门备案,取得经营资格。《机动车维修管理规定》第7条规定,从事机动车维修经营业务的,应当在依法向市场监督管理机构办理有关登记手续后,向所在地县级道路运输管理机构进行备案。(2)汽车维修、保养合同属于承揽合同,托修方在承揽人完成工作前可以随时解除合同,但造成承揽人损失的,应赔偿损失。(3)机动车维修实行竣工出厂质量保证期制度。(4)国家对机动车维修经营者实行质量信誉考核制度。建立机动车维修经营者和从业人员黑名单制度。

三、二手车流通管理制度

(一)二手车买卖制度

二手车,是指从办理完注册登记手续到达到国家强制报废标准之前进行交易并转移所有权的汽车(包括三轮汽车、低速载货汽车,即原农用运输车)、挂车和摩托车。

二手车经营主体是指经市场监督管理部门依法登记,从事二手车经销、拍卖、经纪、鉴定评估的企业。二手车经营行为是指二手车经销、拍卖、经纪、鉴定评估等行为。二手车直接交易是指二手车所有人不通过经销企业、拍卖企业和经纪机构将车辆直接出售给买方的交易行为。二手车直接交易应当在二手车交易市场进行。

二手车交易市场经营者、二手车经销企业和经纪机构应当具备企业法人条件,并依法到市场监督管理部门办理登记。二手车卖方应当拥有车辆的所有权或者处置权。二手车交易市场经营者和二手车经营主体应当确认卖方的身份证明,车辆的号牌、机动车登记证书、机动车行驶证,有效的机动车安全技术检验合格标志、车辆保险单、交纳税费凭证等。国家机关、国有企事业单位在出售、委托拍卖车辆时,应持有本单位或者上级单位出具的资产处理证明。二手车经营主体出售、拍卖无所有权或者处置权车辆的,应承担相应的法律责任。

二手车卖方应当向买方提供车辆的使用、修理、事故、检验以及是否办理抵押登记、交纳税费、报废期等真实情况和信息。买方购买的车辆如因卖方隐瞒和欺诈不能办理转移登记,卖方应当无条件接受退车,并退还购车款等费用。二手车经销企业销售二手车时应当向买方提供质量保证及售后服务承诺,并在经营场所予以明示。进行二手车交易应当签订合同。合同示范文本由国务院市场监督管理部门制定。

下列车辆禁止经销、买卖、拍卖和经纪:(1)已报废或者达到国家强制报废标准的车辆;(2)在抵押期间或者未经海关批准交易的海关监管车辆;(3)在人民法院、人民检察院、行政执法部门依法查封、扣押期间的车辆;(4)通过盗窃、抢劫、诈骗等违法犯罪手段获得的车辆;(5)发动机号码、车辆识别代号或者车架号码与登记号码不相符,或者有凿改迹象的车辆;(6)走私、非法拼(组)装的车辆;(7)不具有车辆法定证明、凭证的车辆;(8)在本行政辖区以外的公安机关交通管理部门注册登记的车辆;(9)国家法律、行政法规禁止经营的车辆。

二手车交易市场经营者和二手车经营主体发现车辆具有上述第(4)(5)(6)项情形之一的,应当及时报告公安机关、市场监督管理部门等执法机关。对交易违法车辆的,二手车交易市场经营者和二手车经营主体应当承担连带赔偿责任和其他相应的法律责任。

(二)二手车买卖合同

1. 概念

二手车买卖合同,是指二手车所有人与买受人经协商一致达成的,由出卖人将二手车所有权转让给买受人,明确双方权利义务的协议。

2. 特点

(1)二手车经营活动,一般需要通过经销、经纪、评估、拍卖等程序完成。卖方不经过经销企业、拍卖企业和经纪机构,将车辆直接出售给买方的交易,属于二手车直接交易,应当在二手车交易市场内完成。(2)二手车卖方对出卖车辆有瑕疵担保责任。二手车卖方应当向买方提供车辆的使用、修理、事故、检验以及是否办理抵押登记、交纳税费、报废期等真实情况和信息。买方购买的车辆如因卖方隐瞒和欺诈不能办理转移登记，卖方应当无条件接受退车，并退还购车款等费用。(3)二手车交易，车辆物权转移依照法律相关规定。(4)国家规定二手车交易市场经营者和二手车经营主体备案制度。凡经市场监督管理部门依法登记，取得营业执照的二手车交易市场经营者和二手车经营主体，应当自取得营业执照之日起2个月内向省级商务主管部门备案。

第二节　汽车销售、维修类合同主要问题格式条款及合规意见

汽车销售、维修市场目前存在问题较多。如前几年出现的汽车消费“套路贷”，已涉嫌刑事犯罪。强制推销车辆保险、强制代办银行按揭贷款、强制代办车辆登记、汽车质量纠纷维权难、售后服务不到位等不良现象，严重损害了汽车消费者的合法权益。现行汽车销售格式合同欠规范，有必要通过合同格式条款合规机制规范格式条款。

一、双方权利义务完全不对等

问题条款

双方权责：买受人在双方约定的交车日来提车，并在交车前一次性付清余款。买受人如未能按时提车，并且没有提前向出卖人说明情况视为买受人违约。出卖人有权没收定金，返还其他购车款，出卖人可不兑现之前的承诺，并保留相关权利。

合规意见

合法有效的合同应当全面履行才能实现合同目的,促进社会经济发展。《民法典》第 509 条第 1 款规定,当事人应当按照约定全面履行自己的义务。第 577 条规定了当事人一方不履行合同义务或者履行合同义务不符合约定的,应当承担违约责任方式。第 587 条规定了定金罚则。第 4 条规定民事主体在民事活动的法律地位一律平等。

该问题条款中“出卖人有权没收定金”,并“可不兑现之前的承诺”,没有法律依据。如买受人未在双方约定的交车日提车,并在交车前一次性付清余款,仅是滞延履行,并非不履行合同义务,所承担的仅是迟延履行违约责任,出卖人无权没收定金。对迟延支付的余款,除定金抵作货款外,不足部分可按买卖合同逾期付款利率标准计算违约金。

按照法律规定,民事主体在民事活动中的法律地位一律平等。该问题条款中与买受人对应的出卖人可能迟延交付车辆或不能交付车辆的违约责任未对等设定,属于《民法典》第 497 条第 2 项规定的提供格式条款一方不合理地免除或者减轻其责任、加重对方责任、限制对方主要权利的无效格式条款。

建议增加与买受人对应的出卖人义务内容:出卖人不能按约定时间或不能履行交付车辆义务的,应当承担双倍返还定金等违约责任,并退还买受人预付款及银行利息。

相关规定

《民法典》第 4 条、第 497 条第 2 项、第 509 条第 1 款、第 577 条、第 587 条。

二、鉴定费垫付不符合规定

问题条款

质量:双方对车辆存在质量问题争议的,依据国家有关规定或者直观观察等日常生活经验能够直接确认的事实,可以直接作为判定问题的依据。需要进行鉴定的，以具有法定资质的汽车检验机构出具的书面鉴定意见为准。鉴定费由主张方垫付，由责任方承担，经鉴定无法明确责任的，由双方分担。

合规意见

问题条款中鉴定费为消费者与经营者因商品或者服务质量发生争议需要进行检验、鉴定而产生。从保护弱势群体角度出发，《浙江省实施〈中华人民共和国消费者权益保护法〉办法》第36条第2款规定，检验、鉴定费用由经营者先行垫付，消费者提供等额担保，最终由责任方承担。另外，此种安排对经营者提高商品或者服务质量也有促进作用。该问题条款设定鉴定费由主张方垫付，与上述地方性法规规定不符，属于提供格式条款一方不合理地免除其责任，加重对方责任的无效格式条款。

建议改为：鉴定费由经营者先行垫付，消费者提供等额担保，最终由责任方承担。

相关规定

《民法典》第497条第2款；《浙江省实施〈中华人民共和国消费者权益保护法〉办法》第36条第2款。

三、视为变更约定的定金数额

问题条款

定金为本合同总金额的10%，如果买受人首次没有付足定金，则须在合同签署后三个工作日内补齐，若未能按照本约定补齐定金，该合同视为无效。

合规意见

《民法典》第586条规定，当事人可以约定给付定金作为债权的担保。定金合同自实际交付定金时成立。定金的数额由当事人约定；但是，不得超过主合同标的额的20%,超过部分不产生定金的效力。实际交付的定金数额多于或者少于约定数额的,视为变更约定的定金数额。定金合同自实际交付时成立,实际交付的定金数额多于或者少于约定数额的,视为变更约定的定金数额。故定金是否按约定金额交齐,并不影响合同的效力。该问题条款设定未交齐约定定金视为合同无效,违反了相关法律规定应属无效。

建议改为:未按约定金额交付定金的,以实际交付的定金为准。

相关规定

《民法典》第153条第1款、第586条。

四、收受定金一方违约的,应双倍返还定金

问题条款

预计交货时间:××××年××月××日,若因制造厂供货或运输中断、停顿等原因造成延迟交付车辆的,双方可协商变更一次交货时间,如因上述原因仍然无法交货的,本协议自动解除,双方均不承担责任,出卖人返还买受人所付定金及相应金额银行存款利息。

合规意见

定金作为合同债权的担保方式,法律规定了相应的罚则,即给付定金的一方不履行债务或者履行债务不符合约定,致使不能实现合同目的的,无权请求返还定金;收受定金的一方不履行债务或者履行债务不符合约定,致使不能实现合同目的的,应当双倍返还定金。

该问题条款将“制造厂供货或运输中断、停顿等原因造成延迟交付车辆的”等,设定为出卖人免责情形,同时,车辆无法交付的出卖人仅返还定金,非双倍返还,属于《民法典》第497条第2项规定的提供格式条款一方不合理地免除或者减轻其责任的无效格式条款。

建议改为:出卖人违约导致不能实现合同目的的,双倍返还买受人定金,并按约承担相应的违约责任。

相关规定

《民法典》第497条第2项、第587条。

五、经营者擅自扩大不可抗力范围

问题条款

1. 因不可抗力不能履行合同的,根据不可抗力的影响部分或者全部免除责任,不可抗力因素包括:国家、地方,厂方政策的调整,厂方规定的调整,价格的调整,以及相关出卖人无法干预的因素,但法律另有规定的除外。当事人迟延履行后发生不可抗力的,不能免除责任。

2. 由船务、报关、途中运输等人力不可抗拒因素造成的延期交车,卖方不承担违约责任。

3. 买卖双方不得随意终止合同,卖方如遇不可抗力(如台风、海啸、地震等)、政策性因素及过程中不能预料到的原因及非经销方原因导致延迟交车或无法履行合同时,卖方对买方不负有赔偿责任。

4. 预定交车时间如因非经销方原因造成不能完全履行合同内容,经销方对买方(定购方)不负有赔偿责任。

合规意见

不可抗力事由由法律规定。《民法典》第180条第2款规定"不可抗力是不能预见、不能避免且不能克服的客观情况"。据此,提供格式条款一方,无权单方将法定不可抗力情形以外的事由,设定为不可抗力。

该问题条款系预先设定,其未能与对方协商,不可单方将法定不可抗力免责情形以外的情形,如厂方规定调整、价格调整、因船务、报关、途中运输等所谓出卖人无法干预的因素,归为不可抗力情形。该种设定扩大了法定不可抗力范围,减轻了出卖人责任。该问题条款单方扩大不可抗力范围,属于《民法典》第497条第2项规定"提供格式条款一方不合理地免除或者减轻其责任、限制对方主要权利"的无效格式条款。

建议改为:合同履行过程中遭遇不可抗力的,依照法律规定处理。

相关规定

《民法典》第180条第2款、第497条第2项。

六、免除质量"三包"责任

问题条款

合同双方经友好协商,现就品牌汽车交易达成如下约定:(1)买受人同意出卖人在上述PDI检测过程中对车辆所实施的处理、维修和更换,出卖人有权不告知买受人,且买受人同意放弃追究出卖人任何责任。(2)在车辆到店前的运输过程中,存在车身漆面划伤可能,出卖人在交车前有权处理和维修,买受人知晓上述情况并同意放弃追究出卖人任何责任。(3)如买受人购买的车辆车身颜色为彩色(黑、白颜色之外的颜色),买受人知晓并认可车身存在的不同程度的色差,方同意无论该等色差形成原因如何(包括但不限于原厂色差或维修色差),均同意放弃追究出卖人任何责任。

合规意见

《消费者权益保护法》第24条规定了商品和服务质量的退货、更换、修理,即"三包"。第26条第2款规定:"经营者不得以格式条款、通知、声明、店堂告示等方式,作出排除或者限制消费者权利、减轻或者免除经营者责任、加重消费者责任等对消费者不公平、不合理的规定……"《汽车销售管理办法》第11条规定:"经销商应当在经营场所明示所出售的汽车产品质量保证、保修服务及消费者需知悉的其他售后服务政策,出售家用汽车产品的经销商还应当在经营场所明示家用汽车产品的‘三包’信息。”

该问题条款设定消费者“同意放弃追究出卖人任何责任”,属于《民法典》第497条第2项规定的“提供格式条款一方不合理地免除或者减轻其责任、加重对方责任、限制对方主要权利”的无效格式条款。

建议改为:汽车产品质量和维修质量,按照法律规定的“三包”执行。

相关规定

《民法典》第497条第2项;《消费者权益保护法》第24条、第26条第2款;《汽车销售管理办法》第11条。

七、强行代办保险、上牌服务

问题条款

精品选装及其他相关服务(代办保险、代办上牌及代收代缴等)作为本销售合同的附件,是本合同不可分割的一部分,具有同等法律效力[首付款、购置税、担保费、公证(抵押)代办费、履约服务费、贷款保证金、续保保证金、提前授信金]。个人汽车消费贷款资费表:保险信息,续保保险须与首保项目一致,否则不予退还保证金。车损险、三者险、不计免赔盗抢险、自燃险、玻璃单独破碎险。在借款期内,甲方贷款所购汽车续期投保的保险公司须由乙方认可指定并及时办理,并须足额投保车损险、三者险、盗抢险、交强险、车上人员责任险、自燃险,否则乙方有权不退还履约保证金。保险公司由甲方选择,乙方不得自行投保。

合规意见

《消费者权益保护法》第9条规定,消费者享有自主选择商品或者服务的权利。《汽车销售管理办法》第14条规定,不得限定金融、保险等产品的提供商和售后服务商。经销商销售汽车时不得强制消费者购买保险或者强制为其提供代办车辆注册登记等服务。《汽车贷款管理办法》第25条虽规定了委托经销商受理汽车贷款申请,完善审贷分离制度,但这是对贷款审批制度的规定,并不能约束消费者自主选择金融、保险及办理车辆注册登记手续等权利。经销商如希望为消费者提供相关金融、保险、代办车辆注册登记等服务事项,可与消费者协商确定,但不能强制消费者接受相关服务。

该问题条款设定"(代办保险、代办上牌及代收代缴等)作为本销售合同的附件,是本合同不可分割的一部分,具有同等法律效力""保险公司由甲方选择,乙方不得自行投保",不符合法律关于消费者享有自主选择商品或者服务的权利的规定,限制了消费者自主选择保险公司投保和自行办理车辆注册登记手续的权利,属于《民法典》第497条第2项规定的提供格式条款一方限制对方主要权利的无效格式条款。

从行业管理角度分析,该预设条款也不符合商务部关于"不得限定金融、保险等产品的提供商和售后服务商。经销商销售汽车时不得强制消费者购买保险或者强制为其提供代办车辆注册登记等服务"的规定,其经营活动不符合行业管理的相关规定。

经销商如需提供企业经营范围内的代办事项服务,应置备协商条款,以书面或者口头形式向消费者作出明确说明,是否接受服务完全由消费者自主决定。对提供的服务项目收费,应按国家指导价格明码标价,不能乱收费,损害消费者的合法权益。

建议删去强行代办保险、上牌服务相关内容。

相关规定

《民法典》第497条第2项;《消费者权益保护法》第9条;《汽车销售管理办法》第14条;《汽车贷款管理办法》第25条。

八、限制消费者选择权

问题条款

合同变更及解除:双方可协商解除合同。非因合同约定或法定事由外,任何一方不得擅自解除合同。

合规意见

《民法典》第787条规定:“定作人在承揽人完成工作前可以随时解除合同,造成承揽人损失的,应当赔偿损失。”据此,汽车修理合同作为承揽合同,可以无理由解除合同,但造成承揽人损失的,应弥补承揽人的损失。另外,交通运输部发布的《机动车维修管理规定》第5条第1款、第2款规定:“任何单位和个人不得封锁或者垄断机动车维修市场。托修方有权自主选择维修经营者进行维修。除汽车生产厂家履行缺陷汽车产品召回、汽车质量‘三包’责任外,任何单位和个人不得强制或者变相强制指定维修经营者。”

该问题条款设定“非因合同约定或法定事由外,任何一方不得擅自解除合同”,排除了消费者任意解除权,同时,限制了消费者选择服务的权利,也不符合机动车维修行业管理的规定。这属于《民法典》第497条第2项规定的“提供格式条款一方不合理地免除或者减轻其责任、加重对方责任、限制对方主要权利”,第3项规定的“提供格式条款一方排除对方主要权利”的无效格式条款。

建议改为:双方可协商解除合同,也可按合同约定或法律规定解除合同。

相关规定

《民法典》第497条第2项、第3项,第787条;《机动车维修管理规定》第5条第1款、第2款。

九、合同主要条款遗漏交车时间

问题条款

提车时间:车到提车,鉴于卖方为买方订购的车辆是完全按买方个人要求量身定制的个性化选配车型,卖方已充分告知买方该车平均订购周期在半年以上,且具有配置一对一的专属性及订购周期长的特性,买方在接到卖方提车通知后7日内须与卖方办理交接手续,逾期不办,其预付款作为违约金没收,并且卖方有权将该车另行销售。

合规意见

《民法典》第470条规定,合同的内容由当事人约定,一般包括履行期限、地点和方式等。买卖合同主要条款应包括履行期限,否则合同无法履行。

该问题条款中"提车时间"为"车到提车",交车时间不确定,免除了经销商的逾期交车责任。但又设定了"买方接通知不按时提车的,预付款作为违约金没收"条款,使双方义务不对等。该问题条款属于《民法典》第497条第2项规定的"提供格式条款一方不合理地免除或者减轻其责任、加重对方责任、限制对方主要权利"的无效条款。

建议明确提车日期,并约定双方不能履行交(收)车辆义务的,各自依法承担相应的违约责任。

相关规定

《民法典》第470条、第497条第2项。

十、限制消费者合同解除权

问题条款

新购车辆在质保期内如发生属于生产厂家责任的质量问题时,乙方(购车人)在规定的索赔期限内通知甲方,甲方(汽车销售商)协助乙方办理索赔事项,有关索赔的利益、费用和结果由乙方承担。

购买方(定购方)在使用后发现车辆不符合说明书或已明示的质量标准,情况属实的,可以要求经销方进行修复、补偿损失,经销方按规定进行修复,不影响正常使用的前提下购买方不得以此理由提出解除合同。

合规意见

《民法典》第543条规定，当事人协商一致，可以变更合同。第563条规定了当事人可以解除合同的五种情形。《消费者权益保护法》第24条规定了商品和服务质量的退货、更换、修理，即“三包”。

该问题条款只允许修理，并不允许解除合同。如不能修理，是否可以更换或退货没有明确。这限制了消费者的合同解除权和“三包”权利，减轻了经营者“三包”责任，属于《民法典》第497条第2项规定的“提供格式条款一方不合理地免除或者减轻其责任、加重对方责任、限制对方主要权利”的无效格式条款。

建议改为：购买方发现质量不符合质量标准的，按法律规定的“三包”执行。

相关规定

《民法典》第497条第2项、第543条、第563条；《消费者权益保护法》第24条。

十一、排除了消费者的主要权利

问题条款

若遇生产厂家调整产品配置及价格，则按提车时的新配置和价格执行，在订购时，买卖双方已充分预知可能由于订购周期长而产生的如下风险：(1)某某车辆中国公布价变动；(2)国家政策带来的价格（包括但不限于税费等）变动；(3)某某车辆个性化配置供货变动。

买卖双方在知悉并理解上述不可预知风险的基础上，若一旦发生上述风险，仍愿意承担上述风险，接受上述原因带来的价格及交付时间变动并按车辆变动后的价格及交付时间继续无条件履行合同。

合规意见

《民法典》第470条规定，合同的内容由当事人约定，一般包括价款或者报酬等条款。第509条规定，当事人应当按照约定全面履行自己的义务。第543条规定，当事人协商一致，可以变更合同。合法有效的合同必须全面履行，包括执行已约定的价格和报酬。变更合同内容必须经双方协商一致。

该问题条款，在未经双方协商的前提下预设如遇厂家价格变动，消费者无条件地接受变动后的价格和交付时间，这排除了消费者依合同约定价格取得车辆的权利，属于《民法典》第497条第3项规定的“提供格式条款一方排除对方主要权利”的无效格式条款。

建议改为：遇有厂家价格和时间变动的仍按原约定履行。

相关规定

《民法典》第470条、第497条第3项、第509条、第543条。

十二、混淆定金、订金和预付款概念

问题条款

购买方（定购方）于交付订金并双方签字（盖章）后购销合同生效，订金充作应付购车款一部分，合同生效后因定购方原因要求取消定购时，经销方不予接受，订金不予退还。

经销商（简称甲方）按照有关规定收取订单人（简称乙方）的预订金。在甲方确认收到预订金后，此订单合同开始生效。乙方所交纳的预订金可作为购车款的一部分处理。订单合同生效后，因乙方原因要求变更或取消订单时，甲方不予接受，且预订金不予退还。由甲方填写预订交车日期，如由非甲方和乙方的原因造成不能完全履行订购合同内容时，甲方对乙方不负有赔偿责任。

合规意见

《民法典》第586条第1款规定，当事人可以约定一方向对方给付定金作为债权的担保。第587条规定，债务人履行债务的，定金应当抵作价款或者收回。给付定金的一方不履行债务或者履行债务不符合约定,致使不能实现合同目的的,无权请求返还定金;收受定金的一方不履行债务或者履行债务不符合约定,致使不能实现合同目的的,应当双倍返还定金。根据我国现行法律的有关规定,订金不具有定金的性质,交付订金的一方主张定金权利的,人民法院不予支持。一般情况下,交付订金的视作交付预付款,交易双方不能适用定金罚则,订金仅可作损害赔偿金。

该问题条款中"订金""预订金"为预付款性质,经销商没收无法律依据。经销商以"订""预订"代替"定",将"订金""预订金"当"定金"没收的单边"定金罚则",有规避自身定金罚则之嫌,意在免除自身双倍返还定金之责。属于《民法典》第497条第2项规定的"提供格式条款一方不合理地免除或者减轻其责任、加重对方责任、限制对方主要权利"的无效格式条款。

建议改为:将"订金""预订金"改为法律规范用语"定金"。增加:收受定金的一方不履行债务或者履行债务不符合约定,致使不能实现合同目的的,应当双倍返还定金。

相关规定

《民法典》第497条第2项、第586条第1款、第587条。

十三、合同最终解释按法律规定

问题条款

以上补充协议是双方在自愿基础上达成,如与原销售合同不同,均以本补充协议为准。甲方确认上述条款可能限制了乙方(购车人)权利或增加了乙方义务,对此乙方自愿的基础上仍同意放弃由此产生的各项权利,确认本补充协议的效力。本合同受中华人民共和国法律管辖及未详内容按合同协议制订方(甲方:汽车销售商)最终解释权进行。

合规意见

《民法典》第 496 条规定,格式条款是当事人为了重复使用而预先拟定,并在订立合同时未与对方协商的条款。采用格式条款订立合同的,提供格式条款的一方应当遵循公平原则确定当事人之间的权利和义务。第 498 条规定,对格式条款的理解发生争议的,应当按照通常理解予以解释。对格式条款有两种以上解释的,应当作出不利于提供格式条款一方的解释。格式条款和非格式条款不一致的,应当采用非格式条款。

该问题条款中"甲方确认上述条款可能限制了乙方权利或增加了乙方义务,对此乙方自愿的基础上仍同意放弃由此产生的各项权利,确认本补充协议的效力",违背公平原则,强制消费者接受限制权利、增加义务不公平条款,应属无效。双方对格式条款理解发生争议,表明格式条款存在不公平、不合理内容,此时,再赋予提供格式条款一方最终解释权,既无意义也不符合公平原则,更是违反法律强制性规定。关于格式条款的解释规则,属于法律强制性规定,不允许当事人约定排除适用。强制消费者接受限制权利、增加义务不公平条款,"商家最终解释权"违背了公平原则,违反了法律关于合同解释的强制性规定,属于《民法典》第 497 条第 2 项、第 3 项规定的无效格式条款。

第一,建议删去"甲方确认上述条款可能限制了乙方权利或增加了乙方义务,对此乙方在自愿的基础上仍同意放弃由此产生的各项权利,确认本补充协议的效力"。第二,建议将"最终解释权"修改为合同履行过程中,双方对格式条款理解发生争议的,按照法律规定进行解释。

相关规定

《民法典》第 496 条,第 497 条第 2 项、第 3 项,第 498 条。

十四、车辆交付前的价格变动风险由消费者承担

问题条款

车辆价格为×××元整，其中包括预付款人民币×××元整，余款人民币×××元整。车价包括适用税费和其他第三方费用但不包括任何依照中国法律应由买方承担的任何税费或者其他第三方费用（包括但不限于采用任何融资方式来购买车辆的支出以及办理牌证的费用）。买方认可并同意，在车辆交付给买方前的任何时间，适用的税费或任何其他第三方费用均有可能因卖方无法合理控制的任何作为、事件、不作为或情形，或因任何立法、税费增加、任何有权法院作出的判决或任何政府当局或管制机构的要求而增加。根据本合同第三条而发生的适用税费或任何其他第三方费用的变动均应由买方承担，并且除该等变化的税费或第三方费用由买方承担外，该等变动不得在其他方面影响任何一方本合同项下义务的履行。

合规意见

《民法典》第470条规定的合同内容包括价款。第543条规定，当事人协商一致，可以变更合同。

该问题条款，在双方约定车辆价格的同时，又设定因客观因素发生的任何其他第三方费用的变动，一概由买受人承担。此处隐含车价的增加，也由买受人承担，事实上是变更了双方约定的车辆价款，不符合法律关于合同变更需经双方协商一致的规定。该问题条款属于《民法典》第497条第2项规定的“提供格式条款一方不合理地免除或者减轻其责任、加重对方责任、限制对方主要权利”的无效格式条款。

建议删去：“车价包括适用税费和其他第三方费用但不包括任何依照中国法律应由买方承担的任何税费或者其他第三方费用（包括但不限于采用任何融资方式来购买车辆的支出以及办理牌证的费用）。买方认可并同意，在车辆交付给买方前的任何时间，适用的税费或任何其他第三方费用均有可能因卖方无法合理控制的

任何作为、事件、不作为或情形,或因任何立法、税费增加、任何有权法院作出的判决、任何政府当局或管制机构的要求而增加。根据本合同第 3 条而发生的适用税费或任何其他第三方费用的变动均应由买方承担,并且除该等变化的税费或第三方费用由买方承担外,该等变动不得在其他方面影响任何一方本合同项下义务的履行。"

相关规定

《民法典》第 470 条、第 497 条第 2 项、第 543 条。

第三节　汽车销售类合同格式条款合规建议

汽车销售类合同的格式条款,存在合规问题主要包括汽车销售质量"三包"条款、机动车维修竣工出厂质量保证期条款以及缺陷汽车产品召回条款等。

一、政府有效监管建议

1. 市场监督管理部门发现格式条款不合理地免除或者减轻经营者责任、加重消费者责任、限制消费者主要权利或者有其他违反法律、法规规定的情形时,应针对问题条款提出书面意见,通知经营者予以修改。

2. 经营者对有关格式条款在规定时间内拒不修改的,市场监督管理部门可以将该格式条款违反法律、法规的有关情况向社会公告。

二、经营者自我合规审查建议

1. 经营者有将合同格式条款,报核发营业执照的市场监督管理部门备案的法定义务。且经营者应将修改无异议的备案合同格式条款,用于企业经营。

2. 经营者对合同格式条款修改意见有异议的,可以向市场监督管理部门提出申辩和要求听证。

三、消费者主动维权建议

1. 消费者若认为格式条款不合理地免除或者减轻经营者责任、加重消费者责任、限制消费者主要权利,损害其合法权益的,可以向市场监督管理部门投诉。

2. 消费者可以参照问题条款合规意见,与经营者进行交涉。因合同格式条款引发的纠纷,可以通过纠纷解决机制,寻求解决,维护自身合法权益。

附:汽车销售类合同格式条款合规主要法律法规及规范性文件目录

1. 2017年5月1日:《浙江省实施〈中华人民共和国消费者权益保护法〉办法》(2017年3月31日浙江省人民代表大会常务委员会公告第56号公布)。
2. 2017年7月1日:《汽车销售管理办法》(商务部令2017年第1号)。
3. 2018年1月1日:《二手车流通管理办法》(中华人民共和国商务部令2017年第3号)。
4. 2018年1月1日:《汽车贷款管理办法》(中国人民银行、中国银行业监督管理委员会令〔2017〕第2号)。
5. 2019年3月2日:《缺陷汽车产品召回管理条例》(国务院令第709号)。
6. 2020年10月23日:《缺陷汽车产品召回管理条例实施办法》(国家市场监督管理总局令第31号)。
7. 2021年8月11日:《机动车维修管理规定》(交通运输部令2021年第18号)。
8. 2022年1月1日:《家用汽车产品修理更换退货责任规定》(国家市场监督管理总局令第43号)。

第二十章

校外培训服务类合同格式条款合规指南

第一节 校外培训服务类合同格式条款概述

一、校外培训服务合同概述

（一）校外培训服务合同概念

《中华人民共和国义务教育法》（以下简称《义务教育法》）规定，国家实行九年义务教育制度。凡年满六周岁的儿童，其父母或者其他法定监护人应当送其入学接受并完成义务教育；条件不具备的地区的儿童，可以推迟到七周岁。九年义务教育是中小学生根据法律规定，由国家保障实施的教育，教学活动主要在学校内，是学校教育。

校外培训顾名思义，就是不在学校内，而在学校外由校外培训机构对中小学生开展的非学历教育培训。校外培训机构是指由国家机构以外的法人或自然人，利用非国家财政性经费举办的，面向中小学生开展线上线下非学历教育培训的培训机构。校外培训是学校教育的补充，对于满足中小学生选择性学习需求、培育发展兴趣特长、拓展综合素质具有积极作用。

校外培训服务合同是校外培训机构与受培训者(学员)的监护人(通常是学员父母)签订的,关于培训内容、培训是否收费(如收费,则培训如何退费)、双方权利义务、违约责任、争议处理等内容的服务合同。一般来说,校外培训服务通常都是收费的,即具有营利性;也存在有些特殊的公益性校外教育培训服务不收费,但属于少数。

按照培训目的、培训内容等不同,校外培训可以分为学科类培训和非学科类培训。

以培训内容看,学科类培训内容包括道德与法治、语文、数学、外语、历史、地理、物理、化学、生物等国家课程标准规定的学科类学习内容。非学科类培训内容是学科类培训以外的,包括文艺、体育、美术、舞蹈等符合国家法律法规要求和学生身心发展规律的其他学习内容。

从培训目的看,学科类培训的目的在于提高学生学科成绩,为应试升学服务;非学科类培训是为了发展中小学生核心素养,以培养拓展学生兴趣爱好、实践能力和创新精神,促进学生个性化发展和全面发展。

(二)一般性校外培训服务合同特征

1. 校外培训服务合同的培训对象是学员,但签订校外培训服务合同的是学员的监护人,通常是学员的父母,即学员家长。《民法典》第 19 条规定:“八周岁以上的未成年人为限制民事行为能力人,实施民事法律行为由其法定代理人代理或者经其法定代理人同意、追认;但是,可以独立实施纯获利益的民事法律行为或者与其年龄、智力相适应的民事法律行为。”第 20 条规定“不满八周岁的未成年人为无民事行为能力人,由其法定代理人代理实施民事法律行为。”作为学员的父母,即监护人,根据法律规定代理学员签订校外培训合同,对学员具有法律效力。

2. 校外培训机构分为学科类培训机构和非学科类培训机构,校外培训机构提供校外培训服务必须证照齐全,即学科类培训机构应当同时具备办学许可证和民办非企业单位登记证书等证明文件,非学科类培训机构应当同时具备办学批准编号和营业执照(或事业单位法人证书、民办非企业单位登记证书)等证明文件。

3. 校外培训服务按照服务方式不同,可分为线上培训和线下培训。提供线上培训的培训机构须取得线上培训许可,提供线下培训的培训机构须取得线下培训许可。仅持线上培训许可的培训机构不得开展线下培训,仅持线下培训许可的培训机构不得开展线上培训。

二、校外培训合同法律规范体系

培训服务合同是无名合同,在《民法典》中没有列明。校外培训服务类合同适用《民法典》合同编的规定,《民法典》是校外培训服务合同的重要法律渊源。

国家发展社会主义教育事业,提高全国人民的科学文化水平。教育关乎国家未来的人才培养,在教育方面我国出台了一系列法律、行政法规,主要包括《中华人民共和国教育法》(以下简称《教育法》)、《义务教育法》、《中华人民共和国民办教育促进法》(以下简称《民办教育促进法》)、《中华人民共和国未成年人保护法》(以下简称《未成年人保护法》)、《中华人民共和国行政许可法》(以下简称《行政许可法》)、《中华人民共和国民办教育促进法实施条例》(以下简称《民办教育促进法条例》)等,校外培训服务合同均须遵守上述法律法规。

同时,如果属于收费类校外培训服务合同(含带有一定优惠性的免费项目或短暂的免费公益校外培训),其签订一方是接受培训的学员即消费者,校外培训机构则是作为经营者,因此,校外培训服务应受《消费者权益保护法》的规制。校外培训机构作为经营者,在经营中应遵守《价格法》《广告法》等规范市场经营的法律法规。

近年来,随着校外培训的迅速发展,出现了乱收费、退费难等各种乱象,相关国家机关陆续发布一系列意见、通知等,主要包括中共中央办公厅、国务院办公厅《关于进一步减轻义务教育阶段学生作业负担和校外培训负担的意见》(以下简称"双减"文件)、教育部等六部门《关于加强校外培训机构预收费监管工作的通知》、国务院办公厅《关于规范校外培训机构发展的意见》、《关于做好校外培训广告管控的通知》等,校外培训服务合同应遵守这类通知和意见的要求。

为全面规范校外培训机构服务行为,化解校外培训收退费纠纷,保护合同当事人合法权益，教育部和国家市场监督管理总局联合修订了《中小学生校外培训服务合同（示范文本）》（2021 年修订版）（以下简称《培训合同（示范文本）》），供受培训者（学员）监护人与校外培训机构之间签订培训合同时参照使用。

从广义上讲，合同市场监管主体理应对所有校外培训服务合同予以监管，作为合同市场监管者的行政机关，诸如市场监督管理部门以及其他相关行政部门，通常会采取有效举措对其进行事前、事中和事后的合规监管。然而，根据浙江省政府的相关规定，浙江省市场监督管理部门所着力开展的是非学科类校外培训行业（事实上 2021 年国家基本“叫停”了校外学科类尤其是营利性教培服务行业；理论上，学科类、营利性校外教培皆属市场“禁止准入”活动）的监管，尤其是合同格式条款被纳入主动备案的也限于非学科类、营利性校外培训合同格式条款，而非所有校外培训服务合同的格式条款，其与非营利性校外培训服务合同的日常监管应予以区分。故而，本章下文着重聚焦于分析的是校外非学科类、营利性培训合同格式条款的合规要点、指南以及针对各方从事相关活动提出若干合规意见和建议，特此说明。

三、校外非学科、营利性培训服务合同主要内容及格式条款合规点

校外培训服务合同的主要内容包括培训内容、培训收费、双方权利义务、培训退费、违约责任、争议处理等。校外培训服务合同（主要是指非学科类、营利性培训服务合同）通常是由校外培训机构为了重复使用而预先拟定的合同，合同中条款均为订立合同时未与学员监护人协商的条款，接受培训方通常只能选择接受条款内容。然而，在合同履行过程中，常出现各种问题因此造成各种纠纷。这些纠纷主要集中在培训收费、双方权利义务、培训退费、违约责任等方面。可以说，在校外非学科类、营利性培训服务合同中，霸王条款处处可见。同时，校外培训机构的资质也存在相当大的问题，实践中有些没有办学许可证的培训机构仍然得以长期从事校外培训服务。对此，在对校外培训服务合同（主要是非学科、营利性培训服务合同）格式条款的合规方面，应着重关注培训收费、培训退费、双方权利义务、违约责任等条款内容，并对合同中明确校外培训机构是否具有办学许可证及对许可证是

否仍在有效期进行重点关注。

第二节　校外培训服务类合同主要问题格式条款及合规意见

鉴于教培监管机制的变化，校外营利性学科类教培活动基本上被“叫停”，故本节主要针对校外非学科、营利性培训服务合同中存在问题的格式条款进行法律分析，并提出合规的意见以供参考。

一、培训费支付方式问题

关于培训费支付方式，有些校外培训服务合同提供了多种支付方式供学员选择。

问题条款

乙方采取　□现金　□转账　□支付宝 □微信　□其他________________方式支付培训费用，甲方的培训费用收款账户信息如下：

开户银行：　　　　，银行账号：

支付宝账户：

微信账户：

其他方式：

合规意见

问题条款涉及的培训费支付方式问题，从《民法典》的合同编相关法律规定看，合同双方当事人经过协商确定培训费的支付方式，并没有违反法律规定。且这个问题条款也是2020年由教育部、市场监管总局共同制定的2020年版《中小学生校外培训服务合同(示范文本)》(已被修改)中费用支付方式条款。

但是,因校外培训机构存在各种乱收费、退费难问题,为防范"退费难""卷钱跑路"等损害群众利益的问题发生,根据教育部等六部门《关于加强校外培训机构预收费监管工作的通知》(教监管函〔2021〕2号)的规定,对中小学生(含幼儿园儿童)校外培训机构(包括线上和线下)预先收取的学员培训服务费用实行监管,校外培训机构预收费须全部进入本机构培训收费专用账户,不得使用本机构其他账户或非本机构账户收取培训费用。

校外培训机构要与符合条件的银行签订托管协议并报教育部门或其他主管部门备案,自主选择符合条件的银行,开立预收费资金托管专用账户(培训收费专用账户),将预收费资金与其自有资金分账管理。校外培训机构预收费用须全部进入资金托管专用账户,即培训收费专用账户,以现金等形式收取的,应全部归集至资金托管专用账户,做到全部预收费"应托管、尽托管"。因此,上述问题条款中是校外教育培训机构提供的多个账户,而非培训收费专用账户,不符合现有的法规。

相关规定

教育部等六部门《关于加强校外培训机构预收费监管工作的通知》(教监管函〔2021〕2号)。

二、培训费退费问题

校外培训服务中,培训费退费问题是一个非常重要的问题,极易引发纠纷,主要原因在于校外培训机构提供的格式条款存在相当大的问题。

问题条款

1. 乙方确保身体状况能够承受本协议项下学习,并不具有不能参与教学活动的疾病或病史,否则甲方有权立即终止乙方参与学习培训,已经收取的学费不予退还。一旦乙方出现任何传染病症状,乙方监护人应立即通知甲方,并终止参与学习培训。如有隐瞒或违反,由乙方承担责任。

2. 甲方本着推广舞蹈文化、引领舞蹈潮流的原则，保证舞蹈课程的质量与数量。若乙方中途因个人原因需提前终止本协议的，甲方恕不退费及补课。

3. 课程一经确定，费用一概不退还。如遇特殊情况，可将剩余课程转为本教室其他课程，如转课程收费标准与原课程收费不一致，需补齐差价（或将余费转成课时）。

合规意见

《消费者权益保护法》第16条第3款规定了经营者应诚信经营，保障消费者的合法权益，不得设定不公平、不合理的交易条件。问题条款中，学员一旦缴纳培训费，无论何种原因培训机构概不退费，这显然是不公平、不合理的交易条件。校外培训机构设定的该条款违反诚信经营。

《消费者权益保护法》第53条规定了经营者以预收款方式提供商品或者服务而未按照约定提供的，应当按照消费者的要求履行约定或者退回预付款。校外培训机构提供培训前，通常是一次性收取几个月的培训费用或者数节课时的培训费用，属于以预收款方式提供服务。预收款转为实际收款的条件是课时消耗，即校外培训机构对学员实际已消耗课时可以收取相应培训费用，对学员未消耗的课时无权取得培训费用。因消费者自身原因导致的培训停止，消费者应承担违约责任，校外培训服务合同对此可以在违约责任中约定消费者应支付的违约金，但培训机构无权取得学员未消耗的课时所对应的培训费余额。

同时，依照《民法典》第496条的规定，校外培训机构作为提供格式条款的一方，应当遵循公平原则确定当事人之间的权利和义务。校外培训机构不当限制了学员退费的主要权利，依照《民法典》第497条第2项的规定，该格式条款无效。

相关规定

《消费者权益保护法》第16条第3款、第53条；《民法典》第496条、第497条第2项。

三、学员的权益保障问题

在一些校外培训服务合同中，培训机构对自身权利任意扩大，使学员的合法权益无法得到保障。

问题条款

1. 在保证教学质量前提下，培训机构有权提前书面通知学员变更学习地点、学习计划及教学服务内容等。

2. 若学员本人因特殊事情需长期请假必须到舞房办理停卡手续，停卡日期按报停当天时间计算，如未办理，本中心按正常时间进行收费（报停仅限一次，三个月内停卡费100元；三个月以上停卡费200元）。

合规意见

《民法典》第509条第1款规定“当事人应当按照约定全面履行自己的义务”，学员与培训机构签订的校外培训服务合同中的学习地点、教学服务内容等均是重要的合同内容，是学员决定是否选择该培训机构的重要因素，也是培训机构应履行的主要义务。双方在签订培训合同之后，培训机构无权单方对合同重要内容进行变更。若要变更，应根据《民法典》第543条的规定：“当事人协商一致，可以变更合同”，只有学员与培训机构协商一致，方可以变更合同。如未协商一致，培训机构擅自进行单方变更应当承担违约责任。校外机构有权单方变更学习地点、学习计划及教学服务内容等，是校外培训机构对己方权利的无限扩大，依照《民法典》第497条的规定，该格式条款无效。

学员在接受校外培训期间，因其阶段跨度往往较长，中途难免发生特殊情况需要暂停培训。培训机构在收取培训费后，对于学员办理停卡就要额外收取手续费的规定，依照《消费者权益保护法》第16条第3款“经营者向消费者提供商品或者服务，应当恪守社会公德，诚信经营，保障消费者的合法权益；不得设定不公平、不合理的交易条件，不得强制交易”的规定，属于培训机构设置了不公平、不合理的交易条件,有违诚信经营,侵犯了消费者合法权益。同时,根据《民法典》第 497 条第 2 项的规定,该行为属于校外培训机构不合理地免除了其责任、限制学员主要权利,违反了法律规定,该类格式条款无效。

相关规定

《民法典》第 497 条、第 509 条第 1 款、第 543 条;《消费者权益保护法》第 16 条。

四、预付培训费余额问题

校外培训机构在校外培训服务合同中通常对培训课程会限定期限,即限定学员在一定期限内完成全部培训课程。而现实情况是有些学员因特殊情况(如身体欠佳等)在限定的期限内没有上完全部课程,有些培训机构对学员未消耗课时所对应的培训费余额一律不予退还。

问题条款

1. 课程有限期自____年____月____日起至____年____月____日止,过期课程作废。

2. 乙方在有效期内须上完所有课时,有效期截止,所剩课时将作废。有效期于实际开卡时间核算。购买卡种课时用于:常规课程、排练课程、私教课程、服装购买(按报名时费用等价刷课)等。请各位家长合理安排好课程。

合规意见

学员在接受培训前向校外培训机构一次性支付的几个月的培训费用或者数节课时的费用,属于向培训机构支付的预付款,即预付培训费。《浙江省实施〈中华人民共和国消费者权益保护法〉办法》第 11 条第 2 款、第 5 款规定,以消费者实际购买的商品或者接受的服务扣付费用并设定使用期限的预付凭证,在设定的使用期限届满后,经营者应当退还预付款余额或者延长期限,并不得收取额外费用。消费者要求退还预付款余额的，经营者应当自消费者要求退款之日起五日内予以退还。根据该办法，学员在课程期限内没有完成全部课程的，培训机构应当根据学员未消耗课时退还学员预付费余额或者延长课时期限；并且，学员若要求退还预付款余额的，培训机构应当自学员要求退款之日起5日内予以退还。在上述问题条款中，培训机构规定过期课程作废、有效期截止剩余课程作废，均违反了上述法律规定。同时，依照《民法典》第496条第2款的规定，校外培训机构作为提供格式条款的一方，没有遵循公平原则确定其与当事人之间的权利和义务，没有采取合理的方式提示学员注意免除或者减轻其责任等与学员有重大利害关系的条款，作为消费者的学员可以主张该条款不成为合同的内容。

相关规定

《浙江省实施〈中华人民共和国消费者权益保护法〉办法》第11条第2款、第5款；《民法典》第496条第2款。

五、学员个人信息保护问题

问题条款

甲方有权免费使用乙方的信息和学习期间的作品，用于数据统计、研发、宣传、编辑、出版、推荐发表或推荐参赛等用途。

合规意见

《个人信息保护法》第13条第1项规定，个人信息处理者须取得个人的同意方可处理个人信息。学员是未成年人，未成年人的个人信息依法受保护，培训机构如要使用学员的个人信息，必须取得学员个人的同意，因学员是未成年人，即要取得学员父母或者其他监护人同意。

同时，依照《未成年人保护法》第72条第1款的规定，信息处理者通过网络处理未成年人个人信息的，应当遵循合法、正当和必要的原则。处理不满十四周岁未成年人个人信息的,应当征得未成年人的父母或者其他监护人同意,但法律、行政法规另有规定的除外。因此培训机构处理学员的个人信息的,应当征得未成年人的父母或者其他监护人同意。在前述问题条款中,学员的个人信息不是校外培训机构有权免费使用的,培训机构应当依法保护在签订和履行合同过程中获悉的学员个人信息,不得泄露或者以其他不正当的方式使用学员个人隐私信息。未经同意,不得擅自使用学员的信息。

相关规定

《个人信息保护法》第13条第1项;《未成年人保护法》第72条第1款。

六、合同解释权问题

对于校外培训服务合同,有些校外培训机构规定了最终解释权归己方。

问题条款

1. 本协议内容如因特殊情况需变动调整时,甲方有最终解释权。

2. 本协议条款执行中如果发生争议的,最终解释权和修订权归××国际少儿英语总部所有。

合规意见

以上的最终解释权条款属于“霸王条款”。《民法典》第498条规定了对格式条款的理解发生争议的,应当按照通常理解予以解释。对格式条款有两种以上解释的,应当作出不利于提供格式条款一方的解释。据此,校外培训机构与学员对校外培训机构提供的合同内容理解发生争议,应按照通常理解予以解释。对相应内容有两种以上解释的,应作出有利于学员的解释。校外培训机构将最终解释权归为自己的设定违反法律规定。

相关规定

《民法典》第 498 条。

第三节　校外培训服务类合同格式条款合规建议

通过以上第二节对校外培训服务合同(主要是非学科类、营利性培训服务合同)不公平、不公正的问题格式条款分析可知,问题主要集中在校外培训机构是否具有办学许可、培训收费、双方权利义务、培训退费、合同最终解释权(霸王条款)等方面。校外培训服务合同的合规化,需从政府监管、学员监护人(家长)维权、校外培训机构合规等三方面着力进行。

一、政府有效监管建议

目前,国家已经对校外培训服务机构相关问题的合法合规开展了一系列卓有成效的监督和管理行动,对校外培训机构依法规范,将校外培训机构纳入法治的轨道予以管理。依法依规对校外培训机构进行审批登记、开展专项治理、强化日常监管,切实规范了校外培训秩序。

2020 年 6 月,为规范校外培训机构服务行为,化解校外培训收退费纠纷,保护合同当事人的合法权益,根据《教育法》、《民办教育促进法》、国务院办公厅《关于规范校外培训机构发展的意见》等有关法律法规,教育部和市场监管总局联合制定了《中小学生校外培训服务合同(示范文本)》(2020 版)。

《民法典》颁布和实施后,2021 年 9 月,为贯彻落实中共中央办公厅、国务院办公厅印发的“双减”文件,教育部和市场监管总局联合修订了《培训合同(示范文本)》。《培训合同(示范文本)》对全面规范校外培训机构服务行为,化解校外培训收退费纠纷,保护合同当事人合法权益等方面起到了非常积极的作用。各级政府的市场监管部门和教育部门应共同加强推行使用《培训合同(示范文本)》,以有效促进校外培训服务的合规化。

二、经营者自我合规审查建议

（一）培训机构应当落实主体责任

校外培训机构应当主动按照学科类或者非学科类的相关管理要求规范开展培训活动，保证对外宣传与实际培训服务类别的一致性。提高培训服务质量，着力培养学生兴趣爱好、创新精神和实践能力，促进学生综合素质全面发展。

（二）培训机构应规范合同签订

培训机构所提供的格式合同（服务协议）应当遵循公平原则确定当事人之间的权利和义务，并切实履行相关提醒和说明义务，不得包含排除或限制消费者权利、减轻或免除经营者责任、加重消费者责任等不公平、不合理的条款。培训机构应主动使用《培训合同（示范文本）》，向学员家长明示培训机构有效证明文件。合同签订前，学科类培训机构应当出示办学许可证和民办非企业单位登记证书等证明文件；非学科类培训机构应当提供行政主管部门的办学批准编号和营业执照（或事业单位法人证书、民办非企业单位登记证书）等证明文件。培训机构应当明示收费项目、收费标准、收退费办法、培训范围、培训时间、教学人员资格和服务承诺等内容，接受社会监督，不在公示的收费项目和收费标准外向学员收取其他费用。

（三）规范营销宣传

线上、线下学科类培训机构进行营销宣传应当遵守相关法律法规，不得违反“双减”文件等要求。

三、消费者主动维权建议

校外培训作为学校教育的补充，对于提高和拓展中小学生的综合素质、培育兴趣特长、促进中小学生德智体美劳全面发展起到了积极作用。但近年来,一些校外培训机构一味追求经济利益,违背教育教学规律进行“应试”培训,裹挟家长被动参与并成为普遍趋势,学生背负了过重的课外负担,家庭经济负担加重,培训的效果及发生纠纷后的退费问题十分严重。中小学生的父母作为学员的监护人,在选择校外培训机构和签订及履行校外培训服务合同的过程中,需做好以下几个方面。

(一)家长为孩子选择培训机构,务必首先确认该机构是否具有相关资质

根据相关规定,非学科类校外培训机构应经当地行政主管部门审批,并登记取得营业执照(或事业单位法人证书、民办非企业单位登记证书),才能开展培训。学科类培训机构应经当地教育部门的审批取得相应办学许可证,并登记取得民办非企业单位登记证书,才能开展培训。

因此,正规校外培训机构须持有民办学校办学许可证、营业执照或民办非企业单位登记证书等证照,并张贴在培训场所醒目位置,且按照办学许可证审批的培训项目来开展培训业务。同时,家长可通过全国校外教育培训监管与服务综合平台(https://xwpx.eduyun.cn)对校外培训机构的相关资料进行真实性查询,证照齐全的校外培训机构才可以对外进行培训服务,也是保障培训质量的基本要求。

(二)要求校外培训机构使用教育部和市场监管总局联合修订的《培训合同(示范文本)》

在签订示范文本合同时,应仔细阅读全部合同条款,包括培训机构培训的收费项目、收费标准、收退费办法、培训范围、培训时间、教学人员资格和服务承诺等内容,特别要注意校外培训合同中是否准确填写了校外培训机构办学许可的编号及有效期。同时,家长应拒绝按照校外培训机构的要求随意减轻或者免除依法应当由校外培训机构承担的责任。

(三)及时主动向有关部门反映不合规做法

在培训过程中,发生问题或出现纠纷,包括培训机构在公示的收费项目和收费

标准外向学员收取其他费用、不按照规定退费、随意改变培训地点或培训内容等，学员家长应及时向教育部门或者市场监管部门反映。

附：校外培训服务类合同格式条款合规主要法律法规及规范性文件目录

1. 2018 年 8 月 6 日：国务院办公厅《关于规范校外培训机构发展的意见》（国办发〔2018〕80 号）。
2. 2021 年 7 月 24 日：中共中央办公厅、国务院办公厅印发《关于进一步减轻义务教育阶段学生作业负担和校外培训负担的意见》。
3. 2021 年 10 月 21 日：教育部等六部门《关于加强校外培训机构预收费监管工作的通知》（教监管函〔2021〕2 号）。

第二十一章

医疗美容类合同格式条款合规指南

第一节　医疗美容类合同格式条款概述

随着消费水平和消费能力的提升，人们已经不满足于衣食住行方面的消费，医疗美容行业作为“颜值经济”的新风口，引发了人们对追求及展示美的更多需求，使医美整形成为新晋的朝阳产业，同时导致市场上的医美机构水平参差不齐，各类合规问题不断浮出水面。医美行业合规建设成为人们的关注焦点。

医疗美容合同法律关系的基本要素包括主体、客体、内容。首先，医疗美容关系的主体是医疗机构和求美者。医务人员不是医疗关系的主体，医疗美容行为是一个需要部门间进行合作的复杂工作，医务人员的工作是一种职务行为，医疗美容机构才是医疗美容关系的实际参与者。求美者本人是医疗美容关系的另一法律主体，其生命权、身体权、健康权是基本人权，不可被剥夺。

其次，医疗美容关系的客体是医疗美容行为。目前我国法律条文未对医疗美容进行定义，对此可以参考《医疗美容服务管理办法》(2016 年修订)的规定。医疗美容是指运用手术、药物、医疗器械以及其他具有创伤性或者侵入性的医学技术方法对人的容貌和人体各部位形态进行的修复与再塑。[①] 我们生活中常见的医疗美容有手术类和非手术类两种。其中手术类又包括割双眼皮、隆鼻、隆胸、抽脂、拉皮等;非手术类常见的主要是注射类和能量类,包括瘦脸针、玻尿酸、光电治疗的热玛吉(单极射频)等。手术类的医美项目一般风险较大、价格高、恢复周期长,且具有相当程度的不可逆性。虽然非手术类部分医美项目价格也很高,恢复周期不短,但整体风险较前者更小。

最后,医疗美容关系的内容是权利义务关系。在医疗美容过程中,医方为求美者提供医疗美容相关服务并接受报酬,求美者支付服务的相应对价。目前,我国学者对于医疗美容关系的属性主要存在以下三种学说。

(一)侵权行为说

该学说认为,医疗美容机构也是医疗机构,医患之间并不处于平等地位,两者不存在合同关系,同时医务人员的责任不得依照约定而免除,所以医疗美容机构人员因为过失造成患者身体上的损害,应承担侵权责任。赔偿范围包括财产损害赔偿、精神损害赔偿和人身损害赔偿。赔偿范围较违约责任更广泛,有利于加强对于求美者权益受损时的保护。

(二)医疗合同说

该学说主张,求美者到医疗美容机构按照约定支付费用,医疗美容机构接诊,即作出同意为其提供相应服务的意思表示,此时双方当事人达成医疗服务合同关系。内部又分为两种观点:一种是将求美者挂号面诊行为视为合同的要约,求美者作出希望接受医疗美容行为的意思表示,医方对其进行医疗美容手术的行为为承诺。另一种是认为医疗美容机构开业后,表示诊疗需要先挂号的行为是要约,求美者挂号行为是承诺。无论哪种,如果医疗美容机构没有提供合同约定的医疗美容服务,则属于违约。医疗美容合同为无名合同,法律没有对其明确规定。笔者不同意后一种观点,医疗美容是专业性极强的医疗活动,求美者对于自己的身体情况症

---

① 《医疗美容服务管理办法》(2016 年修订)第 2 条。

状不确定,挂号时是不能独立提出完整的要约的,需要医疗美容机构一方的参与。

(三)医疗消费说

该学说认为,求美者到医疗美容机构就诊,是为了改善或者美化求美者的外在特征,为的是“接受美容服务”,医疗美容机构“提供服务”,而并非传统的以恢复正常身体机能为目的的医疗活动。因此医疗美容机构和求美者是经营者和消费者的关系。

理由如下:首先,肯定医疗关系是一种医疗服务合同关系,求美者去进行整形或者微整形的行为性质属于“生活消费”;其次,医患关系中,医方处于强势地位,对于求美者需要进行特殊保护,符合保护弱者的原则;最后,医疗单位已经逐渐具有经营者的特点,市场经济不断发展,私人医院相较于传统医院,主要目的是追求盈利。①

在 2022 年最高人民法院发布的 10 个“消费者权益保护典型案例”中,第一个案例就是因医疗美容虚假宣传和诊疗不规范行为引发的侵权责任纠纷。在该案件中,邹某曾在湖南某医院实施了眼袋整形术,术后他认为自己下睑皮肤松弛,2015 年 12 月又在北京某医美机构请一名经验丰富的知名主刀医生进行了双侧下睑修复术。术后,邹某出现双侧下睑局部凹陷、疤痕畸形,外眼角畸形短小圆钝等症状。此后,邹某先后 6 次在其他医院进行修复,但仍无改善。邹某认为该医美机构的修复手术对其造成了损害,遂诉至法院要求该机构赔偿其医疗费、误工费、精神损害抚慰金等损失,并要求适用《消费者权益保护法》的规定,3 倍赔偿其手术费。法院认为,邹某作为健康人士,为了满足对美的追求而接受含有医疗行为的美容服务,属于日常消费行为,具有消费者的特征;该医美机构的经营目的是获取利润,是一种商业活动,具有经营者的特征;消费者为生活消费接受经营者提供的服务,应当受《消费者权益保护法》调整。这一案例肯定了医疗美容具有消费行为的属性。

---

① 参见王利明:《消费者的概念及消费者权益保护法的调整范围》,载《政治与法律》2002 年第 2 期。

第二节　医疗美容类合同主要问题格式条款及合规意见

一、医疗美容类合同主要内容

有的医美机构和消费者之间存在医疗服务合同，但大部分医美机构并没有和消费者签订这样一份合同，消费者只是通过咨询、转账、签订术前风险告知书、术后注意事项等便接受了医美机构的治疗服务。《民法典》第469条规定当事人订立合同，可以采用书面形式、口头形式或者其他形式。① 所以没有书面合同并不影响合同的成立，但没有合同会导致事实的模糊。医美消费者可以通过发票、收据、转账记录、诊断单、手术单、风险告知书来证明存在医疗服务合同法律关系。另外，医美机构进行宣传的广告册、宣传单、项目手册、产品册也应该作为服务合同的一部分，当消费者遭遇机构的虚假宣传时可以作为证据材料进行维权。

二、医疗美容类合同主要问题格式条款及合规意见

本节将针对医疗美容类合同中存在问题的部分格式条款提出具体的合规意见。

（一）预付卡概不退换条款

问题条款

预付充值卡充值享受9折优惠，本卡售出仅本人使用，不得转让，概不退换。

---

① 《民法典》第469条规定："当事人订立合同，可以采用书面形式、口头形式或者其他形式。书面形式是合同书、信件、电报、电传、传真等可以有形地表现所载内容的形式。以电子数据交换、电子邮件等方式能够有形地表现所载内容，并可以随时调取查用的数据电文，视为书面形式。"

合规意见

上述条款属于《民法典》第497条第3项规定的格式条款,无效。消费者有订约的自由也有依法解约的自由,经营者无权禁止,也不能通过不公平的条款予以排除。并且,消费者要求退回预付款也有法可依。《消费者权益保护法》第53条从事后救济的角度对预付款消费中经营者的义务和违约责任作出明确规定:"经营者以预收款方式提供商品或者服务的,应当按照约定提供。未按照约定提供的,应当按照消费者的要求履行约定或者退回预付款;并应当承担预付款的利息、消费者必须支付的合理费用。"国家市场监督管理总局《侵害消费者权益行为处罚办法》第10条第2款规定:经营者对消费者提出的合理退款要求,明确表示不予退款,或者自约定期满之日起、无约定期限的自消费者提出退款要求之日起超过15日未退款的,视为故意拖延或者无理拒绝。经营者故意拖延或无理拒绝消费者提出的退还价款和服务费用或者赔偿损失的要求的,《消费者权益保护法》第56条第1款规定,除需要承担相应的民事责任外,其他有关法律、法规对处罚机关和处罚方式有规定的,依照法律、法规的规定执行;法律、法规未作规定的,由工商行政管理部门或者其他有关行政部门责令改正,可以根据情节单处或者并处警告、没收违法所得、处以违法所得1倍以上10倍以下的罚款,没有违法所得的,处以50万元以下的罚款;情节严重的,责令停业整顿、吊销营业执照。

相关规定

《民法典》第497条第3项;《消费者权益保护法》第53条、第56条第1款;《侵害消费者权益行为处罚办法》第10条第2款。

(二)服务瑕疵免责条款

问题条款

实施后的整形美容修复手术效果不一定能完全达到甲方的要求,但乙方收取的手术费、治疗费、材料费不予退还。

合规意见

虽然每个人对美的理解和定义千差万别，但从法律合规上来讲，上述语义的解释是“经营者提供的服务有瑕疵，从客观上并没有完全完成合同的履行义务，但是消费者不能就此主张赔偿或者返还治疗费”。这违反了公平原则，医美机构一方不履行合同义务或者履行合同义务不符合约定的，应当承担继续履行、采取补救措施或者赔偿损失等违约责任，医美机构作为格式合同的制定者和提供者，在条款上作出了有利于自身的解释，限制并减损了消费者应有的权利。上述条款中关于未达到合同效果却不返还治疗费等费用的约定是无效的。消费者可以向医美机构主张返还治疗费或者要求继续治疗。

相关规定

《民法典》第 6 条、第 496 条、第 497 条、第 577 条；《消费者权益保护法》第 24 条。

（三）术前知情通知书问题

问题条款

术前有注射不明注射物的人，不建议再注射，如果求美者执意要求注射，注射后若有不良反应本院均无须承担任何责任。

合规意见

《医疗纠纷预防和处理条例》第 13 条第 1 款规定，[①]医务人员在诊疗活动中应当向患者说明病情和医疗措施。需要实施手术，或者开展存在一定危险性、可能产生不良后果的特殊治疗的，医务人员应当及时向患者说明医疗风险等情况，并取得

---

① 《医疗纠纷预防和处理条例》第 13 条第 1 款规定：“医务人员在诊疗活动中应当向患者说明病情和医疗措施。需要实施手术，或者开展临床试验等存在一定危险性、可能产生不良后果的特殊检查、特殊治疗的，医务人员应当及时向患者说明医疗风险、替代医疗方案等情况，并取得其书面同意；在患者处于昏迷等无法自主作出决定的状态或者病情不宜向患者说明等情形下，应当向患者的近亲属说明，并取得其书面同意。”

其书面同意。在上述条款所描述的情况出现时，如果消费者执意要求注射的，应当为其做全面深度的检查确认患者是否能够进行注射，排除患者的风险，而不是通过协议来排除院方的责任。医疗美容作为采用医疗技术且具有创伤性、侵入性的美容手段，医疗美容机构及其执业人员在进行医疗美容活动前，应当向享有知情同意权的消费者提供充分的医疗信息，履行作为医方的告知义务。然而，许多不良医疗美容机构利用其专业优势地位不完全履行其告知义务，在消费者不能确认自身身体状态的情况下采取以假乱真、以次充好等手段，侵害了消费者的知情权，损害了消费者的合法权益。患者在医疗活动中受到伤害的，且医疗机构有过错的，可以向医院主张赔偿。①

相关规定

《医疗纠纷预防和处理条例》第 13 条第 1 款；《消费者权益保护法》第 26 条；《民法典》第 1218 条。

（四）手术排异反应免责问题

问题条款

给患者做美容手术采用硅橡胶等组织代用品，特别是隆乳术置入的硅胶囊乳房假体，可能出现排异反应及其他未知的问题，医生与患者都难以预测。如若发生，可表现为局部红肿、渗液乃至破溃或其他反应，系患者体质所致，与手术本身无关，患者应及时就医，医生应尽快医治，患者不能因此无故纠缠。

合规意见

上述条款属于术前的手术协议书，在未做手术之前医美机构就能得出“患者出现排异反应系体质所致，与手术无关”的结论明显是院方的推卸责任之词，属于免除提供格式条款一方当事人主要义务、排除对方当事人主要权利的格式条款，无

① 《民法典》第 1218 条规定：“患者在诊疗活动中受到损害，医疗机构或者其医务人员有过错的，由医疗机构承担赔偿责任。”

效。从合规的角度讲,如果经诊断确实属于当事人体质导致的,可以减轻甚至免除院方的责任;但如果是手术技术原因导致患者出现排异反应的,应该由院方承担责任。确实属于医院方的事故责任是不能通过术前协议约定来排除的。

相关规定

《医疗事故处理条例》第 33 条。

(五)最终解释权条款

问题条款

本活动最终解释权归××医疗投资有限公司所有。

合规意见

2023 年 7 月 1 日施行的《合同行政监督管理办法》第 8 条规定,“经营者与消费者订立合同,不得利用格式条款等方式作出加重消费者责任、排除或者限制消费者权利的规定。格式条款中不得含有以下内容:……(七)经营者单方享有解释权或者最终解释权……”。上述条款属于为了重复使用而预先拟定,并在订立合同时未与消费者协商的格式条款。在该项格式条款中,医美机构将活动最终解释权尽归己方所有,排除了消费者对活动的解释权,违反了《合同行政监督管理办法》第 8 条第 7 项之不得排除消费者解释格式条款的权利的规定,属于违法格式条款,应为无效。

相关规定

《民法典》第 496 条;《合同行政监督管理办法》第 8 条。

(六)发票与税金条款

问题条款

本合同中所标明的合同价格未含税金,如客户需要开发票另加税额。

合规意见

如果交易方对合同交易价款是否含税约定不明确，根据《民法典》第 510 条的规定，将按照合同相关条款或者交易习惯确定，但是交易习惯在不同的业务场景下是不同的，司法裁判中目前观点也不一致。因此合同尽量避免不含税的约定，约定交易价款不含税不能免除纳税义务人的纳税义务和开具发票的义务，也存在偷税的税务风险。如果约定不含税也需要明确相关税款最终承担主体，避免争议。

相关规定

《民法典》第 510 条。

第三节　医疗美容类合同格式条款合规建议

一、政府有效监管建议

（一）严厉打击非法开展医疗美容相关活动的行为

医疗美容活动涉及人民群众身体健康和生命安全，必须依法取得医疗机构执业许可证才能开展执业活动。任何单位和个人不具备法定条件，不得开展医疗美容服务，不得违法采购、使用医疗美容类药品和医疗器械，不得发布医疗广告或变相发布广告。政府相关部门要重点加强生活美容服务机构监管，查处生活美容服务机构及其他机构和个人未取得相应资质开展医疗美容服务，以及医师到非法医疗机构开展医疗美容服务的行为。重视投诉举报线索，鼓励有奖举报，严肃查处利用宾馆酒店、会所、居民楼违法开展医疗美容行为。

（二）严格规范医疗美容服务行为

美容医疗机构对本机构依法执业承担主体责任，其法定代表人或主要负责人是第一责任人。美容医疗机构应当建立并落实依法执业自查工作制度,加强投诉管理,排查执业风险,消除安全隐患。加强医疗美容项目管理,认真落实医疗质量核心制度,规范医疗技术临床应用管理。严禁美容医疗机构聘用非卫生技术人员、超范围开展诊疗活动,严禁"以次充好",使用不符合国家规定的药品、医疗器械和消毒器械;严禁发布虚假医疗广告以及服务资讯类信息;严禁违规分解手术项目;严禁价格欺诈,以及不按规定项目名称和标准收费。

(三)严厉打击非法制售药品医疗器械行为

加强在我国境内上市的药品和第二、三类医疗器械产品注册管理,未取得注册批准的产品不得上市;未依法取得药品、医疗器械生产、经营合法资质的,严禁从事药品、医疗器械生产、经营活动。药品和医疗器械生产经营企业要按照《中华人民共和国药品管理法》(以下简称《药品管理法》)、《医疗器械监督管理条例》等法律法规要求加强管理,依法生产、守法经营。美容医疗机构应当向有生产经营资质的企业购买药品、医疗器械,落实进货查验制度,依法合理使用医疗器械,严格医疗用毒性药品和麻醉用药品使用。

(四)严肃查处违法广告和互联网信息

医疗美容广告属于医疗广告,非医疗机构不得发布医疗广告。美容医疗机构发布医疗广告,应严格按照《广告法》和《医疗广告管理办法》规定,依法取得医疗广告审查证明并按规定发布医疗广告;未经依法审查取得批准,严禁发布医疗广告,或以新闻形式、医疗资讯服务专题(栏)、健康科普等形式变相发布医疗广告、虚假信息。

(五)畅通投诉渠道

医疗美容及生活美容机构应张贴公布卫健委投诉举报电话,畅通投诉举报渠道。相关部门应全面摸排梳理各类违法线索,充分发挥基层干部对生活美容场所及相关公共场所的巡查暗访作用,加大对重点单位的检查力度,打通监督检查渠道;主动邀约官方媒体,将所查机构的违法事实和行政处罚情况向社会公布。

二、经营者自我合规审查建议

(一)合法经营,从严把关从业人员资质

监管部门对于医疗美容行业的监管和执法力度逐年加大,但是医疗机构不正规经营仍屡见不鲜。经营合法医疗美容机构要减少医疗纠纷,首先要合法经营,尤其是医疗美容机构和相关人员的从业资格必须符合相关法律法规要求。北京市朝阳区人民法院曾梳理了2016年至2020年诉至该院的医疗纠纷案件,统计显示,部分医疗美容机构及医务人员因超范围执业或资质欠缺等问题被处罚后,仍继续此前违法行为的情形屡见不鲜。在涉诉医疗美容机构中,因医疗美容诊疗活动超出登记的诊疗科目范围被行政处罚的有24家(共被处罚48次),因任用非卫生技术人员从事医疗卫生技术工作被行政处罚的有37家,一年内因上述违法行为被行政处罚超过两次的医疗美容机构有8家。应从严把关在医疗美容中使用的医疗器械、药品和化妆品进货渠道以及是否符合行业标准、国家标准。

(二)提供合规服务合同,保障患者知情权

从经营者角度,其提供的格式合同应当公平、合法,对于面向消费者的格式条款,包括面向消费者的电子商务网站用户协议、告知单中,如有增加消费者义务、限制其权利,强化经营者权利、减轻其义务的条款,应当予以删减或者修改。医疗纠纷的发生,很多基于术前未积极沟通或者隐瞒风险,提高了患者手术的心理预期却未达到令患者满意的效果,基于此,尊重患者的知情权,将相关医疗方案或可能出现的风险充分告知并让患者签字认可,可以尽可能地避免医疗机构的责任风险。

(三)不使用虚假广告宣传

依据《广告法》,国家加大了对于各行业虚假宣传的处罚力度。《医疗广告管理办法》第6条规定,医疗广告的内容仅限于医疗机构第一名称、地址、所有制形

式、医疗机构类别、诊疗科目、床位数、接诊时间、联系电话等几个要素。① 例如,医美机构发布的广告存在诊疗项目“风险小,无副作用,术后恢复快”等相关表述,违反《广告法》第16条第1项医疗广告不得含有“表示功效、安全性的断言或者保证”的规定。常用的“术前”“术后”通过对比说明诊疗效果的广告文案,违反了《广告法》第16条第2项医疗广告不得含有“说明治愈率、有效率”的规定。② 如果广告文案中使用的案例并非该医疗机构实施的真实案例,就构成了《广告法》第28条第4项所述的虚假广告。③ 如广告文案中的案例使用的图片为未经权利人允许的,则构成侵犯他人肖像权,甚至侵犯他人名誉权。虚假广告宣传,不仅使医美机构增加了行政处罚的风险,而且成为患者索赔的依据。

三、消费者主动维权建议

(一)选择正规机构

医疗美容机构的宣传,最常见的就是在微博、朋友圈等渠道铺天盖地营销,用极易制造“容貌焦虑”的字眼来引起人们的不安,之后再运用各路明星、网红、素人的整形案例,宣传机构的医美技术,最后以超值优惠活动的套路,吸引客户促成交易。在这种营销攻势下人们常常只关注了效果没考虑到医美的专业性和风险。因此,消费者在做医疗美容前应当通过调查该医疗美容机构有没有大量的投诉事实

---

① 《医疗广告管理办法》第6条规定:“医疗广告内容仅限于以下项目:(一)医疗机构第一名称;(二)医疗机构地址;(三)所有制形式;(四)医疗机构类别;(五)诊疗科目;(六)床位数;(七)接诊时间;(八)联系电话。(一)至(六)项发布的内容必须与卫生行政部门、中医药管理部门核发的《医疗机构执业许可证》或其副本载明的内容一致。”

② 《广告法》第16条规定:“医疗、药品、医疗器械广告不得含有下列内容:(一)表示功效、安全性的断言或者保证;(二)说明治愈率或者有效率;(三)与其他药品、医疗器械的功效和安全性或者其他医疗机构比较;(四)利用广告代言人作推荐、证明;(五)法律、行政法规规定禁止的其他内容。”

③ 《广告法》第28条规定:“广告以虚假或者引人误解的内容欺骗、误导消费者的,构成虚假广告。广告有下列情形之一的,为虚假广告:(一)商品或者服务不存在的;(二)商品的性能、功能、产地、用途、质量、规格、成分、价格、生产者、有效期限、销售状况、曾获荣誉等信息,或者服务的内容、提供者、形式、质量、价格、销售状况、曾获荣誉等信息,以及与商品或者服务有关的允诺等信息与实际情况不符,对购买行为有实质性影响的;(三)使用虚构、伪造或者无法验证的科研成果、统计资料、调查结果、文摘、引用语等信息作证明材料的;(四)虚构使用商品或者接受服务的效果的;(五)以虚假或者引人误解的内容欺骗、误导消费者的其他情形。”

或者诉讼案件，评估其专业性。

（二）关注就医风险

在与医疗美容机构签订服务合同之前，消费者需要仔细阅读其提供的格式合同模板，把其中限制消费者权利、免除医方义务的条款让医方进行说明，并要求对此用补充协议的方式予以更改。协议一致的情况下，双方可以另行签订保密协议，让医方保证不将自身的手术情况应用于任何公开场合。消费者在明确医疗美容机构各项标准均合规后，再与医美机构签订合同。看清价格、服务项目和所用产品，避免被诱导、欺骗性消费。消费者有权要求医美机构提供产品的产地、用途、性能、等级、主要成分、生产批号、检验合格证明等有关情况。审查合同条款是否有不公平、不合理的内容，特别关注风险告知书、知情同意书等相关文件，仔细阅读后再签字，切实了解手术风险和注意事项，审慎进行医美项目。

（三）产生纠纷，积极维权

1. 协商解决

因为个体的差异，医美最终效果因人而异，而且每个人的审美和期待也会和实际手术产生差异。如果只是认为未达到预期效果，建议和医美机构协商，改善结果；如果术后出现一系列问题，涉及退款赔偿，也需先行沟通，找准问题所在，顺便收集证据以备后续维权。

2. 投诉交涉

根据《中华人民共和国医师法》（以下简称《医师法》）、《药品管理法》和《医疗美容服务管理办法》的规定，发现职业技能培训机构违规开展医美操作培训，应向当地人力资源和社会保障部门举报；发现医美机构给消费者使用假冒伪劣产品，应向当地市场监督管理部门举报；发现医美机构无执照或发生医疗事故的，应向当地人民政府卫生行政部门举报。

另外，国家卫生健康委员会在中国整形美容协会官方网站（http://capa.org.cn/）设立投诉举报专栏，医美消费者还可以通过“全国12315平台”，投诉侵犯其权益的经营者，或者对违反市场监管法律法规的行为进行举报。还可以登录中国消费者协会官网，在“投诉有门”页面中，查阅到各省消协的通信方式。消费者通过“中国消费者协会投诉和解监督平台”，可以直接向经营者提出诉求，与经营者协商和解。总之，多方投诉举报有利于事件更快解决。

3. 提起诉讼

向医美机构所在地法院提起民事诉讼。首先，在专业律师的指导下进一步搜集固定证据，包括合同和销售人员的微信聊天记录、协商录音等。其次，确定责任主体。如果医美机构登记为公司，且已取得《工商营业执照》，其可以作为承担法律责任的主体，并且其设立的分公司、分支机构领取营业执照后也可以作为被告；如果医美机构登记为个体工商户，可以营业执照上登记的经营者为被告。再次，选择涉案纠纷的案由，常见的医美纠纷有医疗服务合同纠纷、医疗产品责任纠纷、医疗损害责任纠纷或肖像权纠纷。医美机构违约的，消费者可向人民法院请求继续履行合同、支付违约金、赔偿损失等；若医疗美容机构使用格式条款，没有以显著方式提请消费者注意与消费者有重大利害关系的内容或作出排除或者限制消费者权利、减轻或者免除经营者责任等对消费者不公平、不合理的，也可主张其内容无效。医美机构产品存在虚假、假冒的，可主张“退一赔三”；医美机构造成人身损害的，可提出包括医疗费、误工费、住院伙食补助费、陪护费、残疾生活补助费、丧葬费、被扶养人生活费、交通费、住宿费及精神损害抚慰金等赔偿；医美机构侵犯肖像权利，可提出停止侵害、赔礼道歉，甚至赔偿损失。

4. 刑事控告

医美类的刑事犯罪涉及的罪名主要有利用“医美贷”、招工骗贷、“免费医美”的诈骗罪；利用假药、劣药、进口而未经批准的药品、生产或销售假药、劣药罪；因没有医疗器械经营许可证、没有药品经营许可而涉嫌的非法经营罪；因未取得医生执业资格而涉嫌的非法行医罪；因吸收不特定多数消费者钱财的非法吸收公众存款罪、集资诈骗罪。

认为医疗美容机构涉嫌刑事犯罪的，消费者可向公安机关进行刑事报案或控告，梳理手头证据，撰写刑事控告书，向被侵害行为发生地的公安局、派出所报案。公安机关接受报案后，应为报案人或控告人制作笔录，并出具接受案件回执单。公安机关应在7日内，最长30日内决定是否立案。当公安机关不予立案时，消费者也可向公安机关的内部相关部门投诉，或向监察机关申请立案监督。在穷尽以上救济途径后，在符合自诉条件的情况下可以依法向人民法院直接提起自诉，要求追究被告人的刑事责任。

附：医疗美容类合同格式条款合规主要法律法规及规范性文件目录

1. 2002 年 9 月 1 日：《医疗事故处理条例》（国务院令第 351 号公布）。
2. 2009 年 12 月 11 日：《医疗美容项目分级管理目录》（卫办医政发〔2009〕220 号）。
3. 2016 年 1 月 19 日：《医疗美容服务管理办法》。
4. 2022 年 3 月 1 日：《中华人民共和国医师法》（第十三届全国人民代表大会常务委员会第三十次会议通过）。

第二十二章

医院护工类合同格式条款合规指南

第一节　医院护工类合同格式条款合规审查概述

医院陪护服务行业在社会经济水平提高与旺盛的社会需求下应运而生并蓬勃发展，护工这一职业作为医院辅助性护理人员，在大大减轻医院护士工作压力的同时亦兼具着患者生活保姆的角色，也大大减轻了患者家属的陪护负担，能更好地适应当前医疗卫生行业的发展需求。护工主要为患者提供护理服务，目前护工准入门槛比较低，年龄普遍偏大，福利和保障不全，流动性也比较大。但是，很多医院没有专门负责管理护工的部门，很多护工都是来自中介机构，而这些中介机构质量参差不齐。护工管理问题主要体现在专业培训缺乏、管理体系混乱、工作准则不明、收费标准不一、社会保障不足等方面，快速增长的市场需求与不规范的市场管理间的矛盾逐渐加剧。因此，规范医院护工类合同格式条款至关重要。

一、医院护工类合同概念及类型

(一)医院护工类合同概念

《民法典》合同编的第二分编是有关典型合同的规定,在法理上典型合同也称为“有名合同”,“有名合同”相较于“无名合同”而言,具有明确的法律适用条款,在争议处理时可以对号入座确定具体的权利义务,还可以指导商事交易,其重要性不言而喻。《民法典》中规定了买卖合同等 19 个有名合同,并不包含医院护工合同或护工服务合同类型,故医院护工类合同应属无名合同。根据最高人民法院《民事案件案由规定》第四部分合同、准合同纠纷中的相关规定,服务合同纠纷项下也仅罗列了医疗服务合同纠纷、家政服务合同纠纷的案由,并没有医院护工合同纠纷或护工服务类合同纠纷。因此,在探讨医院护工类合同格式条款合规实务问题之前,应当先对医院护工、医院护工类合同等基本概念、类型进行梳理,以便进一步探讨该类合同合规风险防范以及纠纷解决路径。

医院护工也称“医院陪护”,通常是指患者在医院接受治疗或康复期间,受患者或家属聘用的,为患者提供护理服务的人员,其主要工作内容包括卫生护理、日常照护、饮食护理、治疗辅助等生活护理服务(非医疗技术护理)。2004 年上海市卫生局发布的《关于加强上海市医疗机构护理员、护工管理的通知》第 1 条规定:“根据工作职责和聘用主体的不同,将现有在医疗机构内为住院病人提供日常生活照料、生活护理及简单基础护理的社会人员分为护理员和护工两类:(一)护理员是指在医疗机构中,由医疗机构聘用为病人提供生活护理及简单的基础护理的社会人员。其工作范围除日常生活护理外,还可辅助护士从事清洗消毒、协助病人康复训练等简单的基础护理活动。(二)护工是指在医疗机构中,由病家聘用为病人提供日常的生活照料的社会人员。其工作范围主要是日常生活护理,包括协助病人用餐、排泄、沐浴、床单位的清洁等。”该通知对医院护工人员的定义作了较为直观的规定。此外,基于本书视角是消费类合同,上述通知中第一类“护理员”显然并非讨论对象。再结合上海市卫生健康委员会 2019 年发布的《医院外来护工灵活就业信息登记操作办法(试行)》第 1 条中对登记对象的描述,是指“在本市医疗机构中由病家聘用为病人提供日常生活照料的来沪从业人员”,亦可知,医院护工更强调的是对病人提供日常生活照料,其服务内容有别于护士、医疗护理员。

综合上述对护工人员工作职责、聘用主体的理解,医院护工类合同通常是指,护工人员按照合同约定接受雇佣者的安排与要求,为其提供劳务服务,雇佣者在接受服务的同时依约支付报酬而形成的合同权利义务关系,合同双方主体通常是提供护理服务的护工一方与接受护理服务的一方。具体到实践中,一般涉及医院、护工公司、护工、患者(或家属)等几个主体之间的关系。根据不同的医院护工运营模式,各主体之间形成的法律关系亦有所不同。

(二)医院护工类合同类型

通过调研浙江省各地大型医疗机构发现,目前医院陪护服务运营模式主要表现为:医院自主运营、医院委托第三方外包、患者私聘护工三种模式。医院自主运营模式是指由医院自主运营和管理,直接向患者提供护工服务的模式;医院委托第三方外包模式是医院以服务外包的形式,引进第三方护工公司,将护工服务全部交由护工公司进行服务和管理,大型公立医院多采用陪护外包模式,通常以招投标的形式选定第三方护工公司,而采用医院自营模式的非常少;患者私聘则是指不通过医院和护工公司,由患者或家属自行寻找护工进行聘用的模式。上述分类是实践中陪护服务运营模式的划分。值得强调的是,本书关注的是以患者(或家属)为核心的消费类医院护工合同法律关系,至于单纯的医院与护工之间、护工公司与护工之间、医院与护工公司之间诸如劳务关系、劳务派遣关系或劳务外包关系等并非讨论聚焦的范畴,故存而不论。

根据医院护工服务行业的特点,2021 年 11 月 30 日浙江省市场监督管理局、浙江省消费者权益保护委员会、浙江省家庭服务业协会联合发布全国首个《浙江省医院陪护服务合同(示范文本)》,分别制定了三方居间合同和双方合同两类示范文本。三方居间合同明确了护工公司、护工、患者三者之间的法律关系,双方合同则明确了护工公司与患者之间的服务法律关系,有效引导患者慎重合理地选择服务提供方,减少患者和护工之间的服务纠纷。故而,根据合同参与主体及法律关系的不同,通常将医院护工类合同分为“中介型”合同与“非中介型”合同两种。

1.“中介型”医院护工类合同

“中介型”医院护工类合同,是指由患者(或家属)、护工、中介公司形成的三方医院陪护服务合同关系。该种合同类型中包含了中介合同及陪护服务合同两种复合法律关系,各主体基于不同的法律关系承担相应的责任,具体涉及中介公司与护工之间的法律关系、中介公司与患者(或家属)之间的法律关系、患者(或家属)与护工之间的法律关系。中介合同为《民法典》规定的典型合同的一种,权利义务关系可直接适用该典型合同之规定。《民法典》第961条规定:“中介合同是中介人向委托人报告订立合同的机会或者提供订立合同的媒介服务,委托人支付报酬的合同。”在此种中介型合同类型中,中介公司一般由护工公司、医院或其他机构担任,中介公司作为居间人,为患者(或家属)与护工之间报告订立合同的机会或者提供订立合同的媒介服务,中介公司不介入护工与患者(或家属)之间的护理服务合同关系当中,非护理服务合同关系的当事人。

2.“非中介型”医院护工类合同

“非中介型”医院护工类合同是由提供陪护服务的一方(护工/护工公司/医院)直接与接受陪护服务的一方(患者/家属)缔结合同关系,由一方提供陪护劳务服务,另一方支付对价而形成的陪护服务合同关系,双方之间无中介公司的介入。这类合同在实践中,以护工公司与患者或家属直接签署服务协议的为常见,这种由专门的护工公司对外提供服务,相比于患者私下直接聘用护工,更有助于提高护工服务质量、保障消费者合法权益。在此种交易模式下,护工公司自行招聘护工作为员工,通过委派适合的护工为患者提供护理服务,护工在服务过程中的行为应当属于履行职务行为,对外的合同责任主体则为护工公司。

二、医院护工类合同的主要特征

在学理上,医院护工类合同除了具有双务、非要式、诺成、有偿合同、无名合同等一般特征外,还具有一定的特殊之处。

(一)医院护工类合同以护工的特定给付行为为标的

医院护工类合同的标的具有特殊性,其本质是一方当事人向另一方当事人提供的劳动,即劳务,它是一种行为。护工与患者或家属一旦形成陪护服务合同关系,则需通过护工给付一定的行为来实现,履行过程具有较强的人格属性,服务提供的质量与护工本身素养、技能与品格具有很大关联。医院护工类合同法律关系侧重于护工劳务行为本身,即劳务服务行为的过程,而行为过程和范围具有很强的可变性,行为的评价很难具体量化,这也是医院护工类合同的特殊之处。

(二)医院护工类合同属于继续性合同

合同可以分为两大类型:继续性合同与一时性合同。一时性合同,也称一次给付合同,是指合同目的因一次给付即可实现,如买卖合同等。继续性合同,是指合同的内容并非一次给付即可完结,需要在一定的时间跨度上持续地履行,不断重复相同内容方可实现,因此有的学者称之为“状态债权”。比如,雇佣合同与租赁合同即是典型的继续性合同,在该类合同中,时间因素在合同的履行中居于重要的地位,合伙、借用、仓储、保管、物业服务等都属于继续性合同。医院护工在合同约定期限内的陪护服务并非一次就能完成,而是在约定期限内持续性、重复性地提供劳务,即使病人住院时间较短,需护理的时间周期只有几天,但护工的服务仍然并非一次性完成,属于继续性合同类型。

区分继续性合同与一时性合同的意义,在于二者在解除规则及解除的法律后果上有显著差别,在合同终止或解除之后的返还上也有不同。继续性合同终止后主要面向未来不再继续进行,不影响已经做出的履行,合同终止后给付人一般只能请求对方返还相应的价金,而一时性合同的解除则产生恢复原状的效果。我国《民法典》对于继续性合同终止的特殊规则并未作出全面规定,只在第 563 条第 2 款规定“以持续履行的债务为内容的不定期合同,当事人可以随时解除合同,但是应当在合理期限之前通知对方”。此外,我国《民法典》第 566 条第 1 款规定“合同解除后,尚未履行的,终止履行;已经履行的,根据履行情况和合同性质,当事人可以请求恢复原状或者采取其他补救措施,并有权请求赔偿损失”。

(三)医院护工类合同更依赖诚实信用原则

基于上述分析,护工服务合同由于履行内容的特殊性以及被服务对象通常为具有一定生活不便及身体疾病的患者,服务内容涉及患者的身体及隐私,因此该服务是以品性、信任以及个人技能为基础,双方之间应当充分尊重彼此的人格尊严,以最大的诚信方能达到最好的服务效果。因此,此类合同的履行更突出体现民法的诚实信用原则。

三、医院护工类合同法律关系

关于护工与患者或家属之间形成的服务合同法律关系定性,实际上并无法律明文规定。理论界与司法界也存在其属于劳务合同、承揽合同、服务合同等不同的认识,司法判例中,根据实际情况不同,法院所认定的法律关系及请求权基础也有所不同。

(一)劳务合同关系

劳务合同,也称雇佣合同,并非法律上的概念,我国台湾地区学者王泽鉴认为:"雇佣,是当事人约定一方在一定期限或不定期限内,为他方提供劳务,他方给付报酬的契约。"[①]《民法典》第 1192 条第 1 款第 1 句规定:"个人之间形成劳务关系,提供劳务一方因劳务造成他人损害的,由接受劳务一方承担侵权责任。"因此,劳务合同是以劳务为给付标的的合同,雇佣关系的主体一般发生在个人与个人之间,患者直接私聘护工以及上述中介型合同中护工与患者(或家属)之间形成的法律关系就属于劳务合同关系规制的范畴。

(二)承揽合同关系

医院护工类合同与承揽合同存在一定的相似之处,但两者具有本质区别。《民法典》第 770 条第 1 款规定:"承揽合同是承揽人按照定作人的要求完成工作,交付

① 参见王泽鉴:《债法原理》,北京大学出版社 2009 年版,第 81 页。

工作成果，定作人支付报酬的合同。”可见，承揽合同更强调的是工作成果，侧重于劳务行为的结果即提供劳务所完成的劳动成果，这也是与劳务合同关系所强调劳务过程的核心区别。劳务合同支付报酬的对价是劳务，而承揽合同支付报酬的依据是工作成果。根据医院护工工作内容的特点，其工作成果一般无法量化，更侧重于提供劳务过程，故医院护工类合同一般不属于承揽合同法律关系规制的范畴。

(三)服务合同关系

服务合同也并不是严格法律意义上的典型合同，属于一种类型化的合同，服务合同是区分于以商品为给付标的的合同，其给付标的为一种服务或劳务。例如，网络服务合同、物业服务合同、技术服务合同等均归属于服务合同类型下。《消费者权益保护法》第2条规定：“消费者为生活消费需要购买、使用商品或者接受服务，其权益受本法保护；本法未作规定的，受其他有关法律、法规保护。”实践中，有观点将医院护工类合同视为一种以劳务服务为标的的消费服务关系。一般来说，在一方主体为护工公司或医院方的时候，其作为提供服务的一方机构与患者或家属缔结的医院陪护服务合同，以服务合同关系定性具有一定的合理性。

需强调的是，上述几种合同关系的分析并非对医院护工类合同的单一定性，只是通过上述几种合同关系能更好地理解实际更复杂的契约关系。根据现代契约理论，合同是当事人规范交换过程中合作关系的各种合意之总和，当事人之间的关系决不仅止于静态的一纸契约书，而是动态的、开放的。生活的丰富性以及契约自由，产生丰富的合同类型以及复杂的合同关系。因此，医院护工类合同无论定性为何种法律关系，最终都是为了更好地分配权利、义务和责任，合同类型的分析有助于对合同效力及适用依据的判断。

(四)非医疗行为法律规制范畴

护工、护士之间仅有一字之差，容易发生混淆，有必要对概念进行厘清。《护士条例》第2条规定：“本条例所称护士，是指经执业注册取得护士执业证书，依照本条例规定从事护理活动，履行保护生命、减轻痛苦、增进健康职责的卫生技术人员。”显然护士属于医疗机构的医务人员，其从事的护理工作属于医学技术护理，而医院护工则属于辅助人员，从事卫生护理、日常照护、饮食护理等非医疗技术类的生活护理服务。

《民法典》第七编第六章“医疗损害责任”第1218条规定：“患者在诊疗活动中受到损害，医疗机构或者其医务人员有过错的，由医疗机构承担赔偿责任。”可以看出，医疗损害责任适用于医疗机构以及医务人员，而医院护工不属于医务人员，护工是受患者或家属雇佣的，护工服务不属于医疗行为，不适用医疗损害责任。病人因护工而受到损害的，应当按照其他的规定确定侵权责任或合同责任。

四、医院护工类格式合同合规要点

根据《浙江省合同格式条款备案办法》第2条规定，医院护工类合同非强制备案的九大合同类型，属于企业或者医疗机构主动备案的合同类型。实践中，签署的护工类合同极不规范，通常以护工公司或医院方提供的格式范本为主，容易造成合同主体间权利义务失衡。结合该类格式范本存在的一些问题，笔者认为，在对此类格式合同备案或合规化时可以关注以下几个要点：

第一，主体间法律关系。如上文所论述，由于医院护工类合同为非典型合同，实践中缺少规范指引，因此格式范本中各方主体定位不清晰，法律关系不明确。在审查时应首先明确各方主体关系，是否为中介型的合同关系，此也是合同合规审查的第一步。

第二，披露及告知条款。由于医院护工行业的特殊性，被陪护的对象通常存在一定的疾病，因此合同中应当对各方影响合同签署或履行的重要情况进行明确。例如，订立合同时应对患者疾病、身体情况等进行披露，并约定保密。同时，应当注意各方身份核验、护工身体健康状况及工作能力的审核，以及在合同中明确患者提前结束陪护或护工突发状况无法进行陪护均应提前告知，不可不经通知擅自离开等。

第三，免除责任条款。由于合同提供方护工公司通常会基于自身利益的考虑，在格式合同中设置免除造成患者人身伤害或财产损害的责任。例如，“护工在工作时所做的一切违法犯罪行为（包括故意或过失）均与甲方无关，甲方不承担任何法律责任”。

第四,加重患者或护工责任条款。主要表现为合同规定患者损害后果自负、违约时支付的违约金或者损害赔偿金超过合理数额等。

第五,权利义务条款。从实践来看,由于医院护工类合同的不规范,有些只有粗略的登记,并没有详细的权利义务条款,甚至有的中介机构只向患者或家属开具简单的收据,导致在纠纷出现时互相推诿责任。因此,在合规时应当注重明确各方主体的权利、义务、责任等。

第六,保险条款。护工管理大都依靠护工公司,有的护工公司仅支付护工劳动所得的工资,并未依法给予护工缴纳社会保险等福利待遇。护工合法权益得不到保障,影响护理服务质量,导致发生纠纷时各方权益无法保障。而引入保险制度,有利于分散各方风险,有效降低合同服务有效期内所发生的被陪护对象和陪护人员人身损害的赔偿责任风险。因此在合同中应当将护工公司为护工购买责任保险作为必要条款进行审查。

第七,护工劳动保障条款。合同条款中应当明确护工的工作时间和休息休假等事项。

第二节　医院护工类合同主要问题格式条款及合规意见

目前,护工类合同格式条款存在医院、护工、患者之间法律关系不明晰、权利义务不对等、不公平格式条款居多等问题,而这些问题是导致医院与护工公司之间推诿责任、消费者维权难的重要因素。因此,此类合同格式条款的规范化、合规化对实现契约自由、公平交易以及促进行业健康发展具有重要意义。而合同格式条款的表现形式多种多样,运用的场合亦相当普遍,虽难以周延列举,但以下对实践中常见的代表性问题条款进行列举并阐释,提出若干合规的意见,对于此类合同格式条款合规监管和合同实践具有一定的参考意义。

一、护工公司免责条款

问题条款

1. 护工因工作失职造成看护病人营养不良、坠床、跌伤、走失等严重后果，由护工自行垫付所需费用，护工公司不承担责任。

2. 如因甲方老人自身原因发生的意外事故，如突发疾病亡故，老人自身原因引起的摔伤、烫伤，责任由甲方一概承担，一切与乙方无关。

3. 甲方理解并认可老年病人常伴有吞咽障碍，容易产生误吸甚至窒息等意外，此为不可抗拒力，若由此造成意外事故乙、丙方不承担任何责任。

4. 甲方因精神失常、情绪失控等原因导致的意外伤亡（包括但不限于自杀、自残等），乙方及丙方不负任何责任。

5. 甲方自行离开医院或吵架、斗殴、酗酒等引起的不良后果，甲方不遵医嘱擅自改变饮食、擅自活动等原因引起的伤害及事故，乙方及丙方不负任何责任。

6. 陪护服务公司与陪护人员以及病人之间的争议及纠纷与医院无关。医院仅就医疗服务和政策管理要求提供协助和指导。

合规意见

在医院护工合同中，最常见的不公平、不公正格式条款体现在提供护理服务的护工公司制订免责条款免除自身责任，尤其是减轻或免除发生人身损害时护工公司的赔偿责任，并要求由护工或患者自己负责等不公平条款。此条款属于护工公司利用格式条款减轻或免除自身责任的不公平格式条款，应为无效或对相对方不发生效力的条款。

合同格式条款的先天不足是显而易见的，由于合同格式条款是一方当事人预先拟定的，合同格式条款制订者基于其独占、垄断地位或交易中的优势地位，排除了相对人选择和协商的可能性，在事实上构成了对相对人的强制性。合同格式条款的制订者凭借自身的强势垄断地位利用不合理格式免责条款肆无忌惮地侵害相对人的合同利益，并且由于合同格式条款是大量反复运用，所以对社会的正常生活造成极大的威胁,合同格式条款中免责条款的不合理使用已经严重危及社会的整体利益,最典型表现就是人身损害免责条款。

由于医院护工合同通常都是在医院场所签订,通常一家医院入驻的护工公司只有一家,患者及家属的选择空间较小,且需求较为急迫,很少能够像其他交易一样货比三家。相较于护工公司,患者的缔约机会和缔约能力严重弱化。对于护工公司提供的合同格式条款,患者及家属只有“要么接受,要么走开”的选择,不再享有对合同内容的实质性的决定权。

护工护理中最容易出现的纠纷就是被护理人员突发疾病、跌落、损伤等损害赔偿,因此护工公司通常会通过格式条款对该责任进行免除,这样的条款显然属于不公平格式条款。由于安全保障、合理注意义务等属于法定义务,在发生纠纷时,仍然要适用《民法典》侵权或损害赔偿有关法律进行责任认定。对于病人或家属来说,无论护工与护工公司之间是劳动关系还是劳务派遣关系,护工公司对其指派的护工的工作行为及后果应承担相应的法律责任,而不能制订上述格式条款免除自身责任,让护工本人承担全部责任或由患者及家属自行承担责任。

值得一提的是,在一些大型公立医院采用陪护外包模式时,合同中往往也会出现免除医院方责任的不公平格式条款。由于陪护行为往往发生在医疗机构的场所内,因此医院方负有一定的法定义务,格式条款不能免除医疗机构在存在过错情况下可能承担法定侵权或损害赔偿责任。

相关规定

《民法典》第 110 条、第 120 条、第 179 条、第 506 条、第 1198 条。

二、护理中财务损失免责条款

问题条款

甲方自行保管物品,无论因何原因造成的甲方的财产财务损失,乙方一概不承担责任,由甲方自行负责。

合规意见

在医院护工类合同中，护工公司免除自身因故意或重大过失造成的财产损失条款也是常见的不公平格式条款。契约自由原则体现在双方可以排除来自外界的干涉，对合同订立的内容、形式乃至于消灭双方的权利义务等有权做出独立的选择和决定，这意味着个人意思行动应绝对自由。当事人自己的事情可以自己处理，无须第三人乃至国家的插足。合同格式条款的订立虽然在表面上符合契约自由原则，但是形式上的自由难掩实际上的无奈，它客观上损害了合同相对方的自由。因此，在契约自由原则下，规范不合理的交易条款，维护契约正义至关重要。

《民法典》第120条规定："民事权益受到侵害的，被侵权人有权请求侵权人承担侵权责任。"第506条规定："合同中的下列免责条款无效：(一)造成对方人身损害的；(二)因故意或者重大过失造成对方财产损失的。"护工公司或护工虽然不负有法定的物品财产保管义务，但是若由于其故意或重大过失造成财产损害的，属于法定应当承担侵权责任的情形，合同中"一刀切"的免责条款属于无效条款。因此，合同格式条款犹如一把"双刃剑"，它在给我们的生活带来便利和高效的同时，随时可能损害处于弱势一方的权益。尽管从来都不存在绝对的自由、平等与公平，但我们也不能纵容此种显然不公平条款的设定，否则社会公正会遭受莫大的侵害。

相关规定

《民法典》第120条、第506条。

三、护工上门护理限制条款

问题条款

甲方（患者或家属）不可擅自鼓动丙方（护工）上门服务，否则甲方（患者或家属）所付押金不予退还。

合规意见

在医院护工合同中,一些护工公司为防止护工与家属私下达成其他交易,会在条款中设置限制性条款。例如,在条款中设置如发生患者或家属擅自鼓动护工上门服务,则不予退还押金等条款。消费者享有自由选择商品或者服务的权利,消费者有权自主选择其他服务方式,该条款显然属于通过格式条款排除消费者权利,加重消费者责任,应当属于格式条款无效情形,护工公司无权以该格式条款没收消费者押金。

相关规定

《消费者权益保护法》第 9 条。

四、不合理加重患者或家属责任条款

问题条款

在征得甲方同意前提下,丙方可以提供一对多服务模式(同时陪护多个病人),不固定在某个病人床边陪护,若病人有服务需要必须按床头的呼叫铃,否则后果自负(如:摔倒、拔管、自杀、走失或藏匿等)。

合规意见

医院护工类主要不公平格式条款还包括一些不合理地加重患者或家属责任的条款,如上述强制要求患者必须以某种方式发出服务需求的不合理条款。格式条款如果不加以控制,就会成为侵害消费者权益的工具。在医院护工类合同中,护工公司或护工一方强制要求患者须以其要求的固定化方式发出服务需求,否则后果自负,该条款显然属于以不合理的方式加重了患者的责任。患者及家属有权选择以合理的方式呼叫护工,合同中不能予以排除,更不能以此免除另一方合同义务和责任,此种格式条款属于不公平格式条款,当属无效条款。

相关规定

《民法典》第506条。

五、护工公司方单方调整收费标准条款

问题条款

在协议有效期间，根据国家民政部门和市场物价及人工成本等情况，乙方有权调整收费标准，但应提前十五天公示。

合规意见

在医院护工类合同中，还有一类限制患者、家属或护工的自主选择权的不公平格式条款，如上述问题条款规定护工公司具有任意调价权。在消费者权益保护领域，消费者自主选择权是指消费者享有自主选择商品或者服务的权利。其基本内容包括：消费者有权自主选择提供商品或者服务的经营者，自主选择商品品种或者服务方式，自主决定购买或者不购买任何一种商品、接受或者不接受任何一项服务。消费者在自主选择商品或者服务时，有权进行比较、鉴别和挑选。可见，消费者自主选择权的正当性基础在于保护消费者，立法者之所以要赋予消费者自主选择权的规范目的在于：消费者弱势地位及平衡正义。该理念同样可以适用于对医院护工类合同格式条款审查中，护工及患者处于弱势地位，加之护工收费没有统一标准以及监管的空白，护工及患者对于价格并没有发言权，因此护工合同中的收费应当明码标价，不得以任何方式赋予护工公司任意调价权，并且给予患者或者护工选择接受或不接受的权利，在合同格式条款合规审查时，应充分保障各方的自主选择权。

相关规定

《消费者权益保护法》第9条。

六、患者个人信息不当收集条款

问题条款

1. 甲方(医养机构)可以使用乙方(入住人员)入住期间信息资料,如纪念、收藏、活动展览等。

2. 甲方(医养机构)可以自行在乙方(入住人员)入住的房间安装监控录像设备,录制并保存录像视频。

合规意见

在医院护工类合同格式条款中也存在一些任意使用患者个人信息以及不尊重患者隐私等格式条款。《民法典》第四编第六章明确了隐私权和个人信息保护,赋予了自然人隐私权及个人信息不得侵害的权利。其第1032条规定:“自然人享有隐私权。任何组织或者个人不得以刺探、侵扰、泄露、公开等方式侵害他人的隐私权。隐私是自然人的私人生活安宁和不愿为他人知晓的私密空间、私密活动、私密信息。”第1034条第1项、第2项规定:“自然人的个人信息受法律保护。个人信息是以电子或者其他方式记录的能够单独或者与其他信息结合识别特定自然人的各种信息,包括自然人的姓名、出生日期、身份证件号码、生物识别信息、住址、电话号码、电子邮箱、健康信息、行踪信息等。”而接受护理的病人当然享有隐私权及个人信息被保护的权利,合同格式条款中不能以不合理的方式变相侵害病人的隐私权或使用其个人信息,病人有权选择是否接受院方或护工公司使用其个人信息,有权选择是否同意护工公司以安装监控等方式获取其隐私。

相关规定

《民法典》第1032条、第1034条第1项、第2项。

第三节　医院护工类合同格式条款合规建议

契约是市场经济最基本的经济关系。护工工作作为护士与保姆相融合的新职业,既是护理工作的组成部分,又是护士工作的延伸和补充;既解决了患者家属的后顾之忧,又有利于病人的康复。护工服务质量与广大患者的健康和安全密切相关。目前我国护工行业正处于发展阶段,政府以及医疗卫生行政部门暂未出台明确的护工管理条例或规定,造成医院对护工的管理缺乏法律依据;各地区护工的管理往往依赖于护工公司,因护工公司缺乏系统的管理体制,造成护工管理混乱无序;医院也未形成明确的护工行为准则来规范护工行为,对护工的约束力度不高、监管力度不强,一旦在医院发生护工事故,且造成责任方不明确,就易出现医疗纠纷;而患者亦因合同约定不明、责任划分不清或不公平格式条款的设置导致维权困难。故有必要从政府合规监管、企业自我审查以及消费者主动维权三个视角对不公平格式条款进行合规指引和风险防范。

一、政府有效监管建议

(一)引导企业采用格式合同示范文本实现签约规范化

签订规范化的格式合同是平衡各方利益、保障权益、降低法律风险的有效方式。政府在对医院护工行业监管时,应当推广、普及并引导企业使用目前已经发布的《浙江省医院陪护服务合同(示范文本)》(以下简称《陪护合同示范文本》)。在合同类型上,《陪护合同示范文本》提供两种不同类型合同范本供选择,包括患者/家属、护工及公司/机构之间签署的三方中介类型合同以及患者/家属、公司/机构之间签署的双方合同。在服务模式上,《陪护合同示范文本》提供了一对一、一对二、一对多三种方式供勾选,各方可根据患者病情自由选择。

一方面,《陪护合同示范文本》规范了医院陪护服务涉及主体的权利义务,明确了有过错的居间方应承担其过错范围内的责任;同时通过明确护工的休息时间、加班工资、服务内容、免责条款等保障护工的合法权益来提高陪护质量。另一方面,《陪护合同示范文本》充分保障患者合法权益。为降低事故赔偿风险,《陪护合同示范文本》引进医院陪护服务责任保险条款,突破性地引入责任保险或第三方责任保险条款,双方合同要求护工公司主动购买责任保险,三方中介类型合同要求中介方主动与患护两方协商责任保险或第三方责任保险购买事宜,有效分担、降低医院陪护服务期间发生的陪护人员和被陪护对象人身伤害等方面的赔偿责任风险。有助于破解医院陪护服务行业当前的难点。

在医院护工类合同条款中,应当明确服务期限、服务范围、双方的权利和义务、服务费用、责任赔偿、违约责任等事宜。为有效引导企业签订规范性合同文件,政府部门应当加强与医院、护工行业机构之间的协调配合,促进信息共享,积极推广并与行业机构共同完善、制定合同示范文本,不断提升市场主体合同履约的自觉性。同时,政府部门应当不断积累和总结经验,根据法律规定及行业发展特点进一步出台指导性文件等,切实保护消费者和经营者的合法权益,维护社会公平正义。

(二)引导医院及护工机构建立完善的护工管理制度

政府应当引导护工公司及医院逐步建立完善的护工管理规章制度,包括护工管理制度、监督制度、培训制度等。卫生部门应出台与护工管理相关的政策法规,协调各方之间责任、权利以及义务的关系,引导护工公司制定明确的护工行为准则,加大约束力度,并与医院共同制定统一的管理标准。同时,卫生部门应该划定护工的工作范围,明确界定工作职责,医院护工管理部门应该明确护工操作禁忌,严令禁止护工代替护士为患者换药、拔针、吸氧、吸痰、更换引流管、灌肠等危险性操作,规范护工工作细节,对护工工作进行实时监督,并针对性地制订管理制度和考核细则,加强实施科室专业化监督,设立反馈小组,保证患者或家属合法的消费权益。同时,护工公司应当完善护工培训体系,加强岗前培训,开展各种满足社会需求的护工培训,结合护工的工作范围,使护工在学习专业知识的同时更加了解相关法律知识,掌握护理操作规程以及护理职业的防护措施,减少院内感染等。

(三)逐步建立统一的指导性收费标准

我国护工行业迄今为止并没有合理化、统一化的收费标准,存在各种哄抬价格的现象。护工多归于中介公司或家政公司统一管理,统一发放工资,由于没有合理的薪酬标准,多存在克扣工资、所得薪酬与其服务水平不符的现象,造成护工工作积极性降低,人员流动性增加。各护工公司之间由于竞争会出现哄抬价格的不良现象,使患者或家属在选择护工方面困难重重,尤其是给经济状况差的家庭带来较重的经济负担,在一定程度上也会加剧医护人员与患者之间的矛盾,不利于医院对护工的管理。

政府和卫生部门应根据护工不同等级制定不同的指导性收费标准,严厉杜绝各种不明原因克扣护工工资的现象,护工公司根据护工在医院科室的工作表现制订合理的奖惩标准,着重奖励护理服务质量高、服务态度好、患者满意度高的护工,激发护工工作的积极性;医院对护工的服务质量信息公开化,便于患者及家属查看,也便于卫生部门、护工管理机构以及医院对护工的管理和监督。

二、企业自我合规审查建议

(一)做好事先资质审查和风险防范工作

无论是护工公司还是医疗机构,均应当做好事先的资质审查和风险防范工作。医院将陪护服务外包给第三方陪护服务公司时,首先,需按照医院护工管理政策要求,明确医疗机构陪护人员管理边界,确定入院开展陪护服务主体的准入资质;其次,需审查拟合作护工公司营业执照、注册资本和经营资质,如经营范围中包括病人陪护服务或职业中介服务等内容;最后,调查拟合作单位行政许可和行政处罚信息,特别是合作项目上的违约风险,以降低合作风险。而护工公司应当对提供护工服务人员的服务能力、身份信息、健康状况、培训情况等进行审查和监督。同时,企业应当积极主动将该类合同向市场监管部门进行合同备案。

(二)拟定合同文本时遵循公平公正原则

合同格式条款提供者在制订合同范本时要坚持公平的原则,它要求当事人之间应公平地确立相应的权利和义务,反对制订格式合同一方凭借其优势对另一方当事人权利进行不合理限制。因此,制订格式合同、格式条款时要遵循这一原则,避免该条款因违反公平原则被司法机关确认为无效或予以变更。护工公司在合同拟定时应当明确相关主体间的法律关系,不得使用医院名义,禁止虚假宣传,以免使患者或其家属产生混淆。基于格式条款的法律后果,企业应当本着公平、诚实信用原则对合同条款进行拟定,在合同当中明确服务内容、价格、赔偿责任、违约责任等内容,在签订合同时应当向消费者进行条款宣读、解释以及充分提示。

(三)做好公示与告知工作,确保消费者自主选择权

提供护理服务的一方,应当向患者及家属充分公示、公开企业基本情况、陪护模式、收费标准等,以确保患者及家属的知情权、选择权。在合同签署时应充分告知患者及其家属不同陪护服务模式的差异和风险,确保患者及其家属的知情同意权和自主选择权。

(四)合同履行期间动态管理

从风险防范或提升消费者认可度的角度来看,护工公司在合同签署后,应当加强合同履行过程中的监管工作,而医疗机构也应当确保履行安全保障义务。《民法典》第 1198 条规定:“宾馆、商场、银行、车站、机场、体育场馆、娱乐场所等经营场所、公共场所的经营者、管理者或者群众性活动的组织者,未尽到安全保障义务,造成他人损害的,应当承担侵权责任。因第三人的行为造成他人损害的,由第三人承担侵权责任;经营者、管理者或者组织者未尽到安全保障义务的,承担相应的补充责任。经营者、管理者或者组织者承担补充责任后,可以向第三人追偿。”格式条款的设置是不能免除法定侵权赔偿责任的,医疗机构或护工公司虽然并非直接提供劳务的一方,但是仍然负有法定安全保障义务,当发生损害时,仍然应当在过错范围内承担与之相适的责任。因此,在合同履行过程中,护工公司以及医院都应当加

强监管,例如,设置病区陪护反馈机制,在护理部或后勤保障部设立陪护投诉接待专职人员,将陪护服务投诉及处理情况纳入陪护服务公司陪护质量评价范围,并作为陪护服务公司续约评定的依据,对合同履行情况进行及时监督、反馈、调整,以降低陪护风险、减少纠纷发生。

三、消费者主动维权建议

在医院护工类合同不公平条款的规制中,消费者处于弱势一方,但消费者仍然可以通过审查交易对象并关注合同中的重要条款,严防“套路”,主动防范风险。

首先,审查交易对象。医院护工类合同签订时,消费者虽然不具备公平的谈判地位,但是仍然可以了解合同主体信息、基本法律关系等基本条款,消费者应当至少清楚自己是与何主体发生的合同关系,对该主体的资质信息、服务能力等进行核验,以便主动维权时责任主体明晰。

其次,关注医院护工类合同格式条款中的重要条款。消费者应当注意格式合同内容中未列明但又与消费者购买护工服务有重大利害关系的服务项目的内容、方式、价格等条款,如发现不合理或显失公平的格式条款,可以要求经营者将其修改后补充至合同中,或可将消费者关心的条款列入合同中。

最后,积极投诉举报依法维权。当遭遇“霸王条款”或不公平格式条款时,消费者可以以投诉等方式主动维权。根据《合同行政监督管理办法》第18条规定,当事人违反本办法第5~12条规定(包括经营者与消费者采用格式条款订立合同的,经营者不得在格式条款中排除消费者权利或加重消费者责任等规定),法律法规已有规定的,从其规定;法律法规没有规定的,由县级以上市场监督管理部门责令限期改正,给予警告,并可以处10万元以下罚款。

各地亦纷纷出台地方性法规进一步对格式合同监管制定相关规定,例如,《浙江省合同行为管理监督规定》第9条规定:“消费者认为格式条款不合理地免除或者减轻经营者责任、加重消费者责任、限制消费者主要权利,损害其合法权益的,可以向市场监督管理部门投诉。”第10条进一步规定:“市场监督管理部门发现格式条款不合理地免除或者减轻经营者责任、加重消费者责任、限制消费者主要权利或者有其他违反法律、法规规定的情形的,应当书面通知经营者予以修改。”因此,消费者可以发挥主观能动性,对发现的霸王条款、不公平格式条款或自身合法权益被侵害时,可以通过向相关部门反映、投诉等方式维护自身权益。

附:医院护工类合同格式条款合规主要法律法规及规范性文件目录

1. 1997年6月20日:卫生部《关于进一步加强护工管理工作的通知》[卫生部(已撤销)第23号]。
2. 2002年9月1日:《医疗事故处理条例》(国务院令第351号)。
3. 2013年2月1日:《家庭服务业管理暂行办法》(2012年12月18日中华人民共和国商务部令2012年第11号)。
4. 2020年3月27日:《护士条例》。

第二十三章

运动健身类合同格式条款合规指南

第一节　运动健身类合同格式条款合规概述

一、运动健身行业现状及存在的问题

人们越来越重视自己的身体状况,快节奏的年轻人也愈加希望时间可以得到更充分的利用,健身可以更高效,运动可以更科学。越来越多的人不满足于户外跑步,而选择健身房、俱乐部以及聘请私教来实现运动健身的需求。

在消费方式日渐多元化的今天,预付式消费的健身卡已与大家息息相关。我国预付式健身消费卡的规模日渐扩大,预付式健身消费卡的发行也呈现覆盖面广、发行量大、增长快速等趋势。健身房以开业促销、节日活动等为由宣称限时优惠销售健身卡,售卡后却出现迟迟不开业、开业不及时通知消费者、场地设备及环境达不到售卡时的口头承诺、重口头承诺轻书面约定、频繁更换私教、不予办理退卡、消费者被单方解除会籍,甚至健身房圈钱后"跑路"等系列损害消费者权益的行为。

二、运动健身类消费者权益受损的原因分析

运动健身类合同基本以预付式消费的形式存在,属于先支付资金后享受权利的消费方式。消费者所能获得到的信息,主要是经营者单方面陈述及承诺的信息,真实度和完成度很大程度上取决于经营者的自主性和自觉程度。这导致在预付式消费合同中,消费者享有的权利无法得到保障,而承受的风险却较高。与之相对,经营者负担的义务远小于其从中获得的利益。

在订立合同时,大多数消费者往往缺乏经验,注意不到合同格式条款中存在的陷阱。等到具体开始消费和碰到问题时,才发现深藏于合同中的不合理地方。此时,消费者由于已经预先支付了消费金额,就会陷入被动局面,最终往往只能任商家宰割。当权益受到侵害后,消费者又缺少维权经验和法律意识去争取本属于自己的权益,甚至是懒得去争取,任由自己的权益被侵害。

法律赋予行政机关对预付式健身卡模式职权的依据尚不完善,导致市场监管部门面对健身房圈钱跑路时无法作为。对于经营者来说,其在预付式消费下的不规范、不诚信经营,所获得的不正当利益又远远高于其可能因此受惩罚所付出的成本。在这种追逐利益最大化的风气下,经营者很容易冒着风险去从事不诚信的经营。对经营者失信行为缺乏行政机关监管和严厉的惩罚机制,会使得经营者产生侥幸心理和唯利是图的邪念。

目前,尚无法律、行政法规具体对预付式消费模式作出详细规定。虽然商务部在2016年发布了《单用途商业预付卡管理办法(试行)》对预付卡的备案发行、资金管理、监督管理与法律责任作出了一定的规定,但其性质仍为部门规章,不能作为民事裁判文书的直接判决依据。此外,该办法中的预付卡行业分类中并未列明健身行业,这说明在该办法的适用范围中明确并未涵盖健身领域。这意味着健身领域的预付式消费模式尚无法律法规明确规定,行政机关治理预付式健身消费卡乱象的职权依据尚不完善。

在司法实践中,此类消费者往往缺乏法律法规以及具体实施的规范性指引和具有典型示范价值的指导性案例作为参考。由于消费者法律意识薄弱、经营者违

法成本低、行政监管和失信惩戒机制缺失以及相关专门性法律法规的缺失等原因，使消费者在运动健身领域中的预付式消费合同关系中处于权利极容易被侵害以及权利救济不到位等劣势地位。

三、运动健身类合同格式条款概述

运动健身类合同，是指健身房或私教与会员之间产生的服务合同关系。其表现形式是消费者为了获得运动健身服务而向经营者预先支付一定费用后获得证明凭证，后依据凭证在经营场所按照一定期限或次数等方式享受商品或服务。运动健身类合同格式条款是指健身房提供的为了重复使用而预先拟定并在订立合同时未与消费者协商的关于提供运动健身服务的合同条款。运动健身类合同格式条款分为预付式会籍入会协议、预付式私教课程协议。

四、运动健身类合同格式条款监管现状

运动健身类合同格式条款非属于市场监督管理局明确必须备案的合同文本，属于经营者自愿申明公开类合同格式条款。但各地市场监督管理部门仍需对健身类格式合同采取专项合规监管工作。

第二节　运动健身类合同主要问题格式条款及合规意见

一、会员卡及费用概不退还条款

问题条款

1. 会员卡一经售出后，不予办理退卡手续。

2. 请勿在健身场所大声喧哗或追逐，以免影响他人的健身活动，如经劝阻后仍屡犯，则会所有权永久取消该会员资格，并不退还任何费用。

3. 年卡终身必须本人使用，不得转让、借用，一经发现则会员卡作废。

合规意见

消费者向健身机构预先交纳了健身服务费用，健身机构应全面适当地履行包括提供健身场馆、健身设备、提供私教培训等健身服务义务。按照我国消费者与经营者之间商品服务合同所遵循的普遍规则，除特殊商品和服务外，经营者均应当承担包换、包退等责任。运动健身服务，不属于特殊商品和服务，也应遵循这一规则。因此，消费者在未获得服务之前有权要求退还已支付的价款。关于“会员卡一经售出后，不予办理退卡手续”的条款以及类似条款会导致消费者在无法获得服务的情况下也需支付价款的不公平结果，无疑免除了健身场所的主要义务。“会员卡一经售出后，不予办理退卡手续”及列举的类似条款均存在不合理地免除或者减轻其责任、加重对方责任、限制对方主要权利等情形，故根据《民法典》第496条、第497条的规定，该格式条款无效。

建议健身场所经营者可以与消费者约定，因消费者提前要求解除《入会协议》《私教课程合同》的，需承担多少比例的违约金，具体违约金比例由双方协议一致后填写，宜参考司法实践的不超过合同总价款20%的标准。

相关规定

《民法典》第496条、第497条、第585条；《消费者权益保护法》第53条；《侵害消费者权益行为处罚办法》(2002年修订)第12条；《合同行政监督管理办法》第8条。

二、损害器械双倍赔偿条款

问题条款

1. 会员因故意造成健身器械损坏的，应按原价的双倍赔偿。

2. 会员穿鞋造成地面损坏，双倍价值赔偿。

合规意见

消费者承担损害赔偿责任的大小应与其给经营者造成的实际损失相当。此条款要求消费者双倍赔偿,超过了法定或合理数额,加重了消费者的责任,应属无效。

健身机构不能依据消费者已签署此类条款,而要求消费者必须按该条款赔偿,应向消费者提供受损财物的价值证明,并积极与消费者协商赔偿数额问题。若消费者面临健身机构双倍赔偿的要求,可予以拒绝,并与健身机构协商合理的赔偿数额问题。

相关规定

《合同行政监督管理办法》第 8 条;《侵害消费者权益行为处罚办法》(2020 年修订)第 12 条。

三、健身场所选择与随意改变条款

问题条款

如健身中心因装修升级或其他因素导致会员无法使用场地或获得锻炼,会员可持会员卡到其他任何一家连锁店进行锻炼,健身中心不予赔偿。

合规意见

该条款免除了作为服务提供方应当承担的按约定场地提供服务的责任,以及在因自身原因导致无法正常提供服务的情形下应当承担的责任,排除了消费者选择服务场地以及向服务提供方追究责任的主要权利,故应当认定为无效条款。消费者有权利选择健身机构提供的服务场所和服务环境,健身机构在消费者选定服务场所后,不得因自己停止该经营场所而强迫消费者选择其他服务场所,故健身机构在消费者不同意选择其提供的其他服务场所时,理应向消费者退还未消费的已付款项。

如健身机构因装修升级及其他因素导致会员无法使用场地或获得锻炼的,应告知会员真实的情况及后续的可供选择的方案。如会员不同意调整到其他连锁店而要求退款的，健身机构应积极与之沟通协商退还的款项金额问题。

相关规定

《民法典》第496条、第497条、第585条；《消费者权益保护法》第9条、第53条；《侵害消费者权益行为处罚办法》(2020年修订)第12条；《合同行政监督管理办法》第8条。

四、转让手续费条款

问题条款

本消费卡需要转让的，持卡人应向本店交纳××%的手续费。

合规意见

经营者与消费者可自行商议并约定关于消费卡转让时手续费的比例，属于意思自治的领域。

该手续费的比例不得超过消费者单方违约解除时应承担的按照司法实践的合同总价款20%的违约金。高于合同总价款20%的违约金的手续费，消费者可以拒绝接受。如产生诉讼争议，可由法院酌情调整该比例。

相关规定

《合同行政监督管理办法》第17~20条。

五、限制消费者选择权条款

问题条款

1. 当私教因个人原因离职或调动工作等原因不能继续为乙方(消费者)提供

服务，甲方有权安排其他私教继续为乙方提供服务。如果乙方不愿意更换私教属于自愿放弃私教课程，损失自己承担。

2. 乙方(消费者)购买私教课程权益及特权仅限其本人使用，课程一经售出，概不退款，不更改、不可转让，也不可转为其他用途。

3. 会员根据自身需求自愿购买的私教服务或课程，如因自身原因放弃继续上课自行承担因此造成的损失；或在有效期内无法上完课程，剩下课程自动作废。

合规意见

该问题格式条款无效的原因与“会员卡及费用概不退还”条款相同。另外，《消费者权益保护法》第9条第1款规定：“消费者享有自主选择商品或服务的权利。”第53条规定：“经营者以预收款方式提供商品或者服务的，应当按照约定提供。未按照约定提供的，应当按照消费者的要求履行约定或者退回预付款；并应当承担预付款的利息、消费者必须支付的合理费用。”故健身机构不能强制消费者接受其私自调换的私教以及强制消费者放弃剩余未使用部分的预付款。

在本条款及类似条款中，作为预付款的消费者，在运动健身类合同履行过程中，如果对私教服务不满意，有权选择不再接受服务，要求解除合同，退还款项，但应当扣除已经发生的费用以及一定的合理费用。且私教合同具备一定的协作性、人身专属性，消费者有权拒绝健身机构调换的健身教练，乃至因此解除合同。

相关规定

《民法典》第496条、第497条、第585条；《消费者权益保护法》第9条第1款、第53条；《侵害消费者权益行为处罚办法》第12条；《合同行政监督管理办法》第8条。

六、人身安全损害免责条款

问题条款

1. 经营者已对来本场所的消费者作出安全提示，如消费者在本经营场地参加健身活动中出现影响人身安全的意外，本店（会所）概不负责。

2. 随身物品请自行保管，一经丢失，本店概不负责。

合规意见

该格式条款无效。经营者依法应当向消费者提供保障人身、财产安全的服务场所和设施。《民法典》第506条规定，合同中的下列免责条款无效：（1）造成对方人身损害的；（2）因故意或者重大过失造成对方财产损失的。消费者在健身机构享受健身服务时发生人身损害事故的，经营者未尽到安全保障义务或存在过错的，应承担相应的民事赔偿责任。对可能危及人身、财产安全的商品和服务，应当向消费者作出真实的说明和明确的警示，并说明和标明正确使用商品或者接受服务的方法以及防止危害发生的方法。

健身场所应对可能造成人身损害的健身设备及场地张贴特别的安全提示，作出真实的说明、告知正确的使用方法及明确的警示，并配有专业人士，对场所内不当使用健身设备的人员以及在场地内存在危险的状况进行提示或救助。

相关规定

《消费者权益保护法》第18条；《民法典》第506条。

七、随意调整服务价格条款

问题条款

会所设有收费租赁的私人更衣柜，私柜收费标准由本会所制定且可根据情况随时调整价格，私柜租赁费须预先支付，不可转让他人使用。但会所不承担存放物品的保管义务，若有遗失会所概不承担责任。私柜租用到期，如不办理续租手续，请于到期之日将柜内物品取出，否则会所将视为遗弃物自行处理。

合规意见

会所无权根据情况随时调整价格，排除了消费者公平交易的权利，违背了诚实信用原则。消费者付费使用的私柜，会所应对私柜内财物进行妥善保管。对会所因故意或者重大过失造成对方财产损失的，不能通过格式条款予以免除会所的责任。《民法典》第506条规定，合同中的下列免责条款无效：(1)造成对方人身损害的；(2)因故意或者重大过失造成对方财产损失的。经营者对租赁柜负有看管义务，应采取必要措施保障柜内财物安全，否则对柜内财物损失承担补充赔偿责任。“私柜租用到期，如不办理续租手续，请于到期之日将柜内物品取出，否则会所将视为遗弃物自行处理”，可能因经营者未履行提示或者说明义务而无效。

经营者应对租赁柜进行妥善定价，调高价格的应征得消费者同意。经营者应对场所的租赁柜应采取措施以保障柜内财物安全，并积极配合对财物损失事实的调查。

“私柜租用到期，如不办理续租手续，请于到期之日将柜内物品取出，否则会所将视为遗弃物自行处理”。此条应以特别显示的方式向消费者予以说明。理由是提供格式条款的一方未履行提示或者说明义务，致使对方没有注意或者理解与其有重大利害关系的条款，对方可以主张该条款不成为合同的内容。

相关规定

《民法典》第496条、第506条；《消费者权益保护法》第10条第1款。

八、无收据免退款条款

问题条款

甲方办理退款手续不能提供乙方收据的，乙方有权不予退款。

合规意见

该格式条款无效。没有收据，但有其他证据可以证明乙方曾经收款的，乙方也应当承担退款义务。

消费者如遇到因无法提供收据而被拒绝退费的，应向经营者据理力争，并提供支付等相关凭证，如协商不成的，可向人民法院诉求退还。

相关规定

《侵害消费者权益行为处罚办法》(2020 年修订)第 12 条。

九、收集个人信息违规条款

问题条款

通过会所入会资格认可，出示有效身份证明，如实签名填写申请资料，缴纳项目卡费用，并拍摄照片及指纹，即可成为会员。

合规意见

《个人信息保护法》第 6 条规定，“处理个人信息应当具有明确、合理的目的，并应当与处理目的直接相关，采取对个人权益影响最小的方式。收集个人信息，应当限于实现处理目的的最小范围，不得过度收集个人信息”。在办卡消费并仅限办卡个人使用的消费模式中，消费者出示身份证件和拍摄照片就足以满足商家识别用卡人的需要，再采集消费者指纹，属过度收集个人信息，应属不当，故经营者与消费者均需注意个人信息采集问题。

经营者应围绕明确、合理的目的并征得被收集人个人的同意方可收集相关个人信息，但不应过度收集个人信息。个人信息的处理目的、处理方式和处理的个人信息种类发生变更的，经营者应当重新取得个人同意。经营者收集的个人信息不能用于出售、交易等行为。当面对经营者提出过度收集个人信息的要求时，消费者应予以拒绝，以保障自己的人身及财产安全。

相关规定

《个人信息保护法》第6条、第13条、第14条。

十、最终解释权条款

问题条款

1. 本协议最终解释权归健身机构所有。

2. 为了更好地服务会员之需要,本公司有权对相关内容进行修改,且修改后的条款在前台显著位置公示7日后,即对全体会员产生约束力。

合规意见

“最终解释权归本店所有”及类似条款,属于经营者的格式条款剥夺了消费者对合同条款解释的权利,应属无效条款。消费者具有解释格式条款的权利,故无须受此条款约束。若经营者对格式条款的解释存在免除经营者自身的责任,加重消费者的责任和排除消费者的主要权利的情况,则违背公平原则。当合同格式条款发生争议时,应按照通常理解予以解释。对格式条款有两种以上解释的,应当作出有利于消费者一方的解释。经营者这种将解释权归自己所有的条款,将自身置于强势地位,等同于经营者和消费者一开始就签订了一份不平等的合同,侵犯了消费者的合法权益。

消费者遇到这种情况,可以向商家索要发票等消费证明票据,同时注意搜集和保存相关广告字样等证据,有权根据商家侵犯消费者合法权益导致的经济损失情况,选择拨打“12315”向市场监督管理部门投诉举报,也有权向法院提起赔偿诉讼。

相关规定

《消费者权益保护法》第26条;《合同行政监督管理办法》第8条;《侵害消费者权益行为处罚办法》(2020年修订)第12条。

第三节　运动健身类合同格式条款合规建议

一、政府有效监管建议

1. 加强对经营者资质的监管。建议对经营者采用预付式消费模式设定一定的市场准入门槛，从而在源头上降低经营者利用这种方式进行非法集资、不诚信经营甚至圈钱“跑路”等可能性。

2. 加强对运动健身领域预付卡消费格式合同的监管。建议由相关部门联合出具《×××市健身类预付费服务交易标准合同》供各类健身房、健身工作室等经营性健身机构在提供基本会员服务和私人教练服务时使用。在积极推行合同示范文本的同时，亦准许消费者和经营者可以根据健身服务特点，在平等、自愿、诚实信用的原则下，经协商一致，增加或变更内容，并将协商后的内容补充在标准合同内。从而在规范消费者与经营者之间的合同关系，为消费者的权益保护提供合约支持的同时，保持运动健身市场的活力。

3. 市场监督管理部门依法监督处理合同违法行为，实行查处与引导相结合，处罚与教育相结合，推行行政指导，督促、引导当事人依法订立、履行合同，维护国家利益、社会公共利益。在辖区内积极宣传消费合同格式条款中的禁止性规定，引导经营者对其不公平格式条款进行及时纠正。同时，定期开展不公平格式条款专项整治行动，分行业进行集中整治，合理运用《合同行政监督管理办法》第17～20条、《侵害消费者权益行为处罚办法》第15条规定享有的职权，对当事人违反本办法的合同违法行为视其情节轻重，分别给予警告、罚款，尽量遏制消费领域的“霸王条款”，平衡消费者和经营者的合同平等关系，切实维护消费者合法权益，营造规范和谐的市场消费环境。

4. 同时，市场监管部门可将查处消费合同格式条款违法行为的有关情况向社会公示，加大对不公平格式条款的治理力度。

5. 建立完善消费投诉信息公示制度，加强失信企业惩治。

二、经营者自我合规审查建议

1. 经营者应尽量避免使用《民法典》及《消费者权益保护法》所明确禁止使用的无效格式条款，同时应当遵守《合同行政监督管理办法》第7条、第8条、第9条以及《侵害消费者权益行为处罚办法》第12条的规定。

2. 经营者应对重点格式条款采取下列方式进行说明、特别提示：

(1)字体宜加大加粗，明显区别于一般条款。

(2)在对方签约处专门增加签约提示条款。注意签约提示条款本身也是一种格式条款，也应加大加粗予以提示。比如，××健身房已经向甲方充分详细说明了本合同内容，甲方已详细阅读本协议，已完全理解并同意本协议，特别是其中的合同解除、退费等条款。并尽可能让消费者抄写上述文字，保证消费者在充分知悉上述事项的情形下签署合同。

(3)对于以通知、声明、商业广告、店堂告示等方式体现的格式条款，则应该注意张贴在比较明显的位置，保证消费者能够看到(足以让法官认定为“知道或应当知道”)，字体应该较大，重要的内容也可以突出显示。与此同时，应进行拍照或录像并通过电子邮件或上传到网站备存以便证明通知、声明、商业广告、店堂告示的时间。

三、消费者主动维权建议

1. 签约时，仔细阅读合同文本，根据自身状况，提出对格式条款的意见，在与经营者充分协商后，再行签署。

2. 出现自身权益受损时，采取向市场监督管理部门举报投诉或向人民法院提起诉讼等方式积极维护自身合法权益。

附：运动健身类合同格式条款合规主要法律法规及规范性文件目录

1. 2016 年 2 月 6 日：《全民健身条例》。

2. 2020 年 10 月 23 日：《侵害消费者权益行为处罚办法》（国家市场监督管理总局令第 31 号）。

3. 2023 年 1 月 1 日：《中华人民共和国体育法》（第十三届全国人民代表大会常务委员会第三十五次会议通过）。

4. 2023 年 5 月 18 日：《合同行政监督管理办法》（国家市场监督管理总局令第 77 号公布，2023 年 7 月 1 日起施行）。

第二十四章

网络交易平台类合同格式条款合规指南

第一节　网络交易平台类合同格式条款合规概述

一、网络交易平台类合同格式条款的规范体系

鉴于网络平台经济的迅速发展，网络交易成为我国经济的重要组成部分，与此同时一些问题也显露出来，其中尤为突出的是平台经营者及平台内经营者利用优势地位单方制订的服务协议和交易规则损害消费者的合法权益。

网络交易的主体包括平台经营者、平台内经营者和消费者。平台经营者是指在电子商务中为交易双方或者多方提供网络经营场所、交易撮合、信息发布等服务，供交易双方或者多方独立开展交易活动的法人或者非法人组织。平台内经营者，是指通过电子商务平台销售商品或者提供服务的电子商务经营者。本书所涉网络交易平台类合同，主要是指平台经营者、平台内经营者与消费者之间订立的协议、通知、告示，以及相应的交易规则、隐私政策等。

网络交易平台类合同，是指平台经营者与消费者之间订立

的明确双方在网络交易过程中各自权利义务关系的协议。网络服务合同通常都是由平台经营者提供事先拟定好的格式合同,当消费者注册时,只能按照平台经营者确定的程序,浏览各项条款后,点击确认即可完成合同缔结。注册过程完全是通过互联网进行,即合同缔结方式完全是电子化的。作为一种合同关系,网络服务合同应遵循《民法典》合同编的一般规则,同时,应考虑其作为电子合同与格式合同的特殊性。《中华人民共和国电子商务法》(以下简称《电子商务法》)第三章对电子商务合同订立和履行过程中的相关问题进行了明确规定;第四章对电子商务争议解决问题进行了明确规定。此外,消费者作为买家,其与平台内经营者之间的权利义务应符合《消费者权益保护法》的相关规定,平台经营者不应过度收集消费者的个人信息,其制定的隐私政策及用户协议应遵循《个人信息保护法》的规定。除了法律规定外,《网络交易监督管理办法》《网络购买商品七日无理由退货暂行办法》对网络交易各方的法律责任亦作了规定。上述法律及法规是指导实践中订立及履行网络交易平台类合同的规范依据,也是网络交易平台类合同的法律基础。

二、网络交易平台类合同格式条款及合规点

网络交易平台合同格式条款是网络交易平台经营者为了重复使用而预先拟定,并在订立合同时未与合同相对人协商的相关协议、规则或者条款,应具有以下内容:(1)用户注册协议;(2)隐私政策;(3)平台交易规则;(4)信息披露与审核制度;(5)个人信息收集、保护制度;(6)消费者权益保护制度;(7)广告发布审核制度;(8)交易安全保障与数据备份制度;(9)争议解决机制。平台经营者、平台内经营者以告示、通知、声明、须知、说明等形式明确规定消费者具体权利与义务,符合前款规定的,视为合同格式条款。前述格式条款在监管和实践中往往含有大量不公平、不公正的问题,这些条款是合规监管和审查的重点。

第二节　网络交易平台类合同主要问题格式条款及合规意见

本节主要围绕网络交易平台类格式合同或合同格式条款中的不公平、不公正问题格式条款展开，对该类不公平条款予以类型化列举，并重点提炼监管实践中消费者维权投诉关注较多的热点条款，对其从法律上、法理上做规范分析，进而提出合规意见，供相关主体开展相关活动参考。

一、平台规则修订条款

问题条款

1. ××网可以在没有特殊通知的情况下自行变更本条款，××网的任何其他条款和条件以及您的会员资格的任何方面均有权自行变更。

2. ××网规则持续更新，以最新发布内容为准，最终解释权归××网站所有。

合规意见

平台经营者凡是通过交易规则条款约定平台经营者有权根据业务需要随时修订平台规则条款，无须通知消费者，且经修订的平台规则条款一经在平台公布即产生效力的约定，违反了现行法律法规所要求的需要征求消费者意见，并于实施前7日内在平台醒目位置公开并采取适当措施通知用户的规定。按照《电子商务法》第32条、第33条和第34条的规定，平台经营者修改平台服务协议和交易规则，应当在其首页显著位置公开征求意见，采取合理措施确保有关各方能够及时充分表达意见。修改内容应当至少在实施前7日予以公示。该格式条款的内容直接免除平台经营者公开征求意见及公示的义务，违反《电子商务法》的规定，应属无效。

相关规定

《电子商务法》第32条、第33条和第34条。

二、单方中止(终止)条款

问题条款

×××网可以不经通知用户而自行决定终止部分或全部计划,或终止您的会员资格。即使×××网没有要求或者强制您严格遵守这些条款,也并不构成对属于×××网的任何权利的放弃。

合规意见

单方中止(终止)条款实际减轻或者免除了平台内经营者的责任与义务,损害了消费者的权利。网络交易经营者在公示终止之前,应处理完所有的订单,并等公示期满,才能办理注销手续。《电子商务法》第16条规定,电子商务经营者自行终止从事电子商务的,应当提前30日在首页显著位置持续公示有关信息。另外,国家市场监督管理总局于2021年3月15日公布的《网络交易监督管理办法》对此有相关规定,明确了网络交易经营者自行终止从事网络交易活动的,应当提前30日在其网站首页或者从事经营活动的主页面显著位置,持续公示终止网络交易活动公告等有关信息,并采取合理、必要、及时的措施保障消费者和相关经营者的合法权益。该格式条款免除了平台经营者公示义务,违反《电子商务法》和《网络交易监督管理办法》的规定,应属无效。

相关规定

《电子商务法》第16条;《网络交易监督管理办法》第23条。

三、网络安全保护责任条款

问题条款

1. 鉴于网络服务的特殊性,用户同意网站有权随时变更、中断或终止部分或全部的网络服务(包括收费网络服务)。如变更、中断或终止的网络服务属于免费网络服务,无须通知用户,也无须对任何用户或任何第三方承担任何责任。

2. ×××网站不担保服务不会中断,对服务的及时性、安全性,均不作担保。

合规意见

平台经营者作为提供网络经营场所、交易撮合、信息发布等服务主体,其在条款中单方减轻或者免除了平台经营者的责任与义务,损害了消费者的权利。《电子商务法》第30条第1款规定,电子商务平台经营者应当采取技术措施和其他必要措施保证其网络安全、稳定运行,防范网络违法犯罪活动,有效应对网络安全事件,保障电子商务交易安全。另外,《中华人民共和国网络安全法》(以下简称《网络安全法》)和《中华人民共和国数据安全法》(以下简称《数据安全法》)对此也有相关规定,网络运营者应当按照网络安全等级保护制度的要求,履行安全保护义务,保障网络免受干扰、破坏或者未经授权的访问,防止网络数据泄露或者被窃取、篡改。该格式条款直接免除平台经营者保证网络安全,稳定运行的义务,违反《电子商务法》、《网络安全法》和《数据安全法》的规定,应属无效。

相关规定

《电子商务法》第30条第1款;《网络安全法》第21条;《数据安全法》第27条。

四、无理由退货条款

问题条款

1. ×××网不适用无理由退货的范围×××。
2. 本网站退货的前提×××。
3. 商品页面上标注了不支持7日无理由退货。
4. 商品页面标注已拆封商品不得退货。

合规意见

除了《消费者权益保护法》第25条及《网络购买商品七日无理由退货暂行办法》第6条、第7条规定的情形不适用7日无理由退货之外，平台经营者不可随意扩大不适用7日无理由退货的商品范围，单方限制退货的前提条件，不得剥夺和限制消费者享有的退货权利，损害消费者的合法权利。该格式条款因违反《消费者权益保护法》和《网络购买商品七日无理由退货暂行办法》的规定，应属无效。

相关规定

《消费者权益保护法》第25条；《网络购买商品七日无理由退货暂行办法》第3条第2款、第6条、第7条、第21条、第23条；《最高人民法院关于审理网络消费纠纷案件适用法律若干问题的规定（一）》第3条。

五、发票开具限制条款

问题条款

1. 订单中使用50元（含50元）以下的金额，不开具发票。
2. 如果订单的付款方式选择POS机刷卡，则该订单不能开具发票。
3. ×××网站不开具运费发票，运费发票由客户签收时向快递人员索取。

4. 开票需要额外补税点。

5. 只能开具电子普通发票。

合规意见

平台经营者或平台内经营者对于发票开具作出的各种限制均是违法行为，消费者有权要求平台经营者或平台内经营者开具发票，平台经营者或平台内经营者不得拒绝。《电子商务法》第14条规定，电子商务经营者销售商品或者提供服务应当依法出具纸质发票或者电子发票等购货凭证或服务单据。另外，《消费者权益保护法》第22条也对此有相关规定，明确了经营者提供商品或者服务，应当按照国家有关规定或者商业惯例向消费者出具发票等购货凭证或者服务单据；消费者索要发票等购货凭证或者服务单据的，经营者必须出具。该格式条款对于开具发票作出限制，损害了消费者的权利，违反《电子商务法》和《消费者权益保护法》的规定，应属无效，建议删除此类条款。

相关规定

《电子商务法》第14条；《消费者权益保护法》第22条。

六、不可抗力条款

问题条款

×××依据法律规定履行基础保障义务，但对下述原因导致的合同履行障碍、履行瑕疵、履行延后或履行内容变更等情形，×××并不承担相应的违约责任：(一)因自然灾害、罢工、暴乱、战争、政府行为、司法行政命令等不可抗力因素；(二)因电力供应故障、通信网络故障等公共服务因素或第三人因素；(三)在×××已尽善意管理的情况下，因常规或紧急的设备与系统维护、设备与系统故障、网络信息与数据安全等因素。

合规意见

平台经营者单方面解释不可抗力的定义及免责的情形，将“政府行为”“司法行政命令”列入不可抗力，将“第三人因素”“电力供应故障”“通信网络故障”“网络拥堵”等情形列举为免责情形，不符合法律规定，建议对此条款进行调整。

相关规定

《民法典》第180条。

七、平台自我免责条款

问题条款

1. 如因不可抗力或其他本站无法控制的原因使本站销售系统崩溃，或其他原因导致本站无法正常使用，从而导致网上交易无法完成或丢失有关的信息、记录等，本站不承担责任。

2. 对于因交易而引起的或与之有关的任何直接的、间接的、特殊的、附带的、后果性或惩罚性的损害，或任何其他性质的损害，本站的董事、管理人员、雇员、代理或其他代表在任何情况下都不承担责任。

3. 本站的全部责任，不论是合同、保证、侵权（包括过失）项下的还是其他的责任，均不超过您所购买的与该索赔有关的商品价值额。

合规意见

“对此概不负责”“不承担任何责任”“仅承担商品价值额”等约定，都实际减轻或者免除了平台经营者的责任，损害了消费者的合法权利，违反《民法典》的规定，应属无效。

相关规定

《民法典》第497条。

八、平台侵犯用户的著作权

问题条款

任何会员接受本协议条款,即表明该用户将其在本站发表的任何形式(包括但不限于文字、图片、视频等)的信息的著作权,包括并不限于:复制权、发行权、出租权、展览权、表演权、放映权、广播权、信息网络传播权、摄制权、改编权、翻译权、汇编权以及应当由著作权人享有的其他可转让权利无偿独家转让给××旅行运营商所有,同时表明该会员许可××旅行有权利就任何主体侵权而单独提起诉讼,并获得全部赔偿。

合规意见

平台以用户让渡自己的知识产权作为其提供服务的前提条件,仅因为用户通过平台相关服务上传、发布、传输或传播作品,就视为用户将知识产权无偿独家转让给平台所有,或用户不得将已发表于本站的信息,以任何形式发布或授权其他网站及媒体使用等,违反《消费者权益保护法》第26条第2款"经营者不得以格式条款、通知、声明、店堂告示等方式,作出排除或者限制消费者权利、减轻或者免除经营者责任、加重消费者责任等对消费者不公平、不合理的规定,不得利用格式条款并借助技术手段强制交易"的规定,有损用户享有的知识产权,侵害了用户的财产权,属于典型的利用格式条款减轻或免除自身责任、限制或排除消费者权利的条款。建议删除此条款。

相关规定

《消费者权益保护法》第7条、第16条、第26条第2款;《数据安全法》第8条。

九、平台主体信息不明确

问题条款

用户应提交身份证件、营业执照等材料完成实名认证，认证完成后，平台将展示商家的真实姓名或企业名称，除授权展示的真实姓名、企业名称信息外，平台不会主动公开账号的其他信息。

合规意见

平台经营者应按照法律规定，在网站首页显著位置，持续公示其主体信息，与其经营业务有关的行政许可信息、联系方式等。《电子商务法》第15条规定，电子商务经营者应当在其首页显著位置，持续公示营业执照信息、与其经营业务有关的行政许可信息，前款规定的信息发生变更的，电子商务经营者应当及时更新公示信息。

相关规定

《电子商务法》第15条。

十、把将来可能发布的各类规则作为用户协议的一部分，要求用户受其约束

问题条款

协议内容包括将来可能发布的各类规则及其他未在用户服务协议中显示的内容。

合规意见

平台经营者在用户协议中以将来可能发布的各类规则作为服务协议的一部

分，以未知规则来约束用户，侵犯了消费者知情权，属于排除消费者权利、加重消费者责任的不公平格式条款。《网络交易监督管理办法》第19条规定，网络交易经营者应当全面、真实、准确、及时地披露商品或者服务信息，保障消费者的知情权和选择权。平台经营者以未来可能发布的规则提前约束用户，违反了《网络交易监督管理办法》的规定，建议将此条款予以调整。

相关规定

《网络交易监督管理办法》第19条；《第三方电子商务交易平台服务规范》第5条第7款。

十一、平台对其提供的第三方链接上的信息免责

问题条款

平台对其展示的第三方拥有并控制的网站链接信息不提供任何承诺和担保。用户决定访问任何第三方网站链接，其可能带来的结果和法律风险全部由用户承担，平台不承担任何责任。

合规意见

针对平台展示的第三方拥有并控制的网站链接，应当根据第三方提供的商品或服务与平台所提供的商品或服务之关联性予以区分，若存在关联性则平台方于用户协议中进行该约定涉嫌不合理地免除经营者责任。

相关规定

《合同行政监督管理办法》第8条。

十二、未公开收集使用规则

问题条款

用户在使用本网站时,×××网有权收集用户真实姓名、通信地址、联系电话、电子邮箱等信息。

合规意见

《电子商务法》第23条规定,电子商务经营者收集、使用其用户的个人信息,应当遵守法律、行政法规有关个人信息保护的规定。另外,《网络安全法》第41条作出了更详细的规定,网络运营者收集、使用个人信息,应当遵循合法、正当、必要的原则,公开收集、使用规则,明示收集、使用信息的目的、方式和范围,并经被收集者同意。网络运营者不得收集与其提供的服务无关的个人信息,不得违反法律、行政法规的规定和双方的约定收集、使用个人信息,并应当依照法律、行政法规的规定和与用户的约定,处理其保存的个人信息。该条款因未公布收集、使用用户个人信息的目的、方式和范围,违反了《电子商务法》和《网络安全法》的规定。

相关规定

《电子商务法》第23条;《网络安全法》第41条;《网络交易监督管理办法》第13条。

十三、个人信息收集条款

问题条款

在申请打开可收集个人信息的权限,或申请收集用户身份证号、银行账号、行踪轨迹等个人敏感信息时,平台默认获得个人自动授权。

合规意见

审查平台经营者是否有隐私政策,隐私政策中是否有明示收集个人信息的目的、方式和范围;若没有隐私政策,则审查用户协议中是否有相关约定,如果没有相关内容,然而实际存在收集个人信息的行为,则违反法律法规的规定。

相关规定

《网络安全法》第 41 条;《网络交易监督管理办法》第 13 条。

十四、收集和使用个人信息条款

问题条款

App 更新时,可自动将用户设置的权限恢复到默认状态。

合规意见

审查平台经营者是否提示消费者同意并确认其收集使用个人信息,若没有同意或确认的操作,按照《个人信息保护法》第 13 条第 1 项规定,取得个人的同意方可处理个人信息,第 14 条第 1 款规定基于个人同意处理个人信息的,该同意应当由个人在充分知情的前提下自愿、明确作出,否则违反法律规定。

相关规定

《个人信息保护法》第 13 条第 1 项、第 14 条第 1 款。

十五、收集个人信息必要性

问题条款

本公司 App 新增业务功能须收集个人信息超出用户原有同意范围,若用户不同意，则拒绝提供原有业务功能。

合规意见

审查平台经营者收集的个人信息是否与其提供的服务相关，是否存在过度收集个人信息，是否存在收集个人敏感信息，如果存在收集处理个人敏感信息，是否取得个人单独同意，如果没有，则违反法律规定。《个人信息保护法》第5条规定，处理个人信息应当遵循合法、正当、必要和诚信原则，不得通过误导、欺诈、胁迫等方式处理个人信息。若平台经营者收集的信息与其提供的服务无关，则违反《个人信息保护法》的规定，应予以调整。

相关规定

《个人信息保护法》第5条、第6条、第19条、第29条和第30条。

十六、提供个人信息

问题条款

如果为了向您提供服务而需要将您的信息共享至第三方，我们将评估第三方收集信息的合法性、正当性、必要性。我们将要求第三方对您的信息采取保护措施并且严格遵守相关法律法规与监管要求。但签署本协议视为默认本平台获与之相关的信息共享授权。

合规意见

平台经营者可能基于各种原因向他人提供收集到的消费者的个人信息，如向关联方、合作伙伴、服务的供应商、技术提供方等，但应当审查是否取得了消费者的同意。《个人信息保护法》第23条规定，个人信息处理者向其他个人信息处理者提供其处理的个人信息的，应当向个人告知接收方的名称或者姓名、联系方式、处理目的、处理方式和个人信息的种类，并取得个人的单独同意。接收方应当在上述处理目的、处理方式和个人信息的种类等范围内处理个人信息。接收方变更原先的处理目的、处理方式的,应当依照本法规定重新取得个人同意。平台经营者向第三方提供消费者个人信息,应当取得个人的单独同意,否则就违反《个人信息保护法》的规定,应予以调整或者整改。

相关规定

《个人信息保护法》第 21 条、第 22 条和第 23 条。

十七、删除或更正个人信息

问题条款

开发者承诺向用户提供易于操作且满足法律要求及监管政策要求的用户权利实现机制,并向用户告知如何行使查阅、复制、更正、补充以及删除个人信息的权利,但用户在查询、更正、删除或注销账户时应提交符合本协议设定条件之申请并说明理由。

合规意见

平台经营者在收集和处理个人信息后,未按法律规定提供消费者补充或更正个人信息的功能或者渠道,或者未按法律规定提供消费者对个人信息删除的功能或者渠道。《个人信息保护法》第 46 条规定,个人发现其个人信息不准确或者不完整的,有权请求个人信息处理者更正、补充。个人请求更正、补充其个人信息的,个人信息处理者应当对其个人信息予以核实,并及时更正、补充。另外,《电子商务法》第 24 条第 1 款对此亦有规定,电子商务经营者应当明示用户信息查询、更正、删除以及用户注销的方式、程序,不得对用户信息查询、更正、删除以及用户注销设置不合理条件。若平台经营者未按照《个人信息保护法》和《电子商务法》的规定提供消费者更正、删除、注销方式,则属于违法行为,应予以调整或整改。

相关规定

《个人信息保护法》第46条、第47条;《电子商务法》第24条第1款。

十八、处理未成年人信息

问题条款

儿童使用监护人的电子设备接入本公司网络服务的,视为已取得监护人的许可。

合规意见

平台经营者应该设置专门的儿童个人信息保护规则,并指定专人负责儿童个人信息保护;处理未成年人信息应取得未成年人父母或者其他监护人的同意,否则构成违法。《个人信息保护法》第31条规定,个人信息处理者处理不满十四周岁未成年人个人信息的,应当取得未成年人的父母或者其他监护人的同意。个人信息处理者处理不满十四周岁未成年人个人信息的,应当制定专门的个人信息处理规则。另外,《未成年人保护法》第72条对此亦有规定,处理不满十四周岁未成年人个人信息的,应当征得未成年人的父母或者其他监护人同意,但法律、行政法规另有规定的除外。未成年人、父母或者其他监护人要求信息处理者更正、删除未成年人个人信息的,信息处理者应当及时采取措施予以更正、删除,但法律、行政法规另有规定的除外。若平台经营者处理未成年人个人信息,没有征得父母或者其他监护人同意,则违反了《个人信息保护法》和《未成年人保护法》的规定,应予以调整或者整改。

相关规定

《个人信息保护法》第31条;《未成年人保护法》第72条;《儿童个人信息网络保护规定》第7条。

第三节　网络交易平台类合同格式条款合规建议

一、政府有效监管建议

行政机关在日常监管中对网络交易平台经营者使用不公平格式条款，损害消费者合法权利的行为，可以从以下几个方面进行合规监管：

1. 网络交易平台经营者在经营活动中使用合同格式条款的，应当符合法律、法规和规章的相关规定，并按照公平、公开和诚实信用的原则确定双方的权利与义务关系。网络交易平台经营者修改合同格式条款，应当遵循公开、连续、合理的原则，修改内容应当至少提前7日通知消费者并予以公示。

2. 网络交易平台经营者使用合同格式条款，应当采用显著方式提醒消费者注意与其有重大利害关系，对其权利可能造成影响的内容，如价款或者费用、履行期限和方式、安全注意事项和风险警示、售后服务、民事责任等。网络交易平台经营者应当按照消费者的要求对格式条款作出说明，或者让消费者对格式条款进行摘抄确认。前文所述的显著方式是指采用足以引起消费者注意的方式，包括合理运用足以引起注意的文字、符号、字体，加黑、加粗等特别标识。不得以技术手段设置合同格式条款"不方便"链接或者隐藏格式条款内容。

3. 网络交易平台经营者不得在合同格式条款中减轻或者免除自己的下列责任：(1)造成消费者人身损害的责任；(2)因故意或者重大过失造成消费者财产损失的责任；(3)对平台内经营者提供商品或者服务依法应当承担的连带责任；(4)对收集消费者个人信息的安全责任；(5)依法应当承担的违约责任和其他责任。

4. 网络交易平台经营者不得有下列利用合同格式条款加重消费者责任的行为：(1)使消费者承担违约金或者损害赔偿明显超过法定数额或者合理数额；(2)使消费者承担依法应由网络交易平台经营者承担的责任；(3)合同附终止期限的，擅自缩短消费者履行合同的期限；(4)使消费者承担在不确定期限内履行合同的责任;(5)违法加重消费者其他责任的行为。

5. 网络交易平台经营者不得在合同格式条款中限制或者排除消费者的下列权利:(1)依法变更、撤销或者解除合同的权利;(2)依法中止履行或者终止履行合同的权利;(3)依法请求继续履行、采取补救措施、支付违约金或者损害赔偿的权利;(4)就合同争议提起诉讼、仲裁或者其他救济途径的权利;(5)请求解释格式条款的权利;(6)消费者依法享有的其他权利。

6. 网络交易平台经营者收集、使用消费者相关信息,应遵循合法、正当、必要的原则,明示收集信息的使用目的、使用方式和使用范围,并经消费者同意。网络交易平台经营者及其工作人员对其收集的相关信息必须采取严格保密措施,不得泄露、出售或者非法向他人提供相关信息。在发生或者可能发生信息泄露、丢失的情况时,应立即采取补救措施。网络交易平台经营者未经消费者同意或者请求,或者消费者明确表示拒绝的,不得向其发送商业性消息。

7. 对网络交易平台经营者提供的合同格式条款内容理解发生争议的,应当按照通常理解予以解释。对相应内容有两种以上解释的,应当作出不利于网络交易平台经营者的解释。格式条款与非格式条款不一致的,应当采用非格式条款。

8. 网络交易平台经营者应建立消费纠纷和解和消费维权自律制度。消费者在平台内购买商品或者接受服务,发生消费纠纷或者其合法权益受到损害时,消费者要求网络交易平台经营者调解的,网络交易平台经营者应予调解。消费者通过投诉、诉讼、仲裁或其他方式解决争议的,网络交易平台经营者应予以协助。

二、经营者自我合规审查建议

(一)消费者权益保护

1. 网络交易平台经营者或者电子商务经营者向消费者提供商品或者服务使用格式条款、通知、声明等,应当以显著方式提请消费者注意与消费者有重大利害关系的内容,并按照消费者的要求予以说明,不得作出含不合理免除或者部分免除经营者责任、排除限制消费者权利内容的规定。

2. 网络交易平台经营者或者电子商务经营者未经消费者同意或者请求，不得向其发送商业信息。

3. 网络交易平台经营者应建立健全信用评价制度，公示信用评价规则，为消费者提供对平台内销售的商品或者提供的服务进行评价的途径。

4. 网络交易平台经营者应当建立便捷有效的投诉、举报和争议在线解决机制，协助消费者维护其合理权益。

（二）个人信息保护

1. 信息收集。网络交易平台经营者不得采用一次概况授权、默认授权、与其他授权捆绑等方式，强迫或者变相强迫消费者同意其收集、使用与经营活动无直接关系的信息。

2. 信息保护。网络交易平台经营者不得泄露、篡改、毁损其收集的个人信息；网络交易平台经营者应当采取技术措施和其他必要手段确保其收集的个人信息安全，防止消费者个人信息泄露、丢失；网络交易平台经营者及其工作人员对收集的个人信息严格保密，除依法配合监管执法活动外，未经消费者授权同意，不得向包括关联方在内的任何第三方提供相关信息。

三、消费者主动维权建议

（一）选择全国知名的网络交易平台经营者签订用户协议

全国知名的网络交易平台经营者基于企业形象、品牌声誉及政府重点监管等因素，相对而言会比不知名的交易平台经营者在制订用户协议，交易规则，发布通知、声明等方面更符合法律规定、更规范、更值得消费者信赖。

（二）消费者在签订用户协议时阅览全文再点击确认

网络交易平台经营者基本上会提供电子版本的用户协议，消费者只能选择接受或者不接受。消费者无法与网络交易平台经营者进行磋商，无权对用户协议内容进行调整或者修改。但是即便如此,消费者仍应该阅览用户协议是否存在无故减轻或者免除网络交易平台经营者的责任和义务,加重消费者的义务,或者排除、限制消费者权利的内容,如果存在类似的条款则消费者应停止签署用户协议。

(三)网络交易过程中产生纠纷,可以通过多种途径维权

1. 向网络交易平台投诉

基本上大型的网络交易平台都建立网络交易订单投诉的途径,消费者在网络交易过程中和网络交易电子商务经营者产生纠纷时均可向平台经营者投诉,要求平台经营者处理。

2. 向消费者协会投诉或举报

消费者在网络交易过程中产生的争议,可以通过"全国 12315"平台投诉反映,要求消费者协会协调处理消费者与网络交易电子商务经营者的纠纷。

3. 向属地县级市场监督管理部门投诉

消费者在网络交易过程中产生纠纷,对于网络交易平台经营者以及通过自建网站、其他网络服务销售商品或者提供服务的电子商务经营者,可向其住所地县级市场监督管理部门进行投诉。对于平台内经营者,可向其实际经营地或者平台经营者住所地县级市场监督管理部门进行投诉,要求市场监督管理部门查处网络交易电子商务经营者的违法违规行为。

4. 向在线矛盾纠纷多元化解平台(如浙江 ODR)申请调解

消费者在网络交易过程中产生的纠纷,可以向在线矛盾纠纷多元化解平台申请调解,如果调解成功可申请司法确认,以此化解纷争。

5. 向互联网法院提起诉讼

根据《最高人民法院关于互联网法院审理案件若干问题的规定》,对于涉网络交易的纠纷,消费者可以向互联网法院提起诉讼,在线提交相关起诉材料及证据,在线开庭,并由法院作出判决。

附：网络交易平台类合同格式条款合规主要法律法规及规范性文件目录

1. 2017 年 6 月 1 日：《中华人民共和国网络安全法》（中华人民共和国主席令第 53 号）。

2. 2019 年 1 月 1 日：《中华人民共和国电子商务法》（中华人民共和国主席令第 7 号）。

3. 2019 年 10 月 1 日：《儿童个人信息网络保护规定》（国家互联网信息办公室令第 4 号）。

4. 2020 年 10 月 23 日：《网络购买商品七日无理由退货暂行办法》（国家市场监督管理总局令第 31 号）。

5. 2021 年 5 月 1 日：《网络交易监督管理办法》（国家市场监督管理总局令第 37 号）。

第二十五章

数字法治时代合同格式条款合规的浙江经验及未来展望

数字技术的革新进步推动社会生活发生了巨大变化。自数字时代以来,人们的生活方式如购物、游戏、社交等各方面,与传统生活方式相比,可谓发生了翻天覆地的变化。各类互联网平台更是如雨后春笋,层出不穷。然而,数字技术的高速发展给人们生活带来便利的同时,也衍生出了新的问题,如合同中的格式条款。相较于传统线下的格式条款,以数字为依托的格式条款在实践中遇到了更大的规制问题,极有可能造成侵害用户权利的危险。在数字法治语境之下,急需加强对其的合规审查以规范其运行,保障格式条款相对方权益。浙江作为数字大省,积极建设数字法治强省,创新合同格式条款合规审查模式,为未来数字法治语境下的合同格式条款合规审查提供了丰富的经验。随着数字技术的进一步发展,合同格式条款将配备一套完整的审查体系以规范其良性发展。

第一节　数字法治时代合同格式条款合规的趋势与应对

在数字法治语境下,合同格式条款的审查面临相比于传统更为严峻的形势。依托数字技术,各类互联网平台快速发展。光以互联网平台所提供的用户协议为例,就呈现较多的格式条款实践困境。互联网平台在运作时,通常以预先提供合同的方式征求用户同意。并且互联网平台提供的合同并非针对个体特殊性而拟定,而是事先拟定可供重复利用的模板。与此同时,用户一般不会审查具体的合同条款,此外,用户如果选择拒绝平台提供的合同条款,就无法享受到平台方提供的服务,而平台方在相关服务提供方面往往具有垄断性和独特性地位。也就是说,用户只要想享受到大型互联网平台提供的服务,就必须接受平台方在合同中预先拟定的所有条款而相对不享有变通接受的权利。在数字法治语境之下,互联网平台提供的条款动辄万字,其中不乏大量生僻的、专业性极强的专有名词,相对而言,用户位于绝对弱势的"无磋商可能性"地位,平台所提供的各项规则因其预先拟定和不可变通也毫无疑问地成为《民法典》第 496 条所规定的格式条款。就目前来看,格式条款中出现的问题包括个人信息的收集使用、免责条款、管辖条款等。近年来,基于频繁发生的平台格式条款纠纷问题,秉持数字法治之理念,在数字化背景下各格式条款不断被规范治理。

一、数字法治时代合同格式条款合规问题

(一)个人信息处理类格式条款边界含糊

在大数据时代,互联网平台通过对用户数据的分析,可以实现对用户的投其所好,提升网络用户的体验感,最终达到牟利的目的。在这个过程中,互联网平台会

不断扩张自己对用户信息的收集与分析,具体体现在各互联网平台规定的格式条款中。但在此过程中,平台以预先签订条约的方式是否能使用户的个人信息得到足够的保护?

在比较中发现,互联网平台实际上是通过订立格式条款的方式获得信息主体授权,从而规避个人信息权和用户知情权之间的冲突。[①] 我国《民法典》第 1035 条规定自然人对个人信息的处理享有知情权,规定信息处理者处理个人信息应当取得该自然人或监护人的同意。从这个层面上来看,互联网平台似乎通过与用户签订个人信息处理类的格式条款完成了对信息主体知情权的保障。然而,目前个人信息处理类条款仍然面临是否合规的质疑。其中较为突出的问题之一就是互联网平台与第三方服务平台分享用户信息的具体规定。在实践中,大多数互联网平台都会与第三方服务平台分享信息,并且这种与第三方服务平台的信息分享具体内容与边界往往是含糊且不明确的。此外,视频网站及搜索引擎网站如百度等都会收集用户信息分析其偏好以向用户投放广告,而对此类广告的性质、质量、频次、时长等都没有作出具体明确的规定。

(二)管辖类格式条款的效力争议

在数字化语境中,互联网平台基于便利自身考量,在与用户签订的协议中,往往会约定管辖条款。在实践中如何认定此类管辖格式条款的效力将直接影响用户的维权成本。"管辖分歧的焦点是约定管辖与侵权管辖、合同管辖之争"。[②] 对于格式条款中的管辖条款,法院对其的裁定结果会影响到用户维权的便利性以及成本大小。如果适用约定管辖,那么约定管辖一般为互联网平台的主要运营地,从这个方面来考量,用户的维权成本和难度大大提升。而如果认为其适用侵权行为地的规定,根据《民事诉讼法》有关规定,用户在住所地就可以进行维权诉讼,将极大地便利用户维权。依据合同管辖,用户也可以在住所地或者收货地法院进行诉讼。对管辖条款的效力认定,将直接影响用户维权的诉讼难度。互联网平台对管辖条

---

① 参见杨显滨:《网络平台个人信息处理格式条款的效力认定》,载《政治与法律》2021 年第 4 期。

② 胡安琪、李明发:《网络消费格式管辖条款三维规制体系论:方式、对象及逻辑顺位》,载《河北法学》2020 年第 11 期。

款的规定,实际上是在用户维权意愿影响因素下深思熟虑之后的考量结果。

在互联网平台所提供的用户协议中与用户约定的管辖条款是否能够生效,成为管辖条款效力问题的争议中心。在实践中,不同的法院往往对其作出不同的认定,但大多数法院对该格式条款的效力持否定态度。持否定态度的原因归纳总结有如下三种:其一,基于约定管辖并非用户真意认定该格式条款无效;其二,基于互联网平台未尽提示说明义务认定该格式条款无效;其三,基于该格式条款属于加重对方责任认定该格式条款无效。而最高人民法院为互联网平台类的管辖条款提供了一个新的思路。最高人民法院认为,用户的不阅读即同意并不代表着该格式条款属于“非真实意思表示”的情形,如果以“非真实意思表示”为由主张该格式条款无效,必须提供足够的证据;而针对“加重对方责任,免除自身责任”这一点理由,最高人民法院同样对其持否定态度,在“毛冉冉案”[(2018)最高法民辖第40号]中,最高人民法院认为淘宝提供的管辖条款是有效的。①

针对管辖条款效力的认定,仍然是目前实践中的难题。为了保障自身利益,互联网平台往往以约定管辖的方式来降低自身的应诉成本等,然而如果承认约定管辖的方式,则不可避免地会发生减损用户的合法权益的情况。在数字法治语境之下,应当如何规范对管辖类格式条款的审查以及其效力的认定?

(三)免责类格式条款的效力问题

免责类格式条款是否属于《民法典》第497条中规定的免除自身责任,加重对方责任的情形?在数字化背景之下,如果格式合同或合同格式条款提供方已尽到合理的提示或说明义务,或采取特殊标志弹窗等方式提醒用户注意,那么此时是否可以通过用户知情等理由认定免责类条款为有效?对免责类条款的审查实质上是对合同公平性的审查。免责条款作为电子商务平台的避风港之一,一直被广泛运用在电子商务平台的服务协议之中,以满足经营者规避自身风险之需要。当用户作为消费者在该电子商务平台购物过程中,就商品购买、质量问题等发生纠纷时,电子商务平台通过预先与用户签订的免责条款,就可以跳出这个“烂摊子”,主张

---

① 参见史沐慧:《电子商务平台个人信息民事管辖问题研究——基于2018—2020案件实证剖析》,载《海南大学学报(人文社会科学版)》2022年第4期。

自己免责,从而降低自身的相关风险和运营成本。那么如果认定该免责条款有效,对于消费者而言,就只能因其相对弱势地位而自认倒霉,承担一切损失。如果认定该免责条款无效,则可能对电子商务经营者造成过重的负担,打击互联网平台以及电子商务经营者发展业务的积极性。最典型的质保如“七天无理由退换货”,但是对于部分产品如生鲜、花卉等,七天无理由退换货的要求确实会对经营者造成过重的负担。实务中,免责条款只有在满足合法、公平、提示说明义务的前提下,才会被认为有效。针对免责类格式条款,对其效力的认定仍然是一个颇具争议的问题。对于免责条款的认定需要根据实际情况作出不同的考量,对其做严格的限制,既要避免免责条款成为部分经营者逃避自己责任的安全港,让消费者承受过大的损失;也绝不能因对免责条款的无效认定而使其成为经营者的沉重负担。

二、数字法治时代合同格式条款的合规趋势

基于数字法治之语境,格式条款的合规审查逐渐呈现基于形式审查的更深层次要求。数字化的迅猛发展导致了格式条款在适用上的新问题。因此,对于数字法治语境下的格式条款审查,应当在合法性审查的基础之上,注重格式条款提供方是否尽到了合理的提示说明义务,并在此基础之上对合同格式条款进行合理性审查,即公平性审查。

(一)合法性审查趋势

在数字时代,数字技术的高速发展改变了原有的生活方式,不断涌现的新技术造成新的社会问题。作为上层建筑的法律制度因其滞后性而不能及时对新出现的问题进行规制,由此产生了法律上的漏洞。数字时代中产生的新型格式条款就面临合法性审查的问题。以视频类网站的广告投放为例,如腾讯视频一类的视频播放 App,虽然通过用户同意并授权的方式投放广告,但是在其用户协议等合同中,对广告的性质、内容、时长等都未作出具体的规定。因此,平台虽然获得了用户的同意,但是其具体的广告投放方式仍然面临合法性审查的问题。因为用户的授权范围仅限于合法范围内,腾讯作为国内首屈一指的互联网平台,其用户协议等具有

深厚的信任根基，用户基于对腾讯公司的信任，会默认腾讯所提供的包括用户协议、隐私政策等具体规定，符合有关法律法规的要求。但如果用户在使用该类视频播放平台的过程中，发现腾讯平台推送的广告内容、性质等违反了我国《广告法》等法律规定，仍然可以就此向相关部门投诉或者向法院起诉。同样地，如果用户所签订的格式条款存在其他违法性问题，用户同样可就该违法性根据相关法律法规主张其无效。以个人信息收集清单为例，京东的个人信息收集清单包括基本信息(昵称、手机号码、电子邮件、收货地址等)、使用过程信息(加购信息、订单记录、搜索记录、浏览记录、收藏记录、关注记录等)、位置信息、设备信息(设备型号、分辨率等)。淘宝等购物类软件的个人信息收集清单与京东大同小异。此类条款中对个人信息的收集也应当基于合法性前提，如果其涉嫌违法，则无论该格式条款是否基于用户同意以及相关主体的提示说明义务是否履行完整，仍然应当认为该类格式条款的效力存疑。对这类格式条款的理解发生争议的，应当按照我国《民法典》第 498 条有关规定进行处理。

随着数字领域的立法不断完善，格式合同提供方也应当不断依据法律法规审视自身条款合法性。由此，法院在审查中除了考量格式合同的提示说明义务以及公平性审查以外，首要应当关注合法性审查，因为用户的授权仅限于合法范围之内。

(二)合理提示说明义务之审查

审查互联网平台对格式条款是否尽到了合理的提示说明义务的主要法律根据是我国《民法典》第 496 条，即以格式条款订立合同的，提供格式条款的一方应当遵循公平原则确定双方当事人之间的权利义务，并采取合理的方式提示对方注意免除或者减轻其责任等与对方有重大利害关系的条款。对互联网平台格式条款的审查应当着重关注互联网平台制订的个人信息处理条款是否秉持公平原则或者尽到相应的提示说明义务。该条款实质上是对格式条款说明提示义务的规定。从形式上来说，互联网提供的各项条款应当对那些可能侵害到用户利益的重大事项做特殊标记。所谓“重大利害关系条款”，是指标的、数量、价款或者报酬、履行期限、违约责任、争议解决方式等，然而实际上是否与用户有重大利害关系应当以用户为出发点,根据实际情况作出考量。如果平台方对此类重大利害关系条款未尽合理提示说明义务,则用户可以主张其不属于合同的内容。立法者原意是为了保护处于相对弱势的消费者,防止其受到格式条款提供方的侵害,导致其利益受损。

目前,互联网平台主要的协议重大事项提示方式包括勾选、加粗、特殊字体、弹窗、下划线等,而在裁判文书网上进行案例检索时,发现对于合理提示义务的标准仍然有分歧,如对于互联网平台已经用了特殊字体等标志但未采用勾选、弹窗等方式提醒用户同意的情况下,该格式条款的效力存在争议;再如认为互联网平台的格式条款本身就难以保证公平性,因而应当认为无效。根据王利明老师的观点,"互联网企业应当在协议中显著标识个人信息共享的条款,以提示用户注意该条款的内容。网络服务提供者在获得用户的上述授权时,应当对网络用户尽到明确的提示说明义务,尤其是对数据共享条款而言,应当明确数据共享的方式、范围等内容,严格限制概括授权条款的适用。"①

近年来,对互联网平台合理注意说明义务的审查逐渐趋向明确,以《APP 违法违规收集使用个人信息行为认定方法》为例,其中明确规定,当用户第一次使用该 App 时,互联网平台应当以弹窗等明显的方法对用户进行提醒说明,反之则会被认为属于违法违规收集个人信息。同样的标准或许能为服务协议中其他的格式条款的效力提供一定的借鉴参考。然而,对互联网平台提供的协议内容进行形式上的审查或许并不能满足数字化时代对用户权益的有效保障。

《最高人民法院关于印发〈全国法院贯彻实施民法典工作会议纪要〉的通知》(法〔2021〕94 号)第 7 条规定:"提供格式条款的一方对格式条款中免除或者减轻其责任等与对方有重大利害关系的内容,在合同订立时采用足以引起对方注意的文字、符号、字体等特别标识,并按照对方的要求以常人能够理解的方式对该格式条款予以说明的,人民法院应当认定符合民法典第四百九十六条所称'采取合理的方式'。提供格式条款一方对已尽合理提示及说明义务承担举证责任。"

如前所述,从形式上来说,互联网平台提供的协议应当采用特殊方式提醒用户注意,然而仅形式上的注意义务并不能完美解决实践中产生的问题。原因在于,首

---

① 王利明:《数据共享与个人信息保护》,载《现代法学》2019 年第 1 期。

先,对各类互联网平台的服务提供者而言,法条中规定的以特殊字体等方式就能尽到的提请注意义务是一个成本较低且毫无技术难度的措施,并且在该条款之下,互联网平台所尽到的说明解释义务仍然是不足的。对于广大用户而言,用户在数字化时代,相较于互联网平台网络服务提供者而言明显处于弱势地位,尤其是在一些市场份额较大的互联网平台面前,用户基本上不可能出于对协议的意见而拒绝使用该项平台所提供的服务,也就是说用户在大型互联网平台面前实际上失去了选择的权利。其次,互联网平台提供的服务协议等存在篇幅太长、专业术语过难等问题,用户对于其所提供的协议仍然处于一个"读了没用,读了也不懂"的困境。

(三)公平性审查趋势

在形式审查基础之上,对格式条款的审查应当更加注意基于合理原则的公平性审查。在数字时代,法律规定的提示说明义务在一定程度上并不能发挥其真正的作用,反而会对作为消费者的用户造成权益上的减损。若提供格式条款的一方违反了《民法典》第 496 条第 2 款规定的提示说明义务,那么格式条款的相对方就可以主张该条款不成为合同的内容,如果只以形式审查作为认定格式条款效力的条件,那么只要认为格式条款提供者尽到了对格式条款的提示说明义务,格式条款相对方就不能再依据格式条款主张该条款不成为合同的内容,该格式条款即使明显不利于格式条款相对方,法院基于形式审查和相对方知情并同意,也只能认定该格式条款成立并生效。这样就可能导致司法审判着重于提示说明义务的形式性审查而忽略对其内容进行实质性审查。

因此,如果仅对以数字方式提供的合同中的格式条款作形式上注意说明义务的审查,反而是对互联网平台形成了一层保护伞。也就是说,数字合同提供方只要举证自己已经尽到合理的注意说明义务,就能使法院认定其所提供的合同中的所有格式条款是有效的。如此一来,简单的形式审查反而是偏离了立法的原意,不仅没有加强原本就处于强势地位一方的互联网网络服务提供者的义务负担,反而可能导致用户维权更为困难。因此,在对互联网时代中以数字方式提供的合同中的格式条款做效力上的认定时,不仅要考虑到格式合同中以特殊字体等方式作出的标志,更应该综合去考量其是否实质上给予用户选择的权利,是否具有内在的公正性。比如,关于数据共享的格式条款,王利明教授认为,如果数据共享的格式条款明显不利于保护用户的隐私、个人信息等权利,则信息权利人应当有权否定该条款的效力,该条款也不能成为互联网企业共享用户个人信息的正当性基础和侵权的免责事由。①

第二节 数字法治时代合同格式条款合规的浙江经验与启示

浙江作为网络大省,积极响应数字法治的号召,在数字法治的建设上积极突破,充分发挥政府数字化转型的体系化优势,推动大数据、云计算、人工智能、区块链等新一代信息技术在法治建设中的运用。坚持整体智治、高效协同理念,从立法、执法、司法、守法等多方面入手,在数字法治语境下,全面高标准建设浙江数字法治服务,加强对格式条款的审查,做到对格式条款的审查有统一的标准、完备的法治保障、科学的决策、完善的事中事后数字化监管体系。同时注重发挥政府的作用,带头做好模范,加强监管,在数字化语境中保障格式条款事前有模板,施行有标准,事后有保障。

一、完善立法,填补空白

数字浙江的建设一直处于高速跑道之上,浙江省委指出,要不断做优做强数字经济,着力壮大新增长点、形成发展新动能。与此同时,浙江省应当大力加强重点领域立法,努力使法治真正成为浙江核心竞争力的重要组成部分,作为顶层设计的立法的完善将有助于规范和确认格式条款的合法性标准和依据。

数字法治时代出现了许多传统时代没有的新问题,产生了许多立法上的空白

① 参见王利明:《数据共享与个人信息保护》,载《现代法学》2019 年第 1 期。

领域或者不完善领域,如前文所述的个人信息类条款的审查。以个人信息处理类格式条款为例,浙江省积极立法,规范数据采集的方式和内容等,为各数字网络服务提供者树立明确的标准。浙江省对数据采集领域的立法完善,从源头上把控好数据安全的第一道防线。限定好数据的应用边界,合理设定对数据的安全等级划分,完善数据安全风险测评与应急防范等制度,明确如果实施危害数据安全行为的后果。通过详细的立法,弥补数字化高速发展之下因法律滞后性而产生的漏洞和空白领域。

由此,对数字化时代以新形式呈现的合同中的格式条款而言,就有了明确的审查标准。与此同时,格式条款各方也有了明确的依据以规范自身行为或者据此维权。就格式条款提供方而言,完善立法将有助于其自身审查其条款的合法性,规范自身的数据收集和使用界限。就格式条款相对方而言,在维权中也可做到于法有据。通过对相关领域的立法,能够优化交易环境,推动格式条款订立和运行的标准底线的确立,确保新型语境下格式条款的订立能够达到标准化和规范化的要求。

二、强化执法，稳抓专项

浙江省在执法活动中,政府带头发挥模范作用,稳扎稳打,以专项行动、抽检等方式审查在市场中出现的不规范的格式条款。以2017年浙江省发起的专项活动为例,浙江省以供水供电等行业为切入,深入调查平日生活中与人民利益息息相关的“霸王条款”,首先在日常工作中做到以“民生热点”为重点关注内容,坚持把人民生活中遇到的问题作为政府工作的导向,真切关注人民群众和消费者反映的焦点问题;其次将对格式条款的审查作为重点工作内容,在审查中重点关注格式条款中是否有“利用合同格式条款免除自身责任、加重相对方责任、排除相对方主要权利”的情况。[①]

三、合同备份，专业审查

浙江省对格式合同采取备份制度,根据《浙江省合同行为管理监督规定》第8

① 参见黄晓萍:《开展合同格式条款专项行动的浙江经验》,载《中国市场监管研究》2016年第4期。

条的规定,对关乎民生之本的消费领域的格式条款实施预先备案制度。通过预先备案制度,浙江省实现了对格式合同的规范化处理,在模板阶段就对其进行违法性审查,以此在源头上实现格式条款的合法性审查。这种备案制度,不仅降低了企业的违法风险,而且保障了广大用户的合法权益不被侵犯,是从能够有效改善格式条款侵权问题的方法。[①]

同时,浙江省注重合同审查的专业性,在政府牵头领导下,发挥市场的作用,以购买服务的方式,聘请专业的律师团队参与对合同格式条款内容的审核评析。“专业的事情交给专业的人去做”,借助专业的律师团队力量,最大限度地实现对合同格式条款的规范化审查。在规范整治的过程中,浙江省注重经验的总结提炼,将各地在实践中提炼出来的好方法汇总并在系统内部进行交流,供各地在整治工作中参考。浙江省在聘请专业律师团队进行法律咨询审查的同时,注重相关合同监管人员的业务提升,对相关业务人员进行规范要求以及相关法律法规的培训,提升政府内部的合同格式条款监管水平。

四、加强监管，刚柔并施

浙江省加强在合同格式条款备案审查领域的监管,对违法违规行为进行公示披露,定期公布本省存在的利用合同格式条款侵害消费者权益的行为,为消费者维护自身合法权益提供有效的指引和有益的借鉴。针对合同格式条款侵权现象,浙江省政府并不一味以强硬的执法威慑企业整改,而是执法与指导并重,刚柔并济,注重运用行政指导、建议、约谈等方式引导问题企业规范其经营行为,展开各类格式合同整治约谈会,邀请相关行业协会与企业参加。以柔性手段为主,晓之以理动之以情,深入地与企业和行业进行沟通,最大限度地发挥行业协会和企业领头羊的带头模范作用,避免出现政府与企业之间对立的情况。但是使用柔性手段的同时并不意味着放弃刚性手段的运用,对审查中发现的违法格式条款政府积极督促相关企业清理纠正,对于屡教不改的企业政府坚决运用强制执法等手段对其依法进行查处。

① 参见黄晓萍:《开展合同格式条款专项行动的浙江经验》,载《中国市场监管研究》2016 年第 4 期。

与此同时,浙江省尝试将大数据创新技术手段融入监管,设立“消费合同避雷针”,运用技术监管手段对减轻或免除经营者责任、加重消费者责任即限制或排除消费者权利的格式条款进行智能识别、智能比对、自动识别风险等级。目前,入库的可能主要是敏感高频的字、词汇、词组、小短句等单体概念,尚不能完全形成识别基于整句结构表达的不公平条款,这是下一步建设的努力方向。完善以后的监管应用场景的工作流程如下:一份备案合同刚备进来,备案库就能自动爬虫、抓取、识别、扫描大部分的不公平条款并发出警报,提醒监管工作人员进行后续手动处理流程,这个可以称之为“合同雷达”。

五、事后救济，保障权利

“无救济则无权利”这一法谚告诉我们,法律为公民配置的权利再全面也局限于法条,真正使其熠熠闪光的是在权利受到侵犯后对权利受损者有效的救济,空有法条和治理体系却无实际之救济,法律就流于形式。浙江省政府不仅重视合同格式条款起草与订立、履行过程中的备案与合规监管,同样注重发生合同格式条款侵权后的救济。浙江省政府将大数据手段有效运用到司法体系的全过程,简便公民维权的方式和途径,使公民维权成本大大降低,提升公民维权意愿,保障法治的实施行之有效。

第三节　数字法治时代合同格式条款合规之未来展望

数字法治时代,格式条款的呈现方式越发多样化。相比较而言,仅有格式条款能满足数字时代背景之下,互联网平台与其数以千万计的受众的法律问题规制。但是合同格式条款在传统时代所面临的困境不但没有消失,反而随着数字技术的发展呈现更为复杂的问题状态。在数字化背景下,互联网时代消费者相较于传统情形消费者或者说格式条款相对方的弱势地位更为显著。格式合同虽然是基于合同自由的宗旨所订立,然而其中仍然存在许多有可能侵害用户权利的不规范行为。浙江作为数字大省,在响应数字法治建设的过程中提供了宝贵的经验。未来合同格式条款的合规审查,应当从立法入手,完善相关立法,建立规范的行业标准,建立健全完备的格式合同审查体系,抓好执法,加大格式合同的违法成本。在基于公平公正基础上,对消费者进行更多的保障。

一、完善相关领域立法,规范行业标准

高速发展的数字技术在不断为经济发展提供新动力的同时,产生了许多为原先法律制度所不能妥善规制的问题。以数字技术为依托的互联网平台与广大用户之间的格式合同条款纠纷,究其本质仍然是因为利益。对通过格式合同违法牟利行为的规制必须在法律的框架之内,使其有法可依,有法可循。因而在数字化背景之下,首先,必须加快完善相关领域立法,使格式合同提供方在制定时就能依据相关法律法规对自身做合法性审查。其次,相关的行业协会可以拟定示范条款以规范互联网行业格式条款,发挥行业协会及相关机构的带头模范作用,积极响应数字法治建设。最后,相关主管部门要做好针对合法性的事前监管工作,注重发挥政府作用,以完备的制度体系规范数字时代格式合同条款的内容和性质。

二、运用大数据手段,重视事前监管

就解决问题而言,最根本有效的措施是在源头上就制止格式合同的侵权行为。就浙江省的经验来看,完善合同备案制度是一项行之有效的格式合同合规审查方式。通过格式合同备案制度,能够在前期就有效对格式合同的合法性作出审查,此外,合同备案制度也将督促企业自身进行合法性审查。在大数据语境下,格式合同虽然出现了许多新的可能侵权方式,但是合理地运用大数据手段同样能够规制、规范数字平台格式合同的内容。新型政府应当重视大数据手段在政务中的运用,以达到更好的监管作用。总之,对格式合同的合规审查应当着重关注事前监管领域。

同时,政府应当尽快完善合同备案制度,甚至组织相关人员进行格式合同的合法性与提示说明义务审查的培训,使格式合同侵权的风险性大大降低。

三、适度保障用户权益,注重未成年人保护

在数字法治时代,消费者的弱势地位更为显著,面对强势的互联网平台的普及,消费者只能被动地接受互联网平台所提供的格式条款。从互联网时代下格式条款本身来看,其受到责难的根本原因在于意思形成的过程受到了阻碍,此类格式条款限制相对人做出有意义的选择。[①] 也就是说格式条款相对方选择权的丧失引起了人们对公平性的怀疑。故在对互联网平台类格式条款进行审查时,除了对于说明提示义务以及合法性的审查以外,法院应当通过意思自由矫正内容的不公平朝向,在司法上对消费者和广大用户做出一定倾斜性保护。但是这种保护应当有所限制,不能一味地因同情消费者的弱势地位而忽略对于企业的合法保护,从而影响交易安全,打击互联网行业发展。此外,互联网时代的用户受众巨大,其中不乏许多不具备适当辨别能力的未成年人,在广泛的用户群体中识别出未成年人并对其权益进行合法的保护,也是未来合同格式条款合规监管与审查的一大趋势。

---

① 参见胡安琪:《互联网服务格式条款法律规制问题研究》,安徽大学2019年博士学位论文,第98页。

附录一:《合同行政监督管理办法》

(2023 年 5 月 18 日国家市场监督管理总局令第 77 号公布,自 2023 年 7 月 1 日起施行)

第一条 为了维护市场经济秩序,保护国家利益、社会公共利益和消费者合法权益,根据《中华人民共和国民法典》《中华人民共和国消费者权益保护法》等法律法规,制定本办法。

第二条 市场监督管理部门根据法律、行政法规和本办法的规定,在职责范围内开展合同行政监督管理工作。

第三条 市场监督管理部门开展合同行政监督管理工作,应当坚持监管与指导相结合、处罚与教育相结合的原则。

第四条 经营者订立合同应当遵循平等、自愿、公平、诚信的原则,不得违反法律、行政法规的规定,违背公序良俗,不得利用合同实施危害国家利益、社会公共利益和消费者合法权益的行为。

第五条 经营者不得利用合同从事下列违法行为,扰乱市场经济秩序,危害国家利益、社会公共利益:

(一)虚构合同主体资格或者盗用、冒用他人名义订立合同;

(二)没有实际履行能力,诱骗对方订立合同;

(三)故意隐瞒与实现合同目的有重大影响的信息,与对方订立合同;

(四)以恶意串通、贿赂、胁迫等手段订立合同;

(五)其他利用合同扰乱市场经济秩序的行为。

第六条 经营者采用格式条款与消费者订立合同,应当以单独告知、字体加粗、弹窗等显著方式提请消费者注意商品或者服务的数量和质量、价款或者费用、履行期限和方式、安全注意事项和风险警示、售后服务、民事责任等与消费者有重大利害关系的内容,并按照消费者的要求予以说明。

经营者预先拟定的,对合同双方权利义务作出规定的通知、声明、店堂告示等,视同格式条款。

第七条 经营者与消费者订立合同,不得利用格式条款等方式作出减轻或者免除自身责任的规定。格式条款中不得含有以下内容:

(一)免除或者减轻经营者造成消费者人身伤害依法应当承担的责任;

(二)免除或者减轻经营者因故意或者重大过失造成消费者财产损失依法应当承担的责任;

(三)免除或者减轻经营者对其所提供的商品或者服务依法应当承担的修理、重作、更换、退货、补足商品数量、退还货款和服务费用等责任;

(四)免除或者减轻经营者依法应当承担的违约责任;

(五)免除或者减轻经营者根据合同的性质和目的应当履行的协助、通知、保密等义务;

(六)其他免除或者减轻经营者自身责任的内容。

第八条 经营者与消费者订立合同,不得利用格式条款等方式作出加重消费者责任、排除或者限制消费者权利的规定。格式条款中不得含有以下内容:

(一)要求消费者承担的违约金或者损害赔偿金超过法定数额或者合理数额;

(二)要求消费者承担依法应当由经营者承担的经营风险;

(三)排除或者限制消费者依法自主选择商品或者服务的权利;

(四)排除或者限制消费者依法变更或者解除合同的权利;

(五)排除或者限制消费者依法请求支付违约金或者损害赔偿金的权利;

(六)排除或者限制消费者依法投诉、举报、请求调解、申请仲裁、提起诉讼的权利;

(七)经营者单方享有解释权或者最终解释权;

(八)其他加重消费者责任、排除或者限制消费者权利的内容。

第九条 经营者采用格式条款与消费者订立合同的,不得利用格式条款并借助技术手段强制交易。

第十条 市场监督管理部门引导重点行业经营者建立健全格式条款公示等制度,引导规范经营者合同行为,提升消费者合同法律意识。

第十一条 经营者与消费者订立合同时,一般应当包括《中华人民共和国民法典》第四百七十条第一款规定的主要内容,并明确双方的主要权利和义务。

经营者采用书面形式与消费者订立合同的,应当将双方签订的书面合同交付消费者留存,并不少于一份。

经营者以电子形式订立合同的,应当清晰、全面、明确地告知消费者订立合同的步骤、注意事项、下载方法等事项,并保证消费者能够便利、完整地阅览和下载。

第十二条 任何单位和个人不得在明知或者应知的情况下,为本办法禁止的违法行为提供证明、印章、账户等便利条件。

第十三条 省级以上市场监督管理部门可以根据有关法律法规规定,针对特定行业或者领域,联合有关部门制定合同示范文本。

根据前款规定制定的合同示范文本,应当主动公开,供社会公众免费阅览、下载、使用。

第十四条 合同示范文本供当事人参照使用。合同各方具体权利义务由当事人自行约定。当事人可以对合同示范文本中的有关条款进行修改、补充和完善。

第十五条 参照合同示范文本订立合同的，当事人应当充分理解合同条款，自行承担合同订立和履行所发生的法律后果。

第十六条 省级以上市场监督管理部门可以设立合同行政监督管理专家评审委员会，邀请相关领域专家参与格式条款评审、合同示范文本制定等工作。

第十七条 县级以上市场监督管理部门对涉嫌违反本办法的合同行为进行查处时，可以依法采取下列措施：

（一）对与涉嫌合同违法行为有关的经营场所进行现场检查；

（二）询问涉嫌违法的当事人；

（三）向与涉嫌合同违法行为有关的自然人、法人和非法人组织调查了解有关情况；

（四）查阅、调取、复制与涉嫌违法行为有关的合同、票据、账簿等资料；

（五）法律、法规规定可以采取的其他措施。

采取前款规定的措施，依法需要报经批准的，应当办理批准手续。

市场监督管理部门及其工作人员对履行相关工作职责过程中知悉的国家秘密、商业秘密或者个人隐私，应当依法予以保密。

第十八条 经营者违反本办法第五条、第六条第一款、第七条、第八条、第九条、第十二条规定，法律、行政法规有规定的，依照其规定；没有规定的，由县级以上市场监督管理部门责令限期改正，给予警告，并可以处十万元以下罚款。

第十九条 合同违法行为轻微并及时改正，没有造成危害后果的，不予行政处罚；主动消除或者减轻危害后果的，从轻或者减轻行政处罚。

第二十条 市场监督管理部门作出行政处罚决定后，应当依法通过国家企业信用信息公示系统向社会公示。

第二十一条 违反本办法规定，构成犯罪的，依法追究刑事责任。

第二十二条 市场监督管理部门依照本办法开展合同行政监督管理，不对合同的民事法律效力作出认定，不影响合同当事人民事责任的承担。法律、行政法规另有规定的，依照其规定。

第二十三条 本办法自 2023 年 7 月 1 日起施行。2010 年 10 月 13 日原国家工商行政管理总局令第 51 号公布的《合同违法行为监督处理办法》同时废止。

附录二：《最高人民法院关于适用〈中华人民共和国民法典〉合同编通则若干问题的解释》

（2023年5月23日最高人民法院审判委员会第1889次会议通过，自2023年12月5日起施行）

为正确审理合同纠纷案件以及非因合同产生的债权债务关系纠纷案件，依法保护当事人的合法权益，根据《中华人民共和国民法典》、《中华人民共和国民事诉讼法》等相关法律规定，结合审判实践，制定本解释。

一、一般规定

第一条 人民法院依据民法典第一百四十二条第一款、第四百六十六条第一款的规定解释合同条款时，应当以词句的通常含义为基础，结合相关条款、合同的性质和目的、习惯以及诚信原则，参考缔约背景、磋商过程、履行行为等因素确定争议条款的含义。

有证据证明当事人之间对合同条款有不同于词句的通常含义的其他共同理解，一方主张按照词句的通常含义理解合同条款的，人民法院不予支持。

对合同条款有两种以上解释，可能影响该条款效力的，人民法院应当选择有利于该条款有效的解释；属于无偿合同的，应当选择对债务人负担较轻的解释。

第二条 下列情形，不违反法律、行政法规的强制性规定且不违背公序良俗的，人民法院可以认定为民法典所称的“交易习惯”：

（一）当事人之间在交易活动中的惯常做法；

（二）在交易行为当地或者某一领域、某一行业通常采用并为交易对方订立合同时所知道或者应当知道的做法。

对于交易习惯，由提出主张的当事人一方承担举证责任。

二、合同的订立

第三条 当事人对合同是否成立存在争议，人民法院能够确定当事人姓名或者名称、标的和数量的，一般应当认定合同成立。但是，法律另有规定或者当事人另有约定的除外。

根据前款规定能够认定合同已经成立的，对合同欠缺的内容，人民法院应当依据民法典第五百一十条、第五百一十一条等规定予以确定。

当事人主张合同无效或者请求撤销、解除合同等，人民法院认为合同不成立的，应当依据《最高人民法院关于民事诉讼证据的若干规定》第五十三条的规定将合同是否成立作为焦点问题进行审理，并可以根据案件的具体情况重新指定举证期限。

第四条 采取招标方式订立合同，当事人请求确认合同自中标通知书到达中标人时成立的，人民法院应予支持。合同成立后，当事人拒绝签订书面合同的，人民法院应当依据招标文件、投标文件和中标通知书等确定合同内容。

采取现场拍卖、网络拍卖等公开竞价方式订立合同，当事人请求确认合同自拍卖师落槌、电子交易系统确认成交时成立的，人民法院应予支持。合同成立后，当事人拒绝签订成交确认书的，人民法院应当依据拍卖公告、竞买人的报价等确定合同内容。

产权交易所等机构主持拍卖、挂牌交易，其公布的拍卖公告、交易规则等文件公开确定了合同成立需要具备的条件，当事人请求确认合同自该条件具备时成立的，人民法院应予支持。

第五条 第三人实施欺诈、胁迫行为，使当事人在违背真实意思的情况下订立合同，受到损失的当事人请求第三人承担赔偿责任的，人民法院依法予以支持；当事人亦有违背诚信原则的行为的，人民法院应当根据各自的过错确定相应的责任。但是，法律、司法解释对当事人与第三人的民事责任另有规定的，依照其规定。

第六条 当事人以认购书、订购书、预订书等形式约定在将来一定期限内订立合同，或者为担保在将来一定期限内订立合同交付了定金，能够确定将来所要订立合同的主体、标的等内容的，人民法院应当认定预约合同成立。

当事人通过签订意向书或者备忘录等方式，仅表达交易的意向，未约定在将来一定期限内订立合同，或者虽然有约定但是难以确定将来所要订立合同的主体、标的等内容，一方主张预约合同成立的，人民法院不予支持。

当事人订立的认购书、订购书、预订书等已就合同标的、数量、价款或者报酬等主要内容达成合意，符合本解释第三条第一款规定的合同成立条件，未明确约定在将来一定期限内另行订立合同，或者虽然有约定但是当事人一方已实施履行行为且对方接受的，人民法院应当认定本约合同成立。

第七条 预约合同生效后，当事人一方拒绝订立本约合同或者在磋商订立本约合同时违背诚信原则导致未能订立本约合同的，人民法院应当认定该当事人不履行预约合同约定的义务。

人民法院认定当事人一方在磋商订立本约合同时是否违背诚信原则，应当综合考虑该当事人在磋商时提出的条件是否明显背离预约合同约定的内容以及是否已尽合理努力进行协商等因素。

第八条 预约合同生效后，当事人一方不履行订立本约合同的义务，对方请求其赔偿因此造成的损失的，人民法院依法予以支持。

前款规定的损失赔偿，当事人有约定的，按照约定；没有约定的，人民法院应当综合考虑预约合同在内容上的完备程度以及订立本约合同的条件的成就程度等因素酌定。

第九条　合同条款符合民法典第四百九十六条第一款规定的情形，当事人仅以合同系依据合同示范文本制作或者双方已经明确约定合同条款不属于格式条款为由主张该条款不是格式条款的，人民法院不予支持。

从事经营活动的当事人一方仅以未实际重复使用为由主张其预先拟定且未与对方协商的合同条款不是格式条款的，人民法院不予支持。但是，有证据证明该条款不是为了重复使用而预先拟定的除外。

第十条　提供格式条款的一方在合同订立时采用通常足以引起对方注意的文字、符号、字体等明显标识，提示对方注意免除或者减轻其责任、排除或者限制对方权利等与对方有重大利害关系的异常条款的，人民法院可以认定其已经履行民法典第四百九十六条第二款规定的提示义务。

提供格式条款的一方按照对方的要求，就与对方有重大利害关系的异常条款的概念、内容及其法律后果以书面或者口头形式向对方作出通常能够理解的解释说明的，人民法院可以认定其已经履行民法典第四百九十六条第二款规定的说明义务。

提供格式条款的一方对其已经尽到提示义务或者说明义务承担举证责任。对于通过互联网等信息网络订立的电子合同，提供格式条款的一方仅以采取了设置勾选、弹窗等方式为由主张其已经履行提示义务或者说明义务的，人民法院不予支持，但是其举证符合前两款规定的除外。

三、合同的效力

第十一条　当事人一方是自然人，根据该当事人的年龄、智力、知识、经验并结合交易的复杂程度，能够认定其对合同的性质、合同订立的法律后果或者交易中存在的特定风险缺乏应有的认知能力的，人民法院可以认定该情形构成民法典第一百五十一条规定的“缺乏判断能力”。

第十二条　合同依法成立后，负有报批义务的当事人不履行报批义务或者履行报批义务不符合合同的约定或者法律、行政法规的规定，对方请求其继续履行报批义务的，人民法院应予支持；对方主张解除合同并请求其承担违反报批义务的赔偿责任的，人民法院应予支持。

人民法院判决当事人一方履行报批义务后，其仍不履行，对方主张解除合同并参照违反合同的违约责任请求其承担赔偿责任的，人民法院应予支持。

合同获得批准前，当事人一方起诉请求对方履行合同约定的主要义务，经释明后拒绝变更诉讼请求的，人民法院应当判决驳回其诉讼请求，但是不影响其另行提起诉讼。

负有报批义务的当事人已经办理申请批准等手续或者已经履行生效判决确定的报批义务，批准机关决定不予批准，对方请求其承担赔偿责任的，人民法院不予支持。但是，因迟延履行报批义务等可归责于当事人的原因导致合同未获批准，对方请求赔偿因此受到的损失的，人民法院应当依据民法典第一百五十七条的规定处理。

第十三条　合同存在无效或者可撤销的情形，当事人以该合同已在有关行政管理部门办理备案、已经批准机关批准或者已依据该合同办理财产权利的变更登记、移转登记等为由主张合同有效的,人民法院不予支持。

第十四条　当事人之间就同一交易订立多份合同,人民法院应当认定其中以虚假意思表示订立的合同无效。当事人为规避法律、行政法规的强制性规定,以虚假意思表示隐藏真实意思表示的,人民法院应当依据民法典第一百五十三条第一款的规定认定被隐藏合同的效力;当事人为规避法律、行政法规关于合同应当办理批准等手续的规定,以虚假意思表示隐藏真实意思表示的,人民法院应当依据民法典第五百零二条第二款的规定认定被隐藏合同的效力。

依据前款规定认定被隐藏合同无效或者确定不发生效力的,人民法院应当以被隐藏合同为事实基础,依据民法典第一百五十七条的规定确定当事人的民事责任。但是,法律另有规定的除外。

当事人就同一交易订立的多份合同均系真实意思表示,且不存在其他影响合同效力情形的,人民法院应当在查明各合同成立先后顺序和实际履行情况的基础上,认定合同内容是否发生变更。法律、行政法规禁止变更合同内容的,人民法院应当认定合同的相应变更无效。

第十五条　人民法院认定当事人之间的权利义务关系,不应当拘泥于合同使用的名称,而应当根据合同约定的内容。当事人主张的权利义务关系与根据合同内容认定的权利义务关系不一致的,人民法院应当结合缔约背景、交易目的、交易结构、履行行为以及当事人是否存在虚构交易标的等事实认定当事人之间的实际民事法律关系。

第十六条　合同违反法律、行政法规的强制性规定,有下列情形之一,由行为人承担行政责任或者刑事责任能够实现强制性规定的立法目的的,人民法院可以依据民法典第一百五十三条第一款关于"该强制性规定不导致该民事法律行为无效的除外"的规定认定该合同不因违反强制性规定无效:

(一)强制性规定虽然旨在维护社会公共秩序,但是合同的实际履行对社会公共秩序造成的影响显著轻微,认定合同无效将导致案件处理结果有失公平公正;

(二)强制性规定旨在维护政府的税收、土地出让金等国家利益或者其他民事主体的合法利益而非合同当事人的民事权益,认定合同有效不会影响该规范目的的实现;

(三)强制性规定旨在要求当事人一方加强风险控制、内部管理等,对方无能力或者无义务审查合同是否违反强制性规定,认定合同无效将使其承担不利后果;

(四)当事人一方虽然在订立合同时违反强制性规定,但是在合同订立后其已经具备补正违反强制性规定的条件却违背诚信原则不予补正;

(五)法律、司法解释规定的其他情形。

法律、行政法规的强制性规定旨在规制合同订立后的履行行为,当事人以合同违反强制性规定为由请求认定合同无效的,人民法院不予支持。但是,合同履行必然导致违反强制性规定或者法律、司法解释另有规定的除外。

依据前两款认定合同有效，但是当事人的违法行为未经处理的，人民法院应当向有关行政管理部门提出司法建议。当事人的行为涉嫌犯罪的，应当将案件线索移送刑事侦查机关；属于刑事自诉案件的，应当告知当事人可以向有管辖权的人民法院另行提起诉讼。

第十七条 合同虽然不违反法律、行政法规的强制性规定，但是有下列情形之一，人民法院应当依据民法典第一百五十三条第二款的规定认定合同无效：

（一）合同影响政治安全、经济安全、军事安全等国家安全的；

（二）合同影响社会稳定、公平竞争秩序或者损害社会公共利益等违背社会公共秩序的；

（三）合同背离社会公德、家庭伦理或者有损人格尊严等违背善良风俗的。

人民法院在认定合同是否违背公序良俗时，应当以社会主义核心价值观为导向，综合考虑当事人的主观动机和交易目的、政府部门的监管强度、一定期限内当事人从事类似交易的频次、行为的社会后果等因素，并在裁判文书中充分说理。当事人确因生活需要进行交易，未给社会公共秩序造成重大影响，且不影响国家安全，也不违背善良风俗的，人民法院不应当认定合同无效。

第十八条 法律、行政法规的规定虽然有“应当”“必须”或者“不得”等表述，但是该规定旨在限制或者赋予民事权利，行为人违反该规定将构成无权处分、无权代理、越权代表等，或者导致合同相对人、第三人因此获得撤销权、解除权等民事权利的，人民法院应当依据法律、行政法规规定的关于违反该规定的民事法律后果认定合同效力。

第十九条 以转让或者设定财产权利为目的订立的合同，当事人或者真正权利人仅以让与人在订立合同时对标的物没有所有权或者处分权为由主张合同无效的，人民法院不予支持；因未取得真正权利人事后同意或者让与人事后未取得处分权导致合同不能履行，受让人主张解除合同并请求让与人承担违反合同的赔偿责任的，人民法院依法予以支持。

前款规定的合同被认定有效，且让与人已经将财产交付或者移转登记至受让人，真正权利人请求认定财产权利未发生变动或者请求返还财产的，人民法院应予支持。但是，受让人依据民法典第三百一十一条等规定善意取得财产权利的除外。

第二十条 法律、行政法规为限制法人的法定代表人或者非法人组织的负责人的代表权，规定合同所涉事项应当由法人、非法人组织的权力机构或者决策机构决议，或者应当由法人、非法人组织的执行机构决定，法定代表人、负责人未取得授权而以法人、非法人组织的名义订立合同，未尽到合理审查义务的相对人主张该合同对法人、非法人组织发生效力并由其承担违约责任的，人民法院不予支持，但是法人、非法人组织有过错的，可以参照民法典第一百五十七条的规定判决其承担相应的赔偿责任。相对人已尽到合理审查义务，构成表见代表的，人民法院应当依据民法典第五百零四条的规定处理。

合同所涉事项未超越法律、行政法规规定的法定代表人或者负责人的代表权限，但是超越法人、非法人组织的章程或者权力机构等对代表权的限制，相对人主张该合同对法人、非法人组织发生效力并由其承担违约责任的，人民法院依法予以支持。但是，法人、非法人组织举证证明相对人知道或者应当知道该限制的除外。

法人、非法人组织承担民事责任后,向有过错的法定代表人、负责人追偿因越权代表行为造成的损失的,人民法院依法予以支持。法律、司法解释对法定代表人、负责人的民事责任另有规定的,依照其规定。

第二十一条 法人、非法人组织的工作人员就超越其职权范围的事项以法人、非法人组织的名义订立合同,相对人主张该合同对法人、非法人组织发生效力并由其承担违约责任的,人民法院不予支持。但是,法人、非法人组织有过错的,人民法院可以参照民法典第一百五十七条的规定判决其承担相应的赔偿责任。前述情形,构成表见代理的,人民法院应当依据民法典第一百七十二条的规定处理。

合同所涉事项有下列情形之一的,人民法院应当认定法人、非法人组织的工作人员在订立合同时超越其职权范围:

(一)依法应当由法人、非法人组织的权力机构或者决策机构决议的事项;

(二)依法应当由法人、非法人组织的执行机构决定的事项;

(三)依法应当由法定代表人、负责人代表法人、非法人组织实施的事项;

(四)不属于通常情形下依其职权可以处理的事项。

合同所涉事项未超越依据前款确定的职权范围,但是超越法人、非法人组织对工作人员职权范围的限制,相对人主张该合同对法人、非法人组织发生效力并由其承担违约责任的,人民法院应予支持。但是,法人、非法人组织举证证明相对人知道或者应当知道该限制的除外。

法人、非法人组织承担民事责任后,向故意或者有重大过失的工作人员追偿的,人民法院依法予以支持。

第二十二条 法定代表人、负责人或者工作人员以法人、非法人组织的名义订立合同且未超越权限,法人、非法人组织仅以合同加盖的印章不是备案印章或者系伪造的印章为由主张该合同对其不发生效力的,人民法院不予支持。

合同系以法人、非法人组织的名义订立,但是仅有法定代表人、负责人或者工作人员签名或者按指印而未加盖法人、非法人组织的印章,相对人能够证明法定代表人、负责人或者工作人员在订立合同时未超越权限的,人民法院应当认定合同对法人、非法人组织发生效力。但是,当事人约定以加盖印章作为合同成立条件的除外。

合同仅加盖法人、非法人组织的印章而无人员签名或者按指印,相对人能够证明合同系法定代表人、负责人或者工作人员在其权限范围内订立的,人民法院应当认定该合同对法人、非法人组织发生效力。

在前三款规定的情形下,法定代表人、负责人或者工作人员在订立合同时虽然超越代表或者代理权限,但是依据民法典第五百零四条的规定构成表见代表,或者依据民法典第一百七十二条的规定构成表见代理的,人民法院应当认定合同对法人、非法人组织发生效力。

第二十三条 法定代表人、负责人或者代理人与相对人恶意串通，以法人、非法人组织的名义订立合同，损害法人、非法人组织的合法权益，法人、非法人组织主张不承担民事责任的，人民法院应予支持。法人、非法人组织请求法定代表人、负责人或者代理人与相对人对因此受到的损失承担连带赔偿责任的，人民法院应予支持。

根据法人、非法人组织的举证，综合考虑当事人之间的交易习惯、合同在订立时是否显失公平、相关人员是否获取了不正当利益、合同的履行情况等因素，人民法院能够认定法定代表人、负责人或者代理人与相对人存在恶意串通的高度可能性的，可以要求前述人员就合同订立、履行的过程等相关事实作出陈述或者提供相应的证据。其无正当理由拒绝作出陈述，或者所作陈述不具合理性又不能提供相应证据的，人民法院可以认定恶意串通的事实成立。

第二十四条 合同不成立、无效、被撤销或者确定不发生效力，当事人请求返还财产，经审查财产能够返还的，人民法院应当根据案件具体情况，单独或者合并适用返还占有的标的物、更正登记簿册记载等方式；经审查财产不能返还或者没有必要返还的，人民法院应当以认定合同不成立、无效、被撤销或者确定不发生效力之日该财产的市场价值或者以其他合理方式计算的价值为基准判决折价补偿。

除前款规定的情形外，当事人还请求赔偿损失的，人民法院应当结合财产返还或者折价补偿的情况，综合考虑财产增值收益和贬值损失、交易成本的支出等事实，按照双方当事人的过错程度及原因力大小，根据诚信原则和公平原则，合理确定损失赔偿额。

合同不成立、无效、被撤销或者确定不发生效力，当事人的行为涉嫌违法且未经处理，可能导致一方或者双方通过违法行为获得不当利益的，人民法院应当向有关行政管理部门提出司法建议。当事人的行为涉嫌犯罪的，应当将案件线索移送刑事侦查机关；属于刑事自诉案件的，应当告知当事人可以向有管辖权的人民法院另行提起诉讼。

第二十五条 合同不成立、无效、被撤销或者确定不发生效力，有权请求返还价款或者报酬的当事人一方请求对方支付资金占用费的，人民法院应当在当事人请求的范围内按照中国人民银行授权全国银行间同业拆借中心公布的一年期贷款市场报价利率（LPR）计算。但是，占用资金的当事人对于合同不成立、无效、被撤销或者确定不发生效力没有过错的，应当以中国人民银行公布的同期同类存款基准利率计算。

双方互负返还义务，当事人主张同时履行的，人民法院应予支持；占有标的物的一方对标的物存在使用或者依法可以使用的情形，对方请求将其应支付的资金占用费与应收取的标的物使用费相互抵销的，人民法院应予支持，但是法律另有规定的除外。

四、合同的履行

第二十六条 当事人一方未根据法律规定或者合同约定履行开具发票、提供证明文件等非主要债务，对方请求继续履行该债务并赔偿因怠于履行该债务造成的损失的，人民法院依法予以支持；对方请求解除合同的，人民法院不予支持，但是不履行该债务致使不能实现合同目的或者当事人另有约定的除外。

第二十七条 债务人或者第三人与债权人在债务履行期限届满后达成以物抵债协议,不存在影响合同效力情形的,人民法院应当认定该协议自当事人意思表示一致时生效。

债务人或者第三人履行以物抵债协议后,人民法院应当认定相应的原债务同时消灭;债务人或者第三人未按照约定履行以物抵债协议,经催告后在合理期限内仍不履行,债权人选择请求履行原债务或者以物抵债协议的,人民法院应予支持,但是法律另有规定或者当事人另有约定的除外。

前款规定的以物抵债协议经人民法院确认或者人民法院根据当事人达成的以物抵债协议制作成调解书,债权人主张财产权利自确认书、调解书生效时发生变动或者具有对抗善意第三人效力的,人民法院不予支持。

债务人或者第三人以自己不享有所有权或者处分权的财产权利订立以物抵债协议的,依据本解释第十九条的规定处理。

第二十八条 债务人或者第三人与债权人在债务履行期限届满前达成以物抵债协议的,人民法院应当在审理债权债务关系的基础上认定该协议的效力。

当事人约定债务人到期没有清偿债务,债权人可以对抵债财产拍卖、变卖、折价以实现债权的,人民法院应当认定该约定有效。当事人约定债务人到期没有清偿债务,抵债财产归债权人所有的,人民法院应当认定该约定无效,但是不影响其他部分的效力;债权人请求对抵债财产拍卖、变卖、折价以实现债权的,人民法院应予支持。

当事人订立前款规定的以物抵债协议后,债务人或者第三人未将财产权利转移至债权人名下,债权人主张优先受偿的,人民法院不予支持;债务人或者第三人已将财产权利转移至债权人名下的,依据《最高人民法院关于适用〈中华人民共和国民法典〉有关担保制度的解释》第六十八条的规定处理。

第二十九条 民法典第五百二十二条第二款规定的第三人请求债务人向自己履行债务的,人民法院应予支持;请求行使撤销权、解除权等民事权利的,人民法院不予支持,但是法律另有规定的除外。

合同依法被撤销或者被解除,债务人请求债权人返还财产的,人民法院应予支持。

债务人按照约定向第三人履行债务,第三人拒绝受领,债权人请求债务人向自己履行债务的,人民法院应予支持,但是债务人已经采取提存等方式消灭债务的除外。第三人拒绝受领或者受领迟延,债务人请求债权人赔偿因此造成的损失的,人民法院依法予以支持。

第三十条 下列民事主体,人民法院可以认定为民法典第五百二十四条第一款规定的对履行债务具有合法利益的第三人:

(一)保证人或者提供物的担保的第三人;

(二)担保财产的受让人、用益物权人、合法占有人;

（三）担保财产上的后顺位担保权人；

（四）对债务人的财产享有合法权益且该权益将因财产被强制执行而丧失的第三人；

（五）债务人为法人或者非法人组织的，其出资人或者设立人；

（六）债务人为自然人的，其近亲属；

（七）其他对履行债务具有合法利益的第三人。

第三人在其已经代为履行的范围内取得对债务人的债权，但是不得损害债权人的利益。

担保人代为履行债务取得债权后，向其他担保人主张担保权利的，依据《最高人民法院关于适用〈中华人民共和国民法典〉有关担保制度的解释》第十三条、第十四条、第十八条第二款等规定处理。

第三十一条　当事人互负债务，一方以对方没有履行非主要债务为由拒绝履行自己的主要债务的，人民法院不予支持。但是，对方不履行非主要债务致使不能实现合同目的或者当事人另有约定的除外。

当事人一方起诉请求对方履行债务，被告依据民法典第五百二十五条的规定主张双方同时履行的抗辩且抗辩成立，被告未提起反诉的，人民法院应当判决被告在原告履行债务的同时履行自己的债务，并在判项中明确原告申请强制执行的，人民法院应当在原告履行自己的债务后对被告采取执行行为；被告提起反诉的，人民法院应当判决双方同时履行自己的债务，并在判项中明确任何一方申请强制执行的，人民法院应当在该当事人履行自己的债务后对对方采取执行行为。

当事人一方起诉请求对方履行债务，被告依据民法典第五百二十六条的规定主张原告应先履行的抗辩且抗辩成立的，人民法院应当驳回原告的诉讼请求，但是不影响原告履行债务后另行提起诉讼。

第三十二条　合同成立后，因政策调整或者市场供求关系异常变动等原因导致价格发生当事人在订立合同时无法预见的、不属于商业风险的涨跌，继续履行合同对于当事人一方明显不公平的，人民法院应当认定合同的基础条件发生了民法典第五百三十三条第一款规定的"重大变化"。但是，合同涉及市场属性活跃、长期以来价格波动较大的大宗商品以及股票、期货等风险投资型金融产品的除外。

合同的基础条件发生了民法典第五百三十三条第一款规定的重大变化，当事人请求变更合同的，人民法院不得解除合同；当事人一方请求变更合同，对方请求解除合同的，或者当事人一方请求解除合同，对方请求变更合同的，人民法院应当结合案件的实际情况，根据公平原则判决变更或者解除合同。

人民法院依据民法典第五百三十三条的规定判决变更或者解除合同的，应当综合考虑合同基础条件发生重大变化的时间、当事人重新协商的情况以及因合同变更或者解除给当事人造成的损失等因素，在判项中明确合同变更或者解除的时间。

当事人事先约定排除民法典第五百三十三条适用的，人民法院应当认定该约定无效。

五、合同的保全

第三十三条 债务人不履行其对债权人的到期债务，又不以诉讼或者仲裁方式向相对人主张其享有的债权或者与该债权有关的从权利，致使债权人的到期债权未能实现的，人民法院可以认定为民法典第五百三十五条规定的“债务人怠于行使其债权或者与该债权有关的从权利，影响债权人的到期债权实现”。

第三十四条 下列权利，人民法院可以认定为民法典第五百三十五条第一款规定的专属于债务人自身的权利：

（一）抚养费、赡养费或者扶养费请求权；

（二）人身损害赔偿请求权；

（三）劳动报酬请求权，但是超过债务人及其所扶养家属的生活必需费用的部分除外；

（四）请求支付基本养老保险金、失业保险金、最低生活保障金等保障当事人基本生活的权利；

（五）其他专属于债务人自身的权利。

第三十五条 债权人依据民法典第五百三十五条的规定对债务人的相对人提起代位权诉讼的，由被告住所地人民法院管辖，但是依法应当适用专属管辖规定的除外。

债务人或者相对人以双方之间的债权债务关系订有管辖协议为由提出异议的，人民法院不予支持。

第三十六条 债权人提起代位权诉讼后，债务人或者相对人以双方之间的债权债务关系订有仲裁协议为由对法院主管提出异议的，人民法院不予支持。但是，债务人或者相对人在首次开庭前就债务人与相对人之间的债权债务关系申请仲裁的，人民法院可以依法中止代位权诉讼。

第三十七条 债权人以债务人的相对人为被告向人民法院提起代位权诉讼，未将债务人列为第三人的，人民法院应当追加债务人为第三人。

两个以上债权人以债务人的同一相对人为被告提起代位权诉讼的，人民法院可以合并审理。债务人对相对人享有的债权不足以清偿其对两个以上债权人负担的债务的，人民法院应当按照债权人享有的债权比例确定相对人的履行份额，但是法律另有规定的除外。

第三十八条 债权人向人民法院起诉债务人后，又向同一人民法院对债务人的相对人提起代位权诉讼，属于该人民法院管辖的，可以合并审理。不属于该人民法院管辖的，应当告知其向有管辖权的人民法院另行起诉；在起诉债务人的诉讼终结前，代位权诉讼应当中止。

第三十九条 在代位权诉讼中，债务人对超过债权人代位请求数额的债权部分起诉相对人，属于同一人民法院管辖的，可以合并审理。不属于同一人民法院管辖的，应当告知其向有管辖权的人民法院另行起诉；在代位权诉讼终结前，债务人对相对人的诉讼应当中止。

第四十条 代位权诉讼中，人民法院经审理认为债权人的主张不符合代位权行使条件的，应当驳回诉讼请求，但是不影响债权人根据新的事实再次起诉。

债务人的相对人仅以债权人提起代位权诉讼时债权人与债务人之间的债权债务关系未经生效法律文书确认为由,主张债权人提起的诉讼不符合代位权行使条件的,人民法院不予支持。

第四十一条 债权人提起代位权诉讼后,债务人无正当理由减免相对人的债务或者延长相对人的履行期限,相对人以此向债权人抗辩的,人民法院不予支持。

第四十二条 对于民法典第五百三十九条规定的"明显不合理"的低价或者高价,人民法院应当按照交易当地一般经营者的判断,并参考交易时交易地的市场交易价或者物价部门指导价予以认定。

转让价格未达到交易时交易地的市场交易价或者指导价百分之七十的,一般可以认定为"明显不合理的低价";受让价格高于交易时交易地的市场交易价或者指导价百分之三十的,一般可以认定为"明显不合理的高价"。

债务人与相对人存在亲属关系、关联关系的,不受前款规定的百分之七十、百分之三十的限制。

第四十三条 债务人以明显不合理的价格,实施互易财产、以物抵债、出租或者承租财产、知识产权许可使用等行为,影响债权人的债权实现,债务人的相对人知道或者应当知道该情形,债权人请求撤销债务人的行为的,人民法院应当依据民法典第五百三十九条的规定予以支持。

第四十四条 债权人依据民法典第五百三十八条、第五百三十九条的规定提起撤销权诉讼的,应当以债务人和债务人的相对人为共同被告,由债务人或者相对人的住所地人民法院管辖,但是依法应当适用专属管辖规定的除外。

两个以上债权人就债务人的同一行为提起撤销权诉讼的,人民法院可以合并审理。

第四十五条 在债权人撤销权诉讼中,被撤销行为的标的可分,当事人主张在受影响的债权范围内撤销债务人的行为的,人民法院应予支持;被撤销行为的标的不可分,债权人主张将债务人的行为全部撤销的,人民法院应予支持。

债权人行使撤销权所支付的合理的律师代理费、差旅费等费用,可以认定为民法典第五百四十条规定的"必要费用"。

第四十六条 债权人在撤销权诉讼中同时请求债务人的相对人向债务人承担返还财产、折价补偿、履行到期债务等法律后果的,人民法院依法予以支持。

债权人请求受理撤销权诉讼的人民法院一并审理其与债务人之间的债权债务关系,属于该人民法院管辖的,可以合并审理。不属于该人民法院管辖的,应当告知其向有管辖权的人民法院另行起诉。

债权人依据其与债务人的诉讼、撤销权诉讼产生的生效法律文书申请强制执行的,人民法院可以就债务人对相对人享有的权利采取强制执行措施以实现债权人的债权。债权人在撤销权诉讼中,申请对相对人的财产采取保全措施的,人民法院依法予以准许。

六、合同的变更和转让

第四十七条 债权转让后，债务人向受让人主张其对让与人的抗辩的，人民法院可以追加让与人为第三人。

债务转移后，新债务人主张原债务人对债权人的抗辩的，人民法院可以追加原债务人为第三人。

当事人一方将合同权利义务一并转让后，对方就合同权利义务向受让人主张抗辩或者受让人就合同权利义务向对方主张抗辩的，人民法院可以追加让与人为第三人。

第四十八条 债务人在接到债权转让通知前已经向让与人履行，受让人请求债务人履行的，人民法院不予支持；债务人接到债权转让通知后仍然向让与人履行，受让人请求债务人履行的，人民法院应予支持。

让与人未通知债务人，受让人直接起诉债务人请求履行债务，人民法院经审理确认债权转让事实的，应当认定债权转让自起诉状副本送达时对债务人发生效力。债务人主张因未通知而给其增加的费用或者造成的损失从认定的债权数额中扣除的，人民法院依法予以支持。

第四十九条 债务人接到债权转让通知后，让与人以债权转让合同不成立、无效、被撤销或者确定不发生效力为由请求债务人向其履行的，人民法院不予支持。但是，该债权转让通知被依法撤销的除外。

受让人基于债务人对债权真实存在的确认受让债权后，债务人又以该债权不存在为由拒绝向受让人履行的，人民法院不予支持。但是，受让人知道或者应当知道该债权不存在的除外。

第五十条 让与人将同一债权转让给两个以上受让人，债务人以已经向最先通知的受让人履行为由主张其不再履行债务的，人民法院应予支持。债务人明知接受履行的受让人不是最先通知的受让人，最先通知的受让人请求债务人继续履行债务或者依据债权转让协议请求让与人承担违约责任的，人民法院应予支持；最先通知的受让人请求接受履行的受让人返还其接受的财产的，人民法院不予支持，但是接受履行的受让人明知该债权在其受让前已经转让给其他受让人的除外。

前款所称最先通知的受让人，是指最先到达债务人的转让通知中载明的受让人。当事人之间对通知到达时间有争议的，人民法院应当结合通知的方式等因素综合判断，而不能仅根据债务人认可的通知时间或者通知记载的时间予以认定。当事人采用邮寄、通讯电子系统等方式发出通知的，人民法院应当以邮戳时间或者通讯电子系统记载的时间等作为认定通知到达时间的依据。

第五十一条 第三人加入债务并与债务人约定了追偿权，其履行债务后主张向债务人追偿的，人民法院应予支持；没有约定追偿权，第三人依照民法典关于不当得利等的规定，在其已经向债权人履行债务的范围内请求债务人向其履行的，人民法院应予支持，但是第三人知道或者应当知道加入债务会损害债务人利益的除外。

债务人就其对债权人享有的抗辩向加入债务的第三人主张的，人民法院应予支持。

七、合同的权利义务终止

第五十二条 当事人就解除合同协商一致时未对合同解除后的违约责任、结算和清理等问题作出处理，一方主张合同已经解除的，人民法院应予支持。但是，当事人另有约定的除外。

有下列情形之一的，除当事人一方另有意思表示外，人民法院可以认定合同解除：

（一）当事人一方主张行使法律规定或者合同约定的解除权，经审理认为不符合解除权行使条件但是对方同意解除；

（二）双方当事人均不符合解除权行使的条件但是均主张解除合同。

前两款情形下的违约责任、结算和清理等问题，人民法院应当依据民法典第五百六十六条、第五百六十七条和有关违约责任的规定处理。

第五十三条 当事人一方以通知方式解除合同，并以对方未在约定的异议期限或者其他合理期限内提出异议为由主张合同已经解除的，人民法院应当对其是否享有法律规定或者合同约定的解除权进行审查。经审查，享有解除权的，合同自通知到达对方时解除；不享有解除权的，不发生合同解除的效力。

第五十四条 当事人一方未通知对方，直接以提起诉讼的方式主张解除合同，撤诉后再次起诉主张解除合同，人民法院经审理支持该主张的，合同自再次起诉的起诉状副本送达对方时解除。但是，当事人一方撤诉后又通知对方解除合同且该通知已经到达对方的除外。

第五十五条 当事人一方依据民法典第五百六十八条的规定主张抵销，人民法院经审理认为抵销权成立的，应当认定通知到达对方时双方互负的主债务、利息、违约金或者损害赔偿金等债务在同等数额内消灭。

第五十六条 行使抵销权的一方负担的数项债务种类相同，但是享有的债权不足以抵销全部债务，当事人因抵销的顺序发生争议的，人民法院可以参照民法典第五百六十条的规定处理。

行使抵销权的一方享有的债权不足以抵销其负担的包括主债务、利息、实现债权的有关费用在内的全部债务，当事人因抵销的顺序发生争议的，人民法院可以参照民法典第五百六十一条的规定处理。

第五十七条 因侵害自然人人身权益，或者故意、重大过失侵害他人财产权益产生的损害赔偿债务，侵权人主张抵销的，人民法院不予支持。

第五十八条 当事人互负债务，一方以其诉讼时效期间已经届满的债权通知对方主张抵销，对方提出诉讼时效抗辩的，人民法院对该抗辩应予支持。一方的债权诉讼时效期间已经届满，对方主张抵销的，人民法院应予支持。

八、违约责任

第五十九条 当事人一方依据民法典第五百八十条第二款的规定请求终止合同权利义务关系的，人民法院一般应当以起诉状副本送达对方的时间作为合同权利义务关系终止的时间。根据案件的具体情况,以其他时间作为合同权利义务关系终止的时间更加符合公平原则和诚信原则的,人民法院可以以该时间作为合同权利义务关系终止的时间,但是应当在裁判文书中充分说明理由。

第六十条 人民法院依据民法典第五百八十四条的规定确定合同履行后可以获得的利益时,可以在扣除非违约方为订立、履行合同支出的费用等合理成本后,按照非违约方能够获得的生产利润、经营利润或者转售利润等计算。

非违约方依法行使合同解除权并实施了替代交易,主张按照替代交易价格与合同价格的差额确定合同履行后可以获得的利益的,人民法院依法予以支持;替代交易价格明显偏离替代交易发生时当地的市场价格,违约方主张按照市场价格与合同价格的差额确定合同履行后可以获得的利益的,人民法院应予支持。

非违约方依法行使合同解除权但是未实施替代交易,主张按照违约行为发生后合理期间内合同履行地的市场价格与合同价格的差额确定合同履行后可以获得的利益的,人民法院应予支持。

第六十一条 在以持续履行的债务为内容的定期合同中,一方不履行支付价款、租金等金钱债务,对方请求解除合同,人民法院经审理认为合同应当依法解除的,可以根据当事人的主张,参考合同主体、交易类型、市场价格变化、剩余履行期限等因素确定非违约方寻找替代交易的合理期限,并按照该期限对应的价款、租金等扣除非违约方应当支付的相应履约成本确定合同履行后可以获得的利益。

非违约方主张按照合同解除后剩余履行期限相应的价款、租金等扣除履约成本确定合同履行后可以获得的利益的,人民法院不予支持。但是,剩余履行期限少于寻找替代交易的合理期限的除外。

第六十二条 非违约方在合同履行后可以获得的利益难以根据本解释第六十条、第六十一条的规定予以确定的,人民法院可以综合考虑违约方因违约获得的利益、违约方的过错程度、其他违约情节等因素,遵循公平原则和诚信原则确定。

第六十三条 在认定民法典第五百八十四条规定的"违约一方订立合同时预见到或者应当预见到的因违约可能造成的损失"时,人民法院应当根据当事人订立合同的目的,综合考虑合同主体、合同内容、交易类型、交易习惯、磋商过程等因素,按照与违约方处于相同或者类似情况的民事主体在订立合同时预见到或者应当预见到的损失予以确定。

除合同履行后可以获得的利益外,非违约方主张还有其向第三人承担违约责任应当支出的额外费用等其他因违约所造成的损失,并请求违约方赔偿,经审理认为该损失系违约一方订立合同时预见到或者应当预见到的,人民法院应予支持。

在确定违约损失赔偿额时,违约方主张扣除非违约方未采取适当措施导致的扩大损失、非违约方也有过错造成的相应损失、非违约方因违约获得的额外利益或者减少的必要支出的,人民法院院依法予以支持。

第六十四条 当事人一方通过反诉或者抗辩的方式，请求调整违约金的，人民法院依法予以支持。

违约方主张约定的违约金过分高于违约造成的损失，请求予以适当减少的，应当承担举证责任。非违约方主张约定的违约金合理的，也应当提供相应的证据。

当事人仅以合同约定不得对违约金进行调整为由主张不予调整违约金的，人民法院不予支持。

第六十五条 当事人主张约定的违约金过分高于违约造成的损失，请求予以适当减少的，人民法院应当以民法典第五百八十四条规定的损失为基础，兼顾合同主体、交易类型、合同的履行情况、当事人的过错程度、履约背景等因素，遵循公平原则和诚信原则进行衡量，并作出裁判。

约定的违约金超过造成损失的百分之三十的，人民法院一般可以认定为过分高于造成的损失。

恶意违约的当事人一方请求减少违约金的，人民法院一般不予支持。

第六十六条 当事人一方请求对方支付违约金，对方以合同不成立、无效、被撤销、确定不发生效力、不构成违约或者非违约方不存在损失等为由抗辩，未主张调整过高的违约金的，人民法院应当就若不支持该抗辩，当事人是否请求调整违约金进行释明。第一审人民法院认为抗辩成立且未予释明，第二审人民法院认为应当判决支付违约金的，可以直接释明，并根据当事人的请求，在当事人就是否应当调整违约金充分举证、质证、辩论后，依法判决适当减少违约金。

被告因客观原因在第一审程序中未到庭参加诉讼，但是在第二审程序中到庭参加诉讼并请求减少违约金的，第二审人民法院可以在当事人就是否应当调整违约金充分举证、质证、辩论后，依法判决适当减少违约金。

第六十七条 当事人交付留置金、担保金、保证金、订约金、押金或者订金等，但是没有约定定金性质，一方主张适用民法典第五百八十七条规定的定金罚则的，人民法院不予支持。当事人约定了定金性质，但是未约定定金类型或者约定不明，一方主张为违约定金的，人民法院应予支持。

当事人约定以交付定金作为订立合同的担保，一方拒绝订立合同或者在磋商订立合同时违背诚信原则导致未能订立合同，对方主张适用民法典第五百八十七条规定的定金罚则的，人民法院应予支持。

当事人约定以交付定金作为合同成立或者生效条件，应当交付定金的一方未交付定金，但是合同主要义务已经履行完毕并为对方所接受的，人民法院应当认定合同在对方接受履行时已经成立或者生效。

当事人约定定金性质为解约定金，交付定金的一方主张以丧失定金为代价解除合同的，或者收受定金的一方主张以双倍返还定金为代价解除合同的，人民法院应予支持。

第六十八条 双方当事人均具有致使不能实现合同目的的违约行为，其中一方请求适用定金罚则的，人民法院不予支持。当事人一方仅有轻微违约，对方具有致使不能实现合同目的的违约行为，轻微违约方主张适用定金罚则，对方以轻微违约方也构成违约为由抗辩的，人民法院对该抗辩不予支持。

当事人一方已经部分履行合同，对方接受并主张按照未履行部分所占比例适用定金罚则的，人民法院应予支持。对方主张按照合同整体适用定金罚则的，人民法院不予支持，但是部分未履行致使不能实现合同目的的除外。

因不可抗力致使合同不能履行，非违约方主张适用定金罚则的，人民法院不予支持。

九、附则

第六十九条 本解释自 2023 年 12 月 5 日起施行。

民法典施行后的法律事实引起的民事案件，本解释施行后尚未终审的，适用本解释；本解释施行前已经终审，当事人申请再审或者按照审判监督程序决定再审的，不适用本解释。

附录三：合同示范文本库网址

1. 国家市场监督管理局合同示范文本库：https://cont. 12315. cn/；

2. 浙江省合同行政监督管理系统：http://gshtba. zjamr. zj. gov. cn//pub/list。